Wandlungsfähige Cluster-Initiativen

Schriften zur Unternehmensplanung

Herausgegeben von Franz Xaver Bea, Alfred Kötzle und Erich Zahn

Band 93

PETER LANG

Frauke Goll

Wandlungsfähige Cluster-Initiativen

Ein Konzept interaktionsorientierter strategischer Führung

PETER LANG

Bibliografische Information der Deutschen Nationalbibliothek
Die Deutsche Nationalbibliothek verzeichnet diese Publikation in der Deutschen Nationalbibliografie; detaillierte bibliografische Daten sind im Internet über http://dnb.d-nb.de abrufbar.

Zugl.: Stuttgart, Univ., Diss., 2017

D93
ISSN 0175-8985
ISBN 978-3-631-75329-3 (Print)
E-ISBN 978-3-631-75840-3 (E-Book)
E-ISBN 978-3-631-75841-0 (E-PUB)
E-ISBN 978-3-631-75842-7 (MOBI)
DOI 10.3726/b14237

Peter Lang – Berlin · Bern · Bruxelles · New York · Oxford · Warszawa · Wien

Diese Publikation wurde begutachtet.

www.peterlang.com

das ende

ist nicht das ende /
es ist
immer der anfang
von etwas neuem / auch
wenn du glaubst
es käme nichts
mehr

(Klaus Rainer Goll,
denn alles sind spuren:
Gedichte,
Elfenbein, 2016)

Geleitwort

Wandlungstreiber wie die Globalisierung und die Digitalisierung haben eine hoch-komplexe und -dynamische Umwelt bewirkt, in der die Hierarchie als erfolgreiche und deshalb über lange Zeit dominante Organisationsform für Unternehmen und andere wirtschaftliche Gebilde zunehmend an Grenzen der Anpassungsfähigkeit gestoßen ist. Im Sinne von Ashby`s law of requisite variety ist die überlebenswichtige Entsprechung eines Systems mit seiner Umwelt bedroht, wenn es dem System nicht gelingt, externem Wandel durch interne Wandlungsfähigkeit zum Zwecke nachhaltiger Ko-Evolution zu entsprechen. Solche systemische Anpassungsfähigkeit manifestiert sich in intensiven Interaktionen, die in netzwerkartigen Organisationsformen begünstigt werden.

Im Gefolge der gestiegenen Komplexität und Dynamik in Märkten und Wettbewerbslandschaften haben sich denn auch zunehmend Netzwerkorganisationen herausgebildet – sei es auf der Ebene des Unternehmens oder der Population von Unternehmen, auch in Form von „entrepreneurial" bzw. „business ecosystems". Netzwerkorganisationen haben den potentiellen Vorteil, dass in ihnen neues internes Wissen schneller diffundiert und durch ihre Erweiterung neues externes Wissen effektiver internalisiert werden kann. Kooperative, aber auch koopkurrente Beziehungen werden dabei zu Enablern der Innovation.

Zur Förderung solchermaßen organisierter Innovationstätigkeit wurden in jüngerer Zeit auch vielversprechende Cluster-Initiativen gestartet. Allerdings steht deren Bewährung als wirksames Konzept einer auf neues Wissen fokussierten Transfer- und Verwertungsorientierung, die gewöhnlich in regionaler Wissenschafts-, Technologie- und Innovationspolitik verortet ist, noch aus.

Die Forschung zu Cluster-Initiativen steht erst am Anfang. Dementsprechend rudimentär ist der diesbezügliche Erkenntnisstand. An diesem Defizit setzt die Arbeit von Frauke Goll an. Sie betrachtet den Forschungsgegenstand „Cluster-Initiativen" im Sinne einer anwendungsorientierten Managementlehre aus einer verständnisorientierten Perspektive, und zwar bezüglich der unternehmensübergreifenden Wahrnehmung von Herausforderungen aus in der Regel neuen Technologietrends und der kollektiven Interpretation geeigneter Handlungsmuster zur Begegnung dieser Herausforderungen auf letztlich unternehmensindividueller Ebene.

Frau Goll legt einen innovativen konzeptionellen Vorschlag zu einer „interaktionsorientierten strategischen Führung wandlungsfähiger Cluster-Initiativen" vor. Dabei ist Führung, ent-sprechend ihrer interaktionsorientierten Sichtweise, im Sinne eines gegenseitigen Beeinflussungshandelns in das System integriert, was eine gewisse Dialektik der Herrschaft impliziert. In diesem Verständnis drücken sich Macht und Führung in hierarchielosen Cluster-Initiativen in der Übernahme von Verantwortung aus und die Rolle der Führung manifestiert sich hier vornehmlich in der Beeinflussung von Kontexten für die Emergenz einer innovations- und kooperationsfreundlichen Kultur, in der Unterstützung von zielbewussten, sinnstiftenden Veränderungsprozessen sowie in der Verbindung der Akteure, der Koordination ihrer Aktivitäten und deren Ausrichtung auf gemeinsame Ziele.

Stuttgart im Februar 2018 Prof. Dr. Erich Zahn

Geleitwort

Mehr als zehn Jahre nach seiner Gründung sind die Vision und die Ziele des Clusters Elektromobilität Süd-West und seiner Partner aktueller denn je. Die Industrialisierung der Elektromobilität wird greifbarer: 2017 waren weltweit über 3,2 Millionen Elektrofahrzeuge zugelassen, schon 2030 könnten in Europa aktuellen Studien zufolge über 55 Prozent der Neuzulassungen vollständig elektrifiziert sein und 40 Prozent der gefahrenen Personenkilometer autonom zurückgelegt werden. Der Transformationsprozess im Mobilitätssektor löst global Innovations- und Marktdynamiken aus, die eine Neuverteilung von Wertschöpfungsanteilen zwischen unterschiedlichen Akteuren und Regionen mit sich bringen.

Der Technologiewandel hin zu elektrifizierten und intelligenten Mobilitätslösungen führt damit zu tiefgreifenden Veränderungen des automobilen Wertschöpfungssystems weltweit, und damit auch in Baden-Württemberg. Die Unternehmen sehen sich nicht nur mit einer Transformation der Innovations- und Wertschöpfungsketten sowie der fundamentalen Veränderung ihrer Produkte konfrontiert, sondern müssen parallel im Sinne eines doppelten Strukturwandels auch die Herausforderungen der Einführung vollkommen neuer Fertigungsmethoden (Industrie 4.0) bewältigen, die die Art und Weise, wie gearbeitet und produziert wird, beeinflussen und verändern.

Die technologischen Innovationen am Produkt im Zuge der Elektrifizierung und Digitalisierung gehen einher mit einem sich weltweit verändernden Kundenverhalten. Statt ein Fahrzeug zu besitzen, werden die Menschen im Zeichen einer zunehmenden „sharing economy" neue Mobilitätsangebote und -konzepte im Sinne einer „mobility on demand" oder „mobility as a service" nachfragen. Dies bedeutet eine grundlegende Veränderung der gesellschaftlichen, kulturellen und wirtschaftlichen Aspekte der Mobilität. Auch die für die Elektromobilität benötigten regenerativ erzeugten Energien bzw. Energieträger und Kraftstoffe – Strom, Wasserstoff, Biokraftstoffe – erfordern eine umfassende Umstellung der Energieversorgung und den Aufbau entsprechender Infrastrukturen.

Kurzum: Der Wandel ist an vielen Stellen spürbar und seine positive Gestaltung für den Standort Baden-Württemberg von elementarer Bedeutung. Um die Innovations- und Wachstumschancen der Mobilität der Zukunft nutzen zu können, müssen traditionelle Geschäftsmodelle reformiert, Technologiekompetenzen gezielt ausgebaut und Strategieprozesse systematisch vollzogen werden. Durch die Zusammenarbeit im Cluster Elektromobilität Süd-West über die Grenzen von Branchen, Technologien und Disziplinen hinweg können die Potentiale des

Wandels für die Partner nutzbar gemacht und der Transformationsprozess durch Kooperation gestaltet werden.

Wichtige Meilensteine wurden in den zehn Jahren seit der Gründung des Clusters Elektromobilität Süd-West im Jahr 2007 erreicht: Im Rahmen der Spitzenclusterförderung durch die Bundesregierung konnten von 2012 bis 2017 18 Leuchtturmprojekte in den Innovationsfeldern Fahrzeug, Energie, Informations- und Kommunikationstechnologie (IKT) und Produktion durchgeführt werden und bildeten den Ausgangspunkt für zahlreiche weitere Forschungs- und Entwicklungsprojekte der Clusterpartner. Zum Ende der Spitzenclusterförderung besuchten im Rahmen des Electric Vehicle Symposium EVS 30 im Oktober 2017 rund 9.500 Fachexperten aus aller Welt die Clusterregion.

Im Jahr 2018 stieg die Zahl der Clusterpartner auf über 130. Dies stellt das Clustermanagement vor neue Herausforderungen: die Interessen der schon lange Jahre aktiven Partner des Clusters müssen mit denen der neuen Partner in Einklang gebracht, neue Technologiefelder erschlossen, weiterführende Projekte initiiert sowie neue Angebote seitens des Clustermanagements konzipiert und eingeführt werden. Ganz im Sinne des Satzes von Mark Twain „Man kann die Welt oder sich selbst ändern. Das Zweite ist schwieriger." ist die Wandlungsfähigkeit des Clustermanagements selbst die Voraussetzung für die Wandlungsfähigkeit und den zukünftigen Erfolg des Clusters Elektromobilität Süd-West.

Wir danken Frauke Goll nicht nur für ihre langjährige erfolgreiche Arbeit im Clustermanagement, sondern auch für die vorliegende wissenschaftliche Analyse über wandlungsfähige Clusterinitiativen. Dass sie den Cluster Elektromobilität Süd-West als Fallbeispiel für ihre Dissertation gewählt hat, ist für uns nicht nur Bestätigung der erfolgreichen Arbeit des Clusters, seiner Partner und des Clustermanagements, sondern vor allem auch Ansporn, die Erkenntnisse und Anregungen aus der Dissertation in die praktische Arbeit des Clusters Elektromobilität Süd-West zu integrieren, um wandlungsfähig und erfolgreich zu bleiben.

Stuttgart im Februar 2018

Dr. Wolfgang Fischer
Leiter Bereich Projekt- und Clusteraktivitäten,
e-mobil BW GmbH

Vorwort

Die vorliegende Arbeit entstand zu großen Teilen während meiner Tätigkeit als Doktorandin an der Graduate School of Excellence advanced Manufacturing Engineering (GSaME) der Universität Stuttgart. Gerne blicke ich auf diese Zeit zurück, in der ich vieles gelernt habe, das für mich in meinem heutigen Berufsalltag von großem Nutzen ist.

An erster Stelle danke ich meinem Doktorvater Prof. Dr. rer. pol. Erich Zahn von ganzem Herzen für die Begleitung meiner Arbeit, die wertvollen Diskussionen und hilfreichen Anmerkungen. Insbesondere bedanke ich mich für die Ermutigung und die Offenheit, die Arbeit trotz einer längeren Pause und mit einem neuen Schwerpunkt wiederaufzunehmen und fertigzustellen. Ein ganz besonderer Dank gilt auch seiner Frau Uta Kern-Zahn für viele herzliche und persönliche Gespräche. Zudem danke ich Herrn Prof. Dr.-Ing. Prof. E.h. Dr.-Ing. E.h. Dr. h.c. mult. Engelbert Westkämper und Herrn Prof. Dr. Alexander Gerybadze für Ihre Unterstützung und die Übernahme der Mitberichte.

Viele Kollegen und Kolleginnen haben mich während meiner Zeit an der Universität begleitet. So danke ich Dr. Michael Schön, der mich ermutigte meine Forschungsinteressen zu vertiefen und die Doktorarbeit aufzunehmen. Ganz herzlich danke ich auch Prof. Dr. André Reichel für zahlreiche Diskussionen, wertvolle Impulse, gemeinsame Veröffentlichungen und seine vielfältige Unterstützung. Bereits seit meiner ersten Seminararbeit im Studium hat er mich in unterschiedlichen Rollen und Funktionen begleitet und damit meinen Weg ganz wesentlich mitgeprägt. Darüber hinaus danke ich Frau Dr. Verena Krauer, Herrn Dr. David Baureis, Herrn Dr. Donald Neumann, Herrn Dr. Lukas Scheiber, Frau Dr. Lena Wagner und Frau Prof. Dr. Barbara Seeberg für die gemeinsame Zeit, wertvolle Anregungen und ungezählte, gute Diskussionen. Auch bedanke ich mich bei allen Kolleginnen und Kollegen der GSaME für die Unterstützung, die Offenheit, die Hilfsbereitschaft und die stets gute Zusammenarbeit.

Meine Arbeit entstand jedoch nicht nur während meiner Zeit an der Universität, sondern auch in enger Abstimmung mit der e-mobil BW, der Landesagentur für neue Mobilitätslösungen und Automotive Baden-Württemberg. Sehr gerne denke ich an meine Tätigkeit als Clustermanagerin im Spitzencluster Elektromobilität Süd-West zurück. Ich habe hier unglaublich viel gelernt und meine Fähigkeiten in der Praxis optimal weiterentwickeln können.

Ich danke dem Geschäftsführer Herrn Franz Loogen und Frau Tanja Wahl für die Offenheit und die Möglichkeit den Cluster Elektromobilität Süd-West als

Fallstudie evaluieren zu können. Herzlichen Dank für die Unterstützung und die vielen befruchtenden Diskussionen. Ganz herzlich bedanke ich mich bei Herrn Dr. Wolfgang Fischer, ohne den ich heute vielleicht noch nicht an dieser Stelle stehen würde. Er hat mir in zahlreichen Diskussionen vielfältige Impulse und Anregungen gegeben, mich durch seine kritische Durchsicht der Arbeit ganz wesentlich unterstützt und mir immer Mut gemacht weiterzugehen. Zudem bedanke ich mich ganz herzlich bei meinen Kolleginnen und Kollegen der e-mobil BW, die mich mit offenen Armen empfangen haben, mit denen ich viele tolle gemeinsame Erlebnisse geteilt habe und mit denen ich auch heute noch in einem guten Austausch stehe. Den Clusterpartnern danke ich für das entgegengebrachte Vertrauen, die gemeinsamen Aktivitäten und die vielen Gespräche.

Ein besonderer Dank gilt meinen Freunden, die mich all die Jahre begleiten und mir mit Rat und Tat zur Seite stehen. Allen voran danke ich Hannah Kluwe und Sabine Sigle für viele motivierende, kritische und aufmunternde Gespräche und ihre Unterstützung in allen Lebenslagen. Auch bedanke ich mich bei Imke Kuschel für ihre kritische Durchsicht meiner Arbeit, die gemeinsamen Kochabende und die Freundschaft, die sich aus unserer zunächst geschäftlichen Beziehung ergeben hat. Ganz besonders danke ich auch Katja, Helga, Jürgen, Shenia, Benni, Claudia, Nathalie und Lukas für ihr Verständnis sowie ihre Solidarität und insbesondere auch dafür, dass sie immer wieder für die notwendige Ablenkung gesorgt haben. Ein herzlicher Dank geht an Udo Stolzer und Judith Giesel, deren Zuversicht mir durch die schweren Zeiten half und die mir den Mut gaben, den ich brauchte, die Arbeit wiederaufzunehmen und trotz aller Umstände fertig zu stellen.

Ohne meine Eltern, die immer alles möglich machten und zu jeder Tages- und Nachtzeit in unzähligen Stunden nicht nur als Babysitter zur Verfügung standen, hätte ich diese Arbeit nicht schreiben können. Vielen Dank für dieses große Engagement und den unermüdlichen Einsatz. Meiner Schwester und ihrer Familie danke ich für das jederzeit offene Ohr und die kleinen Auszeiten. Mein ganz besonderer Dank gilt meiner Tochter Floralie, die ich für ihre Stärke und ihre Selbständigkeit bewundere.

So habe ich die vorliegende Arbeit zwar selbst geschrieben, doch am Gelingen waren zahlreiche Menschen beteiligt – letztlich sind es Wille, Wandlungsfähigkeit, Durchhaltevermögen und Interaktion, die über den Erfolg entscheiden.

Stuttgart im Februar 2018 Frauke Goll

Inhaltsverzeichnis

Abkürzungsverzeichnis 17

Abbildungsverzeichnis 19

Tabellenverzeichnis 21

Zusammenfassung 23

Abstract 25

1. Einführung 27

1.1 Von der Problemstellung zur Forschungsfrage 30

1.2 Wissenschaftstheoretische Grundlagen 33
1.2.1 Anwendungsorientierung und Praxiszusammenhang 34
1.2.2 Interpretative Ansätze 35
1.2.3 Systemtheorie 39

1.3 Forschungsstrategie und Aufbau der Arbeit 43

2. Theoretische Grundlagen und Stand der Forschung 47

2.1 Netzwerke – Begriff, Ausprägungen und Konsequenzen 50

2.2 Soziale Netzwerke und Sozialkapital 56

2.3 Cluster – Begriff, Ausprägung und Konsequenzen 62
2.3.1 Clusterpolitik 64
2.3.2 Clusterförderung 67
2.3.3 Cluster-Initiativen 73

2.4 Strategische Führung 81

2.5 Zusammenfassung 90

3. Clusteranalyse und Fallbeispiel Cluster Elektromobilität Süd-West 93

3.1 Kontext 100
3.1.1 Allgemeine Entwicklungen 101

3.1.2 Der externe Kontext des Clusters Elektromobilität Süd-West 109
3.1.2.1 Klimapolitisches Umfeld 111
3.1.2.2 Wirtschaftliches Umfeld 115
3.1.2.3 Politisches Umfeld – Bundesebene 119
3.1.2.4 Politisches Umfeld – Landesebene 128
3.1.3 Der interne Kontext des Clusters Elektromobilität Süd-West 130
3.1.4 Kontext – Analyse und Zusammenfassung 137

3.2 Inhalt 139
3.2.1 Allgemeine clusterspezifische Inhalte 140
3.2.1.1 Market-based-View und Porters Diamant 140
3.2.1.2 Ressource-based-View und Kompetenzen 143
3.2.1.3 Innovationen 147
3.2.1.4 Interorganisationsbeziehungen und Kooperationen 149
3.2.2 Inhalt des Clusters Elektromobilität Süd-West 152
3.2.3 Inhalt – Analyse und Zusammenfassung 164

3.3 Prozess 167
3.3.1 Allgemeine Grundlagen 169
3.3.2 Prozess des Clusters Elektromobilität Süd-West 177
3.3.3 Prozess – Analyse und Zusammenfassung 187

3.4 Contextual Analysis 190

3.5 Zusammenfassung und Vertiefung der Forschungsfragen 197

4. Interaktionsorientierte strategische Führung in wandlungsfähigen Cluster-Initiativen 203

4.1 Ebenen einer interaktionsorientierten strategischen Führung 206
4.1.1 Die Ebene der Individuen 208
4.1.2 Die Interaktionsebene 215
4.1.3 Organisationale Ebene 221
4.1.4 Implikationen für die strategische Führung in Cluster-Initiativen 228
4.1.5 Zusammenfassung 233

4.2 Funktionen einer interaktionsorientierten strategischen Führung 236
4.2.1 Umfeldanbindende Funktion 239
4.2.2 Begrenzende Funktion 246
4.2.3 Akteursorientierte Funktion 251
4.2.4 Strategische Funktion 256
4.2.5 Sinnstiftende Funktion 261

4.2.6 Diagnostische Funktionen 266
4.2.7 Zusammenfassung interaktionsorientierte Führung 271

5. Implikationen für Theorie und Praxis 275

5.1 Implikationen für die Theorie 276

5.2 Implikationen für die Praxis 280
5.2.1 Implikationen für den Cluster Elektromobilität Süd-West 281
5.2.2 Implikationen für beteiligte und potentielle Clusterakteure 283
5.2.3 Implikationen für die Clusterpolitik 286
5.2.4 Implikationen für Clustermanagements 290
5.2.5 Implikationen für die Aus- und Weiterbildung von Clustermanagern 293

6. Schlussbetrachtung 299

Anhang 305

Anhang A: Internationale Aktivitäten im automatisierten und vernetzten Fahren 305

Anhang B: Kennzahlen des Clusters ESW 307

Anhang C: Interaktionsmöglichkeiten im Rahmen verschiedener Aktivitäten des Clusters ESW 308

Anhang D: Internationalisierungmaßnahmen des Clusters ESW 309

Literaturverzeichnis 311

Abkürzungsverzeichnis

BAFA	Bundesamt für Wirtschaft und Ausfuhrkontrollen
BMBF	Bundesministerium für Bildung und Forschung
BMUB	Bundesministerium für Umwelt, Naturschutz, Bau und Reaktorsicherheit
BMVBS	Bundesministerium für Verkehr, Bau und Stadtentwicklung
BMVI	Bundesministerium für Verkehr und digitale Infrastruktur
BMWi	Bundesministerium für Wirtschaft und Energie Zwischen 2009 und 2013: Bundesministerium für Wirtschaft und Technologie
EFI	Expertenkommission Forschung und Innovation
ESCA	European Secretariat for Cluster Analysis
ESW	Elektromobilität Süd-West
Fraunhofer IAO	Fraunhofer – Institut für Arbeitswirtschaft und Organisation
Fraunhofer IPA	Fraunhofer – Institut für Produktionstechnik und Automatisierung
IKT	Informations- und Kommunikationstechnologien
IM	Ministerium für Inneres, Digitalisierung und Migration
KBA	Kraftfahrt-Bundesamt
MFW	Ministerium für Finanzen und Wirtschaft Baden-Württemberg (2011–2016)
MOP	Deutsches Mobilitätspanel
MWK	Ministerium für Wissenschaft, Forschung und Kunst Baden-Württemberg
NPE	Nationale Plattform Elektromobilität
PTJ	Projektträger Jülich
StM	Staatsministerium Baden-Württemberg
UAB	Umweltbundesamt
UN FCCC	United Nations Framework Convention on Climate Change
USAID	United States Agency for International Development
VM	Ministerium für Verkehr Baden-Württemberg
WM	Wirtschaftsministerium Baden-Württemberg Seit 2016: Ministerium für Wirtschaft, Arbeit und Wohnungsbau Baden-Württemberg

Abbildungsverzeichnis

Abb. 1.1: Überblick über konstruktivistische Denkrichtungen 36
Abb. 1.2: Das „Context-Content-Process"-Modell von PETTIGREW 44
Abb. 1.3: Gliederungsübersicht der Forschungsarbeit 46
Abb. 2.1: Ausgewählte Clusterförderprogramme auf Bundes- und Länderebene Deutschland 68
Abb. 2.2: Triviale und nicht-triviale Systeme 83
Abb. 3.1: Struktur der Automobilwirtschaft in Baden-Württemberg im Jahr 2013 110
Abb. 3.2: Auswahl aktueller und geplanter elektrischer Fahrzeuge 117
Abb. 3.3: Cluster-Strategie der Bundesregierung 2006 119
Abb. 3.4: Themenfelder der e-mobil BW 133
Abb. 3.5: Struktur des Clusters ESW 136
Abb. 3.6: PORTERS Diamanten-Modell 141
Abb. 3.7: Entwicklung und Elemente innovativer Milieus 151
Abb. 3.8: Projektstruktur Interessengemeinschaft „Clusterinitiative Automotive Südwest" 153
Abb. 3.9: Nachhaltigkeitsstrategie des Clusters Elektromobilität Süd-West 157
Abb. 3.10: Thematische Ausrichtung entlang der Technologie-Reifegrade (TRL) 158
Abb. 3.11: Das System Elektromobilität 159
Abb. 3.12: Strategisches Konzept 2013 „IKT in der neuen Mobilität" 160
Abb. 3.13: Systembild zum automatisierten und vernetzten Fahren 162
Abb. 3.14: Exemplarische Darstellung der strategischen Roadmap-Pfeile 163
Abb. 3.15: Systembild Elektromobilität (Stand 2016) 178
Abb. 3.16: Schematischer Prozess der Aktivitäten im Cluster ESW 180
Abb. 3.17: Ganzheitliches Technologie- und Innovationsmanagement 199
Abb. 4.1: Individuelle Ebene 214
Abb. 4.2: Definition von Wandlungsfähigkeit 223
Abb. 4.3: Grundmodell des „organizational learning" 227
Abb. 4.4: Umfeldanbindende Funktion 244

Tabellenverzeichnis

Tab. 2.1: Exemplarische Merkmale von Clustern und Netzwerken 73
Tab. 3.1: Rahmendaten und relevante Ereignisse des Clusters ESW 97
Tab. 3.2: Übersicht ausgewählter Aktivitäten im Bereich Digitalisierung auf Bundesebene 127
Tab. 3.3: Arten und Merkmale von Ressourcen 145
Tab. 3.4: Technologische Projekte im Rahmen des Clusters ESW 179
Tab. 3.5: Gegenüberstellung Cluster ESW und LivingLab BWe mobil 196
Tab. 4.1: Umfeldanbindende Funktion – Aufgaben und Indikatoren 245
Tab. 4.2: Begrenzende Funktion – Aufgaben und Indikatoren 250
Tab. 4.3: Akteursorientierte Funktion – Aufgaben und Indikatoren 254
Tab. 4.4: Strategische Funktion – Aufgaben und Indikatoren 260
Tab. 4.5: Sinnstiftende Funktion – Aufgaben und Indikatoren 265
Tab. 4.6: Diagnosekriterien der strategischen Führung in Cluster-Initiativen 267
Tab. 4.7: Diagnostische Funktion – Aufgaben und Indikatoren 270
Tab. 5.1: Überblick über die verschiedenen Implikationen 296

Tab. A: Internationale Aktivitäten im automatisierten und vernetzten Fahren (Auswahl) 305
Tab. B.1: Entwicklung der Mitgliedszahlen des Clusters ESW 307
Tab. B.2: Entwicklung Clustermanagement in Vollzeitäquivalenten 307
Tab. B.3: Zusammenarbeit und Einbindung der Akteure (ausgewählte Aktivitäten) 307
Tab. C: Maßnahmen und Aktivitäten mit starkem Interaktionsfokus 308
Tab. D: Ausgewählte Delegationsreisen des Clusters ESW 309

Zusammenfassung

In hoch komplexen und dynamischen Wettbewerbsumfeldern stellt die Fähigkeit zu innovieren und sich zu wandeln einen kritischen Erfolgsfaktor für Unternehmen dar, der häufig nur durch die Zusammenarbeit mit anderen Organisationen erreicht werden kann. Es verwundert daher nicht, dass Cluster und Cluster-Initiativen in den vergangenen Jahren eine besondere Bedeutung nicht nur in der Forschung, sondern auch in der Politik erlangt haben. So gilt die Förderung von Cluster-Initiativen seit einigen Jahren weltweit als eine anerkannte Maßnahme, um die Innovationsfähigkeit von Unternehmen zu unterstützen. Dabei wurden in kurzer Zeit beachtliche wissenschaftliche Fortschritte erzielt, dennoch sind die Forschungsergebnisse im Bereich von Cluster-Initiativen und insbesondere im Bereich deren Managements noch rudimentär.

Die vorliegende Forschungsarbeit setzt an diesem Punkt an und hat zum Ziel, ein Konzept interaktionsorientierter strategischer Führung für wandlungsfähige Cluster-Initiativen zu entwickeln. Im ersten Kapitel der Arbeit werden problemrelevante Entwicklungen in Praxis und Wissenschaft aufgezeigt sowie Forschungsfragen abgeleitet, der wissenschaftstheoretische Kontext beschrieben und das Forschungsvorgehen dargestellt. Das zweite Kapitel bildet die theoretische Basis der Arbeit und dient sowohl der Definition und begrifflichen Abgrenzung als auch der Darlegung des aktuellen Standes des relevanten Forschungsfeldes. Im Anschluss an die Charakterisierung wandlungsfähiger Cluster-Initiativen werden wesentliche Einflussfaktoren auf deren Wandlungsfähigkeit identifiziert und erste Ansatzpunkte zur Klärung der Forschungsfragen aufgezeigt. Diese werden im dritten Kapitel mit Hilfe einer Fallstudie des Clusters Elektromobilität Süd-West (ESW) weiter ausdifferenziert. Die 2007 gegründete Cluster-Initiative verfolgt mit mehr als 100 Partnern (Stand 2016) das Ziel, die Markteinführung der Elektromobilität aktiv zu gestalten und wurde mehrfach für ihr professionelles Clustermanagement ausgezeichnet. Gegenwärtig befindet sich der Cluster ESW in einem Wandlungsprozess.

Die Analyse des Clusters ESW erfolgt anhand der von Pettigrew beschriebenen "contextual analysis" zur Untersuchung des Wandels von Organisationen. Im Mittelpunkt der Analyse stehen vier Elemente, die sowohl theoretisch herausgearbeitet als auch auf das Fallbeispiel angewendet werden: (I) die Untersuchung des externen und internen Kontextes, d. h. der Entwicklung in den Umfeldern wie auch die Analyse der Struktur und Kultur, (II) die Darstellung des Inhalts, d. h. hier der strategischen Ausrichtung, (III) die Entwicklung über die Zeit, d. h. der prozessualen Analyse und (IV) die gleichzeitige Betrachtung aller drei vorherigen Ebenen im Rahmen der kontextuellen Analyse.

Im vierten Kapitel wird aufbauend auf den zuvor dargelegten theoretischen Grundlagen und identifizierten Einflussfaktoren ein Konzept für eine interaktionsorientierte strategische Führung in wandlungsfähigen Cluster-Initiativen entwickelt. Der eigens erarbeitete Ansatz gliedert sich in zwei Teile: So sind für die Wandlungsfähigkeit in Cluster-Initiativen verschiedene Ebenen bedeutend, die individuelle, interaktionsorientierte sowie die organisationale Ebene. Darüber hinaus erfordert das Management wandlungsfähiger Cluster-Initiativen die Ausübung bestimmter Funktionen. Diese sind zum einen auf die Koordination unterschiedlicher Clusterakteure ausgerichtet, ohne dabei über eine hierarchische Durchgriffsmacht zu verfügen. Zum anderen zielen sie auf die Generierung eines gemeinsam geteilten Verständnisses wie auch einer gemeinsam geteilten Wissensbasis ab. Unter Beachtung der spezifischen Merkmale wandlungsfähiger Cluster-Initiativen ergeben sich damit sechs Funktionen: die umfeldanbindende, begrenzende, akteursorientierte, strategische, sinnstiftende und diagnostische Funktion.

Im fünften Kapitel werden die Ergebnisse der Analyse sowohl in die Wissenschaft als auch die Praxis zurückgespielt und daraus Implikationen abgeleitet. So entstehen weitere Fragen für die Forschung wie auch Ansatzpunkte für Lösungen für die Praxis. Die Führung einer Cluster-Initiative stellt ein hoch komplexes Unterfangen dar, welches am besten mit einem interdisziplinären Team erfahrener und junger Clustermanager bewältigt werden kann. Dabei ist die individuelle Wandlungsfähigkeit eine Voraussetzung für die Wandlungs- und damit auch die Innovationsfähigkeit der Cluster-Initiative. Die Generierung der Bereitschaft zum Wandel wie auch die Schaffung geeigneter Rahmenbedingungen sind Kernelemente der strategischen Führung.

Abstract

In highly complex and dynamic competitive environments, the ability to innovate and change is a critical success factor for companies, this can often only be achieved through collaboration with other organizations. It is therefore not surprising that clusters and cluster initiatives have acquired special importance in research as well as in politics in recent years. For example, the promotion of cluster initiatives has been recognized worldwide as an appropriate measure to support the innovative capacity of companies. Scientific progress has been achieved, but the research results in cluster initiatives are still rudimentary, especially relating to their management.

This research work is at this point and it's goal is to develop a concept of interaction-oriented strategic management for changeable cluster initiatives. The first chapter of the thesis gives an overview of problem-relevant developments in practice and science, as well as research questions, scientific-theoretical context and the research process. The second chapter presents the theoretical basis and serves both the definition and conceptual delineation as well as a discussion of the current state of the relevant research field. Following the characterization of transformative cluster initiatives, important influencing factors are identified for their ability to change and the first starting points for the clarification of the research questions are presented. These are further differentiated in the third chapter with reference to a case study of the "Cluster Electric Mobility South-West (ESW)". Founded in 2007, the cluster initiative, with more than 100 partners (in 2016), is actively involved in the launch of the market introduction of electric mobility and has received several awards for its professional cluster management. Currently, the Cluster ESW is in a process of transformation.

The analysis of the Cluster ESW is based on the "contextual analysis" described by PETTIGREW in order to investigate the change of organizations. At the center of the analysis are four elements, both theoretically elaborated and applied to the case study: (I) the investigation of the external and internal context, i. e. the development in the environments as well as the analysis of structure and culture, (II) the presentation of the content, i. e. the strategic direction, (III) the development over time, i. e. the process analysis and (IV) the simultaneous consideration of all three previous levels within the framework of the contextual analysis.

In the fourth chapter, a concept for an interaction-oriented strategic leadership in transformable cluster initiatives is developed on the basis of theoretical foundations and identified influencing factors. The approach developed is divided into two parts: different levels are crucial for the ability to change in cluster initiatives, the individual, the interaction-oriented and the organizational level. In addition, the management of changeable cluster initiatives requires the exercise of certain functions. These are, on the one hand, geared to the coordination of different cluster actors, without having a hierarchical penetration power. On the other hand, they aim at generating a shared understanding as well as a shared knowledge base. Taking into account the specific characteristics of transformative cluster initiatives, this results in six functions: the environmental, limiting, actor-oriented, strategic, meaningful and diagnostic function.

In the fifth chapter, the results of the analysis are reflected both in science and in practice, and implications are derived from this. This creates further questions for research as well as approaches for practical solutions. The leadership of a cluster initiative is a highly complex undertaking, which can best be achieved with an interdisciplinary team of experienced and young cluster managers. At the same time, the individual ability to transform is a prerequisite for change and therefore also the innovative capacity of the cluster initiative. The creation of an environment that fosters a willingness to change as well as the establishment of suitable framework conditions are core elements of strategic leadership.

1. Einführung

„Es soll sich regen, schaffend handeln
Erst sich gestalten, dann verwandeln
Nur scheinbar stehts Momente still
Das Ewige regt sich fort in allen
Denn alles muss in Nichts zerfallen
wenn es im Sein beharren will."
(Goethe, aus dem Gedicht Eins und Alles)

Was Goethe in seinem Gedicht „Eins und Alles" aufgreift, wurde bereits in der Flusslehre Heraklits dargestellt und findet in der heute populären Kurzformel panta rhei („alles fließt") seine Entsprechung. Die Kurzformel steht dabei als eine Metapher für die Prozessualität der Welt, in der das Sein nicht statisch, sondern als ewiger Wandel dynamisch zu erfassen ist. Hieraus ergibt sich ein fortwährender Stoff- und Formwechsel.[1] Auch in der theoretischen und anwendungsorientierten ökonomischen Lehre wie auch in der beobachtbaren Wirtschaftslage ist der dynamische Wandel und die daraus erfolgenden Herausforderungen für Unternehmen, Organisationen und Institutionen allgegenwärtig. Nicht nur gehäuft auftretende Krisen, sondern auch gesellschaftliche Problemstellungen wie eine alternde Gesellschaft, eine drohende Klimakatastrophe oder erschöpfte Ressourcen, führen zu einer kritischen Auseinandersetzung bisheriger Rollen, Strukturen und Prozesse. Galt noch bis vor nicht allzu langer Zeit, dass das politische System durch Handeln auf verschiedenen Ebenen (Legislative, Exekutive und Judikative) die für alle geltenden Rahmenbedingungen gestaltet, so ist es im 21. Jahrhundert für Unternehmen nicht länger möglich, ihre gesellschaftliche Verantwortung an Staat und Verbände zu delegieren und für sich selbst scheinbar unüberwindbare Marktzwänge als Ausrede anzuführen.

> „A big part of the problem lies within companies themselves, which remain trapped in an outdated approach to value creation that has emerged over the past few decades. The continue to view value creation narrowly, optimizing short-term financial performance in a bubble while missing the most important customer needs and ignoring the broader influences that determine their long-term success. How else could companies overlook the wellbeing of their customers, the depletion of natural resources vital to their businesses, the viability of key suppliers, or the economic distress of the communities in which they produce and sell? How else could companies think that simply shifting activities to locations with ever lower wages was a sustainable "solution" to competitive challenge?"[2]

1 Vgl. Störig (2016), S. 150
2 Porter/Kramer (2011), S. 64

So verschiebt sich im Kontext der Globalisierung das institutionelle Gleichgewicht von Staat, Gesellschaft und Unternehmen.[3] Vor dem Hintergrund SCHUMPETERS Überlegungen zur schöpferischen Zerstörung verschenken Unternehmen hierbei wichtige Handlungsmöglichkeiten, wenn sie nicht proaktiv auf Veränderungen im Wettbewerbsumfeld und auch in der Gesellschaft reagieren.[4] Gerade in der Gesellschaft des 21. Jahrhunderts ist es mehr denn je erforderlich, soziale, intellektuelle, kreative und kooperative Fähigkeiten und Fertigkeiten zu entfalten, stehen doch zahlreiche tiefgreifende Veränderungsprozesse bevor, wie z. B. die Energiewende oder auch die zunehmende Digitalisierung, die sämtliche Lebensbereiche umfassen und somit traditionelle Strukturen, Routinen und Systeme in Frage stellen.[5] Entscheidend ist hierbei, inwiefern es Institutionen gelingt, derartige Konzepte und Aktivitäten umzusetzen und sich auch zukünftig erfolgreich zu positionieren. Zwei Faktoren nehmen an dieser Stelle einen herausragenden Stellenwert ein: die Führung der Institution wie auch die Vernetzung und Kooperation mit weiteren Partnern und Akteuren.

- Die Aufgabe der ***Führung*** ist es, sich mit vielfältigen Fragestellungen auseinanderzusetzen und einen Sinn wie auch eine Legitimation für die Organisationstätigkeit zu formulieren. Neben der Generierung und Kombination von Wettbewerbspotentialen zur schnellen Anpassung an sich verändernde Umfelder, gilt es insbesondere vor dem Hintergrund einer nachhaltigen Entwicklung diesen Sinn auch zu vermitteln, Mitarbeiter aktiv einzubinden, Verantwortungsgefühl zu übertragen und zu motivieren.[6] Auch gegenüber externen Stakeholdern, wie Kunden oder Investoren, ist die Darstellung der Institution und der Produkte kauf- oder förderungsentscheidend.[7]
- Die Vernetzung von Akteuren in ***Clustern*** steigt auf Grund des Innovationsdrucks stark an. Erfolgreiche Unternehmen arbeiten daher in großem Maße mit Partnern in unterschiedlichen Konstellationen zusammen, um Innovationen voranzutreiben. Da neue Technologien häufig an den Schnittstellen zwischen verschiedenen Branchen entstehen, muss zunehmend auch branchenübergreifend zusammengearbeitet werden, wie es z. B. die Bereiche Gesundheit und Biotechnologie oder Informations- und Kommunikationstechnologien (IKT) und Automotive zeigen.[8]

---

3 Vgl. Osterloh/Habisch (2008), S. 9
4 Vgl. Tilebein (2005), S. 1, Zahn/Schön (2003), S. 167
5 Vgl. Enquete-Kommission (1998), S. 93, Langer (2011), S. 21, Müller-Christ (2007), S. 14
6 Vgl. Zahn (2017), S. 205 ff., Zahn (2003), S. 39, Daly (1999), S. 42 f.
7 Vgl. Porter/Kramer (2011), S. 64
8 Vgl. IBM (2012), S. 7, Künzel u. a. (2015), S. 3

Seit einigen Jahren stellt somit die Förderung von Clusterentwicklungen einen weltweit erfolgreichen Ansatz dar, die Innovationsfähigkeit von Unternehmen zu unterstützen.[9] Cluster- und Netzwerk-Initiativen setzen daran an, fachübergreifende Trends zu erkennen, gezielt und bedarfsgerecht zu forschen und umzusetzen sowie verschiedene Akteure gezielt zusammenzubringen und zu vernetzen.[10] Mit der Exzellenz des Cluster- oder Netzwerkmanagements steigt das Potential und die Fähigkeit, Innovationsprozesse im Sinn der Akteure voranzutreiben.[11] So gelten die Erfolge von Cluster-Initiativen als Treiber von Innovationsprozessen als unbestritten.[12]

> „There is no doubt that the future will see the development of more and more networked organizations. They are an effective response to the many changes taking place in the business environment."[13]

Dies darf nicht darüber hinwegtäuschen, dass die Forschung zum Management von Clustern zwar in kurzer Zeit schon beachtliche Fortschritte erzielt hat, jedoch weder in Menge noch in Qualität von einer theoretischen und methodischen Durchdringung gesprochen werden kann. So wurden zwar erste Grundlagen für eine reflektierte Analyse des Managements von Clustern gelegt, entsprechende Forschungsergebnisse sind allerdings noch sehr rar. Auch die Verhältnisse von Netzwerk/Cluster zu Organisation, Netzwerk/Cluster und Umwelt, Netzwerk/Cluster und Individuum sowie Netzwerk/Cluster und Gesellschaft sind nur in Grundzügen erforscht und gleichen bisher eher einem dynamischen Forschungsprogramm als gesicherter Praxis.[14] Zur Klärung des Zusammenwirkens dieser Beziehungsebenen ist die Weiterentwicklung sowie die konsequente Anwendung einer Mehrebenenanalyse notwendig.[15]

An diesen Punkten setzt die vorliegende Arbeit an, die zum Gegenstand hat, zu untersuchen, wie eine interaktionsorientierte Führung von wandlungsfähigen Cluster-Initiativen unter Einbezug verschiedener Analyseebenen und Beziehungsstrukturen charakterisiert werden kann. Dabei wird das Clustermanagement als Bestandteil des Systems betrachtet und neben Aufgaben und Struktur auch die Sinnstiftung und das Verhalten einbezogen. Im Folgenden wird die

9 Vgl. Meier zu Köcker (2013), S. 37
10 Vgl. WM (2010), S. 4, Künzel u. a. (2015), S. 3
11 Vgl. Künzel u. a. (2015), S. 17
12 Vgl. BMWi (2015), S. 5 ff.
13 Galbraith (1998), S. 102
14 Vgl. Sydow/Duschek (2011), S. 253 ff.
15 Vgl. Parkhe u. a. (2006), S. 561 ff., Zaheer u. a. (2010), S. 62 ff.

Problemstellung der Arbeit näher erläutert und deren Relevanz diskutiert. Daran schließt sich die Darlegung der Zielsetzung sowie die Formulierung daraus abgeleiteter Forschungsfragen an. Bevor am Ende dieser Einführung die inhaltliche Ausgestaltung der Arbeit aufgezeigt und erörtert wird, werden die Forschungskonzeption und das darauf basierende methodische Vorgehen erläutert.

1.1 Von der Problemstellung zur Forschungsfrage

Cluster- und Netzwerk-Initiativen sind darauf ausgerichtet, verschiedene Akteure zusammenzubringen und zu vernetzen, so dass aktiv die richtigen Akteure „an einen Tisch" gebracht und damit Barrieren für ein gemeinsames Innovieren reduziert werden können. Dies gilt insbesondere an den Schnittstellen und über Branchengrenzen hinweg.[16]

> Bei Cluster-Initiativen handelt es sich „um eine regional konzentrierte Gruppe (Clusterakteure), die sich in geeigneter Art und Weise für ein gemeinsames, vertrauensvolles Agieren verständigt haben. Koordiniert wird dieses Agieren von einem Clustermanagement (bzw. Clusterorganisation)".[17]

Die Erfolge von Cluster-Initiativen als Treiber von Innovationsprozessen konnten in der jüngsten Vergangenheit mehrfach bestätigt werden und gelten daher als unbestritten.[18] In einer Umfrage des Instituts der Deutschen Wirtschaft 2011 gaben rund zwei Drittel der befragten Verantwortlichen für Cluster- und Netzwerkmanagement an, dass die Generierung von Innovationen bzw. die Steigerung der Innovationsfähigkeit ein wichtiges bzw. sehr wichtiges Ziel der Netzwerkarbeit ist.[19] Gleichwohl besteht bei vielen Cluster-Initiativen ein noch nicht ausgeschöpftes Potential, sich gezielter und intensiver um das Thema Innovationen und Produktentwicklung gemeinsam mit den Clusterakteuren zu kümmern. Bedeutend ist hierbei, dass es sich im Gegensatz zu innerbetrieblichen Innovationsprozessen um vernetzte Strukturen handelt. D.h. es kann nicht auf (wie auch immer geartete) hierarchische Strukturen zurückgegriffen werden, wodurch Vertrauen zu einem Schlüsselelement der Beziehung zwischen den Akteuren wird.[20]

Das Management interorganisationaler Beziehungen unterscheidet sich somit signifikant vom Management in Organisationen, welches bisher vornehmlich im Zentrum von Managementforschung und –ausbildung stand und zwar unabhän-

16 Vgl. Künzel u. a. (2015), S. 3
17 Künzel u. a. (2015), S. 17
18 Vgl. BMWi (2015), S. 5 ff.
19 Vgl. Künzel u. a. (2015), S. 17
20 Künzel u. a. (2015), S. 16

gig des disziplinarischen Kontextes von Betriebswirtschaftslehre, Arbeits- und Organisationspsychologie, Organisations- und Wirtschaftssoziologie oder Regionalwissenschaften.[21] Auch wenn die Clusterförderung in den vergangenen Jahren viel Aufmerksamkeit erfahren hat, steht das Management und die Forschung in diesem Bereich erst am Anfang. So hat sich neben Organisation und Markt mit dem Netzwerk eine dritte Organisationsform ökonomischer Aktivitäten etabliert, welche nicht mehr an den Grenzen von Organisationen, welches Typus auch immer, aufhört, sondern insbesondere durch ihre Beziehungen im Allgemeinen und den Interorganisationsbeziehungen im Speziellen geprägt ist. In diesem Kontext ist es notwendig, die Voraussetzungen und Folgen des Handelns genau zu beobachten und zu analysieren und die Unterschiedlichkeit zu einem Management in und von Organisationen zu ergründen. Einig sind sich Manager und Politiker zwischenzeitlich insbesondere auf Grund ihrer eigenen Praxis darüber, dass Märkte, Netzwerke, Cluster und Co. gemanagt werden müssen und dass dieses in großen Teilen ein anderes Managen als in klassischen Organisationen erfordert. Unklar ist jedoch nach wie vor, worin genau die Besonderheiten liegen.[22]

Ausgangspunkt der vorliegenden Arbeit ist daher die Frage, ob und wie wandlungsfähige Cluster-Initiativen gestaltet werden können. Sie schließt damit direkt an die skizzierte Problematik der unzureichenden Erkenntnissituation an und greift dabei die Forderung von Rothgang u.a. aus der begleitenden Evaluierung des Förderinstruments „Spitzencluster-Wettbewerb" des BMBF auf, wonach Cluster – wie auch die damit korrespondierenden Branchen – mittel- bis langfristig einem strukturellen Wandel unterworfen sind und damit selbst einer Wandlungsfähigkeit bedürfen.[23]

Die Fragestellung umfasst zwei Hauptaspekte:

1) Wodurch ist eine wandlungsfähige Cluster-Initiative strukturell, inhaltlich und prozessual gekennzeichnet?
2) Welches sind die wesentlichen Einflussfaktoren auf die Wandlungsfähigkeit von Cluster-Initiativen?

Die Forschungsfrage mit den beiden Hauptaspekten betrifft direkt das oberste Führungsgremium einer Organisation, welches sich allerdings von tradierten Denk- und Handlungsmustern befreien muss, die auf Eindeutigkeit, funktionaler Spezialisierung und Distanz zur eigenen Organisation basieren. Vielmehr er-

21 Vgl. Sydow/Duschek (2011), S. 11
22 Vgl. Sydow/Duschek (2011), S. 14 ff.
23 Vgl. Rothgang u.a. (2015), S. 50

langen Organisationen ihre Legitimität und damit den Zugang zu bestimmten Ressourcen durch die Erfüllung bestimmter Verhaltenserwartungen, die sowohl von einer internen als auch einer externen Perspektive an die Organisation gerichtet werden.[24] Die interaktionsorientierte Führung ist daher ein wesentlicher Einflussfaktor, dem eine besondere Bedeutung im Rahmen der vorliegenden Forschungsarbeit zukommt.

Im Sinn einer angewandten Betriebswirtschaftslehre stellt die Ableitung praxisbezogener Gestaltungsempfehlungen eine weitere Zielsetzung dar.[25] So werden aus den Erkenntnissen praktische wie auch theoretische Implikationen für die interaktionsorientierte Führung von wandlungsfähigen Cluster-Initiativen abgeleitet sowie praxisorientierte Ansätze für erste Gestaltungsempfehlungen wandlungsfähiger Cluster-Initiativen generiert. Die dritte Forschungsfrage lautet demnach:

3) Welche Implikationen lassen sich für die Führung von Clustern ableiten und welche Empfehlungen können an Cluster-Initiativen bezüglich der stetigen Weiterentwicklung gegeben werden?

Wesentlich sind hierbei die bereits weiter oben angedeuteten Lücken in Forschung und Praxis bezüglich der Interaktionsbeziehungen der Akteure sowie der Fragen rund um das Innovations- und Technologiemanagement, welche explizit in die Ausarbeitung einbezogen werden. Eine weitere Detaillierung der Forschungsfragen findet nach den theoretischen Grundlagen sowie der Analyse des Fallbeispiels statt.

Die vorliegende Arbeit verfolgt eine integrierte Sichtweise normativer und deskriptiver Forschungsansätze und ist auf eine enge Verschränkung von empirischer Forschung und Theoriebildung ausgerichtet. Sie orientiert sich an der Methodologie der Grounded Theory[26] und betrachtet so die Wandelbarkeit sozialer Phänomene anhand einer prozessualen Methode wie auch eine Akteursorientierung, die jenseits von Determinismus und Indeterminismus die Entscheidungen und Optionen von Akteuren, deren Bedingungen und Konsequenzen einbezieht.[27] Ziel ist es, ausgehend von einem Vor-Verständnis des zu untersuchenden Gegenstands mittels eines parallelisierten Prozesses aus Sampling und Theoriebildung, die entstehende Theorie zu überprüfen und weiterzuentwickeln.[28] „Empirische Forschung zielt darauf ab, Theorie zu generieren, und Theorie wiederum wird

---

24 Vgl. Stahl (2007), S. 53

25 Vgl. Schmalenbach (1911/12), S. 304 ff. und Wolff (2003), S. 9

26 Siehe Glaser/Strauss (2005)

27 Vgl. Przyborski/Wohlrab-Sahr (2014), S. 199

28 Vgl. Flick (2011), S. 127, Przyborski/Wohlrab-Sahr (2014), S. 195

nicht „von oben her" entfaltet, sondern soll in eben dieser Forschung begründet sein."[29] In vorliegender Arbeit wird hierbei auf eine Fallanalyse zurückgegriffen. Damit kann das Erkenntnisobjekt detailliert analysiert und die Potentiale der Methoden ausgeschöpft werden.[30] Hierfür ist es jedoch notwendig, den Fall als ein begrenztes System bestmöglich als einen typischen Fall in seiner Ganzheit zu beschreiben. „Identifying what the case is a case of, is also important in determining the unit of analysis, an important idea in the analysis of data."[31]

Insgesamt ist es zur Erarbeitung der Forschungsfragen und zur Erreichung des Ziels notwendig,

- Cluster-Initiativen als ein spezifisches Konstrukt zu beschreiben und zu definieren,
- das Konzept des Wandels und der Wandlungsfähigkeit zu charakterisieren,
- theoretisches Grundlagenwissen von Netzwerken und strategischer Unternehmensführung aufzuarbeiten und dessen Bedeutung für professionelle, wandlungsfähige Cluster-Initiativen kritisch zu beleuchten,
- eine fundierte Auseinandersetzung mit strukturellen, inhaltlichen und prozessualen Dimensionen sowohl im externen Kontext wie auch im internen Kontext wandlungsfähiger Cluster-Initiativen zu leisten und die zentralen Erkenntnisse strategischer Führung zu integrieren,
- auf dieser Grundlage mit Hilfe eines praktischen Anwendungsfalls eine Analyse vorzunehmen und erste Gestaltungsempfehlungen zu entwickeln,
- die besondere Bedeutung der Interaktionsbeziehungen zu erörtern, Funktionen für die strategische Führung hinsichtlich der neuen Anforderungen, insbesondere auch vor dem Hintergrund des Innovations- und Technologiemanagements herauszuarbeiten und ein Konzept für die interaktionsorientierte Führung wandlungsfähiger Cluster-Initiativen abzuleiten sowie
- theoretische und praktische Implikationen für das Management von Cluster-Initiativen sowie für die Clusterpolitik zu entwickeln.

1.2 Wissenschaftstheoretische Grundlagen

Für jede wissenschaftliche Arbeit ist es unerlässlich, das zugrundeliegende Verständnis wissenschaftlicher Praxis, d.h. der impliziten Annahmen und Geltungsansprüche, die mit den präsentierten wissenschaftlichen Aussagen und

29 Vgl. Przyborski/Wohlrab-Sahr (2014), S. 192

30 Vgl. Flick (2011), S. 178

31 Punch (2005), S. 145

den angewandten Methoden verbunden sind, aufzuzeigen.[32] Daher werden im folgenden Kapitel die erkenntnis- und wissenschaftstheoretischen Grundlagen vorliegender Arbeit erörtert. Dies ist insofern notwendig, da es kein festgelegtes Vorgehen für alle Forschungsfälle gibt und das entsprechende Forschungsdesign sowie die angewandten Methoden in gründlicher Auseinandersetzung mit dem Forschungsgegenstand entwickelt werden müssen. Zugleich wird ein Überblick über relevante Forschungsströmungen und der Arbeit zugrunde gelegte Konstrukte gegeben.[33]

1.2.1 Anwendungsorientierung und Praxiszusammenhang

Ausgangspunkt vorliegender Forschungsarbeit ist die Anwendungsorientierung und der Praxiszusammenhang. Damit wird ein pragmatisches Wissenschaftsziel[34] verfolgt sowie ein Beitrag zur anwendungsorientierten Managementlehre im Sinn von Hans Ulrich (1984) geleistet. Gegenstand einer praxisorientierten Betriebswirtschaftslehre ist es, „Konzepte und Vorgehensweisen für eine solche, auf dauerhaftem Erfolg angelegten Führungstätigkeit zu entwerfen".[35] Dabei geht es, im Unterschied zu den angewandten Naturwissenschaften, nicht darum vollständige Problemlösungen in Form von Erklärungen und Prognosen bereitzustellen, vielmehr werden verständnisfördernde Perspektiven zur Definition von Problemen sowie Fragen und Interpretationsmuster zu ihrer Lösung entwickelt.[36] Darüber hinaus spielt die Entwicklung von Heuristiken zur Einleitung und Inganghaltung von Selbstorganisationsprozessen in Unternehmen eine bedeutende Rolle.[37]

> „Auf diese Weise würde die Wissenschaft von dem bisher kaum eingelösten Anspruch befreit, letztlich Probleme für den Praktiker zu lösen, und könnte sich auf eine realisierbare und dennoch gesellschaftlich nützliche Funktion der Aufklärung, Beratung und Kritik konzentrieren."[38]

Die naturwissenschaftliche Forschung ist gekennzeichnet durch ein Subjekt-Objekt-Modell. So ist zwischen Forscher und Forschungsgegenstand keine (soziale) Interaktion notwendig. Wissen wird durch die Wiederholbarkeit der Versuche durch Dritte, der Widerlegbarkeit der mit der Versuchsanordnung verbundenen

32 Vgl. Rüegg-Stürm (2001), S. 15
33 Vgl. Schweitzer (2004), S. 67 ff.
34 Vgl. Kubicek (1977), S. 7
35 Ulrich (1984), S. 151
36 Vgl. Kubicek (1977), S. 29
37 Vgl. Ulrich (1984), S. 152
38 Kubicek (1977), S. 29

theoretischen Aussagen sowie der Reduzierung von Störfaktoren mittels Berechnung oder Experimenten erzielt.[39] Der Forschungsgegenstand hat kein Wissen um sich selbst, welches sein Eigenverhalten beeinflussen könnte. Somit kann klar zwischen res cogitans und res extensa, zwischen aktivem Forscher (Subjekt) und passivem Forschungsgegenstand (Objekt) unterschieden werden.[40] Eine Folge dieses Dualismus ist die Spaltung zwischen Mensch und Natur.[41]

Demgegenüber betrachtet die sozialwissenschaftliche Forschung Phänomene des sozialen Zusammenlebens. Vor diesem Hintergrund befasst sich die Forschung mit (sinnhaften) Wirklichkeiten, welche in sozialen Prozessen inszeniert werden und nicht nur das Gegebene, sondern auch das potentiell Mögliche, Imaginäre bzw. Unmögliche enthalten.[42] Hierbei kann nicht länger von naturgesetzlich vorgegebenen Bahnen ausgegangen werden, vielmehr liegt eine latente Kontingenz vor. Dementsprechend finden sich auch in den Sozialwissenschaften, in den Organisationstheorien sowie in der Managementforschung zunehmend interpretative Ansätze, welche sich aus der Kritik an den positivistischen Ansätzen der Organisations- und Industrieökonomik entwickelt haben.[43] Während positivistische Ansätze von einem „objektiven" Wissenschaftsverständnis ausgehen, betrachten interpretative Ansätze die Organisation und ihre Umwelt als Resultat einer Konstruktion der in ihr handelnden Menschen.[44]

1.2.2 Interpretative Ansätze

Interpretative Ansätze setzen an den subjektiven Determinanten des Handelns von Akteuren an. Diese gelten als symbolisch vermitteltes Verhalten und sind damit grundsätzlich interpretationsbedürftig.[45] Die Erklärung des Handelns von Menschen in und durch Organisationen dient dabei der Klärung der Frage, wie Organisationsmitglieder ihre Wirklichkeit konstruieren, auslegen und verändern.

---

39 Vgl. Rüegg-Stürm (2001), S. 20

40 Vgl. Rüegg-Stürm (2001), S. 20 sowie Scherer (2006), S. 24 ff.

41 Vgl. Graap (2001), S. 34

42 Vgl. Luhmann (1984), S. 93

43 Vgl. Staehle (1999), S. 66 ff., Schauenberg/Föhr (1995), Sp. 2207. Eine Unterscheidung verschiedener interpretativer Ansätze findet sich bei Burrell/Morgan (1979) sowie bei Walter-Busch (2004), Sp. 561 ff.

44 Ein objektives Wissenschaftsverständnis impliziert, dass die soziale Wirklichkeit sich aus einer Außenperspektive heraus als Variablenzusammenhänge rekonstruieren lässt und diese mit Hilfe quantitativer Verfahren überprüft und ausgewertet werden kann. Vgl. Staehle (1999), S. 67.

45 Vgl. Silverman (1970), S. 126 f. sowie Schauenberg/Föhr (1995), Sp. 2207

Interpretative Ansätze haben damit weitreichende Konsequenzen, auch für die Managementforschung. Management wird hierbei durch Interaktionen (soziales Handeln) produziert und reproduziert. Es geht damit weniger um ökonomische Zwänge und den starren Aufbau bzw. die Nutzung von Managementsystemen als vielmehr um Regelmäßigkeiten in den kognitiven und normativen Ausrichtungen der Organisationsmitglieder.[46]

Der ***Konstruktivismus*** als eine Spielart interpretativer Ansätze stellt kein typenfestes Paradigma dar, vielmehr lassen sich verschiedene Varianten[47] unterscheiden, welche in Abbildung 1.1 veranschaulicht werden.

Abb. 1.1: Überblick über konstruktivistische Denkrichtungen[48]

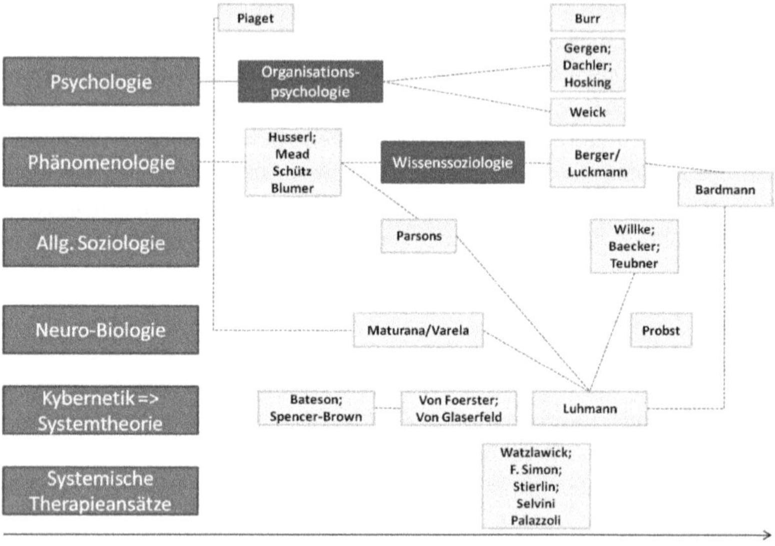

46 Vgl. Staehle (1999), S. 68 sowie Schauenberg/Föhr (1995), Sp. 2207

47 Knorr-Cetina (1989), vgl. auch Kieser (2002), S. 287 ff., Gergen (1985), Scherer (2004), S. 646. Knorr-Cetina unterscheiden im Wesentlichen 1.) den Sozialkonstruktivismus geprägt durch Berger/Luckmann (2010), der im Wesentlichen eine Synthese aus wissenssoziologischen und phänomenologischen Komponenten darstellt, 2.) den kognitionstheoretischen oder erkenntnistheoretischen Konstruktivismus, hauptsächlich vertreten von Maturana und Varela, als eine Synthese aus Neurobiologie, Systemtheorie und Kybernetik 2.Ordnung, sowie 3.) den empirischen Konstruktivismus, ein Forschungsprogramm der Soziologie und Anthropologie, insbesondere der Ethnomethodologie, vgl. hierzu auch Schauenberg/Föhr (1995), Sp. 2208.

48 In Anlehnung an Rüegg-Stürm (2001), S. 27

Der Konstruktivismus hat für die Managementforschung, und hier insbesondere für das strategische Management, eine besondere Bedeutung. So bestehen Organisationen aus konstruktivistischer Sicht nicht nur aus objektiven Gegebenheiten, wie Strukturen oder organisatorischen Regeln, entscheidend ist vielmehr auch, wie Organisationen von den Akteuren im Inneren als auch im Umfeld wahrgenommen werden.[49] Dementsprechend wird nicht davon ausgegangen, dass objektive Gesetzmäßigkeiten das Verhalten der Akteure bestimmen, sondern dass Organisationen nach Regeln ablaufen, die durch das Handeln der Akteure erst geschaffen und verändert werden. Dies impliziert auch, dass Sinn erst über Interpretationsprozesse generiert werden kann.[50] Dabei gilt zu beachten, dass Handlungen immer auch andere Akteure betreffen und sich somit auf Interaktionen beziehen. Damit können Interpretationen ohne Kommunikation zwischen den Akteuren nicht auf ihre Tauglichkeit überprüft werden. Eine „objektive Wirklichkeit" liegt dementsprechend nur insofern vor, als die Interpretationen einzelner Akteure von anderen geteilt werden.[51] Für die Entstehung und das Fortbestehen von Organisationen sind damit die Handlungen, Erwartungen und Interpretationen der Stakeholder bedeutend.[52] So stellt die Wirklichkeit immer ein Ergebnis individueller und sozialer Konstruktionen dar, welche gepaart mit den durch die neuere Hirnforschung belegten Verschränkungen von Vernunft und Gefühl aufzeigen, dass Unternehmen zwar formal organisierte, jedoch nichttrivial operierende Systeme sind.[53]

Auch im Rahmen der ***kognitiven Ansätze*** nimmt der Akteur Umweltinformationen in einem selbst gesteuerten Prozess wahr und konstruiert mittels Interpretation seine Wirklichkeit.[54] Anders als im Konstruktivismus untersucht der kognitive Ansatz dabei das menschliche Verhalten sowie die, dem menschlichen Verhalten zu Grunde liegenden Prozesse. „Unter kognitivem Ansatz können alle

---

49 Vgl. Scherer (2004), Sp. 649, Scherer (2006), S. 32

50 Vgl. Scherer (2006), S. 32, Rüegg-Stürm (2001), S. 28

51 Vgl. Schauenberg/Föhr (1995), Sp. 2207

52 Vgl. Daft/Weick (1984), S. 286 ff., Weick (1979)

53 Vgl Stahl (2007), S. 61

54 Der kognitive Ansatz in der Organisationsforschung findet erst seit den 80er Jahren des 20. Jh. wachsende Bedeutung, auch wenn erste Entwicklungen bereits bei Descartes im 17. Jh. zu finden sind. Durch die Begründung der Kybernetik und die Entwicklungen der Neurowissenschaften erlangten die kognitiven Ansätze im Laufe der 50er Jahre eine deutliche Stärkung. In den 70er Jahren folgte dann die „kognitive Wende", zunächst in der Psychologie, später dann auch in der Organisationsforschung. Vgl. Sackmann (2004), Sp. 587

Forschungsinteressen zusammengefasst werden, die sich mit der Informationsaufnahme und –verarbeitung, dem Denken und Wissen sowie dem kontextuellen Verstehen und Handeln mit den jeweiligen Konsequenzen auf den Ebenen Individuum, Gruppe, Organisation oder organisationsübergreifend befassen."[55] Menschliches Verhalten ist demnach kein Reaktionsautomatismus, sondern geprägt durch vorhandene kognitive Strukturen, wie etwa Annahmen über die Realität bzw. die sie prägenden Ursache-Wirkungs-Beziehungen, Persönlichkeitsmerkmale, Informationsverarbeitungskapazität, usw.[56] Dies impliziert, dass Menschen die in der Umwelt zur Verfügung stehenden komplexen und mehrdeutigen Informationen nicht angemessen verarbeiten können und auf Vereinfachungen angewiesen sind, da nicht ohne weiteres ein umfassendes Verständnis der Zusammenhänge sowie entsprechende Handlungen generiert werden können. Demnach findet eine Abkehr von rationalistischen Prämissen des individuellen Entscheidungsverhaltens innerhalb der neoklassischen Theorie statt hin zu dem Modell begrenzter Rationalität (Bounded Rationality) von SIMON und MARCH.[57]

In der Managementforschung haben sich kognitiv-interpretative Ansätze entwickelt, die sich sowohl auf kognitive als auch konstruktivistische Annahmen stützen. An dieser Stelle lässt sich zusammenfassen, dass verbunden mit dem konstruktivistischen Paradigma der Arbeit eine verstehende Perspektive zugrunde liegt und mit den kognitiven Ansätzen sämtliche Ebenen einbezogen werden.[58] Dementsprechend wird der Mensch als „(umwelt-)interpretierendes, Sinn schaffendes, lernendes und verlernendes Wesen verstanden, das in Interaktion mit seiner Umwelt sich selbst, Sachverhalte und Situationen in Relation zu diesen Interaktionspartnern entsprechend definiert, interpretiert und agiert."[59] Der Akteur ist damit eng mit seiner Umwelt verbunden, interpretiert diese aktiv und versucht Sinn zu stiften im jeweiligen Handlungskontext.

Diese Ansätze sind insbesondere vor dem Hintergrund turbulenter, sich schnell ändernder Umfelder notwendig, da sie wichtige Erkenntnisse zum Umgang mit Wandlungsfähigkeit liefern. Schnelle Reaktionen und Wandlungsfähig-

---

55 Sackmann (2004), Sp. 588

56 Vgl. Wetzel (2005), 161 sowie Bamberger/Wrona (2012), S. 66

57 Vgl. March/Simon (1958)

58 Hiervon lässt sich die informationsverarbeitende Perspektive abgrenzen, welche auf Basis eines sozial-behavioristischen Paradigmas, Kognition mit Informationsverarbeitung gleichsetzt. Es wird ein rationales Menschenbild unterstellt. Darüber hinaus wird die Umwelt symbolisch repräsentiert, wobei diese symbolischen Repräsentationen durch kognitive Prozesse beeinflusst werden. Vgl. hierzu Sackmann (2004), Sp. 588 f.

59 Sackmann (2004), Sp. 589

keit erfordern sowohl die Bereitschaft und die Fähigkeit Wandel zu vollziehen als auch eine „reibungslose" Kommunikation zu ermöglichen, wodurch in gewisser Weise eine gemeinsame Kontextentwicklung und Ausgestaltung geteilter Wirklichkeiten unterstellt wird. Insbesondere durch die enge Verbindung zwischen Akteuren und Umwelt ist die dargelegte Sichtweise eine gute Grundlage zur permanenten Neuerfindung von Organisationen, Prozessen und Produkten und somit zur Sicherung langfristiger Erfolge, insbesondere auch vor dem Hintergrund des Interaktionsansatzes. Die Verwendung interpretativer Ansätze bietet dabei insbesondere drei Vorteile. „Erstens bieten sie eine bessere Chance auf eine Annäherung an die Wirklichkeit des Managements. Zweitens verweisen sie explizit auf die Bedeutung von Kommunikation und Interaktion für die Konstitution der Managementpraxis. Drittens öffnet eine konstruktivistische Sicht den Blick für Managementphänomene, die bislang kaum thematisiert werden."[60]

1.2.3 Systemtheorie

Ebenfalls aufbauend auf dem konstruktivistischen Gedankengut ist die Systemtheorie als weitere, grundlegende Basis vorliegender Arbeit zu charakterisieren.[61] Systemtheoretische und kybernetische Ansätze haben die Managementforschung in verschiedenen Entwicklungsphasen erheblich beeinflusst. Zwar lassen sich diese Ansätze als ganzheitliche, interdisziplinäre Perspektiven darstellen, ihre Wurzeln sind jedoch entweder auf natur- oder auf sozialwissenschaftliche Theorien zurückzuführen.[62] Ihren verschiedenen Varianten gemein ist die Förderung systemischen Denkens, welches Kreisläufe und Rückkopplungsprozesse in den Vordergrund stellt. So findet eine Abkehr des traditionellen mechanistischen

---

60 Staehle (1999), S. 69

61 „Systemtheorie", „systemtheoretischer Ansatz" bzw. „systemorientierter Ansatz" werden trotz begrifflicher Unschärfe in der Literatur zumeist synonym verwendet. Da vorliegende Arbeit lediglich einem systemtheoretisch orientierten Ansatz folgt und nicht zur Weiterentwicklung der Systemtheorie dient, wird auf eine begriffliche Unterscheidung in dieser Arbeit verzichtet.

62 Der Ursprung der Systemtheorie ist in den Naturwissenschaften zu finden. So entwickelte der österreichische Biologe Ludwig von Bertalanffy in den 1930er Jahren ein Konzept zur Beschreibung und Erklärung biologischer Phänomene und legte damit den Grundstein einer „allgemeinen" Systemtheorie. Hierbei fasst Bertalanffy den Organismus als ein dynamisches System auf, bei welchem sich das Verhalten aus den Wirkungszusammen-hängen der systembildenden Elemente ableiten lässt. Vgl. Staehle (1999), S. 41, Wolf (2008), S. 156 ff., Bamberger/Wrona (2012), S. 73 ff. sowie Bertalanffy (1950)

Weltbildes mit seiner linearen Logik kausaler Ursache-Wirkungsbeziehungen hin zu einer Vorstellung von Systemen als Ganzheiten statt.[63] Ein System kann dabei definiert werden als „eine geordnete Gesamtheit von Elementen, zwischen denen irgendwelche Beziehungen bestehen oder hergestellt werden können".[64] Forrester differenziert weiter und beschreibt Systeme als eine „Anzahl von miteinander in Beziehung stehenden Teilen, die zu einem gemeinsamen Zweck miteinander kooperieren."[65]

Es handelt sich um gedankliche Vorstellungen von konstruierten Ganzheiten, die je nach Inhalt, Situation und Bereich eine unterschiedliche Ausprägung erfahren. Teile oder Elemente stellen dabei die kleinsten Einheiten dar, welche sich nicht weiter unterteilen lassen bzw. deren weitere Unterteilung im betrachteten Kontext nicht sinnvoll erscheint.[66] Neben den Elementen ist auch die Systemstruktur, als Menge aller Beziehungen der einzelnen Systemelemente, ein weiterer notwendiger Systembestandteil.[67] Von besonderer Bedeutung ist darüber hinaus die Abgrenzung des Systems.[68] Die Systemgrenze differenziert das System von seiner Umwelt und unterscheidet damit Elemente des Systems von solchen, die nicht dem System zugehörig sind.[69] „Systeme müssen (…) als Identitäten begriffen werden, die sich in einer komplexen und veränderlichen Umwelt durch Stabilisierung einer Innen-Außen-Differenz erhalten."[70] Die Ausdifferenzierung von Elementen, Strukturen und Systemgrenzen sowie deren inhaltliche Festlegung sind dabei jeweils vom Beobachtungs- und Forschungsstandpunkt abhängig.[71] Durch die Betrachtung der gegenseitigen Beeinflussung des Systems und seiner Elemente sowie der Umwelt wird die Analyse mit der

---

63 Vgl. Schön (2009), S. 27, Zahn (1972), S. 14

64 Ulrich (1970), S. 105. Die Idee des systemischen Denkens geht auf Aristoteles und dessen Grundannahme, dass das „Ganze" mehr als die Summe seiner Teile ist, zurück. Vgl. Bertalanffy (1974), S. 407

65 Forrester (1972), S. 9. Vgl. weitere ähnliche Definitionen des Systembegriffs: Ulrich/Probst (1995), S. 30, Bamberger/Wrona (2012), S. 73

66 Vgl. Ulrich (1970), S. 107, Gagsch (2002), S. 7, Tilebein (2005), S. 44

67 Vgl. Tilebein (2005), S. 44, Westkämper/Zahn (2009), S. 57

68 Bestehen zwischen den Elementen des Systems und den Elementen der Umwelt Austauschbeziehungen, d. h. die Systemgrenze ist durchlässig für Informationen, Material oder andere Einflüsse, so wird von einem offenen System gesprochen. Sind diese Austauschbeziehungen nicht vorhanden, handelt es sich um ein geschlossenes System. Vgl. Bertalanffy (1972), S. 37 ff. sowie Ulrich (1970), S. 166

69 Vgl. Luhmann (1984), S. 52 ff., Tilebein (2005), S. 44

70 Luhmann (1973), S. 175

71 Vgl. Stünzner (1996), S. 39, Schön (2009), S. 27

Synthese verbunden.[72] Erst die Analyse der wechselseitigen Wirkungen gibt Auskunft über die Dynamik in einem System und damit die effektive Komplexität.[73]

Bezogen auf betriebswirtschaftlich relevante Systeme charakterisiert ULRICH Unternehmen als Organisationen mit leistungswirtschaftlichen Zielen („produktiv") und Menschen als Hauptakteuren („sozial"). Hiermit wendet ULRICH sich von der eingeengten Sichtweise der Lehre vom Kombinationsprozess der Produktionsfaktoren, bei welcher der „produktionstheoretische Standpunkt" dominiert, ab. Als Grundparameter des Systems „Unternehmung", sieht er denn die Zweckorientierung des Systems, den Mensch als wesentliches Systemelement sowie die Leistungserbringung mit Hilfe „technischer" Ressourcen an.[74] Eine Organisation kann demnach, in Anlehnung an BARNARD, welcher den Begriff als erster prägte, als zweckorientiertes, offenes, soziotechnisches System angesehen werden.[75]

Es gilt in der betriebswirtschaftlichen Literatur als gesicherte Erkenntnis, dass das Organisationsumfeld eine zentrale Bedeutung für die Funktionsfähigkeit der Organisation und deren Gestaltung hat.[76] So ist es für die Effektivität der Organisation, im Extremfall für deren Überlebensfähigkeit, entscheidend, inwiefern

---

72 Vgl. Probst (1987), S. 33 sowie Schulte-Zurhausen (2014), S. 39 ff.

73 Vgl. Staehle (1999), S. 44 sowie Probst (1987), S. 32 f.

74 Vgl. Ulrich (1970), Wolf (2008), S. 182, Schön (2009), S. 27, Schweitzer (2004), S. 116 ff., Gagsch (2002), S. 8 ff.

75 Vgl. Barnard (1966) sowie Schulte-Zurhausen (2014), S. 30 f., Staehle (1999), S. 416 ff., Ulrich (1984), S. 71 f. Technische Systeme arbeiten grundsätzlich nach bestimmten Regelmäßigkeiten. Sie sind gekennzeichnet durch eindeutige Kausalitäten, Linearität und Reversibilität. Im Gegensatz dazu verändern sich in sozialen Sys-temen, die stets Menschen als Mitglieder umfassen, im Laufe der Zeit ihre Wirkungsverläufe und damit auch ihr Beziehungsgefüge. Da auch soziotechnische Systeme Menschen und deren spezifische Fähigkeiten als Mitglieder integrieren, besitzen sie letztlich dieselben Eigenschaften wie soziale Systeme und heben sich somit von den ausschließlich technischen Systemen ab. Vgl. Gagsch (2002), S. 9 f. sowie Mildenberger (1998), S. 93 und Ulrich/Probst (1995), S. 97

76 Üblicherweise werden die Kontextfaktoren in ein gesellschaftliches, politisches, rechtliches, technisches, ökonomisches und ökologisches Umfeld unterteilt. Vgl. Kubicek/Thom (1976), Sp. 3988 ff., Schön (2009), S. 34 sowie Macharzina/Wolf (2015), S. 22 ff. und Schreyögg (1993), Sp. 4237, die, auch nähere Ausführungen der einzelnen Umfelder darstellen. Darüber hinaus kann noch das unternehmensspezifische Umfeld abgegrenzt werden, dass im Gegensatz zur allgemeinen Umwelt, welche alle darin agierenden Unternehmen beeinflusst, nur die Strukturen und das Verhalten von Interessensgruppen betrachtet, die mit einem einzelnen Unternehmen direkt agieren, vgl. Gagsch (2002), S. 20 ff. wie auch Kreder (1983), S. 32 f.

es der Organsiation gelingt, Chancen und Risiken im Umfeld zu identifizieren, entsprechend zu agieren und gleichfalls Einfluss auf das Umfeld zu nehmen.[77] Im Sinn von ASHBYS „law of requisite varity“ benötigen Organisationen für das Bestehen in veränderlichen und komplexen Umwelten daher intern eine entsprechend komplexe Struktur, um die vielfältigen Beziehungen mit der Umwelt erfassen und verarbeiten zu können.[78] Aus diesem Grund gehen LAWRENCE und LORSCH davon aus, dass Organisationen intern Subsysteme bilden, die auf bestimmte Umfeldsegmente spezialisiert sind.[79] Hieraus ergibt sich ein Spannungsfeld zwischen gleichzeitiger Geschlossenheit und Offenheit des Systems sowie einer gesteigerten Komplexität des Gesamtsystems. Dennoch spielen Teilsystembetrachtungen auf Grund der begrenzten Kapazität des Menschen eine wichtige Rolle.[80] Ein System differenziert sich mittels Selbstreflexion[81] von der Umwelt, wobei es durch Selektion nur bestimmte, für das System relevante Umweltaspekte in die Betrachtung einbezieht. Daher wird im Folgenden von einem nicht abgegrenzten, flexiblen Umfeldbegriff ausgegangen, welcher alle natürlichen und technologischen Rahmenbedingungen sowie selbstständige, handlungsfähige, soziale bzw. sozio-technische Systeme einschließt, die den Zielerreichungsgrad der Organisation beeinflussen können.[82] Diese Begriffsauffassung inkludiert dabei all diejenigen Kontextfaktoren, mit denen Unterschiede in den Strukturen erklärt werden können. Dabei sind die Faktoren jedoch nicht von der Organisation allein beeinflussbar, sondern resultieren aus dem Verhalten mit anderen.[83]

Zusammenfassend kann eine Organisation aus systemtheoretischer Sicht wie folgt strukturiert werden: Eingebettet in eine umfassende Entität – die „Umwelt“ – ist die Organisation in ihrer „Inwelt“ zusammengesetzt aus kleineren Komponenten, wie Individuen, Gruppen und funktionalen Subsystemen.[84] Damit löst der Begriff der Einbettung das klassische Über-/Unterordnungsverhältnis ab

---

77 Vgl. Pfeffer/Salancik (1978), S. 2 ff. sowie Dess/Beard (1984), S. 52

78 Vgl. Ashby (1956), Steinmann/Schreyögg (2005), S. 69

79 Vgl. Lawrence/Lorsch (1969), S. 8 ff., Wiegand (1996), S. 135

80 Vgl. Luhmann (1991), S. 37 f., Haberfellner (1975), S. 9 ff.

81 Reflexion ist formuliert „als die Einheit des Systems im Unterschied zu etwas anderem und vollzieht eine Abgrenzung zur Umwelt und anderen Systemen“. Davon abzugrenzen ist die Reflexivität welche einer Vorher/Nachher-Differenz gleicht und so eine prozessuale Selbstreferenz darstellt. Vgl. Krcal (2003), S. 8

82 Vgl. Nippa (1988), S. 267, Schön (2009), S. 35

83 Vgl. Kieser/Walgenbach (2010), S. 408 ff., Staehle (1999), S. 420 und Duncan (1972), S. 314. Sterman (2000), S. 11 veranschaulicht diesen Zusammenhang durch ein systemdynamisches Feedback-Modell.

84 Vgl. Perich (1992), S. 129

und bezieht sich auf eine Rekursivität, die wiederum ein Mittel zur Komplexitätsbeherrschung darstellt.[85] Mit Hilfe rekursiver Strukturen können Ordnungsprinzipien identifiziert werden, die auf weitere Ebenen ohne eine Steigerung der Varietätsbarrieren bei der Umsetzung übertragen werden können. So ist beispielsweise ein Mensch als kognitiver Apparat, d. h. ein Netzwerk aus neuronalen Netzen zu verstehen; eine Gruppe ist dann ein soziales Netzwerk aus Individuen; Organisationen umfassen mehrere soziale Netzwerke, die funktional zusammengefügt werden; und Institutionen sind letztlich Regelnetzwerke formeller und informeller Art, die große Raum-Zeit-Distanzen einschließen.[86]

Zusammenfassend kann festgehalten werden, dass in der vorliegenden Arbeit eklektisch Elemente der hier angeführten Referenztheorien zugrunde gelegt werden, wobei die Ansätze des radikalen und relationalen Konstruktivsimus und der Systemtheorie das theoretische Fundament für die Interventionsebene der Organisation und die Ansätze der interpretativen, d. h. kognitiven Handlungstheorien die Interventionsebene der Individuen darstellen.

1.3 Forschungsstrategie und Aufbau der Arbeit

Aufbauend auf den wissenschaftstheoretischen Grundlagen und zugrunde gelegten Theorien wird in der vorliegenden Forschungsarbeit die fortlaufende Entwicklung von Cluster-Initiativen eingehend untersucht und ein umfassendes, integriertes Konzept zum Management solcher Konstrukte erstellt. Auf Grund der zumeist eher statischen Betrachtungsweise des Wandels und der Anpassungsfähigkeit von Organisationen, welche dem vielschichtigen Sachverhalt einer Cluster-Initiative nicht gerecht wird, dient in vorliegender Arbeit PETTIGREWs „Context-Content-Process"-Modell als adäquater Bezugsrahmen zur Untersuchung des Forschungsobjektes. Im Gegensatz zu den meisten Studien und literarischen Ausführungen, welche sich auf spezielle Feinheiten einzelner Transformationen beziehen, handelt es sich hierbei um einen holistischen und dynamischen Ansatz des Wandels, der nicht nur verschiedene Ebenen, sondern auch ebenenübergreifende Kategorien und Zusammenhänge in die Analyse einbezieht (siehe Abb. 1.2). Diese Ebenen werden im Rahmen einer „contextualist analysis" in Bezug auf ihre Merkmale und Strukturen analysiert und spezifiziert, wobei der Fokus auf erklärenden Inhalten liegt. Die strategische Führung wird in diesem Modell als ein wesentlicher Faktor in Wandelprozessen hervorgehoben, auch wenn es deren Einfluss vor dem Hintergrund komplexer Zusammenhänge

85 Vgl. Reichel (2006), S. 57 sowie Ashby (1956), S. 124 ff. und 206 f.

86 Vgl. Reichel (2006), S. 58

in Veränderungsprozessen kritisch zu überprüfen gilt. So wird entgegengesetzt zu vielen bisherigen Ausführungen nicht auf eine vereinfachende und präskriptive Beschreibung der Führung in Wandelprozessen abgestellt, sondern ein umfassender Ansatz gewählt, der sowohl zur Beschreibung als auch zur Erklärung dient. Insofern bietet der Bezugsrahmen ebenfalls eine gute Ausgangsbasis, den Einfluss und die Existenz der strategischen Führung im Rahmen einer Cluster-Initiative zu untersuchen.

Abb. 1.2: Das „Context-Content-Process"-Modell von PETTIGREW[87]

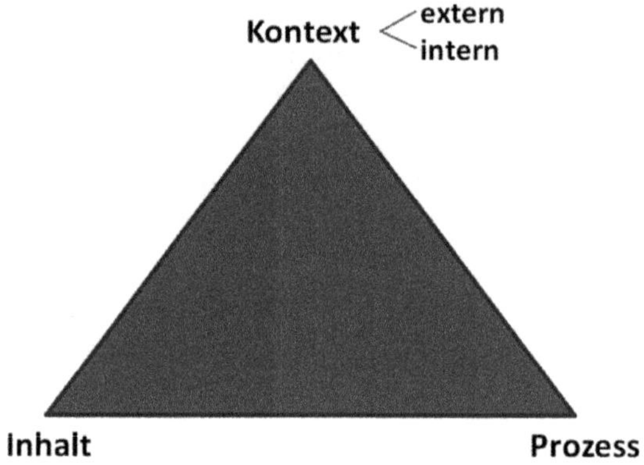

Aufbauend auf der Kennzeichnung des wissenschaftstheoretischen Kontextes, der Charakterisierung des Erfahrungs- und Erkenntnisgegenstandes sowie der Forschungsstrategie setzen die Wissenschaftsziele sowie die Ausgestaltung des Forschungsablaufs an. Entsprechend eines wissenschaftlich-theoretischen Vorgehens werden zunächst die Objekte der betrachteten Fragestellung in allen Teilen, Eigenschaften und Relationen beschrieben (Beschreibungszusammenhang).[88] Im zweiten Schritt folgt die Gewinnung neuer Erkenntnisse über das Wirtschaften in Organisationen im Rahmen des sogenannten Entdeckungszusammenhangs. Hierdurch wird ein gedanklicher Bezugsrahmen geschaffen sowie die Zielsetzung der Forschung festgelegt.[89] Daran anschließend stellt der Begründungszusammenhang die Rechtfertigung betriebswirtschaftlicher Aussagen dar. Schritt vier umfasst die Anwendung betriebswirtschaftlicher Erkenntnisse und Verfahren zur idealtypischen Lösung unternehmensbezogener Probleme und beschreibt damit

87 Quelle: Nach Pettigrew (1987), S. 657
88 Vgl. Chmielewicz (1994), S. 36 ff. und 90 ff., Schweitzer (2004), S. 68
89 Vgl. Klammer (2005), S. 34 ff., Atteslander (2010), S. 18 f.

den Gestaltungszusammenhang.[90] Gegenstand ist die Generierung grundsätzlich umsetzbarer Lösungsvorschläge für die Unternehmens- und Managementpraxis im Sinn von Gestaltungsempfehlungen und Instrumenten sowie Empfehlungen zu deren Anwendung.[91]

Diesen Phasen wissenschaftlich-theoretischen Vorgehens und der Forschungsstrategie folgend gliedert sich vorliegende Arbeit in fünf Teile (vgl. Abbildung 1.3), wobei Kapitel 1 in die Thematik einführt und neben der Problemstellung und dem Forschungsbedarf auch den wissenschaftstheoretischen Kontext und die Forschungsstrategie aufzeigt.

In Kapitel 2 werden die theoretischen Begriffe näher erläutert und entsprechend der Forschungsfragen spezifiziert. Dabei wird der Stand der Forschung wie auch der Praxis dargelegt. Allem voran gilt es noch einmal Cluster einzuordnen sowie Clusterorganisationen als eigene Konstrukte zu definieren. Auch die Spielarten der strategischen Unternehmensführung sind vor dem skizzierten Hintergrund näher zu beleuchten.

Im dritten Teil wird anhand der praktischen Fallstudie „Cluster Elektromobilität Süd-West" die „contextualist analysis" durchgeführt. Hierfür werden zunächst die einzelnen Ebenen der Analyse theoretisch kurz beschrieben und auf die Fallstudie angewendet. Anschließend werden die Ergebnisse anhand der Forschungsfragen kritisch hinterfragt und es wird eine weitere Spezifizierung und Detaillierung vorgenommen. Der Cluster Elektromobilität Süd-West ist als einer von 15 deutschen Spitzenclustern gefördert durch das Bundesministerium für Bildung und Forschung und das Land Baden-Württemberg prädestiniert für eine Untersuchung. So gilt es bei der Untersuchung eines konkreten Falls immer, ein typisches oder besonders aufschlussreiches Beispiel für ein allgemeineres Problem zu wählen.[92]

In Kapitel 4 wird basierend auf den vorherigen Ergebnissen unter zu Hilfenahme verschiedener theoretischer Ansätze ein Konzept der interaktionsorientierten strategischen Führung wandlungsfähiger Cluster-Initiativen erarbeitet, welches durch fünf Funktionen charakterisiert werden kann.

Dieses Konzept wird in Kapitel 5 wieder in die Praxis zurückgespielt, wodurch sich theoretische und praktische Implikationen für die Führung von Cluster-Initiativen ableiten lassen. Hierdurch wird der Anwendungsbezug wiederhergestellt und die wissenschaftliche Anschlussfähigkeit gewährleistet.

90 Vgl. Schön (2009), S. 13 ff.
91 Vgl. Chmielewicz (1994), S. 146
92 Vgl. Flick (2011), S. 178

Die Arbeit schließt mit einem Fazit, dass neben den Grenzen der gewonnenen Erkenntnisse und des entwickelten Konzeptes auch die Möglichkeiten zukünftiger Forschung aufweist.

Abb. 1.3: Gliederungsübersicht der Forschungsarbeit[93]

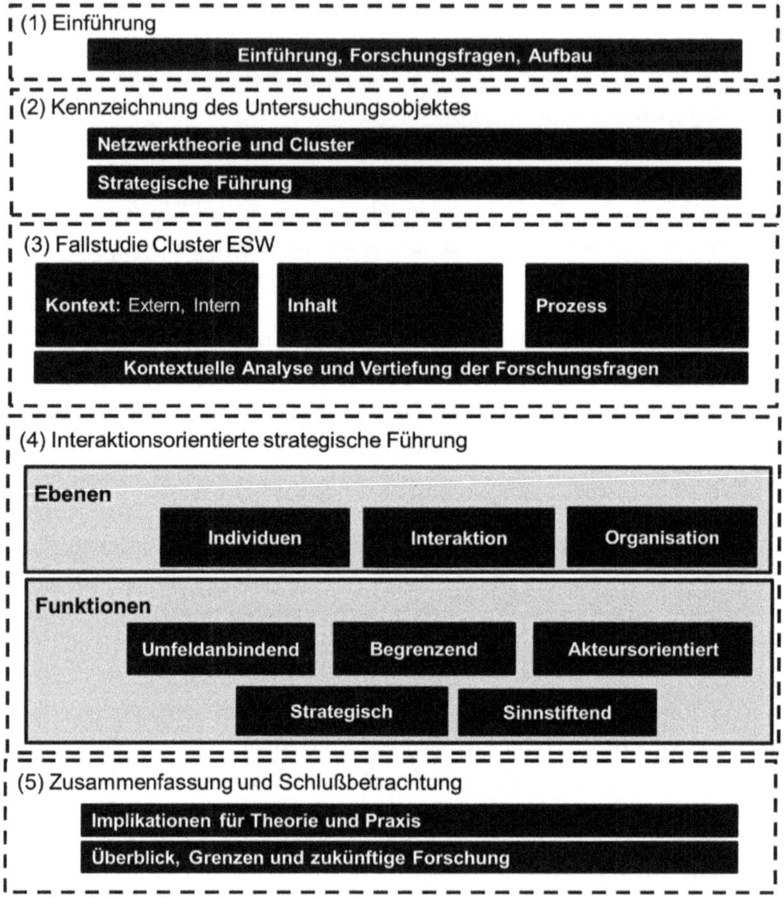

93 Quelle: eigene Darstellung

2. Theoretische Grundlagen und Stand der Forschung

"So the question is not one of whether or not to innovate but rather of how to do so successfully."
(Bessant)

Internationaler Wettbewerb, Digitalisierung und Restrukturierungsprozesse auf Firmen- und Branchenebene führen neben Veränderungen in Geschäftsabläufen auch zu verstärkten Investitionen in neue Technologien.[94] Die Öffnung vieler Märkte sowie schnellere Transport- und Kommunikationsmöglichkeiten scheinen den Einfluss des Standorts als Wettbewerbsfaktor zu mindern. Jedes Unternehmen unabhängig seiner Entfernung ist in der Lage schnell auf Ressourcen zuzugreifen, wodurch diese Ressourcen nicht mehr als Quelle für Wettbewerbsvorteile gelten.[95] Es geht also nicht mehr nur um die Optimierung bestehender Geschäfte, um die Durchsetzung von Normstrategien oder die Verschiebung von Marktanteilen. Vielmehr geht es um die Schaffung neuer Strukturen, Prozesse und Produkte. Somit steht nicht länger die Exploitation, sondern die Exploration im Vordergrund.[96] Es müssen kontinuierlich neue Produkte und ergänzende Serviceleistungen angeboten, neue Märkte und Kundengruppen erschlossen, neue Geschäftsmodelle entwickelt, neuartige Wertschöpfungsverbünde aufgebaut sowie Standorte in vielen Ländern eröffnet werden. All dies führt dazu, dass ein wesentlich höherer Anteil an Ressourcen wie auch an Managementleistung für solche Aktivitäten benötigt wird als in früheren Zeiten.[97]

Bei der Betrachtung realer Märkte und Industrieentwicklungen fällt auf, dass zunehmend Agglomerationen von Unternehmen einer Branche an bestimmten Standorten mit außerordentlicher Marktpositionierung, wie z. B. das Silicon Valley, global von großer Bedeutung sind und dort signifikante Wettbewerbsvorteile generiert werden.[98] Nach Abflauen der „merger-mania“ in den 1980er und 1990er

94 Vgl. Zahn (2017), S. 195

95 Vgl. Porter (1998), S. 78, Gerybadze (2004), S. 1, von der Oelsnitz (2005), S. 185

96 Bei der Exploitation geht es um die Nutzung vorhandener Stärken in Verbindung mit inkrementellen Verbesserungen. Dagegen stellt die Exploration auf den lerngetriebenen Aufbau von Potenzialen und damit der Erschließung neuer Zugänge und Möglichkeiten ab., vgl. Weibler/Keller (2010), S. 260, March (1999), S. 184

97 Vgl. Gerybadze (2004), S. 4

98 Vgl. Porter (1998), S. 78 ff., Zahn (2017), S. 194 f.

Jahren zeigt sich hiermit, dass weiterhin neue institutionelle Zusammenschlüsse wie strategische Allianzen oder regionale Netzwerke bei vielen Unternehmen für eine Verbreiterung der organisationalen Ressourcenbasis genutzt werden. Zwischenbetriebliche Kooperationen helfen den vielfältigen Herausforderungen des veränderten Wettbewerbs zu trotzen. Einzelne Unternehmen können durch die Komplexitätszunahme von Industrie- und Konsumgütern insbesondere in dynamischen und/oder investitionsintensiven Branchen sowohl hinsichtlich der wachsenden Anforderungen wie auch der intellektuellen Fähigkeiten und Finanzkraft der Anbieter überfordert werden. Auch erhöht sich der Druck ein ganzheitliches Systemangebot zu entwickeln, nicht zuletzt auf Grund gestiegener Kundenansprüche und Technologiekonvergenz. Dies alles ist gegenwärtig nur noch im Verbund mit anderen Unternehmen, d. h. auf kooperativem Weg, leistbar.[99] So sind es nicht nur die Unternehmen, die sich bezüglich des technologischen Wettrüstens gezwungen sehen, sich mit dem Thema auseinanderzusetzen, auch die politischen Systeme in immer mehr Staaten setzen gezielte Strategien der Forschungs- und Technologiepolitik ein, um die Wirtschaftskraft an den Standorten zu fördern und damit für weitere Ansiedlungen und Investitionen attraktiver zu gestalten. Dabei wird immer mehr auf systematisches Management geachtet und konsequenter umgesetzt.[100] Gerade hier dienen Cluster- und Netzwerkstrukturen dazu, regionale Innovationspotenziale effektiv zu nutzen, die unterschiedlichen Akteure aus Wirtschaft, Wissenschaft und der öffentlichen Hand miteinander zu verbinden sowie den Wissenstransfer zu unterstützen.[101] Da mit solchen Innovationen vielfach gänzlich neue Infrastrukturen geschaffen werden, wird hierfür auch der Begriff der postindustriellen Systeminnovation verwendet.[102] Innovationen sind demnach wesentlich mehr als graduelle Verbesserungen oder die Reduktion auf ein technisches Problem.[103] Oder wie SCHUMPETER bereits 1931 schrieb:

> „Die Durchsetzung neuer Kombinationen … deckt folgende fünf Fälle: 1) Herstellung eines neuen, d. h. dem Konsumentenkreise noch nicht vertrauten Gutes oder einer neuen Qualität eines Gutes. 2) Einführung einer neuen, d. h. dem betreffenden Industriezweig noch nicht praktisch bekannten Produktionsmethode, die keineswegs auf einer wissenschaftlich neuen Entdeckung zu beruhen braucht und auch in einer neuartigen

99 Vgl. von der Oelsnitz (2005), S. 185

100 Vgl. Gerybadze (2004), S. 4

101 Vgl. Drewello/Kiehlmann (2015), S. 7

102 Vgl. Hauschildt/Gemünden (2011), S. 26

103 Vgl. Hauschildt/Salomo (2011), S. 4. Für eine Übersicht zu verschiedenen Innovationsbegriffen siehe bspw. Hauschildt/Salomo (2011), S. 6 ff.

Weise bestehen kann, mit einer Ware kommerziell zu verfahren. 3) Erschließung eines neuen Absatzmarktes, d. h. eines Marktes, auf den der betreffende Industriezweig des betreffenden Landes bisher noch nicht eingeführt war, mag dieser Markt schon vorher existiert haben oder nicht. 4) Eroberung einer neuen Bezugsquelle von Rohstoffen oder Halbfabrikaten, wiederum: gleichgültig, ob diese Bezugsquelle schon vorher existierte – und bloß sei es nicht beachtet wurde, sei es für unzugänglich galt – oder ob sie erst geschaffen werden muss. 5) Durchführung einer Neuorganisation, wie Schaffung einer Monopolstellung (z. B. durch Vertrustung) oder durch Brechen eines Monopols."[104]

Treten Ökonomie und Managementlehre gleichrangig neben Technik und Produktion, wird die rein technische Sicht zugunsten einer administrativ-betriebswirtschaftlichen aufgegeben. ZAHN und WEIDLER haben diese Perspektive umfassend systematisiert und in drei Dimensionen des „integrierten Innovationsmanagements" untergliedert:[105]

- technische Innovationen: Produkte, Prozesse, technisches Wissen,
- organisationale Innovationen: Strukturen, Kulturen, Systeme, Management Innovationen,
- geschäftsbezogene Innovationen: Erneuerung des Geschäftsmodells, der Branchenstruktur, der Marktstrukturen und -grenzen, der Spielregeln.

In diesem Sinn können Cluster als organisational-instiutionelle Innovationen und die interaktionsorientierte strategische Führung dieser als Managementinnovation charakterisiert werden. Ersichtlich wird dabei einmal mehr, dass sich das Innovieren zunehmend anspruchsvoller, komplexer und zeitaufwendiger gestaltet. Ein gemeinsames Interagieren von Akteuren mit unterschiedlichen Kompetenzen wird daher immer wichtiger. Insbesondere für kleine und mittlere Unternehmen (KMU) wird es dabei zunehmend schwieriger, in diesem komplexen Umfeld zu handeln.[106] Umso verwunderlicher ist es, dass in bisherigen Untersuchungen die Kooperation mit Marktpartnern eine eher geringe Aufmerksamkeit erzielt hat. Auch dem Innovationsprozess als solchem, d. h. dem erweiterten Fokus zu systematischer Forschung und Entwicklung wurde eher wenig Beachtung geschenkt. Kleine und mittlere Unternehmen werden selten gesondert berücksichtigt.[107]

Daher wird im Folgenden ausgehend von den konstruktivistischen, kognitiven und systemtheoretischen Ansätzen der Begriff des Netzwerks allgemein kurz erläutert und der Begriff des Clusters sowie dessen Spezifika in diesen Kontext ein-

---

104 Schumpeter (1931), S. 100 f.

105 Vgl. Zahn/Weidler (1995), S. 362 ff.

106 Vgl. Künzel u. a. (2015), S. 17

107 Vgl. Gerpott (2005), S. 119 ff.

geordnet. Hierbei wird auf die grundlegenden Begriffe eingegangen wie auch eine Abgrenzung zu angrenzenden Forschungsfeldern durchgeführt. Da es sich hierbei um eine Systeminnovation im SCHUMPETERschen Sinn handelt und verschiedene strategische Ansätze Unternehmen dazu bringen zu kooperieren, werden diese Grundlagen anschließend dargelegt, bevor im nächsten Kapitel eine Analyse anhand des Fallbeispiels vorgenommen wird. Damit wird eine Basis für die weiteren Ausführungen und die Erarbeitung eines Konzeptes für eine interaktionsorientierte strategische Führung in wandlungsfähigen Cluster-Initiativen geschaffen.

2.1 Netzwerke – Begriff, Ausprägungen und Konsequenzen

Zunächst einmal stellt sich die Frage, was unter einem Netzwerk zu verstehen ist. Es lässt sich festhalten, dass bislang keine in sich geschlossene Netzwerktheorie entwickelt wurde. Vielmehr handelt es sich um eine Reihe verschiedener Ansätze mit unterschiedlichen theoretischen Hintergründen, die sich sowohl in Explanans als auch Explanandum unterscheiden.[108] Wesentlich sind dabei Fragestellungen rund um die Entstehung und Evolution von Netzwerkstrukturen und einzelnen Relationen, die Konzeption einer bestimmten Organisationsform, die Koordination und Steuerung von Netzwerken sowie die Auswirkung der strukturellen Einbettung auf das Handeln der Akteure.[109] Darüber hinaus ist zwischen interorganisatorischen Netzwerken, wie z. B. Innovationsnetzwerken zwischen Unternehmen, und intraorganisationalen Netzwerken, bestehend aus Beziehungen zwischen organisatorischen Einheiten oder zwischen einzelnen Mitarbeitern, zu unterscheiden.[110] Letztere entwickeln sich zwar im Schatten der Hierarchie, können diese jedoch nie vollständig überwinden. Dagegen ist beim Management von interorganisationalen Netzwerken die Möglichkeit hierarchischer Weisung nicht gegeben, selbst wenn keine gleichberechtigten

108 Bei Explanans und Explanandum handelt es sich um die erklärenden und zu erklärenden Bestandteile einer wissenschaftlichen Erklärung. In der Wissenschaftstheorie wird zur Erläuterung der allgemeinen Struktur wissenschaftlicher Erklärungen häufig das Hempel-Oppenheim-Schema verwendet. Danach sind in Explanans neben den zur Erklärung notwendigen Gesetzesaussagen, welche eine logische Beziehung zwischen Ursache p und Wirkung q herstellen, auch die spezifischen Anwendungsbedingungen enthalten. Das Explanandum stellt den zu erklärenden Sachverhalt dar. Vgl. hierzu Springer Gabler Verlag (2016), wie auch bspw. Sydow/Duschek (2011), S. 44 f. und die dortige Literatur

109 Vgl. Wald/Jansen (2007), S. 99 ff.

110 Vgl. Wald (2008), S. 494 f.

Beziehungen vorliegen.[111] Im Folgenden werden einzelne Aspekte, welche für vorliegende Forschungsarbeit von besonderer Relevanz sind, näher beleuchtet.

Aus institutionenökonomischer Sicht werden Netzwerke als eine Organisationsform zwischen „Markt" und „Unternehmung" angesehen. Im Gegensatz zu früheren Betrachtungsweisen, in denen die „Hybriden", wie die Gruppe zwischen „Markt" und „Unternehmung" auch genannt wird, einen exotischen Spezialfall darstellten, gelten sie heute als typische Organisationsformen wohingegen die Reinformen „Markt" und „Unternehmung" dahinter zurücktreten.[112] So gehört bei einer Vielzahl von privaten und öffentlichen Organisationen das Management von Netzwerken in Form von Allianzen, Wertschöpfungsketten und Supply Chains sowie langfristigen Geschäftsbeziehungen inzwischen zum Tagesgeschäft.[113] Dies darf jedoch nicht dazu verleiten, Netzwerkformen als einen neuen „one best way of organizing" zu verstehen. Vielmehr handelt es sich um eine prinzipiell gleichberechtigt gegenüberstehende und somit ergänzende Alternative.[114] Von Interesse sind damit neben den historischen und kontextuellen Voraussetzungen auch die konkreten internen und externen Bedingungen, welche die Verbreitung dieser Organisationsform ökonomischer Aktivitäten fördern bzw. behindern.[115] Hierdurch wird bereits in dieser einfachen Darstellung ersichtlich, dass es sich bei hybriden Strukturen nicht einfach nur um eine Mischung von Markt und Hierarchie handelt, sondern dass auch weitere Mechanismen entscheidend sind.[116] Zu klären ist jedoch, welche Mechanismen heranzuziehen sind.

---

111 Vgl. Sydow/Duschek (2011), S. 139

112 Vgl. Reiß (2001), S. 123, Schulte-Zurhausen (2014), S. 290 ff. Marktbeziehungen sind idealtypisch dadurch gekennzeichnet, dass weitgehend unabhängige und formal gleichberechtigte Akteure – Anbieter und Nachfrager – eine ex ante genau spezifizierte Leistung in ökonomischen Austauschprozessen übergeben. Dabei wird durch den Preismechanismus Wettbewerb, Eigeninteresse und Selbstregulation unterstellt. Demgegenüber steht „Unternehmung" für hierarchische Interorganisationsbeziehungen, in welchen nicht der Preis, sondern die autorisierte Weisung das Handeln bestimmt. So erfolgt die Koordination nicht über den Preismechanismus, sondern ex ante mittels organisatorischer Regeln sowie durch mehr oder weniger organisationsspezifische, die Kultur der Organisation prägende Normen. Vgl. Sydow/Duschek (2011), S. 43

113 Vgl. die Ergebnisse der CEO-Studie „Führen durch Vernetzung", IBM (2012)

114 Vgl. Sydow/Duschek (2011), S. 132

115 Vgl. Sydow/Duschek (2011), S. 133

116 Powell hat Netzwerke in diesem Zusammenhang als eine eigenständige Organisationsform „beyond market and hierarchy" gekennzeichnet, siehe Powell (1990)

Sydow definiert Netzwerke als „eine auf die Realisierung von Wettbewerbsvorteilen zielende Organisationsform ökonomischer Aktivitäten, die sich durch komplex-reziproke, eher kooperative denn kompetitive und relativ stabile Beziehungen zwischen rechtlich selbständigen, wirtschaftlich jedoch zumeist abhängigen Unternehmen auszeichnen".[117] Aus systemtheoretischer Sicht kann ein Netzwerk beschrieben werden als eine Menge von Knoten, die über eine Menge von Beziehungen miteinander verbunden sind. Dabei handelt es sich im organisatorischen Kontext bei den Knoten um organisatorische Einheiten, wie einzelne Mitarbeiter, Abteilungen und Divisionen eines Unternehmens bis hin zu unabhängigen Organisationen.[118] Da es sich bei den Knoten um individuelle wie auch um korporative Akteure handelt, werden die Begriffe Knoten und Akteure auch synonym verwendet. Vom Begriff der Kooperation unterscheidet sich das Netzwerk insbesondere durch die Anzahl der Akteure sowie durch ihre Beziehung zueinander. So gehen Netzwerke über bilaterale Kooperationen hinaus und stellen mindestens trilaterale Beziehungen dar.[119] Damit wird ersichtlich, dass ein wesentlicher Fokus von Netzwerken unabhängig ihrer Definition auf den Beziehungen (Relationen, Interaktionen) der Akteure liegt.[120] Neumann hat dies in seinen Ausführungen auch als „collaborative relationships" beschrieben und hervorgehoben, dass diese Interaktionen sich nicht nur auf rein ökonomische Interessen beziehen.[121] Auch Kutschker definiert Netzwerke dadurch, dass „die Summe aller direkten und indirekten Beziehungen mehr Handlungsmöglichkeiten eröffnet als die einzelnen direkten Beziehungen für sich betrachtet"[122]. Durch die Differenzierung der Art der Bindung wird mit den indirekten Beziehungen ein weiterer Aspekt aufgegriffen, wodurch Netzwerke sich von der engeren Sicht der Kunden-Lieferanten-Beziehungen unterscheiden lassen.[123] Denn erst wenn die Beziehung zu einem Akteur den Zugriff auf weitere Kontakte in anderen Beziehungen ermöglicht, ist es sinnvoll den Begriff Netzwerk zu verwenden.[124] Grundsätzlich geht es also um „die Struktur des Netzwerks, die Position einzelner Akteure im Netzwerk sowie die Auswirkungen dieser strukturellen Einbettung auf

---

117 Sydow (1992), S. 79

118 Vgl. Wald (2008), S. 494

119 Vgl. Zentes u. a. (2003), S. 6

120 Vgl. Wald (2008), S. 494

121 Vgl. Neumann (2012), S. 2 und 17 ff.

122 Kutschker (1994), S. 130

123 Vgl. hierzu bspw. auch Neumann (2012), der kollaborative Beziehungen in unterschiedlichen Kontexten und Organisationsformen untersucht.

124 Vgl. Holzer (2008), S. 156 f., Zentes u. a. (2003), S. 6

die Handlungsmöglichkeiten der Akteure sowie deren Ergebnisse der Handlungen".[125] GRANOVETTER hat in diesem Zusammenhang den Begriff der „strucutral embedded action" geprägt.[126] So wirken sich Netzwerke auf die Verfügbarkeit und die Qualität von Informationen aus, können zur Vertrauensbildung beitragen und damit zu einer Reduktion von Transaktionskosten sowie der Ausbildung wirksamer Belohnungs- und Sanktionsmechanismen führen.[127]

In Netzwerken werden die Akteure selektiv miteinander verknüpft, wodurch die soziale Komplexität sich als ein Horizont direkter, indirekter und noch indirekterer Kontaktchancen ergibt. Horizont deswegen, da es sich bei den Knoten nicht um eine abzählbare Menge handelt, sondern die Kontakte in der sozialen Wirklichkeit unendlich sind.[128] Somit ergibt sich durch die selektive Verknüpfung ein weiteres konstituierendes Merkmal sozialer Komplexität und damit auch von Netzwerken, denn nicht jeder Akteur kann mit jedem anderen Akteur in Verbindung treten und nicht jede Handlung auf alle anderen bezogen werden. Vielmehr entstehen selektiv-relationierende Strukturen.[129] Im Gegensatz zur soziologischen Systemtheorie, welche Kommunikationen als verknüpfende Elemente betrachtet, werden in sozialen Netzwerken höher aggregierte Zurechnungen auf mehr oder weniger stabile Identitäten wie Personen oder soziale Einheiten vorgenommen.[130] Solche stabilen Zurechnungspunkte werden als soziale Adressen bezeichnet und geben Auskunft darüber, mit wem Kommunikation möglich und erfolgsversprechend ist. Die einzelnen Adressen sind dabei in einem Netzwerk grundsätzlich „reflexive Adressen", d.h. sie dienen als Verweisungen auf andere Adressen. Würden sie nur die Möglichkeit der Adressierbarkeit markieren, wären sie zwar ein Gesprächspartner, jedoch kein Kontakt in einem Netzwerk.[131] Somit werden Adressen operativ in Beziehungen genutzt und dadurch zu verfügbaren Kontakten. Gleichzeitig führt die Beziehung selbst damit zur Handhabung der Komplexität und in Folge dessen in gewisser Weise zur Komplexitätsreduktion, jedoch muss sie als ein emergentes System beschrieben werden.[132] Die Beziehungen oder auch Interaktionen be-

---

125 Wald (2008), S. 494
126 Vgl. Granovetter (1985)
127 Vgl. Wald/Jansen (2007), S. 93 ff., Wald (2008), S. 494, Kenis/Oerlemans (2008), S. 293
128 Vgl. Holzer (2008), S. 160
129 Vgl. Luhmann (2005), S. 10 ff.
130 Vgl. Holzer (2008), S. 156 f.
131 Vgl. Tacke (2000)
132 Vgl. Luhmann (1984), S. 154

inhalten technische, ökonomische, administrative und soziale Elemente und bilden ein wichtiges Fundament, erzeugen Stabilität und ermöglichen Wandel in der Kooperation. Dabei entwickeln sie sich im Laufe der Zeit und sind grundsätzlich veränderbar bzw. auch anders denkbar.[133] Dem Komplexitätsmanagement folgend kann die Eigenkomplexität von Netzwerken damit nicht radikal verringert, sondern nur konstruktiv gehandhabt werden.[134]

Beziehungen erfüllen damit eine wichtige Aufgabe, denn sie ermöglichen die Zurechnung auf handelnde Systeme. So müssen Erwartungserwartungen immer an eine Adresse gerichtet sein, denn: „Man kann Erwartungen nur erwarten von jemandem, der auch handeln kann“[135]. In der Konsequenz bedeutet dies, dass eine Verpflichtung weniger gegenüber „dem Netzwerk“ als Ganzem als vielmehr einzelnen Geschäftspartnern, Freunden etc. gegenüber besteht. Vertrauen ist demnach nicht nur ein elementares Organisationsprinzip zwischenmenschlicher Austauschbeziehungen, sondern wird auch zu einem konstitutiven Merkmal von Netzwerkorganisationen.[136] Dennoch gibt es auch Sozialsysteme mit eigenen, institutionalisierten Erwartungen, welche dann wiederum häufig als Gruppen, Clans, etc. bezeichnet werden und sich damit gleichfalls von ihrer Umwelt abgrenzen. Hiermit ergibt sich ein weiteres wichtiges Unterscheidungsmerkmal solcher besonderen Sozialsysteme und Netzwerke im Allgemeinen, denn letztere zeichnen sich gerade durch ihre Unabgeschlossenheit aus. Gibt es dennoch Grenzen werden diese meist aus den System/Umwelt-Differenzen von Organisationen oder anderen Systemen abgeleitet. So verhält es sich z. B. mit der Kategorie „Mitglieder“ in informellen Netzwerken in Organisationen. Die Kategorie der Mitgliedschaftsrolle wird als Bezugsrahmen übernommen, um den Kreis relevanter Adressen einzugrenzen.[137]

Ein weiteres konzeptionelles Element stellen Interdependenzen dar, welche zwischen austauschbeteiligten Unternehmen aus Interaktionen und Adaptionen entstehen. Hierdurch wird ein Bezug zum Kontext vorangegangener Aktivitäten sowie zur Einbettung in das Gesamtgeflecht der Beziehungen hergestellt. So ergeben sich strategische Handlungsmöglichkeiten eines Unternehmens insbesondere auf Grund der Position im Netzwerk der Kooperationsbeziehungen. Die Position jedoch resultiert aus früheren strategischen Entscheidungen, Investitionen in die Kooperationsbeziehung und den getätigten Interaktionen mit

---

133 Vgl. Swoboda (2003), S. 56

134 Vgl. Reiß (2001), S. 131

135 Luhmann (1984), S. 415

136 Vgl. Sydow (1992), S. 89, Picot u. a. (2003), S. 123 f.

137 Vgl. Holzer (2008), S. 157 f.

anderen Kooperationsbeteiligten.[138] Neben die reine Zusammenarbeit tritt damit noch eine strategische Gerichtetheit wie beispielsweise die Harmonisierung oder gemeinsame Erfüllung von (betrieblichen) Aufgaben als weiteres Merkmal von organisatorischen Netzwerken.[139] THOMMEN und ACHLEITNER heben diesen Aspekt besonders hervor und sehen in Netzwerkorganisationen „relativ autonome Mitglieder (Einzelpersonen, Gruppen, Unternehmen), die durch gemeinsame Ziele miteinander verbunden sind und zur gemeinsamen Leistungserstellung ein komplementäres Know-how einbringen".[140] SCHULTE-ZURHAUSEN ergänzt: „Eine Netzwerkorganisation kann sowohl zur Koordination von unternehmensinternen Aktivitäten als auch zur Abstimmung der Beziehungen zwischen selbständigen Unternehmen geeignet sein."[141] SIEBERT geht noch einen Schritt weiter und zeigt auf, dass es für die Existenz einer Netzwerkorganisation entscheidend ist, „dass bisher autonom agierende Unternehmen ein gemeinsames Ziel verfolgen und dabei ihre individuellen Ziele dem kollektiven Ziel unterordnen"[142]. Als primäres Ziel wird herausgestellt, dass jeder Partner sich auf denjenigen Teil der Wertschöpfungskette fokussiert, in welchem er seine Kernkompetenzen besitzt. Entscheidend für den Erfolg ist damit neben einem großen gegenseitigen Vertrauen, welches sich in einem offenen Austausch von Wissen und Informationen widerspiegelt, auch der umfassende Einsatz von Informations- und Kommunikationstechnologien, um den beträchtlichen Koordinations- und Kommunikationsaufwand zu bewältigen.[143] Dabei müssen nicht ständig sämtliche Beziehungen in einer Netzwerkorganisation aktiviert sein. Wichtiger ist, dass diese latent existieren und je nach Projekt und Aufgabenstellung zur gemeinsamen Bearbeitung kurzfristig aktiviert werden können. Die Pflege der Netzwerkbeziehungen ist damit eine dauerhafte Managementaufgabe für alle beteiligten Partner.[144] Dies trägt den im ersten Kapitel skizzierten Aussagen Rechnung, nach denen die Wettbewerbsfähigkeit von Unternehmen immer stärker mit den verfügbaren Ressourcen in Zusammenhang gebracht wird und gilt einmal mehr für wissenszentrierte Wertschöpfungssysteme.[145] Kooperationen können sich auf sämtliche oder auch nur auf eine/wenige Funktionen entlang des gesamten Prozesses der Entwicklung,

138 Vgl. Swoboda (2003), S. 56
139 Vgl. Zentes u.a. (2003), S. 5
140 Thommen/Achleitner (2009), S. 907
141 Schulte-Zurhausen (2014), S. 290
142 Siebert (1991), S. 291 f., ähnlich auch bei Schulte-Zurhausen (2014), S. 290
143 Vgl. Thommen/Achleitner (2009), S. 909
144 Vgl. Schulte-Zurhausen (2014), S. 291
145 Vgl. Reiß (2001), S. 130 f.

Herstellung und Vermarktung von Produkten und Dienstleistungen beziehen. Damit ist es möglich, dass selbst kooperierende Unternehmen in Bezug auf andere Funktionsbereiche weiterhin in einem Wettbewerb stehen. Die Kooperation dient dann der Nutzung von Synergieeffekten oder der Besetzung von Marktpositionen, die ohne die Kooperation auf Grund fehlender Ressourcen nicht möglich wäre.[146]

Diese kurze Einführung in die unterschiedlichen Sichtweisen und Ansätze von Netzwerken zeigt die Vielschichtigkeit des Themas auf. Netzwerk ist nicht gleich Netzwerk, sondern es müssen der jeweilige Kontext und die spezifischen Eigenarten betrachtet werden. Ein paar wesentliche Merkmale können für die vorliegende Arbeit jedoch extrahiert werden. Demnach umfasst ein Netzwerk folgende Elemente:

- Beziehungen, Relationen, Interaktionen
- Reflexive Adressen
- Gemeinsame Zielsetzung
- Vertrauen

Es zeigt sich insbesondere im Bereich der Interaktionen, dass hier ein verstärkter Fokus zu setzen ist, um weitere Erkenntnisse zu gewinnen. Walker, Kogut und Shan haben herausgestellt, dass die Erforschung von interorganisationalen Kooperationen immer einer ganzheitlichen Analyse von Netzwerken bedarf.[147] So ist die Netwerkbildung immer das Ergebnis zweier gegensätzlicher Kräfte, denn zum einen stellt die Reproduktion der Netzwerkstruktur eine generelle Quelle für Sozialkapital für die Mitglieder des Netzwerkes dar und zum anderen wird die Netzwerkstruktur durch die Unternehmen hinsichtlich ihres eigenen Erfolgs verändert.[148] Es folgt daher ein Exkurs zu sozialen Netzwerktheorien und Sozialkapital, bevor der spezifische Begriff des Clusters näher erläutert und spezifiziert wird.

2.2 Soziale Netzwerke und Sozialkapital

Die soziale Netzwerkperspektive bezieht sich auf eine Tradition in den Sozialwissenschaften, die auf die verbindenden Aktivitäten von und den kontinuierlichen Austausch zwischen den Akteuren in einem sozialen Netzwerk fokussiert, d. h. von besonderem Interesse ist hierbei die Beziehung zwischen den Akteuren.[149]

---

146 Vgl. Schulte-Zurhausen (2014), S. 291
147 Vgl. Walker u. a. (1997), S. 122
148 Vgl. Kenis/Oerlemans (2008), S. 294
149 Vgl. Kenis/Oerlemans (2008), S. 289

„Here I set out and explore the proposition that research on social capital provides a distinctive and valuable answer to the question of why some people and some organizations do better in the sphere of inter-organizational relations. Specifically scholars of social capital argue that those who do better do so because, through their connections and relationships, they are better able to access and benefit from a range of opportunities and resources that impact performance.“[150]

Das Sozialkapital ist ein multidimensionales Konstrukt, welches auf unterschiedliche sozialwissenschaftliche Theorien zurückgreift, um die Beziehungen zwischen den Akteuren sowohl hinsichtlich der Struktur als auch der Qualität näher zu beschreiben.[151] Darüber hinaus kann es für eine Vielfalt von Organisationstypen verwendet werden, wie z. B. öffentliche, private, freiwillige, große, kleine, formelle, informelle, etablierte oder sich entwickelnde Organisationen. Auch können mit dem Konstrukt des Sozialkapitals unterschiedliche Ebenen von Individuen über Organisationen hin zu Regionen oder sogar Nationen hinsichtlich ihrer Beziehungen analysiert werden.[152] Daher ist der Ansatz des Sozialkapitals geeignet in der vorliegenden Arbeit als eine Grundlage für die Analyse von Clusterorganisationen zu fungieren. Mit Bezug auf das Thema der vorliegenden Arbeit wird insbesondere auf soziale Systeme, soziale Nachhaltigkeit, Sozialkapital und Einbettung referenziert. Allen Ansätzen gemein ist, dass die Akteure nicht isoliert betrachtet werden, sondern immer eingebettet in einem Netzwerk von Beziehungen, welche Möglichkeiten wie auch Begrenzungen von Verhalten beinhalten.[153]

„Thus the social network perspective represents a move away from individualist, essentialist and atomistic explanations toward more relational, contextual and systematic understanding.“[154]

Der Begriff des sozialen Kapitals zeigt auf, wie verschiedene Kapitalressourcen kombiniert werden können, um unterschiedliches Verhalten der Systemebene und/oder unterschiedliche Ergebnisse für Individuen zu generieren. Damit stiftet diese Betrachtungsweise einen Mehrwert insbesondere für qualitative Analysen

150 Nahapiet (2008), S. 580

151 Vgl. Lin (2001a), Lin (2001b), S. 3 ff., Burt (1992), S. 9 f., Burt (2005), S. 4 f. Sozialkapital ist sowohl ein ökonomisches, soziologisches als auch politisches Konzept, welches auf verschiedene Aspekte der Sozialwissenschaften und deren Autoren wie Weber, Durkheim, Simmel und Marx zurückgreift. Vgl. Nahapiet (2008), S. 583

152 Vgl. Nahapiet (2008), S. 581, Koka/Prescott (2002), S. 796 ff.

153 Vgl. Kenis/Oerlemans (2008), S. 290

154 Borgatti/Foster (2003), S. 991

sozialer Systeme sowie für diejenigen quantitativen Analysen, die qualitatitve Indikatoren verwenden.[155]

Bei „sozialem Kapital" handelt es sich um ein Konzept, dass in den Sozialwissenschaften durch die Arbeiten von Pierre Bourdieu, James Coleman und Robert Putnam bereits längere Zeit Anwendung findet, in den Wirtschaftswissenschaften jedoch erst spät Einzug erhalten hat.[156] Das Sozialkapital bezieht sich im Allgemeinen auf den Bestand an sozialen Netzwerken, vertrauens- und kooperationsfördernden Werten, tradierten Regeln sowie verbindlichen Normen einer Gesellschaft und ist damit nicht nur für eine funktionierende Demokratie sondern auch für eine leistungsfähige Wirtschaft eine wichtige Voraussetzung.[157] Die soziale Interdependenz und systemische Funktionsweise resultieren dabei aus der Tatsache, dass Akteure zur Realisierung ihrer Interessen durch verschiedene Arten von Tauschhandlungen und einseitigen Kontrollübertragungen dauerhafte, soziale Beziehungen generieren. Dabei handelt es sich bei den sozialen Beziehungen nicht nur um Komponenten sozialer Strukturen, die entstehen, wenn Individuen versuchen, ihre Ressourcen bestmöglich einzusetzen, sondern ebenfalls um Ressourcen von Individuen.[158] So führte Loury den Begriff „soziales Kapital" (social capital) ein, als die Menge der Ressourcen, welche in Familienbeziehungen und in sozialen Organisationen der Gemeinschaft vorhanden sind und die kognitive oder soziale Entwicklung von Kindern und Jugendlichen fördern.[159] Übertragen auf Unternehmen und Netzwerke kann soziales Kapital damit

155 Vgl. Coleman (1991), S. 396

156 Vgl. Hagemann/von Hauff (2010), S. 13, Kriesi (2007), S. 23 ff., Franzen/Freitag (2007), S. 10 f., siehe auch Bourdieu (1986), Bourdieu (1998) und Coleman (1991). Putnam hat wesentlich zur Verbreitung des Sozialkapitalansatzes auch über die Sozialwissenschaften hinaus beigetragen und eine öffentliche Debatte entfacht. Er führte die Ideen des Sozialkapitals in die Politikwissenschaften ein und veränderte dadurch auch seinen Bezugspunkt weg vom indiviuellen Akteur hin zur Gemeinschaft als Ganzes im Sinn von Städten, Regionen und ganzen Ländern. Dabei fokussierte er sich ebenfalls auf eine ganz bestimmte Art sozialer Beziehungsstrukturen sowie eine bestimmte Art von Ressourcen, nämlich auf „Netwerke von staatbürgerschaftlichem Engagement" und das durch sie produzierte soziale Vertrauen als Basis für die Ausbildung sozialer Kooperationen. Auf Grund dieser Ausrichtung wird Putnams Verständnis von Sozialkapital in vorliegender Arbeit jedoch nicht explizit näher betrachtet, sondern nur an einzelnen Stellen herangezogen. Vgl. Putnam (1993), Putnam (1995) und Putnam (2000)

157 Vgl. Hagemann/von Hauff (2010), S. 13, Mohr (1997), S. 97, Steimle (2008), S. 82

158 Vgl. Coleman (1991), S. 389

159 Vgl. Loury (1977), S. 154 ff. und Loury (1987), S. 255 ff., Coleman (1991), S. 389

betrachtet werden als die Menge der Ressourcen, die in den Interaktionen innerhalb eines Unternehmens/Netzwerks sowie zu externen Stakeholdern bestehen und zu einer kognitiven oder sozialen Entwicklung der Mitarbeiter/Mitglieder unabhängig welcher Funktion oder Ebene und damit auch der gesamten Organisation/Netzwerks beitragen. In diesem Sinn definieren auch Nahapiet und Ghoshal Sozialkapital als

> „the sum of the actual and potential resources embedded within, available through and derived from the network of relationships possessed by an individual or social unit. Social capital thus comprises both the network and the assests that may be mobilized through that network."[160]

Das soziale Kapital setzt sich aus verschiedenen Gebilden zusammen und wird über seine Funktion definiert. Wesentlich ist, dass es sich auf irgendeinen Aspekt einer Sozialstruktur bezieht und bestimmte Handlungen von Individuen begünstigt, die sich innerhalb der Struktur befinden. Damit ist Sozialkapital im Gegensatz zu anderen Kapitalformen dadurch gekennzeichnet, dass es sich auf eine mit Externalitäten verbundene soziale Interaktion bezieht. So profitieren nicht nur diejenigen Personen von den verschiedenen Ausprägungen sozialen Kapitals, die es entstehen lassen, sondern all jene, die der betreffenden Struktur angehören.[161] Insofern kann das soziale Kapital als eine besondere Ressource für Individuen charakterisiert werden, welche die Handlungsmöglichkeiten und die subjektive Lebensqualität stark beeinflusst. Dabei kann analog zu ökologischem und ökonomischen Kapital aber auch für den Produktionsprozess langfristig nutzbarer Bestand akkumuliert werden.[162] Insbesondere für Netzwerke entstehen so wichtige und interessante Effekte.

Die Funktion sozialen Kapitals ergibt sich aus der Sozialstruktur in Form von Ressourcen, die von den Akteuren dazu benutzt werden können, ihre Interessen zu realisieren. Damit repräsentiert das Sozialkapital eine ressourcenbasierte Perspektive, in der sowohl Beziehungen als Ressource wie auch Beziehungen als Zugang zu Ressourcen betrachtet werden.[163] Dabei wirkt das soziale Kapital, wie auch das physische Kapital und das Humankapital, nur hinsichtlich bestimmter Tätigkeiten begünstigend und kann für andere Handlungen nutzlos oder sogar schädlich sein. Damit ist mit der Analyse des Sozialkapitals auch immer eine Ana-

---

160 Nahapiet/Ghoshal (1998), S. 243

161 Vgl. Coleman (1991), S. 392, 406 f. und 410

162 Hagemann/von Hauff (2010), S. 13

163 Vgl. Nahapiet (2008), S. 581, Bourdieu (1986), S. 246 ff., Lin (2001a), S. 3, Lin (2001b), S. 12 ff.

lyse der Leistungskonsequenzen verbunden, sowohl positiv wie auch negativ.[164] Anders jedoch als bei den anderen Kapitalarten entsteht das soziale Kapital nur durch die Beziehung zwischen Personen und kann daher weder als Eigentum von Individuen noch von materiellen Produktionsgeräten betrachtet werden. Da es ein Merkmal der Sozialstruktur darstellt, in die eine Person eingebunden ist, ist es auch nicht beliebig austauschbar, wodurch es aus einer ressourcenorientierten Sichtweise als Wettbewerbsfaktor gezählt werden kann. Somit ist die Entstehung von sozialem Kapital ganz wesentlich abhängig von der Bereitschaft der Individuen, dieses zu erzeugen und von den Möglichkeiten, die geschaffen werden, um soziales Kapital zu generieren. Das soziale Kapital wird umso größer, je mehr Personen in wechselseitiger Interaktion stehen und diese sozialen Beziehungen aufrecherhalten. Gleichzeitig kann es aber auch durch das Zerbrechen sozialer Beziehungen in hohem Maße zerstört werden. Somit ist soziales Kapital vergänglich, wenn es nicht regelmäßig Erneuerung erfährt und die Kommunikation aufrechterhalten wird.[165] In Organisationen besteht hierbei der Vorteil, dass die Strukturelemente nicht aus Personen, sondern aus Positionen bestehen und so eine Form sozialen Kapitals geschaffen wird, welches einen gewissen Grad an Stabilität auch angesichts instabiler Individuen bewahrt. Dennoch wird auch hier mit der Mobilität von Individuen der Teil des sozialen Kapitals zerstört, der sich nicht auf die Struktur, sondern auf die Leistung des Stelleninhabers bezieht.[166] Zusammenfassend können damit mindestens vier unterscheidbare Aspekte von Sozialkapital ausdifferenziert werden. So bezieht es sich auf Ressourcen, Netzwerke, Normen und Vertrauen.[167] Nahapiet und Ghoshal haben die verschiedenen Aspekte in drei Dimensionen des Sozialkapitals zusammengeführt: die strukturelle, relationale und kognitive Dimension.[168]

Wird nun Sozialkapital als eine Beziehung von Verpflichtungen, Erwartungen, Normen, Vertrauen, Werten und soziales wie auch politisches Engagement verstanden, das auf einem interaktiven Beziehungssystem im Sinn sozialer Netzwerke beruht, liegt es nahe, dieses als wichtiges Element in die Untersuchung von Netzwerken und Clustern einzubeziehen. „Social capital is, in the most general sense, a measure for an actor of the value of his social connections.“[169] Dabei muss geklärt werden, wie sich dieser Wert darstellt und wie durch die Bildung von Sozialkapital

164 Vgl. Nahapiet (2008), S. 581 f.
165 Vgl. Coleman (1991), S. 392, 412 und 417
166 Vgl. Coleman (1991), S. 416
167 Vgl. Franzen/Freitag (2007), S. 10
168 Vgl. Nahapiet/Ghoshal (1998), S. 250 ff.
169 Kenis/Oerlemans (2008), S. 292

die langfristige Stabilität der Wirtschaft und ihrer Beziehung zu Gesellschaft und Natur gewährleistet werden kann. Auf politischer Ebene ist hierbei 1999 eine Initiative, der UN Global Compact, entstanden, die versucht UN-Organisationen, Unternehmen, Gewerkschaften und NGOs zusammenzubringen, um ein verantwortungsvolles Unternehmenshandeln zu fördern und einer nachhaltigen Entwicklung in der globalisierten Welt näher zu kommen. Durch die Anerkennung von zehn Prinzipien, die sich auf die Themen Menschenrechte, Arbeitsbeziehungen, Umwelt sowie Bekämpfung der Korruption beziehen, erlangen Organisationen die Mitgliedschaft im Netzwerk und Zugang zu einer Plattform, welche die Fortschritte und Erfolge bei der Realisierung einer verantwortungsvollen Unternehmenspraxis abbildet.[170] Die Prinzipien sind dabei jedoch eher generisch und für eine Operationalisierung nur bedingt geeignet. Zudem findet keine Überprüfung dessen statt, inwiefern die Prinzipien auch tatsächlich eingehalten werden.[171] Dennoch werden diese gerne auf Grund der hohen Unsicherheit im Umgang mit sozialer Nachhaltigkeit als Leitlinie für die Berichterstattung verwendet, wie eine Analyse von Nachhaltigkeitsberichten einzelner Unternehmen zeigt. So werden meist nur die Aspekte Arbeitsbeziehungen, Arbeitsschutz, Fort- und Weiterbildungsmaßnahmen erläutert. Die im Sinn eines sozialen Kapitals wichtigen Bereiche wie Unternehmenskultur oder Motivation werden äußerst selten genannt, auch wenn es sich hierbei um die wohl entscheidenden Konfliktfelder handelt, die langfristig zu beachten sind. Für Organisationen lassen sich damit insgesamt sieben entscheidende Konfliktfelder mit tangierenden Entwicklungspotentialen identifizieren, welche sich nach folgenden Ebenen unterscheiden lassen:[172]

- individuelle Ebene (Erziehung, Ausbildung…)
- zwischen einzelnen Individuen (Geschlecht, Alter, Abhängigkeit…)
- in Gruppen (Teamentwicklung, Mobbing…)
- zwischen Gruppen (Führung/Belegschaft, Unternehmen/ Kundschaft…)
- zwischen Individuen und Gesellschaft (Bürgerengagement der MitarbeiterInnen…)
- zwischen Gruppen und Gesellschaft (Unternehmensstiftungen…)
- zwischen Gesellschaften (Frieden, Menschenrechte, Entwicklung…)

Ersichtlich werden hierbei die herausragende Bedeutung der Interaktion auf unterschiedlichen Ebenen sowie die enge Vermaschung zwischen Individuen

170 Vgl. UN Global Compact, www.unglobalcompact.org
171 Vgl. Steimle (2008), S. 90 f.
172 Vgl. Flieger/Sing (2000)

und Gruppen, seien dies Teams, Organisationen oder Gesellschaften. Besonders herauszustellen ist die Bedeutung für Organisationen im Rahmen einer nachhaltigen Entwicklung, Sozialkapital aufzubauen und gleichzeitig einen „shared value“ zu generieren.[173]

> „By social capital I mean features of social life, networks, norms, and trust, that enable participants to act together more effectively to pursue shared objectives.“[174]

Oder anders formuliert:

> „Actors that share direct connections are likely to posses comparable knowledge and information, leading to shared understandings which influence behaviours. Relational embeddedness can also be regarded as the capacity for ties to carry information that decreases uncertainty levels and produces trust between entities. To summarize, relational embeddedness can generate unique information on the capabilities and reliability of other actors which are part of the network.“[175]

Dies zeigt die Bedeutung von Netzwerken/Clustern und Gruppen auf, denn diese unterstützen die Generierung eines gemeinsamen Verständnisses und fördern den Aufbau geteilten Wissens. Es kann konstatiert werden, dass derartige Strukturen ein wesentliches Element darstellen, wenn Geschäftstätigkeit und gesellschaftliche Entwicklung zusammengebracht werden sollen. So geht es im Wesentlichen darum ökonomische Werte in einer Weise zu erwirtschaften, die gleichzeitig die Bedarfe und Herausforderungen der Gesellschaft berücksichtigt und diese entsprechend fördert, um die Gesamtheit ökonomischer und sozialer Werte zu vergrößern.[176] Hierfür ist ein Ausgleich verschiedener Interessen wie auch eine gemeinsame Zielsetzung unterschiedlicher Akteure notwendig. In der vorliegenden Forschungsarbeit dient daher der Ansatz des Sozialkapitals als ergänzendes Konstrukt für die Entwicklung eines interaktionsorientierten Führungsansatzes wandlungsfähiger Cluster-Initiativen. Stellt sich nun jedoch die Frage, was unter einer Cluster-Initiative zu verstehen ist.

2.3 Cluster – Begriff, Ausprägung und Konsequenzen

Cluster erfreuen sich in den vergangenen Jahren einer steigenden Beliebtheit. Für die Regierung eines Landes bieten sie eine herausragende Möglichkeit soziale und ökonomische Herausforderungen mit Hilfe von Wirtschaftsförderung und

173 Vgl. Feindt (2000), S. 483 ff.
174 Putnam (1995), S. 664 f.
175 Kenis/Oerlemans (2008), S. 293
176 Vgl. Porter/Kramer (2011), S. 64

Innovationsförderprogrammen zu unterstützen.[177] Die Chancen und Potentiale der Vernetzung für Unternehmen wurden in den vorherigen Abschnitten schon ausführlich dargestellt. So ist die Wettbewerbsfähigkeit einer ganzen Reihe von Branchen ohne eine Vernetzung der Hersteller, Zulieferer, Komplementoren und Kunden nicht denkbar.[178] Insbesondere, wenn in dynamischen Märkten wirtschaftliche Vorteile realisiert werden sollen und/oder eine hohe Flexibilität gefordert wie auch ein hohes Maß an Unsicherheit gegeben ist, können durch den Verbund erhebliche Synergieeffekte erzielt werden.[179] Dabei entstehen regionale Netzwerke durch die räumliche Agglomeration der dem Netzwerk angehörenden Unternehmen. Auch im regionalen Kontext sind verschiedene Ausprägungen des Netzwerkes möglich und die Übergänge zwischen den einzelnen Varianten fließend. So kann es sich beispielsweise um Projektnetzwerke aber auch um strategische Netzwerke handeln. In letzteren arbeiten verschiedene Unternehmen entlang der Wertschöpfungskette langfristig und zielgerichtet zusammen, um Wettbewerbsvorteile zu generieren. Dabei wird das Netzwerk von einem fokalen Unternehmen koordiniert, welches ebenfalls einen einheitlichen Auftritt am Markt organisiert.[180]

Dies kommt dem Clustergedanken schon sehr nah. Der Begriff muss im Folgenden jedoch noch näher spezifiziert werden, wobei in der wissenschaftlichen Literatur kein einheitliches Begriffsverständnis und auch keine eindeutigen Praktiken und Anwendungsvorschriften, sondern ein weites Spektrum an Interpretationsmöglichkeiten vorherrschend ist.[181] Insgesamt steigt so der Bedarf an verlässlichen Informationen und der Wirkung von regionalen Netzwerken und Clustern, und zwar im gleichen Maß wie diese sich etablieren und von öffentlicher Hand gefördert werden.[182] Dennoch sind Cluster als Werkzeug und nicht als eine Zielvorgabe in sich zu verstehen.[183] Damit einher geht die Forderung nach einer Wandlungsfähigkeit von Clustern, um mittel- und langfristigen strukturellen Wandel der korrespondieren Branchen zu begegnen.[184] Die Frage, die sich stellt, ist, was dieses Werkzeug charakterisiert und worin es sich von Netzwerken im Allgemeinen unterscheidet. Um sich der Frage zu nähern wird in einem ersten

177 Vgl. Hantsch u. a. (2013), S. 1
178 Vgl. Künzel u. a. (2015), S. 16
179 Vgl. Schulte-Zurhausen (2014), S. 299 f.
180 Vgl. Corsten (2001), S. 6
181 Vgl. Jappe-Heinze u. a. (2008), S. 1
182 Vgl. BMWi (2013), S. 4
183 Vgl. Hantsch u. a. (2013), S. 1
184 Vgl. Rothgang u. a. (2015), S. 5

Schritt die historische Entwicklung wie auch die politische Bedeutung kurz aufgezeigt. Anschließend wird der Begriff des Clusters abgegrenzt und näher charakterisiert.

2.3.1 Clusterpolitik

Cluster bzw. regionale Netzwerkwerke stehen national und international anhaltend im Fokus von Politik und Wirtschaft, nicht zuletzt auf Grund der gestiegenen Konkurrenzsituation im In- und Ausland und der daraus resultierenden Notwendigkeit, die regionale Wettbewerbsfähigkeit durch einen effektiven Technologietransfer zu unterstützen.[185] Hierdurch können Kräfte gebündelt und Synergien geschaffen werden, wodurch der Standort sowohl für Fachkräfte und Investoren als auch die Beteiligten vor Ort attraktiver wird.[186] „Strategische Kooperationen zwischen Unternehmen, Universitäten und Transfereinrichtungen in Form von Cluster- und Netzwerkinitiativen können helfen, das regionale Innovationspotenzial optimal zu nutzen."[187] Oder anders ausgedrückt:

> „Clusters are important instruments for the promotion of innovation. They are „industry eco-systems" providing a favourable business environment for experimenting with new business solutions. Thus they play an important role as catalyst for structural change. In such eco-systems, new winners can emerge (without knowing who might be and where they might come from) and thus support the development of emerging industries."[188]

Es ist daher sicherlich nicht verwunderlich, dass seit spätestens Mitte der 1990er Jahre die Clusterpolitik als wichtiger Bestandteil der Innovationspolitik und somit zur Steigerung der Wettbewerbsfähigkeit in vielen europäischen Ländern eingesetzt wird.[189] Die Europäische Kommission geht davon aus, dass es mehr als 1400 regionale Cluster mit einer signifikatnen Relevanz in der Europäischen Union gibt.[190] Die Relevanz eines Clusters ist ein komplexes Konstrukt mit vielfältigen Kritierien, wie z. B. der insgesamten Größe, Spezialisierung, Produktivität und Dynamik. Das „European Cluster Observatory" hat hierfür einen Indikator

185 Vgl. BMWi (2013), S. 4

186 Vgl. BMBF (2014a), S. 6

187 Drewello/Kiehlmann (2015), S. 7

188 Lämmer-Gamp u. a. (2014), S. 2

189 Vgl. BMBF (2014a), S. 6, Drewello/Kiehlmann (2015), S. 14. Eine Übersicht zu clusterpolitischen Instrumenten in Deutschland findet sich in Jappe-Heinze u. a. (2008), S. 6 ff.

190 Vgl. Ketels u. a. (2012), S. 7

entwickelt, der alle Dimensionen mit drei Kriterien abbildet. Derartige Cluster erhalten bezogen auf die Kritierien „Beschäftigungsanzahl in einem bestimmten Industriecluster", „Spezialisierung", „Cluster Fokus bezogen auf Beschäftigung und Wirtschaftswachstum" jeweils in einer Region Ratifizierungen anhand von Sternen. Auf dieser Basis können gegenwärtig 155 Cluster mit drei Sternen (8 %), 524 regionale Cluster mit zwei Sternen (25 %) und 1338 mit einem Stern (67 %) klassifiziert werden.[191] In Baden-Württemberg gibt es derzeit laut regionalem Cluster-Atlas 118 Cluster-Initiativen, welche vielfach auch über verschiedene Sektoren und Regionsgrenzen hinweg agieren.[192]

Dies zeigt, dass die Clusterlandschaft in Baden-Württemberg sehr vielfältig ist und einen großen Stellenwert einnimmt. Seit der Jahrtausendwende ist die systematische Vernetzung von Innovationsakteuren sowie die Entwicklung einer eigenständigen Clusterpolitik ein wesentlicher Bestandteil der Innovations- und Mittelstandspolitik des Landes.[193] Diese verfolgt das Ziel, die Innovationskraft der Unternehmen im Land zu stärken und damit die Wettbewerbsfähigkeit der baden-württembergischen Wirtschaft zu steigern.[194] Insbesondere KMU sollen bereits frühzeitig in ihrer Weiterentwicklung gestärkt werden, so dass diese befähigt werden, ihre Produktivität und Innovationskraft zu steigern.[195] Ausgerichtet an 18 zukunftsfähigen Zielfeldern gepaart mit den querschnittsorientierten Schwerpunkten „Nachhaltige Mobilität", „Umwelttechnologie und Ressourceneffizienz", „Gesundheit und Pflege" sowie „IT in Produkten und Dienstleistungen" wird die Positionierung Baden-Württembergs als internationaler Wirtschafts- und Wissenschaftsstandort unterstützt.[196]

> „Cluster-Initiativen und landesweite Netzwerke in Baden-Württemberg können als Kooperationsverbünde kompetenter Partner aus Wirtschaft, Wissenschaft und Forschung sowie Politik verstanden werden, die durch eine enge, koordinierte Interaktion sowie Kommunikation untereinander geprägt sind."[197]

Das gemeinsame Handeln in einer Cluster-Initiative stärkt die Beziehungen der Akteure innerhalb der Region und generiert anschlußfähige Aktivitäten und Projekte. So wird durch die intensive und frühzeitige Zusammenarbeit zwischen

---

191 Europäische Kommission (2013), S. 7
192 Vgl. MFW (2015), S. 9
193 Vgl. Künzel u. a. (2015), S. 3, WM (2010), S. 8
194 Vgl. Duch (2004), S. 3
195 Vgl. WM (2010), S. 12
196 Vgl. MFW (2015), S. 10
197 Künzel u. a. (2015), S. 16

den Akteuren aus Unternehmen, Forschungsinstitutionen und öffentlicher Hand der Wissenstransfer beschleunigt, wodurch Synergieeffekte entstehen. Mit der baden-württembergischen Clusterpolitik wird systematisch die Entwicklung von Clustern, Cluster-Initiativen und landesweiten Netzwerken mit Fokus auf branchen- oder technologieübergreifenden Kooperationen, Maßnahmen der Internationalisierung und der Professionalisierung des Clustermanagements gefördert.[198] Dabei wird ausgehend von einem Bottom-Up Ansatz mit Hilfe unterschiedlicher Maßnahmen und Instrumente, wie bspw. Foren und Workshops, eine dialogorientierte Clusterpolitik favorisiert. Die Clusterpolitik ist damit Moderator und Impulsgeber und hilft die Stärken zu stärken und an bereits vorhandene Strukturen anzuknüpfen.[199] Der Erfolg dieser Strategie zeigt sich darin, dass zahlreiche Cluster-Initiativen aus Baden-Württemberg in bundesweiten und regionalen Wettbewerben ausgezeichnet wurden.[200] Um die regionalen Cluster-Initiativen und landesweiten Netzwerke bei deren Weiterentwicklung und Professionalisierung zu unterstützen, wurde durch das damalige Ministerium für Finanzen und Wirtschaft Baden-Württemberg im Oktober 2014 eine ClusterAgentur Baden-Württemberg gegründet. Diese ist zunächst auf drei Jahre institutionalisiert und hat die Aufgabe, die Clusterentwicklung in den strategischen Wachstumsfeldern des Landes voranzutreiben.[201]

Cluster-Initiativen und Netzwerke sind dabei mehr als nur ein loses Beziehungsgeflecht, denn sie agieren zielorientiert und unterstützen die Kompetenzentwicklung, den Wissensaustausch sowie die Innovationsgenerierung. Darüber hinaus orientieren sie sich an den Erfordernissen einer Wissensgesellschaft und der fortschreitenden Globalisierung, in dem sie ebenfalls neue länder- und branchenübergreifende Vernetzung ermöglichen und so neues Wissen und neue Ideen generiert werden können.[202] Da die einzelnen Akteure hierbei nicht länger auf einer einzelbetrieblichen Ebene, sondern einer Multiakteursebene agieren, bedarf es einer professionellen Koordination der Aktivitäten und des Wissenstransfers, welche in der Regel durch ein Cluster- bzw. Netzwerkmanagement durchgeführt wird.[203] Daneben übernimmt das Cluster- bzw. Netzwerkmanagement ebenfalls eine aktive Rolle, wenn es darum geht, Projekte zu initiieren, die richtigen Akteure an einem Tisch zusammen zu führen und so über Branchengrenzen hinweg ent-

---

198 Vgl. MFW (2015), S. 10

199 Vgl. WM (2010), S. 12

200 Vgl. MFW (2015), S. 10, WM (2010), S. 24 ff.

201 Vgl. Clusterportal BW (2016a)

202 Vgl. MFW (2015), S. 10, Künzel u. a. (2015). S. 16

203 Vgl. Künzel u. a. (2015), S. 16

lang der Wertschöpfungskette Barrieren für ein gemeinsames Innovieren zu reduzieren.[204] Das Cluster- bzw. Netzwerkmanagement nimmt dabei eine besondere Funktion ein und mit zunehmender Professionalität wächst das Potential und die Fähigkeit durch das Cluster- bzw. Netzwerkmanagement Innovationsprozesse im Sinn der Akteure voranzutreiben.

> „In other words cluster management excellence matters."[205]

Insbesondere wenn sich zu Beginn die Akteure noch nicht gut kennen oder das notwendige Vertrauen fehlt, übernimmt das Cluster- bzw. Netzwerkmanagement eine wichtige Aufgabe und trägt maßgeblich zum Erfolg der Aktivitäten bei. Dem Clustermanagement wird daher in der vorliegenden Arbeit ein besonderer Stellenwert beigemessen und dessen Existenz, Inhalt und Funktion im weiteren Verlauf der theoretischen Ausarbeitung und der Fallstudie vertieft. Zunächst jedoch wird ein Überblick über die Clusterförderlandschaft gegeben.

2.3.2 Clusterförderung

Clusterstrukturen und Netzwerkorganisationen gehören, wie bereits ausgeführt, zu den bedeutenden und integralen Bestandteilen der regionalen Innovationssysteme in Europa.[206] Dabei gilt Deutschland als Vorreiter in den Themen Clusterpolitik und Cluster-Initiativen in Europa.

> „According to the comparisons made, German clusters reveal better results regarding the development of competences in the cluster management team than their European peers. However, efforts are necessary to preserve this competitive advantage."[207]

Abbildung 2.1 zeigt eindrucksvoll die Entwicklung ausgewählter Förderprogramme auf Bundes- und Länderebene seit Mitte der 1990er Jahre auf. Einer der Gründe für die hohe politische Bedeutung ist in der Förderung kleiner und mittlerer Unternehmen (KMU) zu sehen, mit Hilfe derer KMU befähigt werden sollen, ihre Produktivität und Innovationskraft zu steigern.[208] Hierdurch wird langfristig der Wirtschaftsstandort Deutschland gestärkt. Ein wesentliches Element in diesem Zusammenhang stellt die enge Kooperation zwischen KMU und weiteren regionalen Partnern entlang der Wertschöpfungskette dar. Die deutsche Clusterlandschaft hat sich dabei insgesamt seit den 1990er Jahren stark gewandelt und immer wieder neu-

---

204 Vgl. MFW (2013a), S. 1, Künzel u. a. (2015), S. 17
205 Lämmer-Gamp u. a. (2014), S. 2
206 Vgl. Ketels u. a. (2012), S. iii, Drewello/Kiehlmann (2015), S. 6
207 Hantsch u. a. (2013), S. 2
208 Vgl. Duch (2004), S. 3

en Herausforderungen angepasst.[209] Beispielhaft seien ein paar Förderprogramme zur näheren Erläuterung mit direktem Bezug auch zur Fallstudie herausgegriffen: der Spitzenclusterwettbewerb, das go-cluster-Programm und in diesem Zusammenhang das Cluster Management Excellence Label GOLD des European Secretariat for Cluster Analysis (ESCA) und das Cluster-Exzellenz Label Baden-Württemberg.

Abb. 2.1: Ausgewählte Clusterförderprogramme auf Bundes- und Länderebene Deutschland[210]

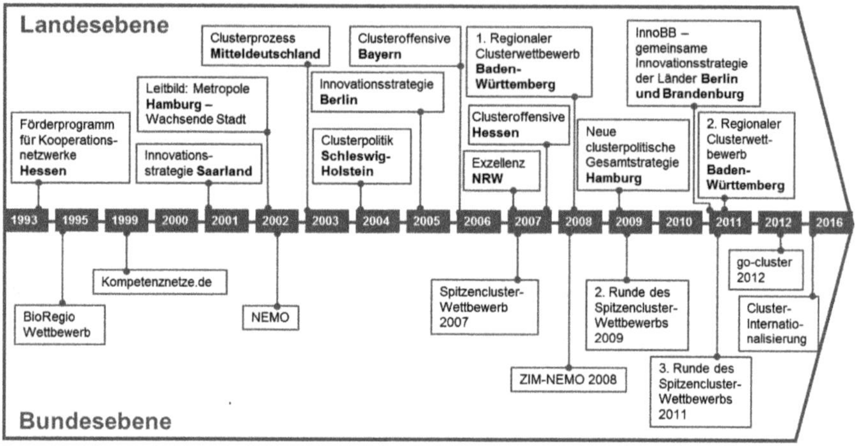

Der Spitzencluster-Wettbewerb (SpCW)

Bereits 2007 realisierte das Bundesministerium für Bildung und Forschung (BMBF) mit dem Spitzencluster-Wettbewerb (SpCW) im Rahmen der Hightech-Strategie der Bundesregierung erstmals eine bundesweite, technologieoffene Clusterförderung. Ziel war es, diese Cluster-Initiativen auf dem Weg in die internationale Spitzengruppe der Cluster ihres Technologiefeldes zu unterstützen. Aus mehr als 80 Wettbewerbsbeiträgen wurden von einer unabhängigen Jury in drei Wettbewerbsrunden 15 Cluster-Initiativen ausgewählt und für jeweils fünf Jahre mit insgesamt bis zu 40 Millionen Euro gefördert.[211] Gleichzeitig müssen Unternehmen, welche SpCW-Fördermittel erhalten, eine Ko-Finanzierung in einer insgesamt mindestens gleichen Höhe nachweisen. Damit werden im Zeitraum 2009 bis 2017 im Rahmen des SpCW insgesamt 600 Mill. € an öffentlichen Fördermitteln verausgabt, welches

209 Vgl. Hantsch u. a. (2013), S. 1

210 Quelle: in Anlehnung an Hantsch u. a. (2013), S. 1

211 Vgl. BMBF (2014a), S. 6, Rothgang u. a. (2015), S. 7

durchschnittlich einer Summe von rund 5 % der privaten FuE-Aufwendungen in den jeweiligen Bereichen der Spitzenclustertechnologien entspricht.[212] Die jeweiligen Cluster mussten bereits bei der Bewerbung eine langfristige Strategie vorweisen und diese kontinuierlich fortführen. Es gilt die aufgebauten Strukturen weiter zu verstetigen und an neue Herausforderungen anzupassen, so dass mit Hilfe einer kontinuierlichen Mobilisierung regionaler Innovationspotenziale das Wachstum gesteigert, Arbeitsplätze gesichert bzw. geschaffen und die Attraktivität des Innovations- und Wirtschaftsstandorts Deutschland gestärkt wird.[213] So spiegelt sich die Wirksamkeit des SpCW in neuartigen Formen regionaler Kooperationen wider. Großunternehmen, KMU, Hochschulen und Forschungseinrichtungen sowie die öffentliche Hand entwickeln gemeinsam Lösungen u. a. für die Energiewende, die digitale Gesellschaft oder den Umgang mit dem demografischen Wandel. Dieser intensive clusterinterne Dialog gepaart mit dem clusterübergreifenden Austausch mit den anderen Spitzenclustern bietet eine fruchtbare Basis für technologie- und branchenübergreifende Innovationen.[214] Dies gilt einmal mehr, wenn zu Grunde gelegt wird, dass „Innovationen aus einem komplexen, ergebnisoffenen und vielfache Rückkopplungen einschließenden Austauschprozess zwischen verschiedenen Akteuren resultieren".[215] Wird dieses in den Vordergrund gestellt, kann staatliche Förderung, trotz vergleichbar geringem Mittelvolumen im Gegensatz zu den FuE-Gesamtausgaben der Unternehmen in den jeweiligen Technologiefeldern, einen wichtigen Anstoß zur Steigerung der Wettbewerbsfähigkeit einer Region geben. Durch die Vernetzung wichtiger Akteure in den jeweiligen Technologiefeldern werden Impulse initiiert, Chancen kreiert, Gelegenheiten zur Innovation geschaffen und auf die Überwindung von Hindernissen fokussiert.[216] Die Begleit- und Wirkungsforschung hat in der begleitenden Evaluierung des SpCW für die Projektlaufzeit 11/2008 bis 04/2014 folgende Faktoren für den Erfolg technologieorientierter Clusterinitiativen identifiziert:[217]

- Notwendig ist bereits in der Konstituierungsphase auf eine kritische Masse vorhandenen Technologie- und Innovationspotenzials zu setzen. Hierdurch können sowohl in einer frühen Phase gänzlich neue Technologien entwickelt als auch bekannte Technologien und Produktionsfaktoren rekombiniert werden.

212 Vgl. Rothgang u. a. (2015), S. 8
213 Vgl. BMBF (2014a), S. 8 f., Rothgang u. a. (2015), S. 7
214 Vgl. BMBF (2014a), S. 7 f.
215 Rothgang u. a. (2015), S. 9
216 Vgl. Rothgang u. a. (2015), S. 9
217 Vgl. Rothgang u. a. (2015), S. 50 ff.

- Darüber hinaus ist eine professionelle und durchsetzungsstarke Clusterorganisation unabdingbar. Hier müssen geeignete Führungspersönlichkeiten eingesetzt werden, welche die Vielschichtigkeit und Komplexität des Technologie- und Umfeldwandels erfassen, Aufgaben daraus ableiten und kontinuierlich neuen Erfordernissen anpassen können.
- Das konstituierende Merkmal von Clustern, nämlich die Nutzung der Vorteile räumlicher Nähe, ist angesichts gegenwärtiger Verkehrs- und Kommunikationstechnologien sehr weit und pragmatisch zu beschreiben. Dies darf jedoch nicht darüber hinwegtäuschen, dass aus der räumlichen Dimension eine identitätsstiftende Wirkung oder auch eine selbstverständliche Ausgangsbasis für Kooperationen hervorgeht.
- Neben dem ausreichenden Technologie- und Innovationspotenzial sind Clusterinitiativen dann erfolgreich, wenn entsprechende gemeinsame Aktivitäten innerhalb des Clusters vorangetrieben werden und positive Effekte durch den engen regionalen Austausch der Akteure eintreten. Dies impliziert, dass auch eine entsprechende Reaktions- und Anpassungsfähigkeit an externe Faktoren erforderlich ist.

Zu beachten gilt weiterhin, dass regionale Clusterinitiativen meist nicht auf die Entwicklung neuer Anwendungsfelder fokussiert sind, sondern auch die Etablierung weiterer Querschnittsaktivitäten, wie den Aufbau und die Nutzung einer Plattform für den gemeinsamen Informationsaustausch und die Koordinierung von Aktivitäten, anstreben.[218]

Wie aus der Laufzeit der Begleit- und Wirkungsforschung ersichtlich wird, richtete sich die Untersuchung insbesondere auf die Spitzencluster der 1. und 2. Wettbewerbsrunde. Die Spitzencluster der 3. Wettbewerbsrunde wurden auf Grund des kurzen Untersuchungszeitraums nur punktuell in die Auswertung einbezogen.[219] Die Fallstudie in Kapitel 3 greift daher einzelne Aspekte erneut auf.

Das Programm „go-cluster"

Auch die clusterpolitische Exzellenzmaßnahme „go-cluster" des Bundesministeriums für Wirtschaft und Energie (BMWi) vereint die leistungsfähigsten Cluster aus Deutschland und zeigt hierdurch die hohe Kompetenz in zahlreichen Branchen- und Technologiefeldern auf. Das Programm „go-cluster" schließt an die Initiative „Kompetenznetze Deutschland" an, die von 2007 bis 2012 die besten Innovations-

---

218 Vgl. Rothgang u. a. (2015), S. 52
219 Vgl. Rothgang u. a. (2015), S. 11

netzwerke förderte.[220] Anders jedoch als beim Spitzencluster-Wettbewerb des BMBF steht insbesondere die Unterstützung der beteiligten Clustermanagement-Organisationen bei der Weiterentwicklung ihrer Leistungsfähigkeit und Managementexzellenz im Vordergrund. So wird ein Erfolgsschlüssel leistungsfähiger und nachhaltig agierender Clustermanagement-Organisationen darin gesehen, „dass diese ihren Clusterakteuren ein professionelles, bedarfsorientiertes und wirksames Serviceportfolio anbieten".[221] Hierfür weisen die am Programm „go-cluster" beteiligten Innovationscluster leistungsfähige, exzellente Strukturen auf und bieten eine bedarfsgerechte Unterstützung der involvierten Clusterpartner in verschiedenen Handlungsfeldern an. Die Aufnahme ist daher an die Erfüllung von Exzellenzkriterien aus den Bereichen „Struktur und Zusammensetzung", „Clustermanagement und Struktur", „Aktivitäten und Kooperationen" sowie „Sichtbarkeit und Wirkungen" gebunden.[222] Ziel ist die Entwicklung innovativer nationaler wie internationaler Services. Da dieses in der Regel mit erheblichen wirtschaftlichen Risiken verbunden ist, fördert das BMWi die Entwicklung neuer Servicekonzepte, die tiefgreifende Effekte bei den Clusterakteuren bewirken.[223]

Das Cluster Management Excellence Label GOLD und Cluster-Exzellenz Baden-Württemberg

Als Teil der europäischen Clusterstrategie wurde 2009 zur Förderung der Clusterexzellenz innerhalb der EU im Rahmen des Wettbewerbs- und Innovationsprogramms die European Cluster Excellence Initiative (ECEI) etabliert, die dreizehn europäische Partner umfasst. Um die erfolgreiche Arbeit der ECEI fortzuführen wurde das European Secretariat for Cluster Analysis (ESCA) durch den Partner VDI/VDE Innovation + Technik GmbH gegründet. ESCA ist ein Netzwerk bestehend aus Clusterexperten verschiedener Länder, die Clustermanagements praktische Unterstützungsleistungen bieten. Hierzu gehören zum einen Angebote in der Entwicklung von Clusterprogrammen sowie Benchmarkprozesse und Qualitätslabel für das Clustermanagement. So hat ESCA durch ECEI das Mandat erhalten, den Qualitätslabelprozess durchzuführen. Insgesamt können drei Label, je nach Professionalisierungsgrad des Clustermanagements, erreicht werden: Bronze, Silber und Gold. Beim Bronze-Label handelt es sich nicht um ein Qualitätslabel im eigentlichen Sinn, vielmehr zeigt es die Bereitschaft des Clustermanagements, die

220 Vgl. Ekert u. a. (2016), S. 2
221 BMWi (2015), S. 5
222 BMWi (2015), S. 60
223 BMWi (2015), S. 5

Prozesse zu professionalisieren. Gegenwärtig gibt es 851 Cluster in Europa, die mit dem Bronze-Label ausgezeichnet sind. Demgegenüber erfordert das Gold-Label eine sehr hohe Güte des Clustermanagements, welches 76 Cluster in Europa und davon acht in Baden-Württemberg vorzeigen können. Clustermanagements, die die Kriterien für das Gold-Label noch nicht erfüllen, dieses aber anstreben und dies auch ihren Partnern demonstrieren wollen, können sich für das Silber-Label bewerben. Gegenwärtig sind 54 Cluster mit dem Silber-Label ausgezeichnet. Das Cluster Management Excellence Label GOLD wird an herausragende Cluster-Initiativen verliehen, die über ein hoch professionelles Clustermanagement verfügen und sich verpflichten, ihre organisationalen Strukturen, Routinen und Prozesse weiter zu verbessern. Das Ziel ist dabei nicht nur, die besten Clustermanagements in Europa zu identifizieren, sondern diese auch zu unterstützen.[224]

Das Qualitätslabel „Cluster-Exzellenz Baden-Wüttemberg" baut auf den Erkenntnissen des Cluster Management Excellence Label GOLD auf und ist vom ECEI anerkannt, so dass erfolgreich zertifizierte Cluster-Initiativen und Netzwerke ebenfalls das Cluster Management Excellence Label GOLD verliehen bekommen. Das damalige Ministerium für Finanzen und Wirtschaft Baden-Württemberg hat das europäische Qualitätslabel an die Rahmenbedingungen des Standortes Baden-Württemberg angepasst, weiterentwickelt und eingeführt. So kann mit steigendem Professionalisierungsgrad des Clustermanagements eine bessere Unterstützung der Akteure erfolgen und damit eine schnellere und effizientere Umsetzung von Innovationen angestrebt werden. Während des Begutachtungsprozesses werden Verbesserungspotenziale und gezielte Maßnahmen zur Umsetzung aufgezeigt, wodurch die Leistungsfähigkeit der Cluster-Initiativen und Netzwerke gesteigert werden kann. Darüber hinaus dient es als Anreizinstrument für Clustermanagements sich mit den Qualitätskriterien zu befassen und eigene Aktivitäten und Leistungen zu hinterfragen. Das Label umfasst 34 Qualitäsindikatoren in den Kategorien „Strukturen", „Prozesse", „Aktivitäten" und „Strategien". Daneben ist jedem Qualitätsindikator ein Schwellenwert zugeordnet, der erreicht werden muss. Darüber hinaus sind Minimalkriterien definiert, die in jedem Fall erfüllt sein müssen, um das Label zu erhalten. Übersteigt das Ergebnis einer Cluster-Initiative oder eines Netzwerkes mindestens 80 Prozent der maximal möglichen Punkte des „Cluster Managment Excellence Score" wird das Qualitätslabel „Cluster-Exzellenz Baden-Württemberg" verliehen.[225]

---

224 Zum gesamten Absatz vgl. ESCA (2016), zu Baden-Württemberg siehe Clusterportal BW (2016b)

225 Clusterportal BW (2016b)

2.3.3 Cluster-Initiativen

Nachdem die Bedeutung von Clustern und regionalen Netzwerken herausgestellt und bereits unterschiedlichste Bezeichnungen wie Cluster, regionales Netzwerk, Cluster-Initiative, Clusterorganisation verwendet wurden, stellt sich die Frage, worin sich diese unterscheiden und wie Cluster-Initiativen vor dem Hintergrund der vorliegenden Forschungsfrage definiert werden können. Vorweg gestellt wird, dass es bisher keine einheitliche Definition des Clusterbegriffs gibt.[226]

In Abgrenzung zwischen Clustern im Allgemeinen und Netzwerken zeigt sich, dass diese nicht nur in der Praxis, sondern auch in der Forschung nach wie vor häufig gleichgesetzt werden.[227] Das wird den spezifischen Ausprägungen jedoch nicht gerecht. Tabelle 2.1 zeigt exemplarisch wesentliche Unterscheidungsmerkmale von Clustern und Netzwerken auf.

Tab. 2.1: Exemplarische Merkmale von Clustern und Netzwerken[228]

	Cluster-Charakteristika	**Netzwerk-Charakteristika**
Region	• Regionale Agglomeration von wirtschaftlichen, wissenschaftlichen und öffentlichen Institutionen • Regionalentwicklung im Fokus	• Sowohl regional als auch überregional • Nutzen des Unternehmens im Fokus
Wettbewerb & Vertrauen	• Offener Zugang zum Cluster • Kooperation und Konkurrenz • Lose Verbindungen zwischen Mitgliedern • Gesellschaftliche Institution und Vertrauen auf der Basis regionaler Werte	• Eingeschränkter Zugang („Club“) • Starker Fokus auf Kooperation • Intensive Kooperation • Gegenseitiges Vertrauen hat hohen Stellenwert
Involvierung der Unternehmen	• Unternehmen als Stakeholder • Geringe Sunk Costs	• Unternehmen als Shareholder • Sunk Costs (durch Investitionen in die Initiative) • Kooperation bei komplexen Sachverhalten
Ausrichtung	Gemeinsame Clustervision	Gemeinsame Ziele
Vertrag	I.d.R. keine umfangreiche vertragl. Regelung	Häufig vertraglich geregelt

226 Vgl. Beckord (2008), S. 20
227 Vgl. Kiese (2008), S. 11
228 Quelle: in Anlehnung an Pfohl u. a. (2010), S. 533

Bei der Abgrenzung von Clustern und Netzwerken ist zunächst noch einmal der regionale Bezug hervorzuheben. Cluster zeichnen sich dadurch aus, dass eine Agglomeration von Organisationen einer oder mehrerer, miteinander in Beziehung stehender Branchen vorherrschend ist.[229] Die Organisationen interagieren miteinander, wodurch in der Folge interorganisationale Netzwerke entstehen können, die dann wiederum selbst zum Medium für weitere Interaktionen werden.[230] Damit sind Netzwerke konstitutive Bestandteile von Clustern. Die begriffliche Unterscheidung von Cluster und Netzwerk, wie auch deren Zusammenwirken, findet erst langsam Eingang in die betriebswirtschaftliche und regionalpolitische Diskussion, setzt sich jedoch immer weiter durch. Insbesondere in Hinblick auf den Umgang mit beiden Systemen wird deutlich, dass hierbei verschiedene Ebenen interorganisationaler Beziehungen angesprochen werden. Ebenso können Cluster und Netzwerke als unterschiedliche Sozialsysteme charakterisiert werden, welche eigene Strukturmerkmale und Prozessverläufe aufweisen und damit potenziell eine unterschiedliche organisationale Einbettung erfahren. Hieraus ergeben sich erhebliche Konsequenzen für das Management und die Entwicklung von Clustern.[231] Daher wird im Folgenden nun spezifisch auf Cluster und deren Management eingegangen. Der Netzwerkbegriff wird im weiteren Verlauf nur noch im Zusammenhang mit der Entwicklung sozialer Netzwerke in Clustern verwendet.

Werden nun die verschiedenen Definitionen und Begriffe von Clustern näher untersucht, zeigt sich, dass auch hier vielfältige Varianten zu finden sind, die weder im allgemeinen Sprachgebrauch noch in der wissenschaftlichen Fachliteratur oder in empirischen Arbeiten zur Clustertheorie ausreichend differenziert werden.[232] Insbesondere ist zwischen Cluster und Cluster-Initiative zu unterscheiden. Cluster wurden bereits allgemein als regionale Konzentrationen von Unternehmen einer Branche oder eines Technologie- und Kompetenzfeldes charakterisiert, welche eine gemeinsame Zielsetzung verfolgen. Cluster-Initiativen beziehen sich darüber hinaus auf die professionelle Organisation eines solchen Clusters. D.h. es handelt sich um eine gezielte Maßnahme zur Bündelung regionaler Aktivitäten, die durch ein Clustermanagement koordiniert wird.[233] Darüber hinaus zeichnen sie sich durch eine intensive Kooperation und Vernetzung zwischen Unternehmen wie auch mit Forschungseinrichtungen und Verbänden aus. Zu einer ähnlichen Definition kommen auch Pfohl, Bode und Alig in ihrem Beitrag. Sie haben auf

229 Vgl. Porter (1998), S. 78
230 Vgl. Sydow/Duschek (2011), S. 217
231 Vgl. Sydow/Duschek (2011), S. 216
232 Vgl. Nestle (2011), S. 3
233 Vgl. Nestle (2011), S. 3, Künzel u. a. (2015), S. 17, WM (2010), S. 8

Basis des Relational View ein Konzept „Cluster mit Netzwercharakter" entwickelt, welches sich gut in das Konzept der Cluster-Initiativen einordnen lässt und Erklärungsansätze liefert, wie sich Wettbewerbsvorteile durch Unternehmenskooperationen erklären lassen. Dabei stellen sie die regionale Nähe, die zielgerichtete Zusammenarbeit, Wissenstransfer und gegenseitiges Vertrauen als wesentliche Charakteristika heraus. Einem unabhängigen Clustermanagement wird eine besondere Bedeutung beigemessen, da dieses für die Koordination gemeinsamer Projekte und für den Vertrauensaufbau unerlässlich ist.[234] Insgesamt jedoch tragen die begriffliche Unschärfe und die langsame Durchdringung des differenzierten Sprachgebrauchs dazu bei, dass Cluster auch gegenwärtig empirisch kaum bzw. unzureichend untersucht sind.[235]

In vorliegender Forschungsarbeit ist der Fokus auf Cluster-Initiativen gerichtet, die über ein professionalisiertes Clustermanagement mit adäquater Ressourcenausstattung in Relation zu Aufgaben und Anzahl relevanter Clusterakteure verfügen. Die Organisation, die das Clustermanagement ausübt, wird als Clusterorganisation bezeichnet. Da es sich insgesamt um ein komplexes Phänomen handelt, welches in seiner Vielschichtigkeit betrachtet werden soll, wird in Anlehnung an Macharzina und Wolf zur Erläuterung des Begriffs auf die Beschreibung wichtiger Merkmale zurückgegriffen. Macharzina und Wolf führen bei ihrer Definition von Unternehmen an, dass bei komplexen Phänomenen mit Merkmalen bestimmte Charakteristika des zu klärenden Begriffs beschrieben werden können, das dahinterstehende reale Phänomen in seiner Ganzheit jedoch nie erfasst werden kann.[236] In diesem Sinn werden Cluster-Initativen in vorliegender Forschungsarbeit durch die folgenden Merkmale gekennzeichnet:

- An erster Stelle der Merkmalsbeschreibung von professionellen Cluster-Initiativen steht, dass diese durchaus ein ***sektorales Konzept*** darstellen und ohne den regionalen Bezug keinen Bestand haben. Cluster sind „geographic concentrations of interconnected companies, specialised suppliers, service providers, firms in related industries, and associated institutions (...) in particular fields that compete but also cooperate."[237] Mehr noch wird davon ausgegangen, dass gerade die regionale Nähe für die Generierung von Wettbewerbsvorteilen entscheidend ist. „Clusters are not unique; however; they are highly typical – and therein lies a paradox the enduring competitive advantages in a global

234 Vgl. Pfohl u. a. (2010), S. 534 f.

235 Vgl. Nestle (2011), S. 3

236 Vgl. Macharzina/Wolf (2015), S. 15

237 Porter (1998), S. 78

economy lie increasingly in local things – knowledge, relationships, motivation – that distant rivals cannot match."[238]

- Darüber hinaus bedarf es in der Region einer ***kritischen Masse*** von Institutionen und Organisationen, um die Adressierbarkeit zu gewährleisten und eine Anschlußfähigkeit der Interaktionen zu generieren.[239] „Clusters: Critical masses – in one place – of unusual competitive success in particular fields."[240] Bedeutend ist, dass es sich bei den Organisationen und Institutionen jedoch um eigenständige Akteure handelt, die nicht in eine formelle Beziehung zu einander eintreten. Vielmehr besteht die Stärke der Cluster-Initiative in der informellen Struktur der Akteure. „A cluster of independent and informally linked companies and institutions respresents a robust organizational form that offers advantages in efficiency, effectiveness, and flexibility."[241]
- Auch wenn es sich grundsätzlich um informelle Beziehungen in professionellen Cluster-Initiativen handelt, so weisen sie dennoch eine ***interne Organisationsstruktur*** auf. Diese bildet die Gesamtheit der Beziehungszusammenhänge zwischen den personalen und sachlichen Elementen einer Organisation und deren Umwelt ab und dient daher als ein Grundgerüst zur zielgerichteten Koordination der einzelnen Aktivitäten.[242]
- Hervorgehoben wird auch die ***Vernetzung unterschiedlicher Akteure*** einer Branche oder eines Technologie- und Kompetenzfeldes aus Wirtschaft, Wissenschaft, halb-öffentlichen Einrichtungen und öffentlicher Hand, um gemeinsam einen höheren Gesamtnutzen zu erzielen.[243] „More broadly, clusters represent a new way of thinking about location, challenging much of the conventional wisdom about how companies should be configured, how institutions such as universities can contribute to competitive success, and how governments can promote economic developments and prosperity."[244] Durch dieses Zusammenspiel verschiedener Akteure handelt es sich in Cluster-Initiativen um multidimensionale Beziehungen.[245] „However, given that a key purpose of partnership is to bring together all the key organizations and interests involved in urban and regional development, in many ways the classic partnership remit

---

238 Porter (1998), S. 78
239 Vgl. WM (2010), S. 8, Beckord (2008), S. 120
240 Porter (1998), S. 78
241 Porter (1998), S. 80
242 Vgl. Macharzina/Wolf (2015), S. 16
243 Vgl. WM (2010), S. 8, Europäische Kommission (2013), S. 3
244 Porter (1998), S. 78
245 Vgl. Künzel u.a. (2015), S. 16

is a multidimensional one, in which one of the main purposes of partnership arrangements is to unite sectorally specific activities which are less successful when undertaken in isolation from each other."[246]

- Die Zusammenarbeit der verschiedenen Akteure in einem Cluster weist dabei sowohl konkurrierende wie auch kooperative Elemente auf. Die vorherrschende ***Koopkurrenz*** ist damit ein weiteres Merkmal professsioneller Cluster-Initiativen. „Clusters promote both competition and cooperation. Rivals compete intensely to win and retain customers. Without vigorous competition, a cluster will fail. Yet there is also cooperation, much of it vertical, involving companies in related industries and local institutions. Competition can coexist with cooperation because they occur on different dimensions and among different players."[247]
- Cluster zeichnen sich grundsätzlich durch eine Offenheit gegenüber verschiedenen Akteuren aus. Jedoch gibt es in Cluster-Initiativen durchaus einen Aufnahmeprozess, wodurch eine Mitgliedschaft und Zugehörigkeit definiert wird. Hierdurch wird ***Vertrauen*** aufgebaut und ein Rahmen für die Zusammenarbeit geschaffen. „Vorteile von Clustern kommen nur dann zum Tragen, wenn Vertrauen zwischen den Teilnehmern besteht."[248]
- Einer der wichtigsten Punkte stellt die Ausrichtung der Cluster-Initiative auf die ***gemeinsame Zielsetzung*** der Clusterpartner dar.[249] Die Verständigung und konsequente Weiterentwicklung einer gemeinsamen Strategie ist daher unabdingbar für professionelle Cluster-Initiativen. Sie weisen damit einen dynamischen Charakter auf und bedingen aus sich heraus eine notwendige Wandlungsfähigkeit.
- Die erfolgreiche Zusammenarbeit und permanente Weiterentwicklung setzt ein gemeinsames Verständnis der Clusterakteure voraus. Der Aspekt ***geteilter mentaler Modelle***[250] spielt damit, wie noch herauszuarbeiten sein wird, eine wichtige Rolle im Management von professionellen Cluster-Initiativen.
- Aber nicht nur die Herausbildung von geteilten mentalen Modellen, auch der ***Wissens- und Technologietransfer*** wie auch der Erfahrungsaustausch stellen wichtige Aktivitäten dar.[251]

---

246 Geddes (2008), S. 209
247 Porter (1998), S. 79
248 WM (2010), S. 10
249 Vgl. WM (2010), S. 8
250 Vgl. Martignoni u. a. (2016), Weick (1989), Busch/Lorenz (2010), S. 280 ff.
251 Vgl. WM (2010), S. 10

- So kann das regionale ***Innovation***spotenzial optimal genutzt und gesteigert werden. Das gemeinsame Innovieren ist ein originäres Ziel in professionellen Cluster-Initiativen.[252]
- Die gemeinsame Initiierung und Durchführung technologischer Projekte sowie eine ziel- und passgenaue Anbahnung von Kooperationen stellen daher ein weiteres wichtiges Merkmal von professionellen Cluster-Initiative dar. Ein besonderer Fokus wird dabei auch auf die Integration von ***KMU*** sowie deren Befähigung in dynamischen Wettbewerbsumfeldern erfolgreich bestehen zu können, gelegt. Cluster können somit auch als eine alternative Art und Weise angesehen werden, wie die Wertschöpfungskette organisisert wird.[253] „Clusters are groups of specialised enterprises – often SMEs – and other related supporting actors that cooperate closely together in a particular location. In working together SMEs can be more innovative, create more jobs and register more international trademarks and patents than they would alone."[254]
- Cluster-Initativen können als ***„produktive soziale Systeme"***[255] bezeichnet werden, wodurch Menschen/Akteure, Sachmittel, Energie, Information und Rechte als wesentliche Ressourcen gegeben sind.
- In professionellen Cluster-Initativen werden ***Querschnittsfunktionen***, wie Marketing- und Öffentlichkeitsarbeit, Fachkräftegewinnung, Aus- und Weiterbildung, gemeinsam durchgeführt. Hierdurch wird ganz wesentlich auch Sozialkapital geschaffen und eine gesellschaftliche Aufgabe wahrgenommen. "Investment made by government or other public institutions – such as public spending for specialized infrastructure or educational programs – can enhance a company's productivity. The ability to recruit employees trained at local programs, for example, lowers the cost of internal training. Other quasi-public goods, such as the cluster's information and technology pools and its reputation, arise as natural by-products of competition. It is not just government that creates public goods that enhance productivity in the private sector. Investments by companies – in training programs, infrastructure, quality centers, testing laboratories, and so on – also contribute to increased productivity. Such private investments are often made collectively because cluster participants recognize the potential for collective benefits."[256]

---

252 Vgl. Lämmer-Gamp u.a. (2014), S. 2
253 Vgl. Porter (1998), S. 79 f.
254 Europäische Kommission (2016)
255 Vgl. Ulrich (1970), S. 155
256 Porter (1998), S. 83

- Zunehmende Globalisierung und ein verstärkter internationaler Wettbewerb machen auch nicht vor Cluster-Initiativen halt. So erhält die Entwicklung einer ***Internationalisierung***sstrategie und die konsequente Aufnahme und Verfolgung von Internationalisierungsaktivitäten in Cluster-Initiativen zunehmend mehr Bedeutung. In der internationalen Vernetzung regionaler Cluster wird daher ein weiterer Treiber zur Steigerung von Wettbewerbsvorteilen gesehen.[257] „When new global value chains are developed, new capabilities are becoming increasingly important, namely innovation culture, innovation infrastructure and innovation speed and the ability to integrate complementary knowledge and skills from other areas. Another aspect is the growing importance of cross-border, macro-regional and transnational cooperation."[258]
- Die Koordination der vielfältigen Aktivitäten und die konsequente Weiterentwicklung der Clusterstrategie wie auch die Umsetzung der übergeordneten Clusterpolitik in einer spezifischen Maßnahme erfolgt durch das ***Clustermanagement***. Dabei wird zunehmend ein verstärkter Fokus auf die Professionalisierung des Clustermanagements gelegt. „Over the last years, there has been more and more evidence that cluster management excellence can make a difference."[259] Es zeigt sich jedoch auch, dass gerade für diese Tätigkeit spezielle Voraussetzungen an Wissen und Know-how notwendig sind. Viele politische Förderprogramme setzen an diesem Punkt an und entwickeln Maßnahmen, um die Entwicklung des Clustermanagements zu fördern, wie z.B. Weiterbildung und Coaching von Clustermanagern, Erfahrungsaustausch zwischen Cluster-Initiativen, Vermittlung von Best-Practice-Ansätzen und ein europaweites Benchmarking.[260]

Die wesentlichen Merkmale von professionellen Cluster-Initiativen für die vorliegende Forschungsarbeit wurden herausgearbeitet und beschrieben. Zusammenfassend lassen sich die Punkte verkürzt auf die wichtigsten Charakteristika reduzierern:

- Regionale Nähe,
- Koopkurrenz,
- Clusterstrategie,
- Innovationsmanagement und
- Clustermanagement-Exzellenz.

---

257 Vgl. WM (2010), S. 32, BMBF (2014a), S. 8 f.

258 Lämmer-Gamp u.a. (2014), S. 2

259 Lämmer-Gamp u.a. (2014), S. 2

260 Vgl. Drewello/Kiehlmann (2015), S. 6

Dabei wird insbesondere in Bezug auf den Erfolg einer Cluster-Initiative die Clustermanagement-Exzellenz als wichtiger Faktor herausgestellt.

> „Cluster management excellence is considered as a main prerequisite for a cluster organisation to achieve the highest impacts within a given technological, industrial, regional, and legislative framework for the cluster participants, the industrial sector in general, or the development of regions."[261]

Zwischenzeitlich ist die Anzahl der in solchen Positionen beschäftigten Personen europaweit stark angestiegen, das Phänomen als solches ist jedoch noch nicht hinreichend beschrieben. Zwar wurde bereits versucht, das Tätigkeitsfeld von Clustermanagements näher zu beschreiben, doch zeigt sich hier ein außerordentlich komplexes Aufgabenspektrum, welches weiterer Untersuchungen bedarf. Drewello und Kiehlmann identifizieren zehn Tätigkeitsfelder, welche neben spezifischen Aufgaben mit Netzwerkcharakter auch allgemeine Managementgebiete wie das Projekt-, Veranstaltungs- und Personalmanagement beinhalten. Bei den Feldern handelt es sich um folgende Punkte:[262]

1. Vorschlagen einer Strategie für die Cluster-Initiative
2. Aufbauen eines Netzwerks von Stakeholdern aus Unternehmen, Forschung- und Entwicklungseinrichtungen, öffentlichen Institutionen und sonstigen Organisationen
3. Vorbereiten und Steuern einer Cluster-Initiative
4. Identifizieren und Analysieren von neuen Trends und Entwicklungen
5. Entwickeln von Projekten
6. Kommunizieren mit Partnern
7. Vorbereiten und Durchführen von Veranstaltungen
8. Führen von Personal
9. Öffentlichkeitsarbeit und Public Relations
10. Vorbereiten und Durchführen von Evaluierungen des Clustermanagements

Diese Punkte bieten einen guten Anhaltspunkt und eine gute Ausgangsbasis für eine weitere Analyse. Im Folgenden werden zum vertiefenden Verständnis die Grundlagen der strategischen Führung erörtert, um anschließend nach der Fallanalyse die Forschungsfragen in diesem Bereich weiter zu detaillieren. Dabei wird analog der wissenschaftstheoretischen Fundierung vorliegender Forschungsarbeit der Fokus auf eine systemtheoretische und konstruktivistische Sicht gelegt. Dies impliziert die grundlegenden Fragen der Existenz der Führung sowie deren Bei-

261 Hantsch u. a. (2013), S. 1

262 Vgl. Drewello/Kiehlmann (2015), S. 10

trag in sozialen Systemen auf Basis konstruktivistischer und systemtheoretischer Ansätze kritisch zu reflektieren.

2.4 Strategische Führung

Management und Führung sind Phänomene, die auftreten, wenn Tätigkeiten von Personenmehrheiten planvoll geleitet, koordiniert oder kontrolliert werden. Sie sind dabei in verschiedenen Einzelwissenschaften zu verorten und gehen, vornehmlich als ein wichtiger Bestandteil der Managementlehre, der Betriebswirtschaftslehre, der Organisationstheorie wie auch der Soziologie, von einem interdisziplinären Ansatz aus.[263] Management selbst sieht DRUCKER dabei als die vielleicht „wichtigste Innovation des 20. Jahrhunderts", was er insbesondere auch mit dem gesellschaftlichen Wandel hin zu einer „Wissensgesellschaft", zu einer „Gesellschaft von Organisationen" und zu einer „vernetzen Gesellschaft" verbindet, da hierdurch wichtige soziale Aufgaben zunehmend von organisierten Institutionen, welche alle eines „Management" bedürfen, ausgeübt werden.[264] Es ist daher auch nicht verwunderlich, dass das Wort „Management" um die Wende des 20. Jahrhunderts herum, als in den USA die ersten Business Schools ihre Türen öffneten, weitere Verbreitung durch FREDERICK W. TAYLOR fand, der hiermit die „Arbeitslehre" oder das „Studium von Aufgaben" verband.[265] GUTENBERG hob dann im Rahmen seiner Theorie der Unternehmung „aus einheitlichem Grunde" die herausragende Stellung der Führung einmal mehr hervor, indem er das Unternehmen als produktives System kennzeichnet, dessen Produktivität nicht nur aus der Ergiebigkeit einzelner Faktoren, sondern insbesondere aus deren Zusammenwirken resultiert und dessen Gestaltung die Existenz des dispositiven Faktors begründet.[266]

Die herausragende Bedeutung des **Managements** für eine erfolgreiche Entwicklung der Unternehmung und deren Rolle als Treiber gesamtwirtschaftlichen Wachstums haben dem Konstrukt Management zu einer schnellen Diffusion in der Unternehmenspraxis verholfen. Ein steter Begleiter dieses Vorgangs, der nicht als endliche Verbreitung, sondern als laufende Fortentwicklung verstanden werden muss, ist das immerwährende Bedürfnis nach wissenschaftlichen Grund-

---

263 Vgl. Schanz (1995), Sp. 2194

264 Vgl. Drucker (2009), S. 41

265 Heute wird dies als Industrial Engineering bezeichnet, wogegen er das, was heute als „Management" bezeichnet wird als „die Eigentümer" und „ihre Vertreter" titulierte. Vgl. Drucker (2009), S. 41

266 Vgl. Gutenberg (1983), S. 132 ff. wie auch Müller-Christ (2001), S. 579 ff.

sätzen, die den Erfolg der Managementtätigkeit absichern können.[267] Wenn sich die Realität verändert, dann stehen Veränderungen auch bei Organisationen an. Im Interesse ihrer nachhaltigen Wettbewerbstätigkeit als Voraussetzung ihrer Überlebensfähigkeit sind diese gehalten, mit einer sich verändernden Umwelt zu ko-evolvieren.[268] In solchem Wandel werden häufig, insbesondere an den Übergängen tradierte Begriffsinhalte modifiziert und neu gefasst, was den oft beklagten Mangel an einheitlichen Begriffsbestimmungen erklären mag.[269] Verbreitete Methoden verlieren ihre Strahlkraft, selbst wenn sie nicht nur eine Mode waren, und werden durch diesbezügliche Innovation ersetzt. Ebenso müssen bewährte Managementkonzepte von Zeit zu Zeit auf den Prüfstand gestellt, im Lichte neuer Erkenntnisse kritisch reflektiert und kreativ weiterentwickelt werden.

Die Verwendung **systemtheoretischer Vorstellungen** in der anwendungsorientierten Managementlehre hat in verschiedenen Entwicklungsphasen erheblichen Einfluss auf die Managementforschung ausgeübt und erfährt bereits seit Ende der 1960er Jahre durch die Verbindung mit der Kybernetik eine gewisse Verbreitung.[270]. In diesem Zusammenhang ist die Unterscheidung in triviale und nicht-triviale Systeme, welche in Abbildung 2.3 gegenübergestellt werden, bedeutend.[271] Triviale Systeme, z. B. ein instinktgesteuertes Tier, selektieren mit Hilfe ihrer Sinnesorgane (Perzeptoren) aus den vielfältigen Ereignissen einer komplexen Umwelt bestimmte Schlüsselreize, welche über einen einfachen Reiz-Reaktions-Mechanismus zu einem bestimmten, genetischen oder durch Prägung festgelegtem Verhalten führen. Im Falle nicht-trivialer, z. B. psychischer oder sozialer Systeme, werden zwar auch mittels Perzeption

---

267 Vgl. Schreyögg/Koch (2010), S. 6

268 Vgl. Zahn (2017), S. 196

269 Vgl. Staehle (1999), S. 22 ff. und S. 71, dies zeigt sich auch in der kontroversen Diskussion der ehtymologischen Deutungen des englischen Verbs to manage. Ableiten lässt sich dieses u. a. von manus agere, d. h. „an der Hand führen", oder genauer „ein Pferd in allen Gangarten üben", sowie mansionem agere „derjenige, der das Haus für einen (Eigentümer) bestelle", vgl. hierzu Boetticher (1963), S. 72

270 Vgl. Staehle (1999), S. 41, Bamberger/Wrona (2012), S. 73, Rüegg-Stürm (2001), S. 77 und die dortige Literatur, insbesondere die St. Galler Gruppe hat erheblich zur Verbreitung des Systemdenkens in der deutschsprachigen Managementforschung beigetragen. Die Kybernetik, begründet von Norbert Wiener, stellt die Wissenschaft von der Steuerung und Regelung von Systemen dar, wobei die Untersuchung und Modellierung von Lenkungsmechanismen zur Steuerung komplexer Systeme im Mittelpunkt steht, vgl. Rüegg-Stürm (2001), S. 77, Schulte-Zurhausen (2014), S. 29

271 Vgl. hierzu im Folgenden Willke (2006), S. 35 ff. sowie Bamberger/Wrona (2012), S. 73 f. und Neumann (2012), S. 160 ff.

nur bestimmte Informationen und Ereignisse aus einer komplexen Umwelt selektiert, jedoch ist hiermit nur in Extremfällen, z. B. im Affekt, eine unvermittelte Reaktion verbunden. In den meisten Fällen werden die ausgewählten Daten über komplizierte und komplexe Prozesse der kognitiven Verarbeitung in spezifischer Weise aggregiert, symbolisch repräsentiert und manipuliert. Dabei werden die selektierten Informationen mit systemeigenen Daten, Beziehungen oder Interpretationen angereichert und neu verknüpft. Hieraus ergeben sich verschiedene Handlungsmöglichkeiten, welche in einem weiteren Selektionsprozess auf mögliche und machbare Optionen reduziert werden müssen und bei denen Sinn zum zentralen Steuerungskriterium wird.

Abb. 2.2: Triviale und nicht-triviale Systeme[272]

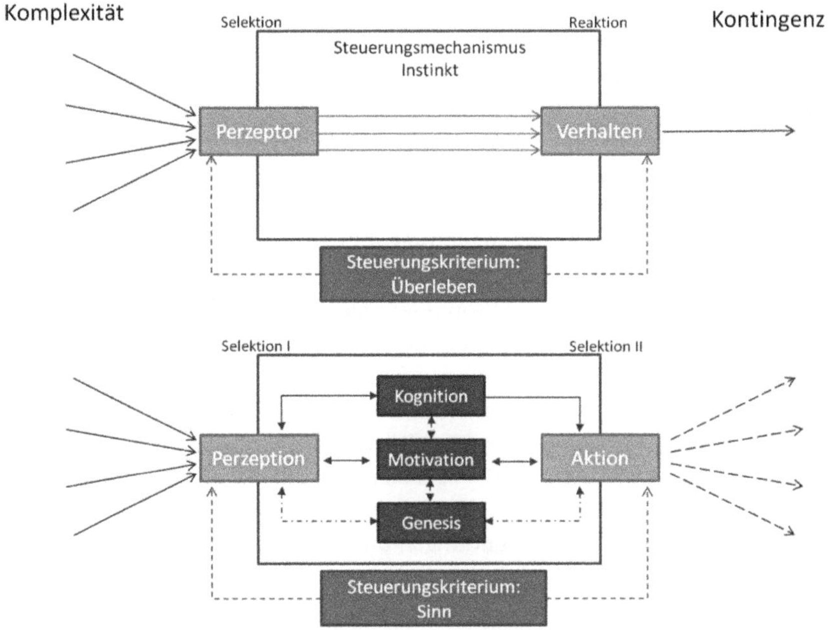

Aufbauend auf diesem Systemverständnis werden entwicklungsgeschichtlich zwei Phasen der Forschung unterschieden, die auch für die Charakterisierung der Führung in Organisationen eine wesentliche Bedeutung haben: die Kybernetik I. Ordnung und die Kybernetik II. Ordnung.

272 Quelle: In Anlehnung an Willke (2006), S. 42

Die **Kybernetik I. Ordnung** fokussiert primär auf gleichgewichtserhaltende Prozesse in Systemen und stellt so Probleme der Stabilität sowie Mechanismen zu deren Erreichung, wie Soll-Ist-Vergleiche, Abweichungsanalysen oder Rückkopplungen in den Fokus der Betrachtung.[273] Auch wenn die Kybernetik I. Ordnung zu vielen Erkenntnissen geführt hat, so ist ihre Übertragung, im Sinn der Anwendung mechanistischer Input-Output-Modelle, auf nicht-technische Systeme, wie z. B. Organisationen, zum Teil, insbesondere hinsichtlich der Führung, auf starke Kritik gestoßen. Management wird in der Kybernetik I. Ordnung vor allem als eine Form der Komplexitätsbewältigung aufgefasst, wobei nach wie vor zumindest ansatzweise die Vorstellung einer auf Steuerbarkeit ausgerichteten Subjekt-Objekt-Beziehung zwischen Führung und System besteht. Damit ist das Führungssystem, d. h. die einzelnen Führungskräfte und deren Führungseigenschaften, relativ unabhängig außerhalb des Systems aufgestellt und versucht von dieser Position aus das gesamte System unter Kontrolle zu halten.[274] Dies impliziert auch die Vorstellung einer Führung in Form von Direktiven zwischen zwei Personen, die im Kontext eines strukturbedingten Machtgefälles eine Dyade bilden, d. h. die Bewegung vom Vorgesetzten zum Mitarbeiter, vom Führer zum Geführten, vom Manager zu den Unterstellten.[275] Hierdurch verstehen sich die Akteure innerhalb von außen determinierter Grenzen einer gesellschaftlichen Ordnung als objektive Wirklichkeit, obwohl diese eine ständige menschliche Produktion darstellt. Erwartungen und Erfahrungen werden so mit der Zeit ein Sediment selbsterfüllender Prophezeiungen, wodurch die Wirklichkeit als gegeben und weitestgehend unabänderlich erlebt wird.[276] Diese Wirklichkeit der Alltagswelt, wie Berger und Luckmann dieses Phänomen beschreiben, erscheint den Individuen als nach bestimmten Mustern „vor-arrangiert" und damit von ihren Erfahrungen unabhängig und objektiviert.[277] Auch wenn es sich hierbei um ein in verschiedenen Kontexten beobachtbares Phänomen handelt, ist für die Akteure ein fundamentaler Trugschluss vorhanden, denn die Denkvorstellungen und Praktiken sind letztlich Erfindungen und damit kontingent. Vorstellungen und Handlungen können grundsätzlich auch auf eine andere Weise erfolgen.

> So lässt sich gerade Führung „auch als Lenkungsfunktion, als kooperatives, gemeinschaftliches Unterfangen, als Beitrag zur Konstruktion einer gemeinsamen Führungs-

---

273 Wichtige Vertreter der Kybernetik I. Ordnung sind u. a. Ashby (1956), Beer (1967), Wiener (1949)

274 Vgl. Rüegg-Stürm (2001), S. 79

275 Vgl. Rüegg-Stürm (2001), S. 47

276 Vgl. Berger/Luckmann (2010), S. 55 und 64 f., Schüerhoff (2006), S. 46

277 Vgl. Berger/Luckmann (2010), S. 24, Kieser (2002), S. 291

> welt, als Akt des Organisierens oder als ein in Raum und Zeit eingebetteter Prozess begreifen und praktizieren."[278]

Hiermit einher geht dann jedoch auch die Forderung, dass systemische Ansätze nicht versuchen sollten, die unbewältigbare Komplexität lebender und sozialer Systeme mittels eindeutiger und beherrschbarer Ursache-Wirkungs- oder Mittel-Zweck-Beziehungen zu „trivialisieren".[279] Gerade Führungskräfte und Mitarbeiter als Menschen, welche als arteigene Systeme noch näher zu spezifizieren sind, reduzieren sich niemals analog des Geldes oder der Maschinen zum reinen Produktionsfaktor, vielmehr zeigt sich deren Nichttrivialität in dem Verhalten, Denken und Fühlen, welches sich nicht fremdbestimmen lässt, in dem Einfluss der Biographie auf das Verhalten und in der nur bedingten Prognostizierbarkeit zukünftigen Verhaltens und Denkens.[280] Hierdurch wird ein gewisses Maß an Unbestimmtheit und dynamischer Komplexität vorgegeben, welches die Gesamtdynamik einer Organisation beeinflusst und in einem Balanceakt zwischen Stabilität und Instabilität pendelt.

An diesem Punkt setzt die **Kybernetik II. Ordnung** an, indem sie sich mit Problemen der Instabilität, Flexibilität, Evolution, Autonomie, Selbstreferenz sowie des Wandels und Lernens befasst, wobei Stabilität als ein Sonderfall und Instabilität als der Normalfall sowie die Voraussetzung für Wandel betrachtet wird.[281]

> „So ist Stabilität nicht mehr als unveränderliche Substanz zu begreifen, sondern als eine Relation zwischen System und Umwelt, als relative Invarianz der Systemstruktur und der Systemgrenzen gegenüber einer veränderlichen Umwelt."[282]

Seit Mitte der 1960er Jahre findet die Kybernetik II. Ordnung auch vermehrt Anwendung in den Wirtschafts- und Sozialwissenschaften und hat damit zu neuen

---

278 Rüegg-Stürm (2001), S. 47

279 Vgl. Neuberger (2002), S. 594

280 So gehen auch Berger und Luckmann in der Phase der Internalisierung davon aus, dass diese in zwei Teilprozessen abläuft, wovon die Primärsozialisiation sich als Subphase auf die Kindheit und die daraus durch Internalisierung resultierende eigene Identität bezieht. Schwierigkeiten ergeben sich nun, da die sekundären Sozialisation, welche zur Aneignung von Spezialwissen dient und die Internalisierung aller routinisierten Verhaltensweisen und Auffassungen sowie die zugrunde liegenden Normen, Werte und Legitimationen inkludiert, an bereits abgeschlossene Internalisierungsprozesse der Primärsozialisiation, d. h. eine schon geprägte Identität mit fest verankerten Wirklichkeitsvorstellungen, anschließt. Siehe Berger/Luckmann (2010), S. 150

281 Staehle (1999), S. 42

282 Luhmann (1971), S. 39, siehe auch Willke (2006), S. 56

Einsichten und Ansätzen in der Managementliteratur geführt.[283] Die Führung von Organisationen bezieht sich damit auf den Umgang mit Unbestimmtheit, Veränderung und Instabilität und zeigt sich daher auch in der Kompetenz mit Wandel umzugehen.[284] Die wesentlichste Unterscheidung zur Kybernetik I. Ordnung und den damit verbundenen systemtheoretischen Managementansätzen findet sich allerdings in der Auffassung von Führungspersonen und System. So werden Führungskräfte in das System integriert und in verschiedenster Weise als Mitbeteiligte und Mitbetroffene von Prozessen der Konstitution sozialer Wirklichkeit eingeschlossen.[285]

> „Is the world a trivial or a non-trivial machine? … And Heisenberg: what would his answer have been after he saw that the interference of an observation leaves the observed in a state of uncertainty. Or should we switch his principle around and say more accurately that the interference of an observation leaves the observer in a state of uncertainty? Maybe the original question contains an implicit flaw by stipulating a dichotomy between a world observed, and one who makes the observations. Perhaps each of us has first to answer for himself the question: "Am I a part of the Universe, or are we both apart." In other words, should we contemplate an epistemology in which I, the observer, am included in the domain of my observations, or shall we prohibit this re-entry (for ultimately we may see ourselves')." Since the orthodox position here is to stipulate the separation of the observer from the world observed, a world usually perceived as a trivial machine whose function we are to uncover. Since this perspective is almost all-pervasive, I need not address myself to it."[286]

Die Beziehungen zwischen System und Führungspersonen im Speziellen und zwischen den Akteuren in einer Unternehmung im Allgemeinen werden dabei unabhängig von Rolle und Rang als Subjekt-Subjekt-Beziehung aufgefasst, und

---

283 Einen Überblick über die Entwicklungsstufen der Theorie sozialer Systeme siehe Willke (2006), S. 5 ff. sowie Bamberger/Wrona (2012), S. 74 f. Eine Einführung in die Theorie sozialer Systeme bietet Willke (2006) sowie für die Theorie sozialer Systeme siehe Luhmann (1984). Diese basieren u. a. auf den folgenden Ansätzen: Autopoiesistheorie von Maturana und Varela (1980), populationsökologische Ansätze und Theorien der Ressourcenabhängigkeit u. a. von Pfeffer/Salancik (1978), evoultionstheoretische Ansätze, wie Kirsch u. a. (1979), kommunikationstheoretische Ansätze, vgl. Watzlawick u. a. (1985), und Ökosystemforschung von Vester (1980), Vester (2005). Insbesondere der Soziologe und Systemtheoretiker Niklas Luhmann hat die Entwicklung einer Theorie sozialer Systeme stark voran getrieben. Vgl. Luhmann (1984)

284 Vgl. von Foerster (1993)

285 Vgl. Rüegg-Stürm (2001), S. 79

286 Von Foerster (1984), S. 13

zwar nicht als triviale, d. h. linear-kausalanalytisch erklärbare, sondern als nicht-triviale, d. h. rekursiv-zirkulär vernetzte Beziehungen.[287] Management wird daher als ein „autologisches“ Konzept betrachtet, d. h. es handelt sich um „concepts that can be applied to themselves, and in some cases need themselves to come into being”[288]. Dies schließt nicht zuletzt auch an das hermeneutische Grundproblem der Sozialwissenschaften an, welches die fehlende Außenperspektive thematisiert und die Bedeutung der Vertrautheit mit dem sozialen Sinn als wesentliches Merkmal im Umgang mit sozialen Fragestellungen hervorhebt.[289] Die kritische Selbstreflektion dient hierbei der Befreiung von gesellschaftlichen Zwängen und der geschichtlichen Entwicklung.[290] Damit sind Führungskräfte und Organisationen nicht länger als zwei vollständig getrennte Auffassungen im Sinn aktiver und passiver Formen zu verstehen – „the world of organizing the other“ – sondern integriert zu betrachten, wodurch der Akteur letztlich auf sich selbst bezogen handelt, da er ein Mitglied der Organisation ist – „the world of organizing oneself“.[291]

Hierdurch zeigt sich die Notwendigkeit eines **interaktionsorientierten Führungskonzeptes**, welches die Führungspersonen in das System einschließt und diese auffordert sich als Mitglied des Systems zu betrachten. Dies impliziert, dass die Wahrnehmungen, Erkenntnisse und Handlungen, welche in den Führungsfunktionen zustande kommen, immer auf die Person selbst, d. h. ihre eigenen Wahrnehmungen, Erkenntnisse und Handlungen im Sinn der psychischen Prägung zurückgeführt werden müssen.[292] Führung stellt sich daher als ein Problem auf organisationaler wie auch auf individueller Ebene dar. Dies gilt insbesondere in Cluster-Initiativen, da hier die hierarchische Durchgriffsmacht nicht gegeben ist und Führung ohnehin nicht auf bekannte Konzepte zurückgreifen kann. Die Forderung, systemtheoretische Annahmen in der Betriebswirtschaftslehre im Allgemeinen sowie in der Managementlehre im Speziellen mit sozialwissenschaftlichen Annahmen und Ergebnissen über den Menschen und seine sozialen Beziehungen anzureichern, liegt daher nahe.[293] Dies stellt auch ULRICH heraus, indem er den Paradigmenwechsel von der mechanistischen zur systemisch-

287 Rüegg-Stürm (2001), S. 79

288 Von Foerster (1984), S. 3

289 Vgl. Habermas (1971), S. 120 ff., Bourdieu u. a. (1991), S. 22 ff. und 44, Rehbein (2011), S. 73

290 Vgl. Rehbein (2011), S. 73

291 Vgl. von Foerster (1984), S. 6

292 Vgl. von Foerster (1984), S. 3

293 Vgl. Staehle (1999), S. 45

evolutionären (biologisch-organischen) Systemkonzeption als notwendige aber nicht hinreichende Bedingung zur Erfassung zeittypischer Führungsprobleme, wie Implementierungs-, Akzeptanz-, Motivations- oder Imageproblemen kennzeichnet.[294] Dabei darf die Führung einer Organisation jedoch nicht mit Personalführung gleichgesetzt werden, denn nach wie vor steht die Steuerung des Gesamtsystems im Vordergrund.[295]

Der Fokus ist somit verstärkt auf **Strategie** zu richten. Im Rahmen einer Bestandsaufnahme zum Konstrukt „Strategie“, das sich seit rund 50 Jahren als ein Schlüsselkonzept der Unternehmensführung erwiesen hat, stellt MARKIDES fest:

> „Behind every successful company, there is superior strategy. The company may have developed this strategy through formal analysis, trial and error, intuition, or even pure luck. No matter how it was developed, it is the strategy that underpins the success of the company. To understand corporate success, we must therefore understand the logic of successful strategies.“[296]

Ganz allgemein kann konstatiert werden, dass Strategie dann zweckdienlich ist, wenn sie zum werthaltigen Fortbestehen der Organisation durch Richtungsweisung bei deren Entwicklung wie auch durch Fokussierung auf wertvolle Ziele

---

294 Vgl. Ulrich (1983), S. 133 ff.

295 Klassischer Weise wird in der wissenschaftlichen Literatur zwischen sachorientierter und personenbezogener Sichtweise der Führung unterschieden. Die sachbezogene Sichtweise oder auch „funktionale Perspektive“ bezieht sich auf die Führung „der“ Organisation oder eines ihrer Teilbereiche, wodurch insbesondere die Formulierung von Zielen, die Bestimmung von Maßnahmen und die Festlegung von Grundsätzen für das zukünftige Verhalten zentrale Beachtung finden. Damit kann Führung als ein Komplex von Steuerungsaufgaben angesehen werden, welche zur Leistungserstellung und –sicherung in arbeitsteiligen Organisationen erbracht werden müssen. Dagegen stellt die personenbezogene Sichtweise auf die Verhaltensbeeinflussung einzelner Akteure ab und wird demnach auch als Führung „in“ Organisationen bzw. im Angelsächischen auch als „Leadership“ bezeichnet. Hierbei geht es insbesondere um Personal-, Mitarbeiter- und Menschenführung, wobei Themen wie Motivation, Kommunikation, Identifikation etc. eine besondere Bedeutung beigemessen wird. Auch wenn es insbesondere für die wissenschaftliche Analyse wichtig ist, beide Sichtweisen im Detail zu erforschen, können diese in der Praxis nicht getrennt voneinander betrachtet werden. So werden zunehmend integrative Sichtweisen in der Forschung gefordert, die nähere Erkenntnisse zur Verknüpfung beider Perspektiven und damit eines realitätsnäheren Führungsverständnisses liefern. Vgl. bspw. Staehle (1999), S. 71 f., Bamberger/Wrona (2012), S. 5 f., Steinmann/Schreyögg (2005), S. 6 ff., Schreyögg/Koch (2010), S. 6 ff., Ulrich (1984), S. 223 sowie 261 ff., Drucker (2009), S. 44

296 Markides (1999), S. 6

beiträgt.[297] Dies gilt nicht nur für Unternehmen, sondern, wie bereits erläutert, in besonderem Maße auch für Cluster-Initiativen, stellt hier die Erarbeitung einer gemeinsamen Strategie doch ein konstitutives Merkmal dar. Strategische Planung ist daher unverzichtbar, aber weniger als Instrument zur formalen Analyse als vielmehr zur Unterstützung von strategischem Denken und Lernen auf allen Ebenen der Organisation. Als solche ist sie das rationalisierende Element im strategischen Management, das in der Strategieforschung inzwischen eine Ergänzung durch strategisches Unternehmertum im Sinn SCHUMPETERS erfahren hat.[298] Während konventionelles strategisches Management als Vorteilssuche interpretiert wird, fokussiert strategisches Unternehmertum Chancensuche. Beide stehen in einem gewissen Spannungsverhältnis, das sich in der Exploitation vorhandener Geschäftspotentiale mit einem Effizienzfokus einerseits und in der Exploration neuer Geschäfspotentiale mit einem Innovationsfokus manifestiert.[299] Eine unreflektierte Bevorzugung der einen auf Kosten der anderen Seite kann fatale Folgen für die Entwicklung der Organisation haben. Geboten ist deshalb eine kontextadäquate strategische Balance zwischen beiden Aktivitäten.[300] Diese erfordert besondere Fähigkeiten, die im Konzept der „Dynamic Capabilities"[301] verortet werden, und zwar auf der Ausführungs- wie auf der Führungsebene. Erstere betreffen als „dynamic (organizational) capabilities"[302] komplexe Rekonfigurationsprozesse in strategischen Veränderungsprozessen. Letztere als „dynamic managerial capabilities"[303] oder „cognitive capabilities"[304] die Rolle der Führung in solchen Veränderungsprozessen. Die strategische Führung impliziert das weiteste Begriffsverständnis und wird hier definiert als die „Entscheidungen, Handlungen und Interaktionen, die sich in signifikanter Weise auf die Entwicklung und die Erhaltung von Erfolgspotentialen beziehen und über welche die Lenkung, Gestaltung und Entwicklung der Unternehmung erfolgen"[305]. Hierbei geht es nicht

297 Vgl. Zahn (2017), S. 193

298 Für eine detaillierte Darstellung der historischen Entwicklung des strategischen Managements und der strategischen Planung siehe z. B. Müller-Stewens/Lechner (2016), S. 8 ff., Welge/Al-Laham (2012), S. 11 ff., Zahn (1981), S. 148 ff.

299 Vgl. Zahn (2017), S. 197 ff. und die dort angeführte Literatur

300 Vgl. Zahn (2017), S. 200 f.

301 Vgl. bspw. Teece u. a. (1997) und Teece (2007)

302 Vgl. Zahn (2017), S. 202 f.

303 Vgl. Adner/Helfat (2003), S. 1011 f.

304 Vgl. Helfat/Peteraf (2015), S. 831 ff.

305 Bamberger/Wrona (2012), S. 33. Im angelsächsischen Sprachgebrauch wird strategische Unternehmensführung als "Strategic Management" bezeichnet. Auf Grund des differenzierten Sprachgebrauchs, den die deutsche Sprache an dieser Stelle

um ein Handeln nach einem Schema oder nach speziellen Regeln, vielmehr ist dieses immer von den gegebenen Verhältnissen eines konkreten Augenblicks abhängig und bedarf bei jedem Schritt der konsequenten Rückbesinnung.[306] Dies beruht nicht zuletzt darauf, dass Organisationen selbst als komplexe dynamische Systeme charakterisiert werden und daher ein gänzlich neues Bild des Managements organisationaler Systeme entsteht.[307]

Strategische Führung in Organisationen im Allgemeinen und in Cluster-Initiativen im Speziellen ist damit auf horizontaler Ebene ein gestaltendes Eingreifen in den gesamten Wertschöpfungsprozess der Organisation, das Koordinierungs- und Harmonisierungshandeln im Hinblick auf sämtliche Elemente der Wertschöpfungskette beinhaltet und alle nachgelagerten Handlungsbereiche richtungsweisend beeinflusst.[308] In vertikaler Richtung beinhaltet die Führung in Organisationen die Koordination, d.h. die Abstimmung der verschiedenen Akteursebenen. In einem neuen Führungsdenken sollte diese Koordination jedoch nicht als vertikale Befehlskette angesehen werden, sondern, im Sinn PARSONS, eher der Auffassung einer Ebenentrennung zur Schaffung übereinandergelagerter horizontaler Ebenen folgen, wodurch auf jeder Ebene ein Workflow generiert werden kann, der ungehindert für eine Ebene definiert ist und durch die Führung mit den anderen Ebenen koordiniert wird.[309]

2.5 Zusammenfassung

Kapitel 2 diente dazu, einen Überblick über die theoretischen Grundlagen zu geben. Es konnte gezeigt werden, dass Netzwerke und Cluster sich zwar in einer regen Diskussion befinden, jedoch keine einheitliche Definition besteht. Dennoch lassen sich mit netzwerkartigen Organisationsstrukturen eine Reihe wirtschaftlicher Vorteile erzielen, wie z.B. Zugang zu Ressourcen, Wissen, Märkten und Kooperationspartnern. Cluster-Initiativen und Netzwerke zeichnen sich demnach dadurch aus, dass sie ein Potenzial an Ressourcen und Wissen

---

bietet, wird jedoch die Abgrenzung der Begriffe vorgenommen und auf die synonyme Verwendung von strategischer Unternehmensführung und strategischen Management verzichtet. Die "Strategic Management" Literatur und Forschung wird dabei als weitergefasster Begriff verstanden und in die folgenden Betrachtungen der strategischen Unternehmensführung einbezogen, vgl. Kirsch (1997), S. 3 ff., Bamberger/Wrona (2012), S. 32 ff.

306 Vgl. Hinterhuber (2015), S. 79 f.

307 Vgl. Ulrich (2001)

308 Vgl. Macharzina/Wolf (2015), S. 40

309 Vgl. Parsons (1951), S. 132 ff.

bereitstellen, welches die Möglichkeiten eines einzelnen Akteurs übersteigt. Hierdurch lassen sich verschiedene Skaleneffekte erzielen und im Rahmen der Leistungserstellung und -verwertung Kosten und Zeit sparen. Dies ist insbesondere hinsichtlich der kleiner werdenden Intervalle von Produkt-, Prozess- und auch Strategieinnovationen auf Grund zunehmender Individualisierung von Produkten und Dienstleistungen bei gleichzeitiger Verkürzung der Produktlebenszyklen entscheidend.[310] Durch den Zugang zu unterschiedlichen Quellen von Wettbewerbsvorteilen erhält die reine Unternehmensgröße in einem Netzwerk eine geringere Bedeutung.[311] Viel wichtiger werden die Beziehungen zu anderen Akteuren, wodurch sich gerade auch für KMU erhebliche Vorteile erzielen lassen. Nicht nur das Sozial- und Beziehungskapital erhält so in Netzwerken und Cluster-Initiativen eine besondere Bedeutung auch der Fokus auf Interaktionen wird, wie auch im Rahmen der vorliegenden Forschungsarbeit, hervorgehoben.

Wird der Blick auf die Führung von Cluster-Initiativen gerichtet, stellt sich die Frage, inwiefern diese gemanagt werden müssen bzw. können. Diesem Aspekt ist im weiteren Verlauf der Arbeit differenziert nachzugehen.

> „Nevertheless, the use of the concept of networks remains very wide and as network definitions frequently do not reach beyond the general "web of actors" level, making sense of managing in or managing of networks persists."[312]

Bereits zum gegenwärtigen Zeitpunkt erweisen sich jedoch die Auswahl der Kooperationspartner wie auch die Ausrichtung auf die gemeinsame Zielsetzung als erfolgskritische Faktoren. Darüber hinaus gestaltet sich der Aufbau einer Vertrauenskultur zuweilen schwierig.[313] Gerade auch hinsichtlich des Innovationsmanagements besteht die Notwendigkeit die Vielfalt und Unterschiedlichkeit der einzelnen Aufgaben zu bündeln und einen Überblick über das Positions- und Kompetenzgefüge wie auch das Kommunikations- und Interaktionsgefüge zu behalten. Nur so lassen sich die vorhandenen Potentiale bestmöglich nutzen. Hierfür ist gleichfalls Raum notwendig, indem sich Beziehungen und Innovationen spontan entwickeln und frei entfalten können.[314] Das Denken in Zusammenhängen und Beziehungen ist damit wichtiger als eine Regelung oder gar Regulierung. Dem Clustermanagement kommt als bündelnde

310 Vgl. Schön (2009), S. 3, Kaluza/Blecker (2005), S. 5, Foschiani (2003), S. 136 f.
311 Vgl. Schulte-Zurhausen (2014), S. 300
312 Johnsen u. a. (2008), S. 82
313 Schulte-Zurhausen (2014), S. 299 f.
314 Hauschildt/Salomo (2011), S. 57

und koordinierende Stelle eine besondere Bedeutung zu. Auch konnte gezeigt werden, dass der Professionalisierungsgrad des Clustermanagements sich auf den Erfolg der Cluster-Initiative auswirkt. Insbesondere wenn die Notwendigkeit der Wandlungsfähikgeit hinzukommt, muss analysiert werden, welchen Einfluss das Clustermanagement ausüben und wie eine Steuerung und Lenkung erfolgen kann.

3. Clusteranalyse und Fallbeispiel Cluster Elektromobilität Süd-West

„The most successful industries are those
who embrace the possibilities of new technologies -
even at the risk of cannibalizing their existing products."
(Raymond W. Smith)

Im dritten Kapitel werden aufbauend auf den theoretischen Grundlagen die strukturelle Analyse am Beispiel des Clusters Elektromobilität Süd-West durchgeführt und Implikationen daraus abgeleitet, die zu einer Vertiefung der Forschungsfragen führen. Die Fallstudie ist dabei nicht als eine Forschungsmethode im eigentlichen Sinn zu verstehen. Vielmehr stellt sie eine Strategie zur Planung und Strukturierung empirischer Untersuchungen dar und bildet somit einen Rahmen für die Organisation empirischer Forschung, der mit unterschiedlichen Methoden der Erkenntnisgewinnung ausgestattet werden kann.[315]

> „The basic idea is that one case ..., will be studied in detail, using whatever methods seem appropriate."[316]

Die Fallstudienforschung wird damit ihrem umfassenden Ansatz gerecht, denn im Gegensatz zu anderen Forschungsstrategien geht es nicht darum, einzelne Variablen zu isolieren und/oder Daten vieler Fälle zu aggregieren, sondern darum soziale Phänomene innerhalb ihrer realen Kontexte zu analysieren. Ein Fall kann daher in seinem Umfang stark variieren und von Einzelpersonen über Gruppen bis hin zu großen Organisationen oder sogar Nationen reichen. Entscheidend ist die Identifikation eines aussagekräftigen Falls sowie die Klärung, welche Bestandteile zum Fall dazugehören und welche methodischen Zugänge seine Rekonstruktion erfordern.[317] Yɪɴ fasst die Fallstudienforschung in seiner Definition damit wie folgt zusammen:[318]

---

315 Vgl. Punch (2005), S. 144, Lamnek (2005), S. 310, Jenert (2011), S. 41. Zur Fallstudienforschung an sich, gibt es in der Literatur durchaus unterschiedliche Sichtweisen. So geht Yɪɴ bei der Fallstudienforschung von einem umfassenden Forschungsansatz aus, welcher die Formulierung der Fragestellung, den Umgang mit der Theorie sowie die Methoden zur Datenerhebung und -auswertung integriert. Vgl. Yin (2009), S. 4

316 Punch (2005), S. 144

317 Vgl. Flick (2011), S. 177, Punch (2005), S. 144

318 Yin (2009), S. 18

„A case study is an empirical inquiry that

1. investigates a contemporary phenomenon within its real-life context, especially when
2. the boundaries between phenomenon and context are not clearly evident."

Diese Definition ergänzt Yin noch um forschungsstrategische Richtlinien für die Durchführung von Fallstudien:

„The case study inquiry

3. copes with the technically distinctive situation in which there will be many more variables of interest than data points, and as one result
4. relies on multiple sources of evidence, with data needing to converge in a triangulating fashion, and as another result
5. benefits from the prior development of theoretical propositions to guide data collection and analysis."[319]

Wird dies nun auf die Fallstudienforschung allgemein und für die vorliegende Forschungsarbeit im Speziellen übertragen, so folgt:

1. Fallstudien dienen der Analyse eines bestimmten Phänomens innerhalb eines abgegrenzten Kontextes. Dieser muss zwar nicht zwangsläufig offenkundig abgrenzbar sein, jedoch durch den Forscher beschrieben werden können, denn was als Fall beschrieben wird, hat einen wesentlichen Einfluss auf die zu erwartenden Erkenntnisse.[320] Daher ist es notwendig bei der Auswahl einer Fallstudie zu begründen, warum diese ausgewählt wurde.[321] In der vorliegenden Forschungsarbeit wird zur Analyse wandlungsfähiger Cluster-Initiativen ein spezifischer Cluster als Fall angesehen. Um auch tatsächlich die Führungsfunktionen untersuchen zu können und der Definition von professionellen Cluster-Initiativen gerecht zu werden, muss dieser Cluster über ein professionalisiertes Clustermanagement mit besonderer Relevanz verfügen. Der Cluster Elektromobilität Süd-West stellt vor diesem Hintergrund einen guten Fall dar, da er als einer von fünfzehn deutschen Spitzenclustern durch das Bundesministerium für Bildung und Forschung gefördert wird und zudem über das European Cluster Management Excellence GOLD Label wie auch das Qualitätslabel Cluster-Exzellenz Baden-Württemberg verfügt, worin sich die Professionalität des Clustermanagements widerspiegelt.
2. Entgegen vieler Forschungsstrategien setzt die Fallstudienforschung auf einen offenen Zugang, so dass für das Untersuchungsproblem relevante Elemente und Zusammenhänge des Falles erst in der Auseinandersetzung mit dem

319 Yin (2009), S. 18

320 Vgl. Punch (2005), S. 145, Jenert (2011), S. 42

321 Vgl. Merkens (2015), S. 295

empirischen Material ersichtlich werden. So geht es nicht darum, Kontextfaktoren zu kontrollieren und Wirkungen einzelner Einflüsse auf ein Phänomen isoliert zu betrachten.[322] Daher muss bereits vor der Auswahl der Ereignisse ein Grundverständnis des Falls gegeben sein.[323] Eine solche holistische Sichtweise ist typisch für die Untersuchung sozialer Systeme. Zusammenhänge sind dabei selten linear gegeben, sondern stellen sich oft wechselseitig oder zirkulär dar. So kann beispielsweise Kultur gleichzeitig als Ursache und Folge menschlichen Handelns angesehen werden. Auf der einen Seite werden durch die Kultur Leitlinien für angemessenes Verhalten in verschiedenen Situationen impliziert, wodurch das Handeln beeinflusst wird. Auf der anderen Seite kann kulturelles Wissen erst durch die wiederholte Bewältigung von gemeinsamen Alltagssituationen entwickelt und gefestigt werden, aus denen gewisse Gewohnheiten und Routinen hervorgehen. Demnach ist Kultur auch das Ergebnis gemeinsamen Handelns.[324]

3. Eine ganzheitliche, kontextbezogene Analyse von Phänomenen ist mit einem hohen Anspruch an die Qualität der zu gewinnenden Daten verbunden. Mit Hilfe von quantitativen Verfahren können in der Regel gültige und zuverlässige Daten für zu untersuchende Variablen erhoben werden. In Fallstudien ist dieses aufgrund der Komplexität jedoch nur bedingt möglich und so wird ein spezifischer Fokus für die Untersuchung benötigt.[325] Bei der Analyse wandlungsfähiger Cluster-Initiativen ist auf Grund der Komplexität von Alltagssituationen sowie der Vielfalt unterschiedlichster Interaktionen eine direkte Zuordnung der Messpunkte (data points) zu einer Variablenausprägung nur in Einzelfällen und für bestimmte Fragestellungen möglich. Denn nicht jede einzelne handlungsrelevante Entscheidung und Interaktion kann in Form von Variablen abgebildet und operationalisiert werden.
4. Die ganzheitliche Untersuchung eines Falls bedarf daher unterschiedlichster Perspektiven unter Rückgriff auf verschiedene Datenquellen.[326] So können beispielsweise unterschiedliche Erhebungsmethoden kombiniert, unterschiedliche Auswertungsmethoden zur Analyse gewonnener Daten verwendet oder Daten von mehreren Forschenden interpretiert werden. Dies wird auch aus Triangulation bezeichnet und stellt eine wichtige Strategie dar, die Qualität

322 Vgl. Yin (2009), S. 5 ff., Jenert (2011), S. 43
323 Vgl. Merkens (2015), S. 295
324 Vgl. Jenert (2011), S. 43
325 Vgl. Punch (2005), S. 145, Jenert (2011), S. 43
326 Vgl. Punch (2005), S. 145, Lamnek (1995), S. 24

interpretativer Forschung zu erhöhen.[327] Für die vorliegende Forschungsarbeit gilt hiermit, dass neben der Analyse von Dokumenten, auch Beobachtungen, Interviews und Fragebögen als weitere Datenquellen genutzt werden.

5. Wie bereits erwähnt, erfolgt die Auswahl der Ereignisse zur Beschreibung eines Falls unter einem Vorwissen. Dies geht nicht zuletzt auf die „Grounded Theory“ von GLASER und STRAUSS zurück, welche aufzeigt, dass die soziale Wirklichkeit nur aus sich selbst heraus verstanden werden kann.[328] Wichtig ist daher, bereits vor der Analyse die grundlegenden Begriffe und Zusammenhänge theoretisch erörtert zu haben. So soll auf Basis theoretisch begründeter Kriterien bereits im Vorfeld der Beitrag des Falls zur Bearbeitung der Problemstellung geklärt werden.[329] In der vorliegenden Arbeit wurde hierfür in den Kapiteln 1 und 2 die theoretische Grundlage gelegt. Es folgt nun eine kurze Beschreibung des Falls, um weitere Begründungen zu liefern.

Der ***Cluster Elektromobilität Süd-West*** (Cluster ESW) ist einer der erfolgreichsten Verbünde auf seinem Gebiet und adressiert neben den technologischen Fragestellungen auch die gesellschaftlichen Herausforderungen neuer Mobilitätslösungen. Die Mobilität von Menschen und Gütern ist seit jeher ein Grundbedürfnis und zusätzlich ein wesentlicher Träger des Wohlstandes. Dennoch haben sich im Laufe des letzten Jahrhunderts die Rahmenbedingungen signifikant verändert. Nicht nur, dass die geopolitische Verfügbarkeit und Bezahlbarkeit von Erdöl zukünftig stark abnehmen wird und der Klimawandel eine Reduktion der CO_2-Emissionen auch im Verkehrssektor zwingend erforderlich macht. Auch Lärm- und Schadstoffemissionen werden angesichts der steigenden Anzahl urbaner Räume in größerem Maße zu reduzieren sein. Hinzu kommt ein verändertes Mobilitätsverhalten insbesondere der städtischen Bevölkerung sowie die geforderte Mobilität von Arbeitnehmern, um nur ein paar Beispiele zu nennen.[330] Die Anfänge der Cluster-Initiative gehen dabei bereits in das Jahr 2007 zurück und mündeten 2011 in der erfolgreichen Teilnahme an der dritten Runde des Spitzenclusterwettbewerbs des Bundesministeriums für Bildung und Forschung. Zum gegenwärtigen Zeitpunkt befindet sich der Cluster ESW in einer Transformationsphase, denn die Projekte der ersten Förderphase des Spitzenclusterwettbewerbs wurden weitestgehend 2015 abgeschlossen und die Projekte der zweiten Förderphase sind erfolgreich gestartet. Darüber hinaus wurden weitere Projekte in verschiedenen

327 Vgl. Jenert (2011), S. 43 f., Flick (2011), S. 44 ff. und 511 ff.
328 Vgl. Glaser/Strauss (2005)
329 Vgl. Jenert (2011), S. 44 f.
330 Vgl. Cluster ESW (2011), S. IV

Förderprogrammen erfolgreich platziert. Nun ist es daran, die Cluster-Initiative langfristig aufzustellen, wenn die aufgebauten Potentiale weiter genutzt werden sollen. Auf Grund seiner herausragenden Stellung als einer der fünfzehn Spitzencluster und des Veränderungsstadiums ist der Cluster ESW prädestiniert für eine Analyse wandlungsfähiger Cluster-Initiativen im Rahmen der vorliegenden Forschungsarbeit. Die Phase der Spitzenclusterförderung ist zwar eine prägende, aber dennoch zeitlich begrenzte Phase im gesamten Cluster-Lebenszyklus. Der Ausrichtung des zu Grunde liegenden Förderprogramms (Hightech-Strategie der Bundesregierung) folgend, lag der Fokus in dieser Phase auf Forschungs- und Entwicklungsprojekten. Tabelle 3.1 zeigt die wesentlichen zeitlichen Rahmendaten des Clusters Elektromobilität Süd-West auf.

Tabelle 3.1: Rahmendaten und relevante Ereignisse des Clusters ESW[331]

	Rahmendaten Cluster Elektromobilität Süd-West
2007	Gründung der Initiative
2009	Erste Teilnahme am Spitzenclusterwettbewerb des BMBF
2009	Start gemeinsamer Aktivitäten der Clusterpartner (Studien, Verbundforschungsprojekte, ...)
2010	Gründung der e-mobil BW GmbH, welche das Clustermanagement übernimmt
2012	Erfolgreiche Teilnahme am Spitzenclusterwettbewerb und Start der ersten Förderphase für 13 Projekte
2012	Erfolgreiche Teilnahme bei der Ausschreibung „Schaufenster Elektromobilität“
2014	Erlangung des Cluster Exzellenz Label Baden-Württemberg
2014	Erfolgreiche Begutachtung und Jurysitzung sowie Start der zweiten Förderphase mit 5 Projekten
2014	Institutionalisierung der AG intelligent move
2015	Ende der ersten Förderphase und erfolgreiche Initiierung neuer Projekte
2016	Ende des Schaufensters Elektromobilität; Erneuerung des Cluster Exzellenz Labels
2017	Ende der Spitzenclusterförderung
2019	Nach gegenwärtigem Stand Ende der institutionellen Förderung der e-mobil BW

Die Analyse erfolgt hierbei anhand des von Pettigrew entwickelten Modells für organisationalen Wandel, welches drei Ebenen in die Untersuchung einbezieht:

331 Quelle: eigene Darstellung

den Kontext je extern und intern, den Inhalt und den Prozess.[332] Im Rahmen dieser „contextualist analysis" wird jede Ebene in Bezug auf ihre Merkmale und Strukturen analysiert und spezifiziert, wobei der Fokus auf erklärenden Inhalten liegt. Entscheidend ist dabei die Integration der Kontextvariablen der vertikalen Analyse mit den Prozessvariablen der horizontalen Analyse. Mit Hilfe der vertikalen Analyse werden die Relationen zwischen höheren und niedrigeren Ebenen, wie z. B. die Auswirkungen von Veränderungen im sozioökonomischen Umfeld auf den intraorganisationalen Kontext sowie das Verhalten von Interessensgruppen, näher beleuchtet. Auf der Systemebene stehen dabei u. a. Verben wie mobilisieren, verändern, wandeln und entwickeln im Vordergrund. Hervorzuheben ist vor dem skizzierten Hintergrund die relationale Perspektive, die auf Interaktionen fokussiert und einen zentralen Bestandteil der Analyse darstellt. Weiterhin spielen die individuellen und organisationalen Fähigkeiten und Kapazitäten sowie die Bereitschaft zu Lernen auf Grund der Wandelthematik eine herausragende Rolle. So bezieht sich der Ansatz sowohl auf individuelle als auch organisationale Prozesse, wobei beide Ebenen in einer dynamischen Perspektive betrachtet werden.

> „The focus is on the language systems of becoming rather than of being – of actors and systems in motion."[333]

Diesem Umstand wird mit der horizontale Perspektive Rechnung getragen, indem sich diese auf die Untersuchung sequentieller Verbindungen zwischen einzelnen Phänomenen im Zeitablauf bezieht. Der Sichtweise liegt die Annahme zu Grunde, dass jedes soziale System als fortdauerndes System betrachtet und so die Vergangenheit und die Zukunft eines Systems in Bezug zur Gegenwart gesetzt werden kann. Der Prozess selbst stellt sich somit als eine sich ständig fortsetzende Folge von Handlungen und Kommunikationen dar, wodurch der Ursprung, die Entwicklung und einige Ergebnisse bestimmter Phänomene betrachtet werden können. Dies macht ersichtlich, dass es nicht ausreichend ist, den Kontext als deskriptive Hintergrundinformationen zu betrachten, sondern dass Prozesse durch Strukturen beeinflusst werden und diese auch wiederum beeinflussen, und zwar sowohl was eine Veränderung als auch eine Bewahrung der Inhalte betrifft. Auf diese Weise wird die propagierte Inkompatibilität zwischen Inhalt und Kontext auf der einen und Prozessen auf der anderen Seite mit Hilfe einer „multilevel

---

332 Vgl. für die folgenden Ausführungen der „contextualist anaylsis" Pettigrew (1987), S. 655 ff.

333 Pettigrew (1987), S. 656

theory construction“[334] überwunden. Diese Sichtweise ist insofern erforderlich als die Komplexität einer wandlungsfähigen Cluster-Initiative eine neue Denkweise erfordert. “Multilevel theory building presents a substantial challenge to organizational scholars trained, for the most part, to “think micro” or to “think macro” but not to “think micro and macro” - not, that is, to “think multilevel”.”[335] Die weitere Untersuchung erfolgt daher in drei Stufen. Zunächst wird in jedem Unterkapitel eine theoretische Einleitung gegeben und aufbauend darauf die spezifische Clusteranalyse durchgeführt. Zuletzt wird dann die übergreifende Untersuchung an einzelnen Beispielen aufgezeigt, wobei die Ergebnisse in der Vertiefung der Forschungsfragen münden.

Auf diese Weise wird der Realitätsnähe, dem wichtigsten Merkmal der Fallstudienforschung, Rechnung getragen. „Die Einzigartigkeit, das Individuelle, das Isolierte - auch das Ganzheitliche - ... (erinnert) stark an unseren Alltag, indem man nie aggregierte Daten oder einzelne Variablen, sondern handelnden Individuen begegnet und diese in spezifischer Weise wahrnimmt.“[336] Dies darf nicht darüber hinwegtäuschen, dass gerade hierin auch die größte Schwäche der Fallstudienforschung gesehen wird, denn grundsätzlich stellt der Fall ein typisches oder besonders aufschlussreiches Beispiel für ein allgemeineres Problem dar.[337] Damit besteht jedoch auch die Schwierigkeit aus einem oder wenigen Fällen allgemeingültige Erkenntnisse zu generieren. So sind Fallstudien neben der Betonung von Ganzheitlichkeit und Individualität immer auch auf Abstraktion und Generalisierung ihrer Erkenntnisse ausgerichtet.[338] „Die Einzelfallstudie im qualitativen Paradigma strebt eine wissenschaftliche Rekonstruktion von Handlungsmustern auf der Grundlage von alltagsweltlichen, realen Handlungsfiguren an. Dabei versucht der Forscher ... diese in den wissenschaftlichen Diskurs zu überführen und Handlungsmuster zu identifizieren, indem er allgemeinere Regelmäßigkeiten vermutet.“[339] Yin spricht in diesem Zusammenhang auch über die „analytische Generalisierung“ (analytic generalization).[340] Hierbei handelt es sich um einen theoretischen Rahmen, der es ermöglicht, die vorgefundenen

334 Vgl. Pettigrew (1987), S. 657
335 Klein/Kozlowski (2000), S. 11
336 Lamnek (2005), S. 311
337 Vgl. Flick (2011), S. 178
338 Vgl. Punch (2005), S. 145 f., Lamnek (1995), S. 16, Yin (2009), S. 14 ff.
339 Lamnek (1995), S. 16
340 Vgl. Yin (2009), S. 38 f. Der analytischen Generalisierung steht die statistische Generalisierung gegenüber. Hierbei handelt es sich um die Aggregation von Daten über eine große Anzahl von Fällen hinweg.

Handlungsmuster unter Berücksichtigung der Informationen über Kontextbedingungen widerspruchsfrei in ihrer Gesamtheit zu verstehen.[341]

Um dieses in der vorliegenden Forschungsarbeit besser leisten zu können, wird an ausgewählten, besonders relevanten Stellen, das Schaufenster LivingLab BW^e mobil hinzugezogen. Hierbei handelt es sich um ein Netzwerk, welches im gleichen Zeitraum, unter gleichen Kontextbedingungen von der gleichen Organisation, die auch für das Clustermanagement des Cluster Elektromobilität Süd-West zuständig ist, der e-mobil BW, Landesagentur für Elektromobilität und Brennstoffzellentechnologie, koordiniert wurde. Die Bewerbung im Programm „Schaufenster Elektromobilität" der Bundesregierung fand ein halbes Jahr nach der Spitzenclusterwettbewerbsteilnahme statt. Ziel der Bundesregierung war es, der Empfehlung der Nationalen Plattform Elektromobilität (NPE) zu folgen und durch den „Aufbau aussagekräftiger Schaufenster als Elemente der anwendungsorientierten Forschung und Entwicklung"[342] Ressourcen zu bündeln und durch die Verdichtung bisheriger Förderaktivitäten zu einer Sichtbarkeit im Rahmen der Marktvorbereitungsphase zu gelangen.[343] Hierbei war die Bildung einer regionalen Projektleitstelle als Verbundkoordinator unter Beteiligung der öffentlichen Hand, eine Bedingung der Förderrichtlinie.[344] Anders jedoch als beim Spitzenclusterwettbewerb waren die Projektleitstellen ursprünglich nur für die Antragsphase vorgesehen. In allen vier ausgewählten Schaufensterregionen wurden die regionalen Leitstellen jedoch von den jeweiligen Ländern finanziert für den gesamten Förderzeitraum weitergeführt. Mit Hilfe dieses Vergleichs soll insbesondere die Generierung von Aussagen bezüglich der Struktur und Führung von wandlungsfähigen Cluster-Initiativen unterstützt werden.

3.1 Kontext

Der Kontext befasst sich mit den kausalen Erklärungsmechanismen der Dynamik von und in Organisationen, die so auch den zeitlichen und räumlichen Bedingungsrahmen für den organisatorischen Wandel darstellen. Ein System sieht sich grundsätzlich einer externen und einer internen Umwelt gegenüber, wodurch bei der Ausbildung von mehreren Systemen, jedes System in mehreren Beziehungen zugleich steht: zur Gesellschaft, zu anderen Systemen in der Gesell-

341 Vgl. Yin (2009), S. 38 f., Jenert (2011), S. 46
342 Bundesregierung (2011), S. 25
343 Vgl. NPE (2011), S. 55
344 Vgl. BMBF (2011)

schaft und zu sich selbst.[345] Die Analyse des Kontextes bei der Untersuchung von Cluster-Initiativen bezieht sich somit aus systemorientierter Sicht ebenfalls, gemäß der vertikalen Ebene der „contextual analysis", auf mehrere Beziehungen. So gilt es sowohl das clusterexterne Umfeld näher zu betrachten als auch den Blick nach innen zu richten und die spezifischen strukturellen Gegebenheiten von Cluster-Initiativen zu untersuchen. Wesentliche Treiber sind hierbei zum einen extern technologische, politische und gesellschaftliche Entwicklungen sowie intern strukturelle und kulturelle Fragestellungen. Notwendig ist eine kritische Auseinandersetzung mit den relevanten Entwicklungen, verschiedenen Erklärungsansätzen und grundlegenden Begriffen. Daher werden in diesem Kapitel der Wandel in den Umfeldern von sowie der Wandel in Organisationen beschrieben. Anschließend erfolgt die Analyse des externen und internen Kontextes des Clusters Elektromobilität Süd-West.

3.1.1 Allgemeine Entwicklungen

In den letzten Jahrzehnten haben sich die Umfelder von Organisationen erheblich gewandelt. Insbesondere die großen Wirtschaftsorganisationen werden dabei für viele Fehlentwicklungen und Probleme westlicher Industrienationen verantwortlich gemacht.[346] So wächst seit Anfang der 70er Jahre des 20. Jahrhunderts das Bewusstsein, dass die Erde ein ganzheitliches Ökosystem ist und der Mensch mit seinen Lebens- und Wirtschaftsweisen die Umwelt stark belastet. Ausschlaggebend hierfür waren insbesondere zwei Ereignisse im Jahre 1972: die erste Umweltkonferenz der Vereinten Nationen (UN) in Stockholm sowie der Bericht an den Club of Rome „Die Grenzen des Wachstums"[347]. Auch wenn der erste ‚Erdgipfel' mit dem Namen „Only one Earth" noch keine wesentlichen Resultate hervorbrachte und die Vertreter der Entwicklungsländer in dem Bemühen der Industrieländer für eine bessere Umwelt vor allem eine Einschränkung ihrer eigenen wirtschaftlichen Entwicklung sahen, wurde mit der Stockholm-Konferenz ein weltweites Umweltgewissen geweckt.[348] Nachdruck verlieh der Bericht „Die

345 Hellmann (1996), S. 32

346 Vgl. Porter/Kramer (2011), S. 64

347 Vgl. Meadows u. a. (1972)

348 Vgl. Kanning (2009), S. 18. 1982 stellten die UN fest, dass die in der Stockholmer-Deklaration verabschiedeten Ziele nicht erreicht worden waren und die Umweltbelastungen global weiter stark zunahmen. Auf Initiative des United Nations Environment Programm (UNEP) wurde daraufhin 1983 die World Commission on Environ-ment and Development (WCED), auch Brundlandt-Kommission gennant, eingerichtet. Vgl. ausführlicher zur Entstehungsgeschichte z. B. Müller-Christ (2001), S. 540

Grenzen des Wachstums“ an den Club of Rome, welcher aufbauend auf einem System Dynamics[349] basierten Weltmodell die Endlichkeit der Ressourcen sowie die Grenzen und Auswirkungen eines Bevölkerungs- und materiellen Produktionswachstums auf lange Sicht aufzeigte.[350] Ausgehend von diesen Ereignissen veröffentlichte in der Folge die Brundtland-Kommission 1987 ihre Empfehlungen „Our Common Future“[351] über den Zusammenhang zwischen wirtschaftlicher Entwicklung und Umweltschutz und stellte darin das ***Leitbild nachhaltiger Entwicklung*** vor.[352] Im Nachgang wurde dieses Leitbild von unterschiedlichen Disziplinen, verschiedenen Naturverständnissen, Werthaltungen und Interessen mit mehr als 60 Definitionen stark ausdifferenziert.[353] Allen Definitionen und Ansätzen gemein ist, dass sie sich auf die drei Dimensionen Ökologie, Ökonomie und Soziales beziehen.[354] Jedoch zeigt dies sogleich die Problematik nachhaltiger Entwicklung auf, denn obwohl sich zunehmend ein Konsens herausbildet, dass eine nachhaltige Entwicklung nicht nur ökologisch, sondern auch sozial und ökonomisch erstrebenswert ist, ist der Begriff nach wie vor vage.[355] Eine vorüber-gehende Auflösung dieses Definitionsdilemmas ist der Vorschlag der

---

349 Vgl. Forrester (1961), Stermann (2000)

350 Vgl. Meadows u. a. (1972), Kanning (2009), S. 18, Promberger u. a. (2006), S. 7 ff.

351 Auch Brundlandt-Bericht genannt, vgl. WCED (1987)

352 Die Begriffe Nachhaltigkeit, Sustainability und Sustainable Development werden häufig synonym verwendet. Der Begriff besagt: „Sustainable Development is a development that meets the needs of the present without comprimising the ability of future generations to meet their own needs. It contains within two key concepts: 1) The concepts of “needs”, in particular the essential needs of the world’s poor, to which overriding priority should be given; and 2) the idea of limitations imposed by the state of technology and social organization on the environment’s ability to meet present and future needs. Thus the goals of economic and social development must be defined in terms of sustainability in all countries – developed or developing, market oriented or centrally planed. Interpretations will vary, but must share certain general features and must flow from a consensus on the basic concept of sustainable development and on a broad strategic framework for achieving it.” WCED (1987), S. 41

353 Vgl. Kastenholz u. a. (1996), S. 1, Lerch/Nutzinger (2002), S. 247

354 Entgegen der in der Vergangenheit weit verbreiteten Auffassung der drei Dimensionen als „tragende Säulen einer nachhaltig zukunftsverträglichen Entwicklung“, die mehr oder weniger nebeneinanderstehen, zielen die gegenwärtigen Bestrebungen in Theorie und Praxis darauf ab, die drei Dimensionen in einer integrierten Sichtweise zu betrachten sowie in betriebliche Entscheidungen und Handlungen einzubeziehen. Vgl. Enquete-Kommission (1998), S. 17 ff., Steimle (2008), S. 47

355 Vgl. Daly (1999), S. 16

Enquete-Kommission Nachhaltigkeit als „regulative Idee“ zu verstehen, für die es nur vorläufige und hypothetische Zwischenbestimmungen gibt.[356] So wird nachhaltige Entwicklung nicht als klar definierter Zielzustand aufgefasst, sondern als Richtungsvorgabe für einen gesamtgesellschaftlichen Such-, Lern- und Gestaltungsprozess verstanden.[357] Die Auffassung der Nachhaltigkeit als Leitbild bietet einen offenen Orientierungs- und Handlungsrahmen für die Ausgestaltung und die Verwirklichung angestrebter Zielvorstellungen. Insbesondere hinsichtlich der sozialen und ökonomischen Dimension ist in dieser Sichtweise nicht die quantitative Definition der Zielvorstellungen ausschlaggebend, sondern vielmehr eine qualitative Betrachtungsweise zielführend. So stehen die Erhaltung der Stabilität sozialer und ökonomischer Entwicklungsprozesse sowie die Aufrechterhaltung ihrer dynamischen Funktionen im Vordergrund.[358]

Dies hat in der Konsequenz ganz allgemein neben einer Fülle von Aufgaben, neuen Anforderungen und Ansprüchen auf Grund der ausgeübten wirtschaftlichen, sozialen und politischen Macht auch zu einer Verschiebung weg von einer Privatangelegenheit weniger Kapitaleigner und Manager hin zu einem quasiöffentlichen Vorgang geführt.[359] Auch wenn bereits häufig auf diese Entwicklungen hingewiesen und die Berücksichtigung gesellschaftlicher Ansprüche bei der Formulierung von Strategien und der Ausgestaltung von Produkten und Prozessen gefordert wurde, zeigt sich die Management-Praxis externen Ansprüchen gegenüber eher zurückhaltend. Die bisher entwickelten Konzepte ***gesellschaftlicher Verantwortung*** haben daher eher reaktiven Charakter, einmal um Kritik abzuwenden und zum anderen, um staatlichen Eingriffen in den unternehmerischen Entscheidungsspielraum zuvorzukommen. Dabei ergeben sich für Unternehmen bei einer proaktiven Herangehensweise vielfältige Möglichkeiten neben den Interessen der Kapitaleigner auch jene, anderer Stakeholder zu befriedigen und dadurch eine ***Legitimation*** bezüglich Handlungen und Existenz der Organisation zu erzielen.[360] So zielt ein integratives Führungskonzept darauf ab, das jeweilige Engagement mit der Strategie und den Kerngeschäftsbereichen abzustimmen. Kritisch erweist sich hierbei jedoch die hohe Unsicher-heit, mit welcher die Führung auf Grund der langfristigen Sichtweise umzugehen hat, sowie der Anspruch auf Basis einer dauerhaften und globalen Erhaltung der Umwelt, die Wirtschaft und Gesellschaft

356 Vgl. Enquete-Kommission (1998), S. 16
357 Vgl. Steimle (2008), S. 37
358 Vgl. Steimle (2008), S. 45
359 Vgl. Steinmann (1969)
360 Vgl. Staehle (1999), S. 617 f.

weiter zu entwickeln, zu stabilisieren sowie in einem dynamischen Gleichgewicht zu halten.[361]

Die dargestellte Entwicklung wird zudem begleitet von einem ***tiefgreifenden Wandel in der Gesellschaft und in der Arbeitswelt*** und zeigt sich zunehmend seit den 60er Jahren in Deutsch-land wie auch in weiteren hochentwickelten Industriegesellschaften darin, dass zunehmend Werte wie Eigenverantwortung, Selbständigkeit, Selbstverwirklichung und Individualität in der Arbeitswelt an Bedeutung gewinnen. Verstärkt werden die Effekte durch das damit verbundene Potential für Qualität, Flexibilität und Rationalisierung des Arbeitshandelns, wodurch sich insgesamt eine veränderte Haltung gegenüber Ressourcen und Umwelt sowie eine differenziertere Nutzung von Technikpotenzialen verbreitet.[362] Hier zeigt sich ein Spannungsverhältnis auf, denn Organisationen besitzen bislang nach wie vor einen eher bleibenden Charakter. So versuchen sie mit Hilfe von Regeln Stabilität zu erzeugen und stützen sich auf Instrumente und Methoden, die eher auf die Erfassung und Gestaltung von stabilen, dauerhaften Gegebenheiten ausgerichtet sind.[363] Veränderungen, Evolution, Lernen und Entwicklung sind dabei nicht unbedingt vorgesehen und wirken als Störfaktoren, die es mit einfachsten Mitteln zu umgehen gilt.

Dies hängt eng mit dem auch gegenwärtig in vielen Bereichen noch vorherrschenden ***mechanistischen Weltbild*** zusammen.[364] Aufbauend auf der Dominanz der Naturwissenschaften, und hier allen voran den wissenschaftlichen Ausführungen von NEWTON, LAPLACE und DESCARTES, im Wissenschaftssystem des 17. und 18. Jahrhunderts entstand ein mechanistisches Weltbild, welches sich durch die Kernprinzipien Reduktionismus, Determinismus und Gleichgewicht spezifizieren lässt und die Strukturen, Verhaltensweisen und Kontrollmechanismen in Organisationen teilweise bis in die Gegenwart stark beeinflusst.[365] In diesem Sinn kann die Organisation metaphorisch „als Maschine" betrachtet werden mit den charakteristischen Merkmalen Fremdorganisation, externe Steuerung, bürokratische Hierarchie und weitestgehende Arbeitstei-

---

361 Vgl. Hagemann/von Hauff (2010), S. 11

362 Vgl. Picot u. a.(2003), S. 4

363 Vgl. Perich (1992), S. 119, Probst (1987), S. 87, Van den Ven/Astley (1981), S. 451

364 Grundsätzlich handelt es sich bei Weltbildern um „konsistente Ideen, Erkenntnisse und Erfahrungen, die einem erkennenden Subjekt in seinem partiellen Bereich zugänglich sind aufgrund der kognitiven Durchdringung dieses Bereiches und den Informationsmöglichkeiten des Subjekts", Flämig (1998), S. 50

365 Vgl. Flämig (1998), S. 53, Zahn/Nowak (2006), S. 48 f., Dooley (1997), S. 70, Neumann (2012), S. 132 ff.

lung.[366] Die Organisation dient damit einem extern bestimmten Zweck, der sich auf Grund einer mathematischen Funktion y = f(x) ableiten lässt. Inputs werden gemäß einer eigens konstruierten Produktionslogik in vorhersagbare Outputs transformiert. Insofern gründet das mechanistische Weltbild auf der Vorstellung, dass alles machbar ist und geplant werden kann.[367] Diese rational-ökonomische Perspektive führt zu einem dualistischen Konzept, das ökonomische und ethisch-moralische Aspekte getrennt voneinander betrachtet und ihren Höhepunkt im Taylorismus findet.[368] Frederik W. Taylor integrierte die Kernprinzipien mit weiteren wissenschaftlichen Konzepten, um eine kohärente Managementphilosophie zu erarbeiten. Damit brachte Taylor eine analytische Logik ins Management ein, welche auch gegenwärtig die Management-Praxis noch erheblich beeinflusst.[369] Die Mitarbeiter werden hierbei als relativ beliebig auswechselbare Ressourcen betrachtet, welche im Wesentlichen mit Hilfe von Befehlen, Anweisungen und korrigierenden Führungsstilen sowie monetären Anreizen in Konformität mit den Strukturen gebracht werden. Damit wird ein Vorabkonsens aller Organisationsmitglieder oder eine im Wesentlichen unproblematische herrschaftliche Durch-griffsmacht der Führung unterstellt.[370]

Fundamentale Veränderungen in den Technologien und auch in der Gesellschaft haben die Be-dürfnisse jedoch erheblich gewandelt. So ist beispielsweise durch die schnelle Diffusion von Informations- und Kommunikationstechnologien (IKT) und dem damit einhergehenden digita-len Wandel heutzutage an vielen Orten möglich, was vor noch nicht allzu langer Zeit Zukunftsvision war. Menschen leben zunehmend in einer digital vernetzten Welt und können nahezu überall elektronisch kommunizieren oder Informationen abrufen. IKT gehören zu den Schlüsseltechnologien einer starken digitalen Wirtschaft. Sie treiben Innovationen, führen zu Produktivitätszuwachs und tragen zur Sicherung von wirtschaftlichem Wachstum, Wohlstand und Arbeitsplätzen bei.[371] Die Entwicklungschancen anderer technischer Disziplinen werden grundlegend von IKT beeinflusst, wodurch diese eine entscheidende Grundlage für eine wettbewerbsfähige Dienstleistungsgesellschaft und Industriestaaten sind.[372]

---

366 Vgl. Zahn/Nowak (2006), S. 48 f.

367 Vgl. Türk (1990), S. 58 f., Ford (2008), S. 175

368 Vgl. Homann (2007), Schweitzer (2004), S. 45

369 Vgl. Dooley (1997), S. 70, Kieser (2006), S. 93 ff.

370 Vgl. Türk (1990), S. 58, Ford (2008), S. 175 ff.

371 Vgl. Bundesregierung (2014), S. 4 f., Macharzina/Wolf (2015), S. 26

372 Vgl. Macharzina/Wolf (2015), S. 26. Laut einer Studie des World Economic Forum und INSEAD in 144 Ländern, korrespondiert ein 10 Prozent höherer Digitalisierungsgrad

Hierfür ist es jedoch notwendig, dass der Wandel in der Mitte der Gesellschaft verankert ist und von allen gesellschaftlichen Gruppen getragen und mitgestaltet wird, wenn sich die positive Wirkung der ***Digitalisierung*** entfalten soll.[373] Hiermit einher geht auch, dass immer mehr Daten miteinander verknüpft werden und so neue Dienstleistungen und Produkte ermöglichen. Big Data, Smart Data und Smart Services gepaart mit der mobilen Internetnutzung sowie Anwendungen von Cloud Computing und Social Media führen zu massiven Veränderungen in den Geschäftsprozessen und bringen gleichzeitig neue Geschäftsmodelle hervor.[374] Neben der Auflösung des bestehenden Paradoxon zwischen Mechanisierung und Flexibilisierung durch eine flexible Automatisierung, wurden neue Formen der Fabrikorganisation und -steuerung in Gestalt einer virtuellen oder digitalen Fabrik[375] möglich, welche ihre zunehmende Weiterentwicklung in vernetzten Produktionssystemen und dem Aufbau intelligenter Wertschöpfungsnetzwerke finden.[376] Dieser Prozess wird auch als die vierte industrielle Revolution oder auch Industrie 4.0 bezeichnet.[377]

Nicht zuletzt haben die technologischen Veränderungen zusammen mit den Entwicklungen in der Systemtheorie – insbesondere den Arbeiten von Ashby, Forrester und von Bertal-anffy[378] – zu einem Wandel des zu Grunde liegenden Weltbildes geführt, wodurch Organisa-tionen metaphorisch als ***„Organismus“*** betrachtet werden können.[379]

> „Now the dynamics of technology are switching to what might be called an organic model, organized around information rather than around mechanical energy.“[380]

Angelehnt an biologische Systeme scheinen informelle und veränderbare Verantwortungsbereiche, offene und informelle Kommunikation, verteilte Entscheidungs-

---

eines Landes mit einem 0,75 Prozent höheren Pro-Kopf-Bruttoinlandsprodukt und einer um 1,02 Prozent niedrigeren Arbeitslosenquote. Dabei ist jedoch fraglich, welche dieser Größen Ursache und welche Wirkung sind, vgl. Sabbagh u. a. (2013), S. 36

373 Vgl. Bundesregierung (2014), S. 2

374 Vgl. Bundesregierung (2014), S. 13

375 Vgl. Westkämper (2003), S. 788 ff., Zahn/Nowak (2006)

376 siehe für einen Überblick der Entwicklung klassischer produzierender Industrie die Strukturstudie „Industrie 4.0 für Baden-Württemberg“, welche auf technischer Ebene die Ansätze Cyber Physical Systems und das Internet der Dinge und Dienste gepaart mit einer Standortanalyse Baden-Württemberg darstellt, vgl. Fraunhofer IPA (2014)

377 Vgl. Kagermann u. a. (2013), S. 17

378 Vgl. Ashby (1956), Forrester (1961) sowie Bertalanffy (1968)

379 Vgl. Morgan (1997), S. 51 ff.

380 Drucker (1987), S. 324

findung sowie fluide Rollenverständnisse besser geeignet zu sein, um in unsicheren, turbulenten Wettbewerbsumfeldern bestehen zu können. Organisationen entwickeln sich hierbei anhand ihrer Möglichkeiten, die sich aus der Umwelt ergeben.[381] Dabei spielen Organisationen keine passive Rolle, sondern sie reagieren auf Veränderungen im Umfeld mit organisationalem Wandel, wodurch wiederum eine Beeinflussung der Umfelder stattfindet, d. h. Organisationen und Umfelder koevolvieren.[382]

Hierbei werden nicht nur Input-Output-Beziehungen in die Betrachtung einbezogen, vielmehr zeigt sich, dass Organisationen vielfältige Umfeldbeziehungen unterhalten.[383] So geht es nicht mehr nur um die Generierung und Strukturierung von Beziehungen zu den Umfeldern zur Erlangung notwendiger Ressourcen. Organisationen definieren vielmehr ihre Rolle in der Um-welt durch die Wahl von Produkten und Märkten, der Festlegung des Beitrags zur Bedürfnisbefriedigung sowie der Interdependenzbeziehungen mit Elementen der Umfelder. Die hiermit verbundene ***Stakeholderorientierung*** geht über die reine Strukturierung der direkten Beziehungen hinaus und umfasst so auch die Gestaltung der Beziehungen zur Gesellschaft und zu weiteren Anspruchsgruppen.[384] Für Organisationen ergibt sich daher die Notwendigkeit, sich mit den Forderungen der Gesellschaft und der Politik auseinanderzusetzen.[385]

Die Konzentration auf die Umwelt von Organisationen ist allerdings nicht ausreichend; hängt eine hohe Anpassungsfähigkeit nicht nur von externen, d. h. nicht oder nur schwer beeinfluss-baren Faktoren, sondern in hohem Maße auch von den eigenen Handlungsweisen ab. Vergleiche mit Beispielen aus der Natur oder der Technik zeigen eindeutig, dass nur diejenigen Organisationen langfristig lebensfähig sind, welche über eine hohe ***Anpassungsfähigkeit*** verfügen, gleichzeitig aber auch wandlungsfähig und robust gegenüber den sich verändernden Umgebungsbedingungen sind.[386] Dies führt ebenfalls zu einer Verschiebung der Bedeutung menschlicher Arbeitsleistung. Waren im mechanistischen Weltbild menschliche Fähigkeiten ein entscheidender Produktionsfaktor, so gilt in einer Zeit, „in which information is becoming the organizing energy the capital resource is knowledge“[387]. Eine Arbeitsleistung kann daher nicht länger nur als eine Funktion „objektiver“ physikalischer Arbeitsbedingungen angesehen werden, sondern ist ebenfalls davon

381 Vgl. Dooley (1997), S. 72
382 Vgl. Weick (1979), Zahn u. a. (2005), S. 72 ff.
383 Vgl. Macharzina/Wolf (2015), S. 18
384 Vgl. Bamberger/Wrona (2012), S. 13 ff.
385 Vgl. Dyckhoff/Souren (2008), S. 1
386 Westkämper/Zahn (2009), S. 1
387 Drucker (1987), S. 325, siehe auch Daly (1999), S. 398

abhängig wie die Akteure ihre Arbeit, Mitstreiter und Vorgesetzten wahrnehmen und bereit sind neues ***Wissen*** zu erwerben bzw. vorhandenes Wissen zu teilen.[388] Dies impliziert, dass neues Wissen aufgenommen, altes Wissen verlernt und das Verhalten entsprechend den Erfahrungen und dem Wissensstand angepasst wird.[389] Grundsätzlich lassen sich vier Schritte identifizieren, wie Organisationen Wissen generieren und lernen: Wissensgenerierung, Informationsverteilung, Informationsinterpretation und das organisationale Gedächtnis.[390] Durch diese Art des Lernens nehmen die Organisationsmitglieder sowohl individuell als auch kollektiv ihre Umfelder wahr und leiten daraus ihr Handeln ab.[391]

> „The organic system is more conductive to learning than is the mechanistic system, for it facilitates the crossing of organizational levels and boundaries and the communication of information even to the point of redundancy."[392]

Dabei erlangt die Zusammenarbeit mit anderen Organisationen eine besondere Bedeutung, denn die ***Kooperation*** stellt für Organisationen eine einzigartige Möglichkeit dar, neues Wissen zu generieren.[393] Aus Sicht der strategischen Managementforschung ist die Fähigkeit, dieses Wissen für die Erreichung der eigenen Unternehmensziele zu nutzen, eine Quelle für neuen strategischen Erfolg.[394]

Es verwundert daher nicht, dass technologische Kooperationen und verschiedene Formen von Technologieallianzen immer stärker an Bedeutung gewinnen. Insbesondere große, multinational tätige Organisationen fokussieren sich immer mehr auf kooperative Formen der Technologiegewinnung im Rahmen ihrer Innovationsstrategie. Dies schafft gleichzeitig Raum für kleine und mittlere Organisationen und Start-ups sich durch technologische Kooperationen neue Geschäftsfelder zu erschließen. So bilden sich zunehmend verschiedene Formen von Netzwerk-Organisationen heraus, die Zulieferer, Großunternehmen, Servicedienstleister und Abnehmer umfassen wie auch im Technologie- und Innovationsmanagement Hochschulen, Forschungsinstitute und neue Intermediäre einbinden.[395]

Die Netzwerk-Organisation bzw. im Rahmen dieser Forschungsarbeit die Cluster-Initiative bilden die Wissensbasis für die unternehmensübergreifende in-

388 Vgl. Staehle (1999), S. 34
389 Vgl. Schweitzer (2004), S. 46 f.
390 Vgl. Huber (1991), S. 90 ff.
391 Vgl. Dooley (1997), S. 75
392 Child/Heavens (2001), S. 317
393 Vgl. Inkpen (1998), S. 69
394 Vgl. Stein (2005), S. 175 f.
395 Vgl. Gerybadze (2004), S. 189

tensive Projektarbeit und weitere gemeinsame Aktivitäten. Die Koordination der gemeinsamen Projekte und Aktivitäten erfolgt durch ein unabhängiges ***Clustermanagement***, welches gleichzeitig die Vertrauensbildung im Cluster fördert.[396] Das Clustermanagement nimmt gegenüber und zwischen den Cluster-Mitgliedern eine koordinierende und moderierende Rolle ein. Dies ist notwendig, da ohne eine von den Mitgliedsunternehmen unabhängige Koordinationsstelle eine zielgerichtete Verfolgung der Cluster-Interessen auf Grund der unterschiedlichen Interessenslagen der verschiedenen Einrichtungen nicht möglich ist. Dennoch ist das Clustermanagement auf die Mitwirkung der autonomen Clusterpartner angewiesen, handelt es sich hierbei doch um eine dezentrale Kontextsteuerung.[397] So kann das Clustermanagement ohne die entsprechende Mitwirkung der Clusterpartner letztlich nichts erreichen. In der Praxis ist dies jedoch nicht selbstverständlich. Die Aufgabe des Clustermanagements besteht daher darin, eine Balance zu finden zwischen proaktiver Koordination und Organisation der Aktivitäten sowie der reinen Selbststeuerung der Clusterpartner.[398] Nicht zuletzt deshalb ist das Clustermanagement von besonderer Bedeutung für den Erfolg einer Cluster-Initiative.

Diese allgemeinen Kontextentwicklungen werden im Folgenden um den spezifischen Fall des jeweiligen externen und internen Kontextes des Clusters Elektromobilität Süd-West ergänzt, um so einen fundierten Analyserahmen zu schaffen.

3.1.2 Der externe Kontext des Clusters Elektromobilität Süd-West

Baden-Württemberg gilt als die Wiege des Automobils. Carl Benz und Gottlieb Daimler entwickelten im Jahr 1886 zeitgleich in Mannheim und in Bad Cannstatt die ersten Automobile der Welt. Auch wenn damals zwischen der Erfindung und der wirtschaftlichen Nutzung mehrere Jahre lagen, ist die Automobilfertigung in Baden-Württemberg heute durch eine historisch gewachsene Produktions- und Zulieferstruktur geprägt und das Land gehört nach wie vor zu den weltweit herausragenden Automobilstandorten.[399] Dies schlägt sich auch in den Beschäftigungszahlen nieder und so sind 2015 ca. 228.000 sozialversicherungspflichtige Beschäftigte in rund 340 Unternehmen im Fahrzeugbau tätig, welche einen Branchen-Jahresumsatz von knapp 115 Milliarden Euro erzielen.[400] Hinzugerechnet werden müssen neben den Zulieferern aus der chemischen sowie

396 Vgl. Steinle u. a. (1998), S. 367 ff., Pfohl u. a. (2010), S. 534
397 Vgl. Payer (2002), S. 82
398 Vgl. Pfohl u. a. (2010), S. 535
399 Vgl. Hawlitschek (2011), S. 31 f., Daimler (2016)
400 Vgl. Statistisches Landesamt (2016a), Statistisches Landesamt (2016b)

der gummi- und kunststoffverarbeitenden Industrie auch die Beschäftigten des KfZ-Handwerks und der zahlreichen automobilbezogenen Dienstleistungsunternehmen. Insgesamt tragen somit weit über 440.000 direkt oder indirekt Beschäftigte ihren Teil zur automobilen Wertschöpfung in Baden-Württemberg bei.[401] Die Ansiedlung des Werkzugmaschinen- und Anlagenbaus, der Zubehörhersteller, der Kundendienst- und Instandsetzungsbetriebe in großer Dichte neben dem Automobilbau kann als ein Alleinstellungsmerkmal der Region an-gesehen werden.[402] Der Cluster ESW baut auf diesen günstigen Voraussetzungen auf und wird zudem von den Landesministerien unterstützt. Auch findet er in seiner Region Karlsruhe-Mannheim-Stuttgart-Ulm aktive Partner bei Wirtschaftsförderern der Kommunen, wie der WRS (Wirtschaftsregion Stuttgart), den Industrie- und Handels- sowie Handwerkskammern und weiteren Einrichtungen. Auch für Internationalisierungsaktivitäten ist die Region auf Grund der Verkehrssysteme mit Flughäfen, Bahn, Straße und ÖPNV gut ausgestattet. Somit ermöglicht das gute Verkehrsnetz neben modernen Kommunikationsmedien einen effizienten und regelmäßigen Austausch der Partner.[403] Die Struktur der Automobilwirtschaft in Baden-Württemberg wird in Abbildung 3.1 dargestellt.

Abb. 3.1: Struktur der Automobilwirtschaft in Baden-Württemberg im Jahr 2013[404]

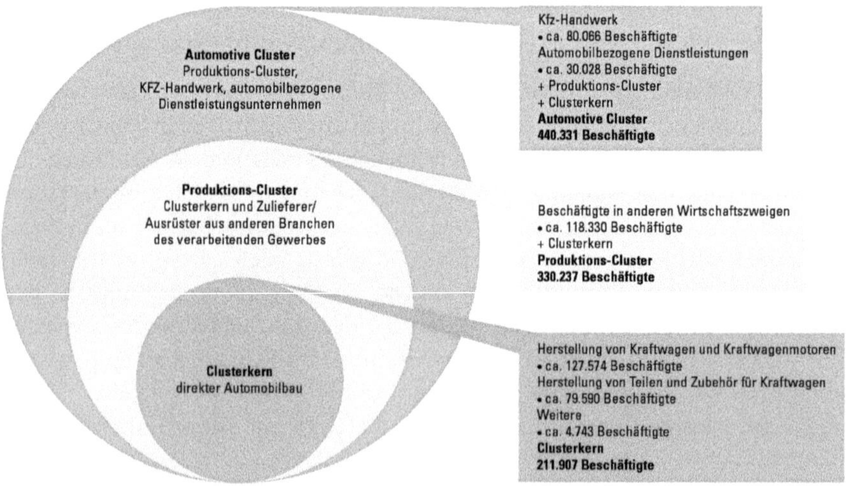

401 Vgl. e-mobil BW (2015), S. 40 f.
402 Vgl. Cluster ESW (2011), S. 2
403 Vgl. Cluster ESW (2011), S. 2
404 Quelle: e-mobil BW (2015), S. 40

Mobilität ist, nicht nur für die Region Baden-Württemberg, eine unverzichtbare Voraussetzung für persönliche Freiheit, soziales Zusammenleben und wirtschaftlichen Wohlstand.[405] Dabei sind die Effekte, die mit einem weltweit wachsenden Verkehrsaufkommen einhergehen, ins-besondere in Ballungszentren immens. Nicht nur die Verschärfung der Verkehrssituation gepaart mit entsprechendem Zeitverlust, Risiko und Stress, auch der Verbrauch an zusätzlicher Fläche und Ressourcen, wie auch die Verursachung von Lärm- und Schadstoffemissionen zeigen, dass trotz technischer Fortschritte die zukünftige Mobilität teilweise auf eine neue Grundlage gestellt werden muss. So stellen Umweltbelastung, Stresserlebnis und Zeitverlust gesellschaftliche Negativeffekte dar, denen kein erkennbarer Nutzen gegenübergestellt werden kann.[406] „Um Menschen und Güter auch in Zukunft schnell, sicher und komfortabel, gleich-zeitig aber auch effizient und ressourcenschonend befördern zu können, brauchen wir neue Technologien und neue zusätzliche Mobilitätslösungen."[407] Dabei handelt es sich bei einer zukünftigen, nachhaltigen Mobilität um eine systemische Herausforderung, die neben alternativen Antriebsarten auch Veränderungen im Nah-, Personen- und Güterverkehr auf der Straße und Schiene sowie in der Luft- und Schifffahrt einbezieht. In direktem Zusammenhang zur Elektromobilität ist dabei die Umstellung der Energieversorgung auf erneuerbare Energien zu sehen wie auch ergänzend der Ausbau von Informations-, Kommunikations- und Verkehrsleitsystemen zur Verbesserung der Verkehrsinfrastruktur.[408]

3.1.2.1 Klimapolitisches Umfeld

Die Mobilitätswende geht daher mit der Energiewende einher, stellt in Deutschland einen zentralen Teil dieses Wandels dar und erfährt durch das Übereinkommen von Paris 2015 eine weitere Verstärkung. So wurde bei der 21. UN-Klimakonferenz in Paris 2015 (COP21), als Nachfolgevertrag für das Kyoto-Protokoll von 1997, ein Klimaabkommen beschlossen, das eine Begrenzung der globalen Erwärmung auf deutlich unter 2° C, möglichst 1,5° C im Ver-gleich zum vorindustriellen Level vorsieht.[409] Diese Zielvorgabe kann nur durch eine radikale Reduzierung der Nutzung fossiler Brennstoffe und dem damit einhergehenden Ausstoß von Treibhausgasen erfolgen.[410] Die Ziele der Bundesregierung Deutsch-

---

405 Vgl. BMBF (2013), S. 24
406 Vgl. Picot u. a. (2003), S. 4, BMBF (2013), S. 24
407 BMBF (2013), S. 24
408 Vgl. BMBF (2013), S. 24
409 UN FCCC (2016), S. 2 f.
410 Vgl. Quaschning (2016), S. 5

lands, eine Reduktion der Emissionen von mindestens 40 Prozent bis 2020 und 80 bis 95 Prozent bis 2050 gegenüber 1990 zu erreichen,[411] müssen daher nun noch mit dem Ziel der Stabilisierung der globalen Er-wärmung auf unter 2° C ergänzt werden. Die im Nachgang des Kyoto-Protokolls 1997 entwickelten Ziele und bereits eingeleiteten Schritte müssen vor diesem Hintergrund weiter verschärft bzw. angepasst werden. Weitere Maßnahmen zur CO_2-Reduktion sind daher zu erwarten, wenngleich die genaue Ausgestaltung der Maßnahmen gegenwärtig noch nicht identifiziert und beurteilt werden kann.[412] Fest steht jedoch, dass eine Energieversorgung, die vollständig auf erneuerbaren Energien basiert und damit keine weiteren Treibhausgase emittiert, spätestens bis 2040 anvisiert werden sollte, denn ansonsten müssten die zu viel emittierten CO_2-Emissionen durch kostspielige CCS-Verfahren rückgewonnen und endgelagert werden.[413]

Technisch-wirtschaftliche Potenziale zur Reduktion der CO_2-Emissionen sind grundsätzlich in allen Sektoren zu finden.[414] Für den Verkehrsbereich ergibt sich

---

411 Vgl. BMUB (2016), BMWi (2014), S. 122. Hiermit verbunden sind umfangreiche Maßnahmen des Aktionsprogramms Klimaschutz 2020, vgl. ebenda

412 Vgl. e-mobil BW (2016a), S. 5, Quaschning (2016), S. 6

413 CCS steht dabei für Carbon Capture and Storage und kennzeichnet Verfahren mit deren Hilfe CO_2 abgeschieden und gelagert wird. So soll verhindert werden, dass CO2 in die Atmosphäre gelangt und so das Voranschreiten des Klimawandels begünstigt. Jedoch sind diese Verfahren stark umstritten. Gegenwärtig existieren erst wenige Pilotanlagen und es muss erforscht und geprüft werden, ob die Technologie sich auch langfristig sicher und finanzierbar erweist, ob eine sichere Lagerung über Jahrtausende gewährleistet werden kann und wer bei Leckagen die Haftung der doch erheblichen Risiken übernimmt. Die Bundesregierung Deutschlands setzt daher auf ein schrittweises Vorgehen. Es wurde ein Gesetzentwurf verabschiedet, der zunächst die Erprobung und Demonstration regelt und im Jahr 2017 umfassend evaluiert wird. In diesem Rahmen wird durch die Bundesregierung ein Bericht an den Deutschen Bundestag erstellt, der nur bei einem positiven Ausgang, die nächsten Schritte im Bereich CCS erlaubt. Vgl. BMUB (2011)

414 Das Aktionsprogramm Klimaschutz 2020 stellt die Potenziale in den einzelnen Sektoren dar, jedoch sind hiermit von der Bundesregierung keine sektorspezifischen Ziele verbunden. Die Sektoren gliedern sich auf in Energiewirtschaft, Haushalte, Verkehr, Gewerbe/Handel/Dienstleistung, Industrie, Landwirtschaft und übrige Emissionen, vgl. BMUB (2014). Insgesamt konnten die Treibhausgas-Emissionen in Deutschland seit 1990 stark reduziert werden. So wurde im Jahr 2014 von insgesamt 902 Mio. t CO_2-Gesamtemissionen berichtet, was mit 4,6 Prozent dem stärksten Rückgang seit dem Wirtschaftskrisen-Jahr 2009 entspricht. Eine erste Prognose für 2015 zeigt jedoch einen leichten Anstieg auf, welcher sich aus hohen Stromexporten, einer kühleren Witterung und günstigeren Kraftstoffpreisen ergibt, vgl. UBA (2016a)

damit eine Reduzierung des Endenergieverbrauchs bis 2020 um rund 10 Prozent und bis 2050 um rund 40 Prozent gegenüber 2005, wobei hier durch das Pariser Abkommen weitere Reduktionen in den folgenden Jahren zu erwarten sind.[415] Große Potenziale für Reduktionen im Verkehrsbereich stellen die Nutzung effizienter und neuer Technologien sowie die Verkehrsverlagerung dar. Der konsequenten Einführung der Elektromobilität kommt daher, in der Verbindung mit der Nutzung des Stroms aus erneuerbaren Energien, insbesondere hinsichtlich der mittel- und langfristigen Klimaschutzziele eine sehr große Bedeutung zu. In der langfristigen Perspektive wird dies um die Entwicklung alternativer Kraftstoffe ergänzt. Darüber hinaus werden als weitere wichtige Handlungsfelder die Weiterentwicklung der Lkw-Maut, der Ausbau und die Stärkung des öffentlichen Verkehrs, des Schienengüterverkehrs sowie des Fahrrad- und Fußverkehrs angesehen.[416]

Der Anteil an Fahrzeugen mit alternativen Antrieben bewegt sich trotz der hohen Bedeutung dieses Aspektes für die Erreichung der Klimaziele gegenwärtig noch auf einem niedrigen Ni-veau. So gehörten 2015 nach wie vor 50,3 Prozent der 3,2 Millionen neu zugelassenen PKW zu den mit Benzin und 48 Prozent zu den mit Diesel betriebenen Fahrzeugen. Dabei befanden sich in fast 74 Prozent der Fälle die CO2-Emissionen im Bereich bis zu 140 g/km.[417] Auch wenn damit der CO2-Durchschnittswert aller in 2015 neu zugelassenen PKW um weitere 4 g/km auf 128,8 g/km gesunken ist, sind zur Erreichung der festgelegten Klimagrenzwerte weitere Maßnahmen notwendig, um einen durchschnittlichen Grenzwert von 95 g/km ab dem Jahr 2020 zu erreichen. Dies ist nur mit einem deutlichen Einsatz von batterieelektrischen Fahrzeugen (BEV) und Plug-In-Hybriden (PHEV) möglich, wodurch weitere Steigerungen zu den 12.363 BEVs (+45,1 Prozent) und 33.630 PKW mit Hybridantrieb (+22,6 Prozent) dauerhaft zu erwarten sind.[418]

Um weitere Effizienzsteigerungen für dieses Ziel zu erwirken, ist eine weitere Optimierung des Antriebsstrangs (v. a. durch vermehrten Einsatz elektrischer Komponenten) sowie die Elektrifizierung des Gesamtfahrzeugs notwendig.[419]

Auch im Hinblick für die Reduzierung weiterer Schadstoffemissionen und die Erreichung der Grenzwerte kommt der Elektromobilität eine steigende Bedeutung zu. So gilt es beispielsweise die Luftqualität in den urbanen Räumen zu

415 Vgl. BMVBS (2013), S. 6
416 Vgl. BMWi (2014), S. 125, BMUB (2014), S. 22
417 Vgl. KBA (2016)
418 Die Zahlen beziehen sich auf den Zuwachs im Vergleich zum Vorjahr, vgl. KBA (2016)
419 Vgl. e-mobil BW (2016a), S. 4

verbessern. Laut Antwort der Bundesregierung auf eine Anfrage der Bundestagsfraktion Bündnis 90/Die Grünen vom 23.03.2015 nach Gebieten mit hoher Schadstoffbelastung gehören u. a. Stuttgart, Reutlingen, Markgröningen, Heilbronn, Ulm und Tübingen zu den Städten mit der höchsten Feinstaubbelastung (PM_{10}). Auch bei der Belastung mit Stickstoffdioxid (NO_2) zählen u. a. Stuttgart, Reutlingen, Freiburg und Ludwigs-burg zu den höchstbelasteten Städten.[420] Gerade letzteres gehört dabei nach Angaben des Umweltbundesamtes zu den Luftschadstoffen Nummer eins und bedarf zügig der Umsetzung von Maßnahmen, um die Stickstoffdioxid-Belastung in den Innenstädten zu reduzieren. Hierbei spielt in Ballungsgebieten der Straßenverkehr die bedeutendste Rolle.[421] Die EU-Kommission drohte daher mit rechtlichen Schritten, sollte Deutschland kein Konzept einreichen, welches aufzeigt wie die Grenzwerte für die Belastungen der Luft eingehalten werden. Insbesondere auf die Städte Stuttgart und Leipzig bezieht sich das Vertragsverletzungsverfahren der EU wegen Nichteinhaltung der Grenzwerte für Feinstaub. Die Stadt Stuttgart und das Land Baden-Württemberg arbeiten an einem Stufenkonzept um die Luftreinhaltung und damit die Luftqualität zu verbessern. In der Landeshauptstadt Stuttgart wurde daher zur Vermeidung von Emissionen im Januar 2016 erstmals das Instrument des Feinstaub-Alarms eingeführt. Weitere Maßnahmen sind die Verwendung emissionsarmer Fahrzeuge und Maschinen, die Verkehrsverlagerung des Kfz-Verkehrs auf umweltverträgliche Verkehrsmittel und Einschränkungen für Kamin- und Ofenfeuerungen wie auch die Luftreinhaltung durch Stadtplanung und beim Bau.[422] Auf der technologischen Ebene im Fahrzeug sinken NO_x und ppm bereits und werden durch die eingeführten Maßnahmen z. B. EU6 weiter sinken.[423]

---

420 Vgl. Deutscher Bundestag (2015), S. 2 ff.

421 Vgl. UBA (2016b), S. 9 f.

422 Vgl. VM (2016), Landeshauptstadt Stuttgart (2016)

423 NO_x ist der Oberbegriff für alle Stickstoffoxide. ppm stellt den Oberbegriff für Feinstaub verschiedener Größen dar, z. B. PM 2,5 oder PM10. Vgl. e-mobil BW (2016a), S. 5. Bei EU 6 handelt es sich um eine Abgasnorm, mit welcher für Kraftfahrzeuge die Grenzwerte für den Ausstoß von Schadstoffen und Treibhausgasen festgelegt werden. Dies dient insbesondere dazu die technischen Anforderungen für die EG-Typengenehmigung von Kraftfahrzeugen und Ersatzteilen hinsichtlich der Emissionen zu harmonisieren. Hierdurch können Störungen des Binnenmarktes innerhalb der EU verhindert, konkrete Verpflichtungen für Hersteller festgelegt und der Zugang zu Reparatur- und Wartungsinformationen gewährleistet werden, vgl. EU-Kommission (2011)

3.1.2.2 *Wirtschaftliches Umfeld*

Der globale Automobilmarkt verfügt über eine hohe Marktdynamik, welche durch vielfältige Entwicklungen geprägt ist. Weltweit kann von einem Fahrzeugbestand von über 1 Milliarde PKW ausgegangen werden. „Elektromobile Antriebskonzepte“[424] nehmen in ihrer Bedeutung dabei stark zu. So sind darunter schätzungsweise ca. 9,5 Millionen Fahrzeuge Mild- und Full-Hybridfahrzeuge und über 500.000 Elektrofahrzeuge.[425] Darüber hinaus steigt der Carsharing-Markt nicht zuletzt auf Grund des Markteinstiegs und Rollouts von Joint Ventures zwischen Automobilherstellern und Autovermietungen, wie z. B. car2go und DriveNow, deutlich an. Frost und Sullivan prognostizieren bis 2020 weiterhin zweistellige Wachstumszahlen be-zogen auf die globalen Carsharing-Mitglieder, was auf Grund des Substitutionspotenzials zu einem erheblichen Einfluss auf den PKW-Markt führen kann.[426]

Nach einem herausragenden Jahr 2015 stellt sich die Automobilbranche zwar auf ein positives Jahr 2016 ein, doch ist zu erwarten, dass keine weiteren Rekorde erzielt werden. Laut Matthias Wissmann, Präsident des Verbandes der Automobilindustrie (VDA), wird „der Gegenwind stärker, die Herausforderungen nehmen im kommenden Jahr erheblich zu“[427]. So gehen beispielsweise in Russland und Brasilien die Absatzzahlen seit längerem zurück. Auch in Spanien, Großbritannien, Frankreich und Italien ist eine Verlangsamung des Wachstums zu erwarten. Insbesondere aber die Entwicklung in China gilt es weiter zu beobachten. Zwar hat die chinesische Regierung den lahmenden Automobilmarkt im Oktober 2015 gestärkt und Steuererleichterungen für Fahrzeuge mit höchstens 1,6l-Motor eingeführt, doch werden diese 2016 auslaufen, wodurch die weitere Entwicklung nicht vorhersagbar ist.[428]

Auch die Folgen der VW-Krise können nur spekulativ beantwortet werden, umfassen sie nicht mehr nur einen Konzern, sondern inzwischen eine ganze Branche.[429] Wenngleich sich der Markt positiver entwickelte als direkt nach dem

---

424 Hierunter sind sämtliche Pkw, Nfz sowie Zweiräder im Straßenverkehr zu verstehen, die zumindest einen Teil der Strecke rein elektrisch angetrieben fahren können, unabhängig davon, ob die Energie aus einer Batterie oder einer Brennstoffzelle bezogen wird, vgl. e-mobil BW (2015), S. 8

425 Vgl. e-mobil BW (2015), S. 42

426 Vgl. Frost & Sullivan (2014)

427 mm-newsdesk (2015)

428 Vgl. Dudenhöfer (2015), S. 8, n-tv (2016)

429 Vgl. Süddeutsche Zeitung (2016a)

bekannt gewordenen Skandal[430] um den Einsatz manipulativer Software (defeat device) in Dieselfahrzeugen im September 2015 erwartet, ist der Ausgang derzeit noch ungewiss. Weltweit sind 11 Millionen Fahrzeuge betroffen, die noch in 2016 umgerüstet werden sollen. Hierfür sind jedoch weitere Freigaben durch das Kraftfahrt-Bundesamt für technische Lösungen zahlreicher Modelle notwendig, weswegen nicht sicher ist, ob alle Umrüstungen innerhalb der Frist durchgeführt werden können. Die Kosten des Skandals schneiden jedoch bereits jetzt tief in die Konzerngewinne ein. Darüber hinaus ist der Ausgang der Umweltklagen von US-Bundesstaaten trotz eines Vergleichs, in welchem VW sich bereit erklärt, Wiedergutmachungen sowie Rückkauf oder Umrüstkosten zu tragen, gegenwärtig nicht vollständig geklärt, wenngleich sich langsam eine Lösung abzeichnet.[431] Auch wenn VW weiterhin an der Diesel-Technologie festhält, diese auch zukünftig in günstige Kleinwagen einbaut und die Diesel-Technologie auf Grund ihres deutlich geringeren Verbrauchs an Kraftstoff verglichen mit Benzin-Fahrzeugen einen Baustein zur umwelt- und klimapolitischen Diskussion beiträgt, ist es fraglich, wie sich die weitere Entwicklung der Technologie langfristig darstellt. VW-Konzernchef Matthias Müller mahnte kürzlich, die Diesel-Fortentwicklung würde „enorm teuer und aufwendig".[432] Gleichzeitig werden Elektroantriebe immer günstiger, so dass ab einem gewissen Zeitpunkt die Weiterentwicklung der Dieseltechnologie auch kostenmäßig ungewiss erscheint. So betont der Vertriebschef der Marke VW, Jürgen Stackmann, „das Thema E-Mobilität wird für

---

430 Mit einem Schreiben (Notice of Violation) vom 18.09.2015 hat die US-amerikanische Umweltbehörde Environmental Protection Agency (US-EPA) gegen Unternehmen des Volkswagen-Konzerns (VW) den Vorwurf entgegengebracht, die Motorsteuerung bei bestimmten Diesel-Kraftfahrzeugen gezielt manipuliert und somit gegen US-Umweltstandards verstoßen zu haben. Mittels einer speziellen Software (defeat device) kann das Fahrzeug erkennen, ob es sich im Prüfmodus befindet und auf optimierte Bedingungen in der Abgasaufbereitung umschalten, so dass möglichst wenig Stickoxide (NO_x) entstehen. Im realen Straßenbetrieb wird jedoch einer anderen Emissionsstrategie gefolgt, so dass erhebliche höhere NO_x-Emissionen ausgestoßen werden. Unmittelbar nach Bekanntwerden der Vorwürfe hat Bundesminister Alexander Dobrindt MdB am 22.09.2015 unter Leitung von Herrn Staatssekretär Michael Odenwald eine Untersuchungskommission des BMVI, Kraftfahrt-Bundesamtes (KBA) und einer wissenschaftlichen Begleitung durch Prof. Dr.-Ing. Georg Wachtmeister, Ordinarius des Lehrstuhls für Verbrennungskraftmaschinen an der Technischen Universität München eingesetzt. Vgl. BMVI (2016a), S. 4

431 Vgl. Autobild (2016), Süddeutsche Zeitung (2016b)

432 Süddeutsche Zeitung (2016b)

die Marke VW kein Nischenthema mehr sein, sondern ein relevantes Geschäft mit großem Aufschlag auch beim Volumen“[433].

Welchen Einfluss der Diesel-Skandal dabei tatsächlich auf die weitere Entwicklung der Elek-tromobilität hat, ist zum gegenwärtigen Zeitpunkt nicht abschätzbar. Fakt ist jedoch, dass die Marktverfügbarkeit von elektromobilen Fahrzeugen sich signifikant verändert hat und ab 2017/2018 weitere elektrische Fahrzeuge insbesondere auch in der Oberklasse zur Verfügung stehen werden. So hat beispielsweise Porsche Ende 2015 verkündet, bis Ende des Jahrzehnts den ersten rein elektrisch angetriebenen Porsche Mission E auf die Straße zu bringen. Dieser Technologieträger kombiniert neben einem hoch emotionalen Design überragende Fahrleistungen mit zukunftsweisender Alltagstauglichkeit. So wird beispielsweise an einem neuen, eigens entwickelten 800V-Schnellladesystem geforscht, wodurch bereits nach 15 Minuten Ladezeit 80 Prozent der Reichweite wieder zur Verfügung stehen.[434] Abbildung 3.2 zeigt eine Auswahl der Ankündigungen von Fahrzeugherstellern in einer zeitlichen Perspektive.

Abb. 3.2: Auswahl aktueller und geplanter elektrischer Fahrzeuge[435]

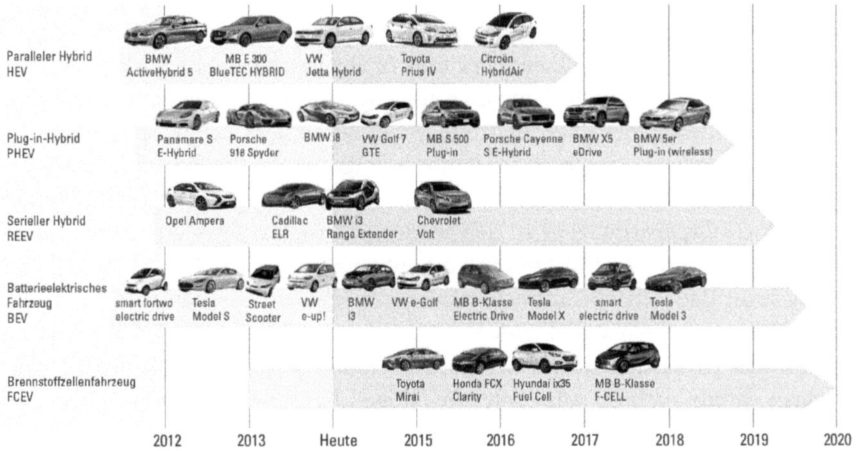

Dabei geht es nicht nur um eine größere Produktvarianz, vielmehr gehen mit der Elektromobilität vielfältige wertschöpfungsseitige Veränderungen einher,

433 Süddeutsche Zeitung (2016b)

434 Porsche (2015)

435 Quelle: e-mobil BW (2015), S. 10

welche von der Entwicklung und Herstellung neuer Antriebsstrangkomponenten und -systeme über die Auslegung innovativer Fertigungs- und Montageprozesse inklusive derer Anlagentechnik bis zu Themen im Bereich des Ladeinfrastrukturaufbaus, des Service und des After Sales reichen.[436] Weitere Entwicklungen beziehen sich auf die zunehmende Vernetzung zwischen Fahrzeugen (Car2Car) sowie zwischen Fahrzeugen und Infrastruktur (Car2Infrastructure) oder allgemein zwischen Fahrzeugen und X (Car2X), den Aufbau erforderlicher Energieinfrastrukturen sowie der Energiebereitstellung und -nutzung.

Dieser kurze Überblick zeigt bereits, dass der Technologiewandel zur Elektromobilität einen erheblichen Einfluss auf die Wertschöpfung und letztlich die Beschäftigungsstruktur hat. So entstehen beispielsweise allein in Zuffenhausen durch den Porsche Misssion E mehr als 1000 neue Arbeitsplätze. Darüber hinaus werden am Stammsitz etwa 700 Millionen Euro investiert, um eine neue Lackiererei und eine eigene Montage zu errichten sowie das bestehende Motor-enwerk für die Herstellung von Elektromotoren zu erweitern. Weitere Investitionen werden im Karosseriebau wie auch im Entwicklungszentrum getätigt. Damit ist der Porsche Mission E nicht einfach nur ein neues, innovatives Produkt, sondern hat auch eine signifikante Bedeutung für den Produktions- und Technologiestandort.[437] Dabei entstehen neue Geschäftsfelder nicht nur in der Entwicklung und Produktion der Automobilhersteller und -zulieferer, vielmehr wirken sich die Veränderungen auch auf die Nutzungsphase des Automobils wie auch den Bedarf an automobilbezogenen Dienstleistungen aus. Somit sieht sich beispielsweise das Kraftfahrzeuggewerbe wachsenden Anforderungen in der Qualifizierung der Mitarbeiter und der technischen Ausstattung der Werkstätten gegenüber. Gleichzeitig sind jedoch Gegenstrategien zu den tendenziell rückläufigen Arbeitsvolumina und Umsätzen im Werkstattgeschäft zu entwickeln, um die Beschäftigung und Ertragskraft der Betriebe aufrechterhalten zu können. Werden hier frühzeitig Maßnahmen ergriffen, entfallende Komponenten und Technologien sowie damit verbundene Arbeitsleistungen zu kompensieren, ergeben sich im Kraftfahrzeuggewerbe gerade auch im After Sales vielfältige Chancen neue Geschäftsfelder zu

---

436 Vgl. e-mobil BW (2015), S. 48. Die konkreten Auswirkungen wurden und werden in den Studien der e-mobil BW aufgegriffen und näher analysiert. An dieser Stelle wird z. B. auf die Studien „Systemanalyse BWe mobil 2013 – IKT- und Energieinfrastruktur für innovative Mobilitätslösungen in Baden-Württemberg“, „Entwicklung der Beschäftigung im After Sales – Effekte aus der Elektromobilität“, „Strukturstudie BWe mobil 2015 – Elektromobilität in Baden-Württemberg“, „Automatisiert. Vernetzt. Elektrisch. – Potenziale innovativer Mobilitätslösungen“ wie zahlreiche Studien im Bereich Wasserstoff verwiesen.

437 Vgl. Porsche (2015)

erschließen.[438] Insgesamt sind im Bereich des wirtschaftlichen Umfeldes weitere, vertiefende Analysen notwendig, um die jeweiligen Effekte im Detail abschätzen und beschreiben zu können.

3.1.2.3 Politisches Umfeld – Bundesebene

Innovationen sind geprägt von Marktimpulsen und Marktdynamik und erfordern, neue For-schungsergebnisse rasch in marktgerechte Produkte, Verfahren und Dienstleistungen umzuwandeln. Entscheidend ist hierbei die lebendige Interaktion und die Orientierung an gemeinsamen Leitbildern zwischen marktorientierten Unternehmen und erkenntnisorientiertem Forschungsdrang. Daher ist die Innovationspolitik in Deutschland insbesondere darauf ausgerichtet Brücken zu bauen zwischen Wissenschaft und Wirtschaft sowie zwischen Technologien und Anwendungsfeldern, wodurch strategischen Partnerschaften eine große Bedeutung zukommt.[439] Die Bundesregierung hat daher erstmals mit der Hightech-Strategie auch eine umfassende, ressortübergreifende Cluster-Strategie entwickelt, die von breitenwirksamen Maßnahmen über modulare, regionen- bzw. technologiespezifische Ansätze bis zur Förderung leistungsstarker Spitzencluster reicht (siehe Abbildung 3.3).

Abb. 3.3: Cluster-Strategie der Bundesregierung 2006[440]

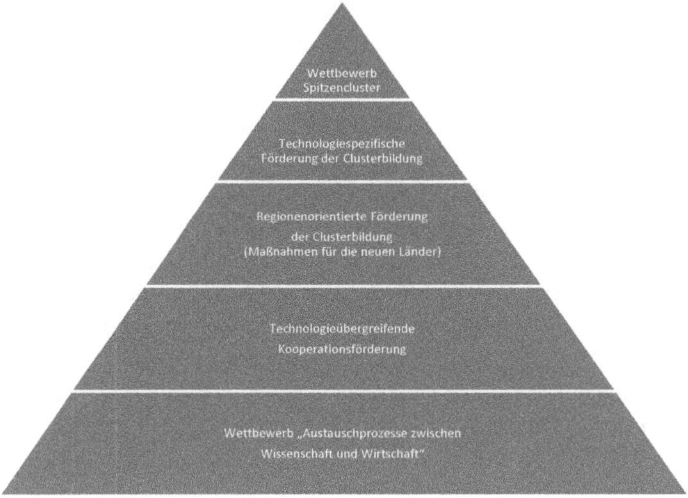

438 Vgl. e-mobil BW (2014a), S. 33
439 Vgl. BMBF (2006), S. 8
440 Quelle: BMBF (2006), S. 12

Ziel der Hightech-Strategie ist es damit, die wichtigsten Akteure des Innovationsgeschehens hinter einer zentralen Idee zu versammeln und so die Innovationskraft Deutschlands zu stärken. Dabei wurden die fünf Bedarfsfelder Klima/Energie, Gesundheit/Ernährung, Mobilität, Sicher-heit und Kommunikation identifiziert, innerhalb derer Antworten auf die drängenden, zukünftigen Herausforderungen gefunden werden müssen. Um eine Vorreiterrolle bei der Lösung globaler Herausforderungen einzunehmen, sind exzellente Grundlagenforschung, anwendungsnahe Forschung und Technologieentwicklung durch Wissenschaft und Wirtschaft sowie innovationsfreudige Rahmenbedingungen notwendig.[441] Die Hightech-Strategie wurde im weiteren Verlauf auf Grund ihres Erfolgs zu einer umfassenden, ressortübergreifenden Innovationsstrategie weiterentwickelt und basiert nun auf fünf Säulen:[442]

- prioritäre Zukunftsaufgaben;
- besserer Transfer/bessere regionale, nationale und internationale Vernetzung von Wissenschaft und Wirtschaft;
- höhere Innovationsdynamik und Unterstützung von KMU sowie technologieorientierten Gründern;
- verbesserter Rahmen durch Optimierung der Bedingungen des Innovationssystems bei Fachkräftesicherung, Innovationsfinanzierung und anderen gesellschaftlichen, technischen und rechtlichen Voraussetzungen;
- stärkerer Dialog durch Technologieoffenheit, Bürgerpartizipation und soziale Innovationen.

Im Zuge dessen wurde damit ebenfalls der Innovationsbegriff ausgeweitet und bezieht sich fortan nicht mehr nur auf technologische, sondern auch auf soziale Innovationen. Damit wird die Gesellschaft als zentraler Akteur integriert und eine ganzheitliche Perspektive eingenommen.[443] Die Bedarfsfelder werden daher als sechs prioritäre Zukunftsaufgaben für Wohlstand und Lebensqualität weiter ausdifferenziert zu digitale Wirtschaft und Gesellschaft, nachhaltiges Wirtschaften und Energie, innovative Arbeitswelt, gesundes Leben, intelligente Mobilität und zivile Sicherheit.[444]

Bezogen auf den Bereich der Mobilität verfolgt die Bundesregierung damit das Ziel, auf hohem Sicherheitsniveau Modelle für eine nachhaltige Mobilität zu entwickeln, die gleichzeitig Emis-sionen mindern und damit zur klimafreundlichen

441 Vgl. BMBF (2013), S. 6
442 Vgl. BMBF (2014b), S. 11
443 Vgl. BMBF (2014b), S. 4
444 Vgl. BMBF (2014b), S. 5

Umgestaltung der Mobilität beitragen wie auch die Wettbewerbsfähigkeit der deutschen Wirtschaft stärken.[445] Dabei erfordert eine nachhaltige Mobilität eine integrierte Verkehrspolitik, die sowohl die Effizienz und Leistungsfähigkeit der einzelnen Verkehrsträger als auch ihr Zusammenspiel optimiert. Die zunehmende Vernetzung der Verkehrsträger und Fahrzeuge durch Informations- und Kommunikationstechnologien tritt daher verstärkt in den Fokus. Als zentrale Schwerpunkte werden folgende Themen angesehen:[446]

- ***Intelligente und leistungsfähige Verkehrsinfrastruktur:*** Zum einen ist hiermit verbunden Verkehr sicherer, effizienter und umweltfreundlicher zu gestalten, z. B. durch Fahrerassistenzsysteme wie auch Lösungen für das hochautomatisierte Fahren. Zum anderen stellt eine zuverlässige und leistungsfähige Verkehrsinfrastruktur insbesondere vor dem Hintergrund der zunehmenden Urbanisierung das Rückgrat hochentwickelter Industriestaaten dar. Damit einher gehen innovative Lösungen für eine nachhaltige, umweltverträgliche, klima- und extrem wetterrobuste Verkehrsinfrastrukturentwicklung wie auch der Minderung nachteiliger Begleiterscheinungen wie Lärmemissionen.
- ***Innovative Mobilitätskonzepte und Vernetzung:*** Die wachsende Bedeutung von IKT im Bereich der Mobilität wirkt sich auch auf den Vernetzungsgrad aus. Insbesondere die Entwicklung des Smartphones bietet hierbei vielfältige neue Möglichkeiten und be-schleunigt diesen Trend. Insbesondere zeigt sich dies in einem Übergang von der Fahrzeug- zur Nutzerbezogenen Mobilität, beispielsweise durch eine Verknüpfung von Car- und Bikesharing mit dem ÖPNV.[447]
- ***Elektromobilität:*** Die Elektromobilität leistet einen wichtigen Beitrag zur Reduzierung von Emissionen und zum Einsatz fossiler Energieträger und ist gleichzeitig ein Wachs-tumsmarkt von hoher industriepolitischer Bedeutung. Die wesentliche Grundlage ist das Regierungsprogramm Elektromobilität der Bundesregierung Deutschland.[448]

---

445 Vgl. BMBF (2013), S. 24

446 Vgl. im Folgenden BMBF (2014b), S. 26 f.

447 Vgl. hierzu auch e-mobil BW (2013b), S. 48 f.

448 Das Regierungsprogramm Elektromobilität dient der Konkretisierung des „Nationalen Entwicklungsplanes Elektromobilität“ und soll unterstützend darauf hinwirken, Innovationen zu beschleunigen und Marktbarrieren zu überwinden. Dabei geht es insbesondere um die marktvorbereitenden Aktivitäten, denn über Maßnahmen zur Herausbildung eines Volumenmarktes ab 2017 sowie für die Zeit nach 2020 wird die Bundesregierung erst noch bescheiden. Vgl. Bundesregierung (2011), S. 5 ff.

- ***Fahrzeugtechnologien:*** Für die konsequente Umsetzung und Weiterentwicklung effi-zienter Mobilität sind Weiterentwicklungen und neue Fahrzeugtechnologien unablässlich. So können durch Verbesserungen bei konventionellen Antrieben signifikante Energieeinsparungen erzielt werden. Auch durch Anwendung von IKT-Lösungen kann ein vorausschauendes, energieoptimales Fahren unterstützt werden. Die „Mobilitäts- und Kraftstoffstrategie" (MKS) stellt einen wichtigen konkreten Beitrag des Verkehrsbereichs dar, um die im Energiekonzept der Bundesregierung festgelegten Ziele für den Sektor Verkehr umzusetzen. Erstmals wird ein umfassender Überblick über Technologien sowie Energie- und Kraftstoffoptionen für unterschiedliche Verkehrsträger gegeben.[449]
- ***Luftfahrt:*** Die Luftfahrtstrategie der Bundesregierung soll dazu beitragen Deutschland zu einem Vorreiter für ein umweltfreundliches, sicheres, leistungsfähiges, wettbewerbsfähiges und passagierfreundliches Luftverkehrssystem zu machen.
- ***Maritime Technologien:*** Da zunehmend auch die Nutzung der Meere eine wichtige Rolle von der Rohstoffversorgung über die Energieerzeugung bis hin zu Transport und Logistik spielt, werden mit dem „Nationalen Masterplan Maritime Technologien" Strategien entwickelt, die die Stärken der innovativen deutschen maritimen Wirtschaft zum Tragen bringen.

Für die vorliegende Forschungsarbeit und die Fallstudie sind insbesondere die ersten vier Punkte bedeutend. Daher wird im Folgenden auf diese Aspekte weiter eingegangen und über-blicksartig dargestellt, welche weiteren politischen Aktivitäten sich in diesem Bereich ergeben haben.[450]

---

449 Vgl. BMVBS (2013), S. 5 f.

450 Der Fokus liegt hierbei auf dem Spektrum des Clusters Elektromobilität Süd-West und dem Beitrag der Inhalte zur Fallstudie im Rahmen vorliegender Forschungsarbeit. Es handelt sich nicht um eine abschließende Darstellung der Inhalte, vielmehr ist auf die angegebene Literatur zu verweisen. Insbesondere werden die Aktivitäten rund um die Wasserstoff- und Brennstoffzellentechnologie weitestgehend ausgeklammert, auch wenn diese einen wichtigen Beitrag in zukünftigen Mobilitätslösungen leisten. Hier wird auf das Nationale Innovationsprogramm Wasserstoff und Brennstoffzellentechnologie (NIP), die Nationale Organisation Wasserstoff- und Brennstoffzellentechnologie (NOW) wie auch auf den Cluster Brennstoffzelle BW verwiesen, siehe hierzu bspw. https://www.bmvi.de/SharedDocs/DE/Artikel/G/nationales-innovationsprogramm-wasserstoff-und-brennstoffzellentechnologie-nip.html, www.now-gmbh.de, https://www.bmvi.de/SharedDocs/DE/Artikel/G/nationales-innovationsprogramm-wasserstoff-und-brennstoffzellentechnologie-nip.html

Nationale Plattform Elektromobilität (NPE)

Im Jahr 2007 legte die Bundesregierung mit dem „Integrierten Energie- und Klimaprogramm" (IEKP) den Grundstein für eine hochmoderne, sichere und klimaverträgliche Energieversorgung in Deutschland. Das Programm wurde am 05. Dezember 2007 von der Bundesregierung beschlossen und umfasste 29 Maßnahmen vor allem zugunsten von mehr Energieeffizienz und mehr erneuerbaren Energien.[451] Darin wurde auch die Elektromobilität als ein wichtiger Baustein dargestellt und weitere Maßnahmen abgeleitet.[452]

Ausgehend hiervon fand am 25./26. November 2008 die „Nationale Strategiekonferenz Elektromobilität" statt. In diesem Rahmen wurde das Ziel Deutschland zum Leitmarkt für Elek-tromobilität zu entwickeln dargestellt. Gleichzeitig arbeitete die Bundesregierung an einem „Nationalen Entwicklungsplan Elektromobilität", dessen Eckpunkte bei der Konferenz eben-falls zur Diskussion gestellt wurden, um weitere Anregungen und Impulse für die Ausgestaltung des Arbeitsprogramms zu erhalten.[453]

Im August 2009 wurde der „Nationale Entwicklungsplan Elektromobilität"[454] der Bundesregierung veröffentlicht mit dem Ziel, die Forschung und Entwicklung, Marktvorbereitung und Markteinführung von batterieelektrisch betriebenen Fahrzeugen in Deutschland voranzubringen und so Deutschland zum Leitmarkt für Elektromobilität zu machen. Das Ziel der Bundesregierung ist es bis 2020 eine Millionen Elektrofahrzeuge auf Deutschlands Straßen zu bringen. Hierfür soll der Einstieg in die Elektromobilität kurzfristig mittels Demonstrationsvorhaben und Feldversuche realisiert werden. Für eine breite Markteinführung sind weitere Forschungs- und Entwicklungsmaßnahmen notwendig, um insbesondere die Kostenstrukturen wie auch die Alltagstauglichkeit der Fahrzeuge zu verbessern. Darüber hinaus muss eine Reihe von politischen, regulatorischen, technischen und infrastrukturellen Voraussetzungen geschaffen werden, um eine breite Einführung der Elektromobilität zu gewährleisten.[455]

Die vier für Elektromobilität zuständigen Ressorts der Bundesregierung (BMWi, BMVBS, BMU und BMBF) förderten in der Folge eine Vielzahl von Maßnahmen und richteten Förderinstrumente auf das Thema Elektromobilität aus. Für die konsequente Umsetzung des „Nationalen Entwicklungsplans Elek-

451 Vgl. BMWi (2016a)
452 Vgl. Bundesregierung (2007), S. 42 f.
453 Vgl. BMWi (2008)
454 Vgl. Bundesregierung (2009)
455 Vgl. Bundesregierung (2009), S. 2 f.

tromobilität“ war von Beginn an eine enge Abstimmung aller beteiligten Akteure notwendig. Deshalb sollte zusätzlich eine „Nationale Plattform Elektromobilität“ etabliert werden, die sich aus Vertretern der Politik, der Industrie und Wissenschaft, der Kommunen sowie der Verbraucher zusammensetzt und die Einrichtung aufgabenbezogener Arbeitsgruppen ermöglicht.[456]

Am 03. Mai 2010 wurde die „Nationale Plattform Elektromobilität“ (NPE) durch eine gemeinsame Erklärung der Bundesregierung und deutscher Industrie ins Leben gerufen.[457] Ziel ist es, Deutschland zum Leitmarkt und Leitanbieter für Elektromobilität zu entwickeln. Hierfür soll die Technologieführerschaft bei notwendigen Schlüsselkomponenten und Marktführerschaft, der Auf- und Ausbau von Arbeitsplätzen in der Elektromobilität, die Reduzierung von CO_2-Emission, Kostenreduktion von Elektrofahrzeugen, die Errichtung einer bedarfsgerechten, intelligenten und wirtschaftlichen Ladeinfrastruktur sowie branchenübergreifende und internationale Kooperationen angestrebt werden.[458] Die NPE identifizierte hierfür an den Schnittstellen unterschiedlicher Branchen und wissenschaftlicher Disziplinen in sechs Arbeitsgruppen erfolgskritische Themen für Forschung und Entwicklung und vergleicht nationale und internationale Aktivitäten auf dem Feld der Elektromobilität. In kontinuierlichen Berichten werden die Empfehlungen und Impulse der Mitglieder zusammengefasst. Verschiedene Roadmaps u. a. zu Normung und Standardisierung oder zu Bildung und Qualifizierung zeigen notwendige Arbeitsschritte auf.[459]

In ihrem vierten Fortschrittsbericht vom Dezember 2014 zum Abschluss der Marktvorbereitungsphase (2010–2014) sieht die NPE bzgl. der Leitanbieterschaft großes Potenzial eine führende Rolle im weltweiten Vergleich einzunehmen. Bzgl. der Etablierung eines Elektromobilitätsmarktes in Deutschland kommt die NPE jedoch zu dem Schluss, dass dies nur durch zusätzliche Maßnahmen erreicht werden kann. Um die Innovationsprozesse fortzuschreiben, hat die NPE ein Gesamtprojektvolumen für Forschung und Entwicklung in Höhe von rund 2,2 Milliarden Euro bis zum Abschluss der Markthochlaufphase Ende 2017 identifiziert und dringend empfohlen, dass die Förderanstrengungen der EU, des Bundes sowie der Länder in der Markthochlaufphase weitergeführt werden müssen. Für die Etablierung eines Elektromobilitätsmarkes empfiehlt die NPE zusätzlich Maßnahmen in den Bereichen Marktaufbau bei Elektrofahrzeugen, unterstützende Rahmenbedingungen, bedarfsgerechter, anwendungsorientierter und koordinier-

456 Vgl. Bundesregierung (2009), S. 42 ff.
457 Vgl. Bundesregierung (2010)
458 Vgl. Bundesregierung (2010), S. 3
459 Vgl. NPE (2016)

ter Aufbau der Ladeinfrastruktur sowie Forschung und Entwicklung auf Basis der systemischen Roadmap und Technologie-Roadmaps.[460]

Kaufprämie für Elektroautos (Umweltbonus)

Niedrige Ölpreise und weiterhin hohe Kosten bei Elektrofahrzeugen sorgen nach wie vor trotz langsam steigendem Fahrzeugangebots für eine verhaltene Etablierung eines Elektromobilitätsmarktes in Deutschland. So scheint das von der Bundesregierung postulierte Ziel von einer Million Elektrofahrzeugen im Jahr 2020 gegenwärtig nur schwer bis nicht erreichbar. Daher wurde seit der Nationalen Konferenz Elektromobilität der Bundesregierung im Juni 2015 zwischen Bundesregierung und Industrie eine z. T. öffentliche Diskussion geführt bezüglich des Einsatzes weiterer Anreizmaßnahmen.[461] Im Mai 2016 hat das Bundeskabinett ein Maßnahmenpaket zur Förderung der Elektromobilität beschlossen. Das Paket beinhaltet einen Gesetzesentwurf, welcher zum einen steuerliche Vorteile ermöglicht, indem das Laden beim Arbeitgeber nicht als geldwerter Vorteil behandelt werden muss. Darüber hinaus sieht das neue Gesetz auch eine Kraftfahrzeugsteuerbefreiung für zehn Jahre ab Erstzulassung vor. Diese Regelungen stellen Teile eines Marktanreizprogramms dar, welches zu einem steigenden Absatz von Elektrofahrzeugen und einem schnelleren Ausbau der Ladeinfrastruktur führen soll. Ein weiterer Baustein des Maßnahmenpakets ist durch den Entwurf einer Richtlinie zur Förderung des Absatzes elektrisch betriebener Fahrzeuge gegeben.[462] Die Kaufprämie (Umweltbonus) in Höhe von 4.000 Euro für rein elektrisch angetriebene Fahrzeuge und in Höhe von 3.000 Euro für Plug-In-Hybride wird jeweils zur Hälfte von der Bundesregierung und von der Industrie finanziert. Das Bundesamt für Wirtschaft und Ausfuhrkontrolle (Bafa) ist für die Förderung zuständig und übernimmt die Auszahlung, bis die hierfür vorgesehenen Bundesmittel in Höhe von 600 Millionen Euro vollständig ausgeschöpft wurden, längstens jedoch bis 2019.[463] Gleichfalls wird eine Förderrichtlinie zur Ladeinfrastruktur für Elektrofahrzeuge in Deutschland erarbeitet. Innerhalb dieses Programms soll der Aufbau eines flächendeckenden Netzes von Schnelllade- und Normalladestationen in Höhe von 300 Millionen Euro von 2017 bis 2020 gefördert werden.[464]

---

460 Vgl. NPE (2014), e-mobil BW (2016a), S. 3

461 Für einen Vergleich verschiedener Instrumente zur Förderung der Marktdurchdringung sowie unterschiedlicher Fördermodelle im internationalen Kontext, siehe die Ausführungen bei e-mobil BW (2015), S. 64 ff.

462 Vgl. BMWi (2016b)

463 Vgl. BAFA (2016)

464 Vgl. Bundesregierung (2016)

Digitalisierung in der Mobilität

Die Präambel der Förderrichtlinie zur Kaufprämie weist auf einen weiteren wichtigen Aspekt, nämlich die Digitalisierung in der Mobilität hin. Dort heißt es:

> „Die Elektromobilität entscheidet zusammen mit der Digitalisierung über die Zukunft der Automobilindustrie. Die Automobilindustrie befindet sich ebenso wie das Automobil in einem deutlichen Strukturwandel. Auslöser sind die Digitalisierung, die Automatisierung und neue Antriebstechnologien als Antwort auf die Regulierung von Schadstoff- und CO2-Emissionen. Damit aus diesem technologischen und regulatorischen Wandel eine umweltfreundliche Mobilität resultiert, müssen jetzt flankierende wirtschaftspolitische Rahmenbedingungen gesetzt werden. "[465]

Hiermit wird direkt auf einen sich verstärkenden Entwicklungstrend Bezug genommen, denn mit der Digitalisierung ist eine Revolution im Fahrzeugbau, Automotive- und Mobilitätssektor verbunden. Diese bezieht sich zum einen auf die intensive Anwendung von IKT, z. B. bei der Vernetzung innerhalb und von Fahrzeugen bis hin zu automatisierten Fahrfunktionen. Zum anderen ergeben sich Veränderungen in den Kunden-Lieferanten-Schnittstellen etablierter und neuer Geschäftsmodelle auf Grund der Verschiebung der Entwicklungs- und Fertigungsanteile weg von mechanischen Elementen hin zu digitalisierten Elementen und Software. Dabei weisen insbesondere diese Schnittstellen im Markt besonders hohe Margenpotenziale auf und begünstigen disruptive Technologiesprünge.[466] So resultieren laut einer Studie des Zentralverbands Elektrotechnik- und Elektronikindustrie e. V. (ZVEI) über 80 Prozent der in der Automobilindustrie hervorgebrachten Innovationen aus der Elektrotechnik und Elektronik.[467] Damit stellen „Embedded IT", „Connected Car", „Sharing Economy" und automatisiertes Fahren Beispiele für wichtige Treiber neuer Mobilitätslösungen dar. Dabei können insbesondere durch die Kombination von Elektromobilität und Automatisierung bedeutende Fortschritte entstehen, da die zunehmende Elektrifizierung des Antriebsstrangs und der Nebenaggregate beispielsweise nicht nur die Chance der effizienteren Energienutzung, sondern auch das Potenzial der weniger aufwändigen Steuerung von Fahrzeugen durch Drive-by-Wire-Technologie ermöglichen. Die Zukunft der Mobilität ist daher in einem Dreiklang aus automatisiert, vernetzt und elektrisch zu sehen.[468]

---

465 BMWi (2016b), S. 1

466 Verwiesen sei an dieser Stelle auch auf die zahlreichen Diskussionen, um die Führerschaft des Prozesses wie auch die Diskussion um Google, Apple und Co.

467 Vgl. Ziesemer (2014), S. 3

468 Vgl. e-mobil BW (2015), S. 2 f.

Alexander Dobrindt, Bundesminister für Verkehr und digitale Infrastruktur, sieht im automatisierten und vernetzten Fahren die Mobilität 4.0, welche eine neue Dimension der Fort-bewegung ermöglicht. So werden zukünftig nicht nur Menschen Fahrzeuge lenken, sondern Fahrzeuge werden Fahraufgaben selbständig übernehmen und miteinander wie auch mit der Infrastruktur kommunizieren. Dies soll dazu beitragen den Verkehr sicherer, effizienter und sauberer als je zuvor zu gestalten.[469] Um diesen Aspekten Rechnung zu tragen und auch die deutsche Automobilindustrie in diesem Bereich zukünftiger Mobilitätslösungen zu unterstützen wurden in den vergangenen Jahren verschiedene Maßnahmen unterschiedlicher Ministerien durchgeführt. Das Thema wird dabei bundes- wie auch landesseitig eingebettet in eine „Digitale Agenda". Eine Übersicht ausgewählter Aktivitäten der Bundesministerien wird in der folgenden Tabelle 3.2 zusammengefasst. Weitere internationale und nationale Maßnahmen und Aktivitäten wurden im Positionspapier „Automatisiert. Vernetzt. Elektrisch. – Testregionen in Baden-Württemberg" der AG intelligent move" dargestellt und werden auszugsweise im Anhang A kurz erläutert.[470]

Tabelle 3.2: Übersicht ausgewählter Aktivitäten im Bereich Digitalisierung auf Bundesebene[471]

BMVI	• Strategie automatisiertes und vernetztes Fahren[472] • Digitales Testfeld Autobahn[473] • Runder Tisch Automatisiertes Fahren
BMWi	• Digitale Agenda[474] • Studie „Hochautomatisiertes Fahren auf Autobahnen -Industriepolitische Schlussfolgerungen"[475] • Fachprogramm „Neue Fahrzeug- und Systemtechnologien"

BMBF	• Verschiedene Förderbekanntmachungen, wie bspw.
	  • e-MOBILIZE
	  • MIT
	  • ELEVATE

469 Vgl. BMVI (2016b), S. 3
470 Vgl. AG intelligent move (2015), S. 11 ff.
471 Quelle: Eigene Darstellung
472 Vgl. BMVI (2015a)
473 Vgl. BMVI (2015b)
474 Vgl. Bundesregierung (2014)
475 Vgl. Fraunhofer IAO (2015)

3.1.2.4 Politisches Umfeld – Landesebene

Auch in Baden-Württemberg spielen zukünftige Mobilitätslösungen eine große Rolle. Das Gutachten von McKinsey & Company und dem Institut für angewandte Wirtschaftsforschung in Tübingen (IAW), welches die Landesregierung 2010 in Auftrag gegeben hat, nennt folge-richtig die Bereiche nachhaltige Mobilität, Umwelttechnologie und Ressourceneffizienz, Gesundheit und Pflege sowie IT-Dienstleistungen und -systeme als die wesentlichen Wachstumsfelder des folgenden Jahrzehnts, die ein überdurchschnittliches, dauerhaftes Marktpotenzial versprechen.[476] Für den Bereich der Mobilität ist das mit dem Ziel verbunden, effizientere Verbrennungsmotoren, Hybrid- und Elektrofahrzeuge sowie intelligente Verkehrssysteme zu entwickeln. Zusätzlich zu den bestehenden Maßnahmen wurde daher 2009 die Landesinitiative Elektromobilität gestartet. Ein zentraler Punkt der Landesinitiative war der Aufbau einer Landesagentur für Elektromobilität und Brennstoffzellentechnologie, welche in der Funktion eines Daches alle wichtigen Akteure und Förderaktivitäten vernetzen und insbesondere die kleinen und mittelständischen Zulieferbetriebe noch stärker in den Innovationsprozess Elektromobilität einbinden soll. Gleichzeitig stellt die Landesagentur eine landesweite Koordinierungsstelle zum Wissenstransfer, zum Aufzeigen von Innovationspotenzialen sowie zur Initiierung von Kooperationen über Branchen- und Technologiegrenzen hinweg dar. Hierzu bedarf es ebenfalls den Forschungs- und Wirtschaftsstandort Baden-Württemberg in dem Gebiet der Elektromobilität durch Standortmarketing, Öffentlichkeitsarbeit und Imagepflege zu stärken. Darüber hinaus sind Verbundforschungsprojekte zu initiieren, zu koordinieren und durchzuführen. Hiermit einher geht die Aufgabe das Clustermanagement für den Antrag des Landes zur Spitzenclusterinitiative „Industrialisierung der Elektromobilität" des Bundes zu übernehmen und voranzutreiben.[477] Die Gründung der e-mobil BW GmbH, Landesagentur für Elektromobilität und Brennstoffzellentechnologie, erfolgte im Frühjahr 2010 und ist seither zu einer tragenden Säule für die Entwicklung der Elektromobilität geworden.[478] So koordiniert die e-mobil BW gegenwärtig ein lebendiges und innovationsstarkes Netzwerk von mehreren hundert Vertretern der Wirtschaft, Wissenschaft und der öffentlichen Hand. Sie gestaltet aktiv die Etablierung des Systems Elektromobilität, unterstützt die Energiewende und stärkt damit langfristig den Wirtschafts- und Wissenschaftsstandort Baden-Württemberg. Wie gefordert hat die e-mobil BW das Clus-

---

476 Vgl. McKinsey&Company/IAW (2010), S. 28 ff.

477 Vgl. StM (2009)

478 Vgl. MFW (2013b)

termanagement des Clusters Elektromobilität Süd-West übernommen und diesen erfolgreich durch den Spitzenclusterwettbewerb der dritten Runde geführt.[479] Die detaillierte Struktur wird im folgenden Kapitel näher erläutert.

Insgesamt zeigt sich, dass mit den Landesinitiativen I und II, dem Spitzencluster Elektromobilität Süd-West, dem Schaufenster Elektromobilität LivingLab BW[e] mobil sowie gezielten Investitionen in die Forschungsinfrastruktur, wie beispielsweise dem Helmholtz-Institut für elektrochemische Energiespeicherung (HIU), dem Batterieforschungslabor eLaB und der Batterieforschungsproduktionslinie FPL am ZSW in Ulm, der Fraunhofer Projekt-gruppe NAS, dem Projekthaus e-drive und dem Ausbau des KIT-Mobilitätszentrums in Karlsruhe, dem Fraunhofer Anwendungszentrum KEIM in Esslingen, dem Forschungscampus „Active Research Environment for the Next Generation of Automobiles – ARENA 2036" und dem Fahrsimulator an der Universität Stuttgart wichtige Maßnahmen und Aktivitäten des Landes und des Bundes in Baden-Württemberg umgesetzt wurden. So ist die Basis für eine erfolgreiche Marktdurchdringung der Elektromobilität geschaffen, jedoch ist auch weiterhin ein hohes Engagement nicht zuletzt seitens des Landes notwendig, um die nächsten Schritte in zukünftige Mobilitätslösungen zu gehen sowie die führende Position weiterhin zu halten und auszubauen.[480] Dass die neue Landesregierung Baden-Württembergs hieran anschließt, zeigt beispielsweise folgender Auszug aus dem Koalitionsvertrag:

> „Unser Ziel ist es, Baden-Württemberg zum weltweiten Technologieführer bei intelligenten, ressourcensparenden und klimaschonenden Technologien zu machen. Neuartige Produkte und Dienstleistungen, die die vorhandene technologische und industrielle Stärke mit neuen Geschäftsmodellen verbinden, sollen unser Land im globalen Wettbewerb führend machen und gleichzeitig zur Entkopplung von Wachstum und Ressourcenverbrauch beitragen. Im Maschinenbau, in der Luft- und Raumfahrt, in der Medizintechnik und in vielen weiteren Branchen sind baden-württembergische Unternehmen Weltmarktführer. Baden-Württemberg ist die Wiege des Automobils. Wir unterstützen die Automobilindustrie als Leitbranche unseres Landes auf ihrem Weg in die Zukunft nachhaltiger und intelligenter Mobilität."[481]

Mit dem Begriff intelligent wird dabei implizit ersichtlich, was später ausführlich beschrieben wird. So kommt auch auf Landesebene der Digitalisierung als neue Entwicklung eine erheb-liche Aufmerksamkeit zu und es wurden in letzter Zeit bereits vielfältige Aktivitäten verschiedener Akteure im Bereich der Digitalisierung allgemein, wie auch im Speziellen in der Digitalisierung

479 Vgl. e-mobil BW (2013)

480 Vgl. e-mobil BW (2016a), S. 6 ff.

481 Bündnis 90/Die Grünen/CDU (2016), S. 13

in der Mobilität, durchgeführt. Ein zentraler Prozess stellt dabei „Forward IT" dar, welcher aus den Handlungsempfehlungen der „Digitalen Agenda 2020+ BW"[482] resultiert. Die Handlungsempfehlungen wurde auf Initiative des MFW und des MWK von November 2012 bis März 2013 in drei Arbeitsgruppen mit je einem Leiter aus Wirtschaft und Wissenschaft sowie insgesamt rund 100 Experten erarbeitet und den Ministerien am 13. Mai 2013 übergeben. Im Nachgang wurde beim 1. IKT-Spitzengespräch im September 2013 eine IKT-Allianz gegründet und der Prozess „Forward IT" eingeleitet. Wegweisend waren auch die Delegationsreise unter der Leitung von Ministerpräsident Winfried Kretschmann im Mai 2015 nach Kalifornien sowie der Kongress „Digitaler Wandel" am 19. Juli 2015 in Karlsruhe.[483] Mit der Landtagswahl in Baden-Württemberg am 16. März 2016 wurde die Digitalisierung zu einem zentralen Aktionsfeld der Landesregierung. Bis Mitte 2017 soll ressortübergreifend unter Federführung des Ministeriums für Inneres, Digitalisierung und Migration unter Einbeziehung wesentlicher Akteure aus Wirtschaft, Wissenschaft und Gesellschaft eine umfassende Digitalisierungsstrategie erarbeitet werden.[484] Am 14. Dezember 2016 wurde damit der offizielle Startschuss für das Vorhaben „digital@bw" gegeben.[485]

3.1.3 Der interne Kontext des Clusters Elektromobilität Süd-West

Aufbauend auf den historisch gewachsenen und weltweit herausragenden Gegebenheiten der Region Karlsruhe-Mannheim-Stuttgart-Ulm hat der Cluster Elektromobilität Süd-West sich zum Ziel gesetzt, die Region langfristig im technologischen Wandel hin zu einer leistungs-fähigen, schadstoffarmen und marktgetragenen Mobilität zu unterstützen.[486] So soll der weltweit herausragende Industrie- und Technologiestandort in Baden-Württemberg in diesem Bereich langfristig wettbewerbsfähig bleiben und Arbeitsplätze gesichert werden. Die Voraussetzungen dafür sind gut, denn die Automobilindustrie ist seit über 125 Jahren in der Region angesiedelt und so bestehen bereits zahlreiche Beziehungen zu Zulieferern und (Produktions-)Ausrüstern. Die Automobilindustrie mit ihren Zulieferern ist eine Schlüsselbranche in Baden-Württemberg und zählte

482 Vgl. bwcon/CyberForum (2013)
483 Vgl. AG intelligent move (2015), S. 16
484 Vgl. StM (2016), IM (2016)
485 Vgl. hierzu convent.de, digital@bw, https://convent.de/de/archiv/managed-events/kickoff-zur-digitalisierungsstrategie-digitalbw-2016/
486 Vgl. Cluster ESW (2011), S. IV

im Jahr 2016 in etwa 225.000 sozialversicherungspflichtige Beschäftigte in knapp 300 Unternehmen mit einem Branchen-Jahresumsatz von knapp 105 Milliarden Euro.[487] Allein in der Zulieferbranche sind in Baden-Württemberg mehr als 20 Unternehmen angesiedelt bzw. mit ihren Produktionsbetrieben vertreten, die 1.000 oder mehr Mitarbeiter beschäftigen.[488] Auch der regionale Anlagen- und Maschinenbau ist weltweit führend und dient als Basis ebenfalls für die Automobilindustrie außerhalb der Clusterregion. Hinzu kommen zahlreiche KMU aus den Bereichen Fahrzeugtechnik, Energietechnik und Informations- und Kommunikationstechnologien (IKT) sowie Forschungsinstitute und Hochschulen mit spezialisierten Studiengängen. Da die Serienfertigung von Automobilen, Komponenten oder weitreichenden Energielösungen sehr kapitalintensiv sind, finden sich erfolgreiche Neugründungen innerhalb der Clusterthemen insbesondere bei Ingenieursdienstleistungen, Innovationsunternehmen, Komponentenfertigung und IT.[489]

Die Elektromobilität ist dabei weit mehr als der bloße Austausch eines Antriebsstrangs im Fahrzeug. Vielmehr ist sie Teil eines tief greifenden Veränderungsprozesses der Mobilität, der neben der Einführung neuer Technologien auch einen Strukturwandel des gesamten automobilen Sektors wie auch einer grundlegenden Veränderung der gesellschaftlichen und wirtschaftlichen Aspekte der Mobilität mit sich führt. Der Technologiewandel umfasst dabei einen energietechnischen und einen nachrichtentechnischen Teil (Elektrifizierung und Digitalisierung) und sollte notwendigerweise in einem ganzheitlichen Ansatz betrachtet werden.[490]

Der Cluster Elektromobilität Süd-West greift den ganzheitlichen Ansatz in seinen **vier Innovationsfeldern Fahrzeug, Produktion, IKT und Energie** auf. Jedes Innovationsfeld wird von zwei Clusterpartnern, einem Industrie- und einem Forschungspartner, geleitet. In den Innovationsfeldern werden verschiedene Aktivitäten und Projekte durchgeführt. Ziel ist es dabei, die gesamte industrielle Innovationskette, von der Forschung und Entwicklung über Konzeption und Test bis zu Serienfertigung, Vertrieb und Marketing, zu umfassen.[491] Dabei handelt es sich bei den Innovationsfeldern nicht um eine trennscharfe, sondern vielmehr um eine organisatorische Zuordnung. So umfassen viele technologische Projekte inhaltlich nicht nur ein Innovationsfeld und einzelne Clusterpartner sind gleichfalls

---

487 Vgl. Statistisches Landesamt (2017)
488 Vgl. e-mobil BW (2015), S. 38
489 Vgl. Cluster ESW (2011), S. 13
490 Vgl. e-mobil BW (2016a), S. 2
491 Vgl. Cluster ESW (2011), S. 12

nicht nur einem Innovationsfeld zugeordnet. Zur Generierung neuer Projektideen werden in den Innovationsfeldern Workshops durchgeführt. Die Zuordnung und Integration neuer Projekte erfolgt zunächst über das Clustermanagement, welches die Projektinitiierungsphase maßgeblich unterstützt und wird dann im Kernteam mit der Gesamtstrategie abgeglichen.[492]

Das **Kernteam** setzt sich aus den Leitern der Innovationsfelder, dem Clustermanagement und weiteren Vertretern verschiedener Branchen sowie der Wissenschaft zusammen und stellt das zentrale Beratungs- und Entscheidungsgremium des Clusters ESW dar. Als etabliertes Instru-ment der Willensbildung tagt es mindestens 8 mal jährlich und entscheidet über inhaltliche und strategische Fragestellungen.[493] Das Kernteam wurde insbesondere während der Spitzenclusterantragsphase durch den Fachbeirat unterstützt. Dieses Gremium war mit fünf namhaften Wissenschaftlern besetzt, welche nicht Teil des Clusters waren und tagte ein bis zweimal jährlich.[494]

Das **Clustermanagement** wird durch die e-mobil BW GmbH ausgeführt. Als unabhängige Landesgesellschaft berichtet die e-mobil BW GmbH direkt an einen Aufsichtsrat bestehend aus sechs Mitgliedern des Gesellschafters, dem Land Baden-Württemberg.[495] In beratender und unterstützender Funktion steht der e-mobil BW ein Beirat aus hochrangigen Vertretern der Wirtschaft, Wissenschaft, Regionen und Kommunen zur Seite und bringt zusätzliche Ideen und Impulse in die Arbeit der Landesagentur ein.[496] Die e-mobil BW verfolgt einen technologieoffenen Ansatz und bezieht so verschiedene alternative Antriebskonzepte ein, von Hybrid- und Plug-In-Hybrid-Fahrzeugen über rein batterieelektrische Fahrzeuge bis hin zu Brennstoffzellenfahrzeugen, die mit Wasserstoff betrieben werden. Dies zeigt sich auch in den drei Tätigkeitsbereichen Industrialisierung, Anwendung und Demonstration sowie Cluster Brennstoffzelle BW (siehe Abbildung 3.4).

---

492 Vgl. Cluster ESW (2011), S. 42

493 Vgl. Cluster ESW (2011), S. 4, Cluster ESW (2014), S. 4

494 Vgl. Cluster ESW (2012), S. 4

495 Gegenwärtig hat der Minister für Verkehr Winfried Hermann den Vorsitz. Stellvertretende Vorsitzende ist die Ministerin für Wissenschaft, Forschung und Kunst Theresia Bauer. Weitere Mitglieder sind der Minister für Umwelt, Klima und Energiewirtschaft Franz Untersteller, die Staatssekretärin im Finanzministerium Gisela Splett sowie Dr. Florian Stegmann, der im Staatsministerium die für Verkehrspolitik zuständige Abteilung leitet. Vgl. e-mobil BW (2016b), Aufsichtsrat

496 Vgl. e-mobil BW (2016b), Beirat. Dort ist auch eine Übersicht der Mitglieder des Beirats vorhanden.

Abb. 3.4: Themenfelder der e-mobil BW[497]

Bei der Verfolgung der verschiedenen Aktivitäten orientiert sich die e-mobil BW dabei an den Strategiepunkten:[498]

- Industrialisierung des Systems Elektromobilität,
- Schaffung geeigneter Rahmenbedingungen unterstützen,
- Anwendung und Demonstration des Systems Elektromobilität,
- Positionierung des Wirtschafs- und Wissenschaftsstandortes Baden-Württemberg,
- Aus-, Fort- und Weiterbildung für zukunftsweisende Mobilitätssysteme sowie
- Kommunikation und Wissenstransfer.

Um dieses breite Spektrum abbilden zu können, setzt die e-mobil BW gezielt ihre Kernkompetenzen ein:[499]

- Fach-/Technologiekompetenz: Die kontinuierliche Bearbeitung der Innovationsfelder Fahrzeug, Energie, IKT und Produktion sowie verschiedener Anwendungsfelder der Elektromobilität erfordern ein technologisches Grundverständnis und fördert zeitgleich den Aufbau einer hohen Eigenkompetenz. Darüber hinaus ist es wichtig, die Heraus-forderungen des Technologiewandels durch eine zielgruppengerechte Öffentlichkeitsarbeit und verschiedene Methoden des Wissenstransfers einem Fachpublikum und einer breiten Öffentlichkeit zugänglich zu machen.

497 Quelle: e-mobil BW intern
498 Vgl. e-mobil BW (2016b), Strategie
499 Vgl. e-mobil BW (2016a), S. 17

- Methoden-/Projektkompetenz: Die e-mobil BW ist neben ihrer Tätigkeit als Clustermanagement des Clusters Elektromobilität Süd-West und des Clusters Brenn-stoffzelle BW auch Projektleitstelle der Modellregion Elektromobilität Region Stuttgart und des Schaufensters Elektromobilität LivingLab BWe mobil und stellt damit eine Kompetenzstelle für Multiprojektmanagement in Sachen Elektromobilität dar. Ein stetiges Monitoring verschiedener Fördermöglichkeiten auf Bundes- und Landesebene sowie eine gezielte Projektinitiierung mit Akteuren des Netzwerks führen gleichsam zu einer wirtschaftsförderlichen Funktion.
- Netzwerkkompetenz: Die e-mobil BW koordiniert ein Netzwerk aus mehreren hundert Unternehmen, Forschungseinrichtungen und Hochschulen und kooperiert darüber hi-naus mit weiteren Initiativen, Verbänden und Akteuren der öffentlichen Hand.[500] Durch zielgerichtetes Netzwerkmanagement treibt die e-mobil BW die Vernetzung der Akteure untereinander voran und unterstützt hierdurch die Nutzung von Synergieeffekten bei der Gestaltung des Technologiewandels.
- Innovations- und Systemkompetenz: Um das System Elektromobilität und die hiermit verbundenen Herausforderungen auf technologischer, ökonomischer, politischer und gesellschaftlicher Ebene umfassend durchdringen zu können, besteht das Team der e-mobil BW aus 14 Vollzeitstellen (FTE), die mit Mitarbeitern unterschiedlicher fach-licher Disziplinen besetzt sind. Gepaart mit vielfältigen Erfahrungen und Kompetenzen auch aus dem Bereich Change Management gilt es, den tiefgreifenden Wandlungsprozess sowohl auf der Organsiations- wie auch auf der gesamtgesellschaftlichen Ebene zu erkennen und zu begleiten.

Bezogen auf das Clustermanagement des Clusters Elektromobilität Süd-West heißt das, die e-mobil BW koordiniert heute mit vier Vollzeitäquivalenten einen der bedeutendsten regionalen Verbünde auf dem Gebiet der Elektromobilität. Hierfür wird die e-mobil BW durch das Minis-terium für Finanzen und Wirtschaft des Landes Baden-Württemberg mit bis zu fünf Millionen Euro in einem Zeitraum von fünf Jahren unterstützt.[501]

---

500 Eine gute Übersicht der Akteure findet sich im Kompetenzatlas Elektromobilität, vgl. hierzu e-mobil BW (2014b)

501 MWK/MFW (2012). Die e-mobil BW GmbH selbst ist per Kabinettsbeschluss bis 2019 im Landeshaushalt des Landes Baden-Württemberg verankert, vgl. hierzu Cluster ESW (2014), S. 4

Durch diese Aufstockung war es möglich, das Clustermanagement an die gewachsenen Aufgaben anzupassen und kapazitativ von zwei auf vier Mitarbeiter nach erfolgreicher Teil-nahme am Spitzenclusterwettbewerb zu erweitern.[502] Zusätzliche Personalkosten, die insbesondere im Rahmen der Durchführung von Querschnittsprojekten anfallen sowie für Mitarbeiter, die anteilig für den Cluster tätig sind, wie z. B. der Pressesprecher, werden über Eigenmittel der e-mobil BW abgedeckt. Hiermit wird sichergestellt, dass die BMBF-Förderung im Rahmen des Spitzenclusterwettbewerbs ausschließlich zur Technologieentwicklung im Sinn der Hightech-Strategie angewendet wird und nicht über Querschnittsprojekte indirekt die Personalkosten des Clustermanagements gefördert werden.[503] Neben dem Cluster ESW koordiniert die e-mobil BW in Zusammenarbeit mit der Wirtschaftsförderung Region Stuttgart (WRS) zusätzlich das baden-württembergische Schaufenster Elektromobilität LivingLab BW^{e} mobil, wodurch ein kontinuierlicher Austausch der Projekte bei gleichzeitigem Ausschluss von Überschneidungen sichergestellt wird.[504]

Das **Gesamtteam** besteht aus allen Clusterpartnern. Der Cluster umfasst insgesamt über 100 Partner, wobei jede Legal Entity nur einmal gezählt wird, jedoch mehrere Institute im Cluster mitwirken. Bei den Partnern handelt es sich um große, kleine und mittlere Unternehmen der Automobilbranche, des Maschinenbaus, der Energiebranche und der IKT-Branche. Weitere Partner kommen von Hochschulen, Universitäten und Forschungseinrichtungen. Auch gibt es enge Kooperationen mit weiteren Verbänden und Netzwerken sowie Regierungseinrichtungen und Wirtschaftsförderungen.[505] Die viermal jährlich stattfindenden Treffen dienen der Information sowie der Vernetzung. Darüber hinaus bieten sie durch wechselnde Standorte bei einzelnen Clusterpartnern die Gelegenheit, sich den anderen Clusterpartnern vorzustellen. Wiederkehrende Tagesordnungspunkte sind Vorstellung des gastgebenden Clusterpartners, laufende Aktivitäten u. a. aus den Querschnittsfeldern, Projektberichte und Informationen aus dem Kernteam. Darüber hinaus erhalten neue Clusterpartner und KMU die Möglichkeit sich mit Ihren Tätigkeiten dem Cluster zu präsentieren.[506]

Während in den Innovationsfeldern technologische Projekte und Aktivitäten vorangetrieben werden, fokussieren die **Querschnittsfelder** auf ergänzende Maßnahmen, die über alle Felder hinweg agieren. Darunter befinden sich die

---

502 Vgl. Cluster ESW (2012), S. 5
503 Vgl. Cluster ESW (2012), S. 6
504 Vgl. Cluster ESW (2012), S. 4
505 Eine Liste der Partner ist unter www.emobil-sw.de abrufbar
506 Vgl. Cluster ESW (2011)

Themen der Internationalisierung, Aus- und Weiterbildung, Wissenstransfer und -management, Öffentlichkeitsarbeit und Controlling/Berichterstattung. Neben regelmäßigen Veröffentlichungen, zählen die Präsentation des Clusters auf der Hannover Messe Industrie (HMI) wie auch die Delegationsreisen und Internationalisierungsaktivitäten in diesem Bereich zu den Kernaktivitäten.[507]

Da beispielsweise die Internationalisierungsaktivitäten von besonderer Bedeutung in der Clusterstrategie, wie auch der Clusterpolitik des Landes Baden-Württemberg und des Spitzenclusterwettbewerbs sind, wurde zur Ausgestaltung der strategischen Ziele eine **Arbeitsgruppe** (AG) eingerichtet. Die AG Internationalisierung berät seit 2012 vierteljährlich über strategische Grundlagen, Maßnahmen und Projektaktivitäten und hat zur Aufgabe eine Internationalisierungsstrategie zu erarbeiten und kontinuierlich weiterzuentwickeln.[508] Zum gegenwärtigen Zeitpunkt gibt es drei weitere Arbeitsgruppen: AG Aus- und Weiterbildung, AG intelligent move und AG Nutzfahrzeuge.[509]

Abbildung 3.5 fasst das bisher Geschriebene noch einmal zusammen und zeigt die Organisationsstruktur des Cluster ESW auf.

Abb. 3.5: Struktur des Clusters ESW[510]

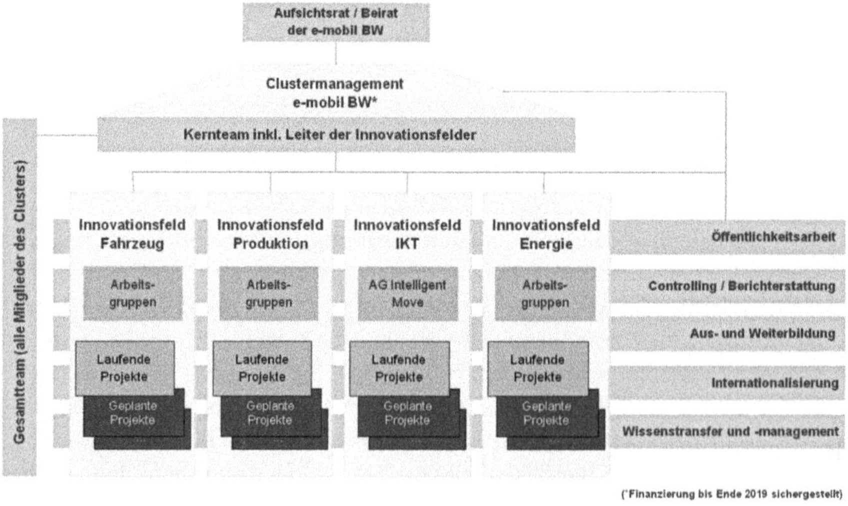

507 Vgl. Cluster ESW (2012), S. 5 f.
508 Vgl. Cluster ESW (2012), S. 9
509 Vgl. Cluster ESW (2015), S. 6
510 Quelle: Cluster ESW (2016a), S. 4

Neben der Struktur bezieht der interne Kontext auch die Kultur mit ein, denn die Organisationsstruktur wird signifikant durch die Organisationskultur geprägt. Dies erlangt eine noch größere Bedeutung, wenn auf bürokratische Kontrolle und Standardisierung im Wesentlichen verzichtet wird und andere Koordinationsmechanismen, wie Normen, gemeinsame Überzeugungen und Symbole eingesetzt werden.[511] So handelt es sich im Gegensatz zur Struktur hierbei um indirekt sichtbare Elemente und gemeinsame Orientierungen. Im Sinn von DILL kann die Organisationskultur damit zusammengefasst und definiert werden als eine Grundgesamtheit ge-meinsamer Werte, Normen und Einstellungen, welche die Entscheidungen, die Handlungen und das Verhalten der Organisationsmitglieder prägen.[512] Die Kultur ist das Ergebnis eines (historischen) organisationalen Lernprozesses bzw. ein Prozess der Sozialisation. Damit hat Kultur einen sinn- und orientierungsstiftenden Charakter, der ebenfalls die Grundlage für Selektions- und Interpretationshandlungen darstellt.[513] Da Kultur ein kollektives und anpassungsfähiges Phänomen ist, wird es ebenfalls im Rahmen des Prozesses noch einmal thematisiert. Aus der theoretischen Beschreibung des Kontextes sind jedoch schon wichtige Merkmale zu identifizieren, die sich beispielsweise auf Werte und eine geteilte Wissensbasis, Identität und Legitimation beziehen. Der Cluster ESW führt seine offene Kultur der Zusammenarbeit auf das regionale Innovationsklima zurück. So verfügen die Akteure über eine langfristig gewachsene Expertise, wodurch traditionell Wissen im Cluster angesiedelt ist. Dieses aber auch zu kommunizieren und miteinander zu teilen ist eine wesentliche Aufgabe der Cluster-Initiative und von besonderer Bedeutung, nicht zuletzt aufgrund der schnellen Technologieentwicklung. Das Clustermanagement dient als Drehscheibe clusterinhärenter Kommunikationsprozesse, indem es den thematischen Austausch im Rahmen von Gremien, Veranstaltungen und Workshops initiiert, über aktuelle Entwicklungen informiert, zukünftige und laufende Projekte unterstützt sowie Informationen über den Cluster, seine Partner, seine Ideen und Ziele teilt.[514]

3.1.4 Kontext – Analyse und Zusammenfassung

Die Betrachtung des Kontextes zeigt, dass sich der Cluster ESW innerhalb hoch dynamischer Umfelder bewegt. So bezieht sich das Thema Elektromobilität auf klimapolitische Fragestellungen, marktliche Veränderungen und eine hohe

511 Vgl. Schulte-Zurhausen (2014), S. 244 ff.

512 Vgl. Dill (1987), S. 100, siehe auch Schulte-Zurhausen (2014), S. 244

513 Vgl. Bamberger/Wrona (2012), S. 319 ff.

514 Vgl. Cluster ESW (2011), S. 23 f.

politische Relevanz. Es geht mit den Forderungen um nachhaltiges Wachstum einher und adressiert die drei Dimensionen Ökologie, Ökonomie und Soziales. Um diesen technologischen und volkswirtschaftlichen Wandel zu gestalten, ist das Zusammenspiel von Politik, Wirtschaft und Gesellschaft notwendig. So liegt auch hier ein gesamtgesellschaftlicher Lern- und Gestaltungsprozess vor.

Insbesondere in der ökonomischen Betrachtung, d. h. bei einer Analyse des Marktes, zeigt sich, dass hier die sozialen Strukturen, insbesondere in Form von Gewohnheiten, als beschränkende Faktoren gelten. Als einer der Hauptgründe wird beispielsweise die mangelnde Reichweite von Elektrofahrzeugen als ein relevantes Entscheidungskriterium beim Kauf eines Elektrofahrzeuges herangezogen. Dies ist auf das gelernte Tankverhalten zurückzuführen und bedarf eines grundlegend neuen Systemverständnisses. Studien zeigen, dass 80 Prozent der Fahrten mit Reichweiten unter 40 km durchgeführt werden und daher nur bei Langstreckenfahrten die Reichweitenthematik tatsächlich von Relevanz ist.[515] Hier wird gegenwärtig an neuen Technologien geforscht, die eine Ladung mit bis zu 800 Volt realisieren lassen, wodurch innerhalb von 20 Minuten 80 Prozent der vollen Batterieladung wieder zur Verfügung steht. Hinzukommt, dass keine Extrafahrten zu Tankstellen notwendig werden, da die Fahrzeuge zu Hause, am Arbeitsplatz, beim Einkaufen oder in gewissem Rahmen im öffentlichen Raum geladen werden können und sich damit neue Routinen ausbilden werden. An dieser Stelle muss jedoch beachtet werden, dass zum gegenwärtigen Zeitpunkt der Markthochlauf erst begonnen hat, d. h. es sind weitere Investitionen in die Infrastruktur notwendig, um eine flächendeckende Mobilität zu ermöglichen. Hieraus zeigt sich, dass auf unterschiedlichen Ebenen, d. h. bei verschiedenen Akteuren aus Wirtschaft, Politik und Gesellschaft weitere Aktivitäten und Maßnahmen notwendig sind, um eine Legitimation zu erziele, sich mit den verschiedenen Forderungen auseinanderzusetzen und diesen gesellschaftlichen Wandel zu begleiten.

An dieser Stelle nimmt der Cluster ESW eine besondere Rolle ein, denn durch die Zusammenarbeit verschiedener Branchen, Unternehmen, Forschungseinrichtungen und der öffentlichen Hand werden verschiedene Bedürfnisse, Herausforderungen und Anforderungen gebündelt. Dem Clustermanagement kommt als unabhängige Koordinationsstelle hierbei eine herausragende Bedeutung zu, denn es hat die Aufgabe zum einen den Überblick und die Richtung bei der Verfolgung der Cluster-Interessen zu behalten und zum anderen eine Reduzierung von Informationen bei den einzelnen Partnern herbeizuführen. Informationen können vielmehr gezielt abgefragt und damit Wissen angepasst und aufgebaut werden.

515 Vgl. MOP (2016), S. 114

Dieses ist insbesondere in volatilen Märkten ein bedeutender Wettbewerbsvorteil und sichert das langfristige Überleben von Organisationen. Entscheidend ist hierbei eine ergebnis- und leistungsorientierte Sichtweise, denn nur so können die Bedarfe gedeckt und Mehrwerte geschaffen werden. Entscheidend ist eine Stakeholderorientierung wie auch der Aufbau einer Anpassungs- und Wandlungsfähigkeit.

Wichtig ist zudem, dass das Wissen untereinander geteilt und eine gemeinsame Wissensbasis aufgebaut wird. Hierfür ist ein hohes Vertrauen zwischen den Partnern und eine offene Kultur notwendig. Dies waren neben der Struktur wichtige Elemente in der internen Kontextanalyse. Der Cluster ESW baut hier auf einem historisch gewachsenen Verhältnis auf und fördert dieses gezielt durch regelmäßige Treffen und persönliche Gespräche. Die gute Zusammenarbeit der Cluster-Partner und damit die Bündelung ihrer spezifischen Kernkompetenzen wird auch in der Förderentscheidung der Jury für die 2. Förderphase hervorgehoben.[516] Auch Clusterpartner selbst geben die gute Zusammenarbeit als ein wesentliches Merkmal in Projekten und in den Innovationsfeldern an.[517] Insgesamt wird die Mischung der Partner aus Großunternehmen, KMU, Forschungseinrichtungen und Verbänden als gut angesehen.[518] Zusammengefasst kann die Etablierung der Strukturen, Prozesse und Routinen des Clusters sowie das Engagement des Landes Baden-Württemberg bis 2019 als sehr positiv bewertet werden, wodurch beste Vor-aussetzungen für eine Verstetigung bestehen. „Diese Langfristigkeit deckt sich mit noch zu meisternden Herausforderungen bis zur Marktreife der Elektromobilität."[519] Damit gibt der interne und externe Kontext Hinweise auf das „Warum" des Wandels und zeigt wesentliche Entwicklungslinien wie auch den Rahmen auf.

3.2 Inhalt

Die Inhaltsperspektive betrachtet die verschiedenen, konkreten Veränderungsprojekte als Untersuchungsobjekt und stellt so die Frage nach dem „was" des Wandels in den Vordergrund. Organisationen können versuchen ihre Technologie, Arbeitskräfte,

516 Vgl. PTJ (2014), S. 1

517 Vgl. Cluster ESW/Star Cooperation (2015), S. 23 und 30. Es hat im Cluster mehrere Zufriedenheitsmessungen gegeben. Bis 2015 wurde die Zufriedenheit mit einem einfachen Fragebogen abgefragt. 2015 erfolgte die Durchführung von 20 persönlichen, teil-standardisierten Interviews. 2016 wurde eine Onlineumfrage mit n=60 abgeschlossenen Rückläufern durchgeführt. Auf die Zufriedenheitsmessung wird im Rahmen des Prozesses noch näher eingegangen, vgl. Kapitel 3.3.2, S. 149

518 Vgl. Cluster ESW/Star Cooperation (2015), S. 16 f.

519 PTJ (2014), S. 1

Produkte, Prozesse, Stand-orte, Kultur etc. zu verändern. Hierbei handelt es sich um die substantielle und symbolische Gestaltungsdimension der Organisationsentwicklung. In der vorliegenden Forschungsarbeit und der Fallstudie ist der Fokus auf Grund der gegebenen Situation auf Technologie (Projekte), Strategie und Struktur gerichtet. Da ungerichtete Innovationsschübe nicht nur ineffizient, sondern auch existenzgefährdend sein können, ist die Abstimmung von Technologie- und Marktpotenzialen ein entscheidender Erfolgsfaktor.[520] So dienen Clusterstrategien der Formulierung von Wegen zur Erreichung des Ziels der Clusterentwicklung und dienen gleichzeitig als Gerüst für die operative Umsetzung.[521] Im Folgenden werden daher allgemein die clusterspezifischen Inhalte im Bereich Strategie vertieft, bevor die Analyse des speziellen Falls des Clusters Elektromobilität Süd-West durchgeführt wird.

3.2.1 Allgemeine clusterspezifische Inhalte

Im Rahmen der strategischen Managementforschung sind eine Vielzahl theoretischer Ansätze vorhanden, die sich mit dem erfolgreichen Bestehen von Organisationen im Wettbewerb auseinandersetzen. Diese befassen sich mit Zielsystemen, im Wettbewerb zur Verfügung stehenden Ressourcen und Kräften, erfolgsträchtigem Verhalten oder der Stimmigkeit von Strategien.[522] Dabei stehen die Allokation und die Koordination knapper und wertvoller Ressourcen zur Erzielung dauerhaften ökonomischen Erfolgs im Vordergrund ökonomischer Theorien.[523] Im Wesentlichen haben sich im Laufe der Zeit aus den verschiedenen Ansätzen, insbesondere zwei vermeintlich konkurrierende Paradigmen entwickelt, der Market-based-View und der Ressource-based-View, die im Folgenden hinsichtlich der Bedeutung für Cluster-Initiativen näher erläutert und anschließend um dynamische und kooperative Ansätze ergänzt werden.

3.2.1.1 Market-based-View und Porters Diamant

Nach der seit den 1960er Jahren popularisierten Empfehlung, Organisationsstruktur und Strategie zu harmonisieren, dominierte in den 1980er Jahren nicht zuletzt auf Grund PORTERS „generic strategies“ der Market-based-View (MbV), der mit einer „Outside-In-Perspektive“[524] Wettbewerbsvorteile, ins-

---

520 Vgl. Macharzina/Wolf (2015), S. 25 f.
521 Vgl. Beckord (2008), S. 24
522 Vgl. Stein (2005), S. 169
523 Vgl. Bamberger/Wrona (2012), S. 41
524 Vgl. Bea/Haas (2016), S. 29 f.

besondere aus der Struktur der jeweiligen Branche und der Besetzung bestimmter Produkt-Markt-Positionen heraus, definiert. In seinem Konzept der „Five-Forces" erläutert PORTER die Struktur des Wettbewerbs anhand der fünf Wettbewerbskräfte Kunde, Lieferanten, Konkurrenten, Komplementoren und der Intensität der Rivalität unter den Wettbewerbern selbst.[525] Wettbewerbsvorteile resultieren danach aus einer vorteilhaften Aus-wahl und Besetzung bestimmter Produkt-Markt-Positionen in der jeweiligen Branche. Bezogen auf einen globalen Kontext entwickelte PORTER das Modell weiter zu einem Diamanten-Modell (vgl. Abb 3.6) zur Bewertung der Wettbewerbsfähigkeit von Staaten in Bezug auf einzelne Branchen.

Abb. 3.6: PORTERS Diamanten-Modell[526]

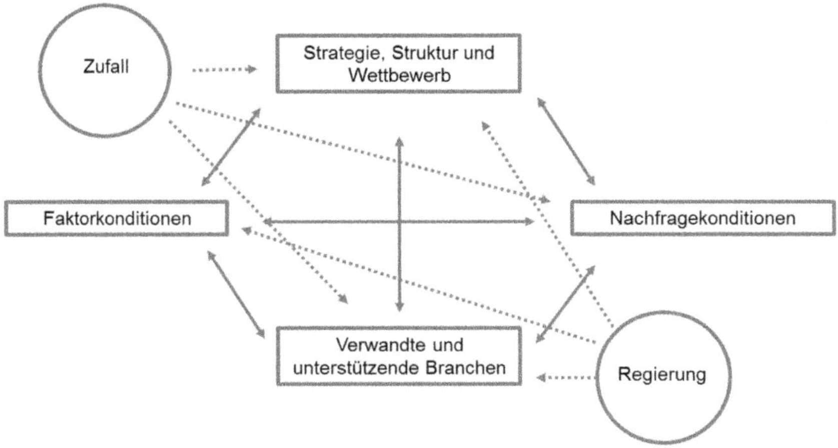

Der Diamant besteht aus vier Seiten, die multiplikativ zusammenwirken und ein sich wechselseitig beeinflussendes System von fördernden oder auch hemmenden Faktoren darstellen. Diese vier allgemeineren Landeseigenschaften sind es, die das Umfeld der heimischen Unternehmen prägen innerhalb dessen sie konkurrieren und die die Generierung von Wettbewerbsvorteilen fördern oder behindern.[527] Diese Faktoren werden teilweise vom Unternehmen selbst wie auch aus der Umwelt heraus beeinflusst und zeigen so, dass vernetzte Wertschöpfungssysteme die Wettbewerbsfähigkeit von Nationen bzw. „the origin of the origins"

525 Vgl. Porter (1980), Porter (1985)
526 Quelle: Porter (1999), S. 151
527 Vgl. Porter (1999), S. 95

ökonomischen Erfolgs abbilden.[528] Bei den Faktorkonditionen handelt es sich um die Verfügbarkeit grundlegender und erweiterter Produktionsfaktoren und Infrastruktur, wie natürliche Ressourcen, Arbeitskräfte (bis Fachkräfte), Transport- oder Kommunikationssystem.[529] Die Nachfragekonditionen bezie-hen sich auf die Größe und das Wachstum des Heimatmarktes und definieren so die quantitative Inlandsnachfrage. Darüber hinaus ist das Anspruchsniveau der Nachfrager (qualitative Dimension der Inlandsnachfrage) von entscheidender Bedeutung, denn anspruchsvolle und kritische Kunden, die den internationalen Trend durch antizipatorisches Kaufverhalten vorwegnehmen, können als Quelle für Wettbewerbsvorteile dienen.[530] Zusätzlich fördern verbundene Branchen in der Kooperation Ideen und Innovationen, wodurch die räumliche Nähe vor- und nachgelagerter Industrien wie auch verwandter Branchen einen weiteren Wettbewerbsfaktor darstellen. Dabei ist es nicht ausreichend, wenn einzelne Unternehmen isoliert auf einer Wertschöpfungsstufe vorhanden sind, vielmehr ist eine kritische Masse erforderlich.[531] Letztlich ist die Branchenzusammensetzung, Struktur von Unternehmen, Kultur und Konkurrenzsituation von entscheidender Bedeutung. So wirken sich Unterschiede in den Führungsmethoden und organisatorischen Fähigkeiten begünstigend oder nachteilig im Wettbewerb aus. Die Beziehungen zwischen Arbeitnehmer und Arbeitgeber spielen daher in vielen Branchen eine wichtige Rolle, denn sie bilden die Grundlage für die Fähigkeit von Unternehmen, sich zu verbessern und Innovationen hervorzubringen. Gleichzeitig ist die Definition von Zielen entscheidend. Dies wird insbesondere dann erfolgreich sein, wenn die Ziele sich im Einklang mit den Ursprüngen der Wettbewerbsvorteile befinden und das Engagement wie auch der Einsatz ungewöhnlich hoch sind. Ein intensiver heimischer Wettbewerb erhöht ebenfalls die Lern- und Innovationsbereitschaft.[532]

Ergänzend sind noch die beiden weiteren Aspekte Zufall und Staat zu nennen. Diese gelten im Gesamtsystem nicht als Bestimmungsfaktoren, stellen jedoch zwei Variablen mit erheblichem Einfluss dar. So handelt es sich bei Zufallsereignissen um Vorkommnisse, die meist außerhalb der Herrschaftsgewalt von Unternehmen oder des Staates liegen und die sich doch erheblich auf das System auswirken können, wie bspw. unerwartete Erfindungen, Durchbrüche in Basis-technologien, Kriege oder

528 Vgl. auch für die weitere Ausführung des Diamanten-Modells Steinle u.a. (1998), S. 371 f., Porter (1999), S. 95 ff., Bathelt/Glückler (2012), S. 246 ff.

529 Vgl. Porter (1999), S. 97 ff.

530 Vgl. Porter (1999), S. 109 ff.

531 Vgl. Porter (1999), S. 124 ff.

532 Vgl. Porter (1999), S. 131 ff.

außenpolitische Entwicklungen.[533] Die Funktion des Staates bei der Erzielung nationaler Wettbewerbsvorteile ist in der Beeinflussung der vier Bestimmungsfaktoren zu sehen. So kann der Staat jeden der vier Bestimmungsfaktoren positiv oder negativ beeinflussen wie auch von diesen in einer gewissen Weise beeinflusst werden. Doch handelt es sich vorrangig um ein einseitiges Verhältnis, wodurch der Staat zwar die Chancen, einen Wettbewerbsvorteil zu erzielen, beschleunigen oder verstärken kann (wie auch umgekehrt), jedoch nicht die Macht hat, den Vorteil selbst zu generieren.[534]

Auf Grund der Rückkopplungen der vier Seiten des Diamanten wirken sich Veränderungen eines Elements ebenfalls auf das ganze System aus. Hierdurch können Lernprozesse angestoßen und durch eine geeignete Wettbewerbsstruktur innovative Ideen umgesetzt werden, woraus ein Wandlungsbedarf resultiert. Soll dabei aber nicht nur mit Hilfe einer ex post Analyse der Erfolg dargestellt, sondern auch Handlungsanweisungen abgeleitet werden, so ist eine Untersuchung der Abläufe innerhalb eines Clusters notwendig.[535]

3.2.1.2 Ressource-based-View und Kompetenzen

Die „ressourcenbasierten Ansätze"[536] führen den ökonomischen Wettbewerbserfolg auf das Vorhandensein und die unternehmerische Nutzung einzigartiger bzw. überlegener Ressourcen zurück.[537] Die Verwendung des Ressourcenbegriffs

---

533 Vgl. Porter (1999), S. 148 ff.

534 Vgl. Porter (1999), S. 150 ff.

535 Auch wenn Porter ausdrücklich auf den dynamischen Charakter des Diamanten hinweist, erlaubt die Methode basierend auf dem Weltmarktanteil einer Branche keine Aussagen darüber, ob innerhalb der erfolgreichen Strukturen tatsächlich ein Austausch stattfindet. Der Interaktionsmechanismus wird dabei nur unzureichend beschrieben.Vgl. Steinle u. a. (1998), S. 371 f., Bathelt/Glückler (2012), S. 247 f.

536 Weitere gängige Bezeichnungen stellen etwa „resource-based perspective", „resource-based theory" oder „resource-based approach" dar, vgl. hierzu Freiling (2001), S. 5, Teece u. a. (1997), S. 513 f. Für nähere Erläuterungen des Ressource-based-View sie bspw. Penrose (1959), Wernerfelt (1984), Wernerfelt (1995), Barney (1991), Barney (2001), sowie Bea/Haas (2016), S. 31 ff. und Zahn u. a. (2000), S. 51 f.

537 Der Ansatz geht auf Penrose (1959) zurück, erlangte aber erst in den 1990er Jahren mit zunehmender Kritik am Porterschen Modell sowie dem Aufbrechen des Blackbox-Denkens der Industrieökonomik, welches unternehmensinterne Merkmale weitgehend ausblendet, breitere Aufmerksamkeit. Siehe Wernerfelt (1984), Barney (1991) und Barney (2001) sowie für einen Überblick Zahn u. a. (2000), S. 51 ff., Wolf (2008), S. 566 ff., Steinle u. a. (1998), S. 368. Zu den für die Schaffung und Verteidigung langfristiger Wettbewerbsvorteile bedeutsamen Ressourceneigenschaften siehe z. B. Barney (1991), Wolf (2008), S. 572 ff., Grant (1991)

ist dabei in der Literatur auf Grund der interdisziplinären Entwicklung des Ansatzes nicht einheitlich.[538] WERNERFELT bspw. charakterisiert Ressourcen teilweise etwas unpräzise als „anything which could be thought of as a strength or weakness of a given firm. More formally, a firm's resource at a given time could be defined as those (tangible and intangible) assets which are tied semipermanently to the firm."[539] BARNEY konkretisiert und umfasst in seinem Ressourcenbegriff „all assets, capabilities, organizational processes, firm attributes, information, knowledge, etc. controlled by a firm that enable the firm to conceive of and implement strategies that improve its efficiency and effectiveness."[540] In Anlehnung an diesen Ressourcenbegriff können, wie in Tabelle 3.3 dargestellt, physische, intangible, finanzielle und organisationale Ressourcen unterschieden werden.

Unabhängig der Definition von Ressourcen werden Wettbewerbsvorteile durch ein Portfolio von einzigartigen, schwer imitierbaren und immobilen Ressourcen generiert.

> „Whether or not a competitive advantage is sustained depends upon the possibility of competitive duplication."[541]

Derartige Ressourcen können nicht am Markt erworben, sondern müssen im Wesentlichen in der Organisation selbst entwickelt werden. Hierfür sind spezifische Kompetenzen und Fähigkeiten notwendig. Fähigkeiten oder „Capabilities" sind individuell auf Mitarbeiterebene angesiedelt und stellen das durch Ausbildung erworbene Können oder handwerkliche Fähigkeiten dar (Skills). Auf kollektiver Ebene sind Fähigkeiten im Sinn von Routinen zu finden. Diese zeigen sich beispielsweise in dem Vermögen von Forschungsabteilungen zur permanenten Hervorbringung neuer Problemlösungen oder in der technologischen Expertise bestimmter Fertigungsgruppen.[542]

Insbesondere den Managementfähigkeiten kommt dabei eine besondere Bedeutung zu, da diese Ressourcen alle anderen steuern und neue Ressourcen entwickeln können.[543]

> „Unlike resources, capabilities are based on developing, carrying, and exchanging information through the firm's human capital."[544]

538 Vgl. Wolf (2008), S. 564. Einen Überblick über verschiedene Ressourcenverständnisse gibt bspw. Freiling (2001), S. 14

539 Wernerfelt (1984), S. 172

540 Barney (1991), S. 101

541 Barney (1991), S. 102

542 Vgl. Von der Oelsnitz (2005), S. 187

543 Vgl. Bamberger/Wrona (2012), S. 45

544 Amit/Schoemaker (1993), S. 35

Damit dienen Fähigkeiten als im Humankapital gründende, informationsbasierte Konstrukte als Unterscheidungsmerkmale von Organisationen. So kann durch das Vermögen, Ressourcen anders aufzubauen, zu bündeln und/oder im Wertschöpfungsprozess einzusetzen ein Wettbewerbsvorteil gegenüber Konkurrenten erzielt werden.[545] Dies gilt gleichsam in Cluster-Initiativen und wird noch dadurch verstärkt, dass in der Zusammenarbeit in einer Cluster-Initative eine weitere schwer imitierbare Ressource zu sehen ist.

Tabelle 3.3: Arten und Merkmale von Ressourcen[546]

Kriterien / **Ressourcen**	**Kapazität**	**Flexibilitätsgrad**	**Abnutzbarkeit**
Physische: z.B. Anlagen, Ausstattung	begrenzt vorhanden	unterschiedliche Flexibilität	ja
Intangible:			
• verfügungsrechtlich gesicherte **Vermögenswerte,** wie Patente, Image, Datenbanken	kaum begrenzt	unflexibel	keine Abnutzung
• **Fähigkeiten,** z.B. Kompetenzen, Lernfähigkeit, Handlungsfähigkeit, Responsiveness	begrenzt vorhanden	sehr flexibel	wertsteigernd bis invers
Finanzielle:			
• **Interne Mittel,** wie freie Liquidität	begrenzt vorhanden	vollkommen flexibel einsetzbar	ja
• **Externe Mittel,** z.B. Einlagen, Risikokapital	begrenzt vorhanden	durch den Einfluss des Kapitalgebers beschränkte Flexibilität	ja
Organisationale: Prozesse, Beziehungsstrukturen, Organisationsstruktur, Unternehmenskultur, Managementsysteme	begrenzt vorhanden	beschränkte Flexibilität	nicht abnutzbar bis zu teilweise inverser Beziehung

545 Vgl. Von der Oelsnitz (2005), S. 187 f.

546 In Anlehnung an: Bamberger/Wrona (2012), S. 44 ff.

Kompetenzen sind handlungsorientiert und ergeben sich aus der Übereinstimmung zwischen Fähigkeit und praktischem Einsatz.[547] Kompetenzen umfassen dabei neben intellektuellen Erkenntnissen auch implizites, d. h. schwer greif- und verbalisierbares Wissen.[548] Hierzu werden manuelle Geschicklichkeit, soziale Fertigkeiten wie auch Wissenselemente gezählt, die an den subjektiven Erfahrungshintergrund einzelner Personen oder Gruppen gebunden sind. Dieses Kontextwissen dient zum einen auf Grund der mangelnden Imitierbarkeit als Quelle von Wettbewerbsvorteilen und zum anderen stellt es einen unentbehrlichen Speicher organisationalen Wissens dar, der insbesondere für Kooperationsbeziehungen von großer Relevanz ist.[549] Ebenfalls wird so die Grundlage für Kernkompetenzen geschaffen, die neben den Basiskompetenzen, durch welche gegenwärtige Kompetenzen erhalten werden, auch die Metakompetenz neue Kompetenzen zu generieren, einschließt.[550] Krüger und Homp definieren Kernkompetenzen daher wie folgt: „Eine Kernkompetenz ist die dauerhafte und transferierbare Ursache für den Wettbewerbsvorteil einer Unternehmung, die auf Ressourcen und Fähigkeiten basiert."[551] Damit handelt es sich bei einer Kernkompetenz um ein komplexes Set aus interdependenten Einzelleistungen, wodurch eine Kernkompetenz immer mehr ist als eine singuläre Fähigkeit oder eine einzelne Technologie.[552] Kernkompetenzen stellen „die Summe des über einzelne Fähigkeitsbereiche und einzelne Organisationseinheiten hinweg Erlernten dar"[553] und sind daher nicht auf wenige Personen oder ein kleines Team

---

547 Vgl. von Krogh/Roos (1995), S. 67, von Krogh/Roos (1996), S. 425

548 Vgl. Nonaka/Takeuchi (1995), S. 8. In der strategischen Managementforschung haben sich in Weiterentwicklung des ressourcenbasierten Ansatzes der Competence-based-View wie auch der Knowledge-based-View und später auch der Relational-View herauskristallisiert. Auf diese wird zum Teil innerhalb des Kapitels 3.3 bei der theoretischen Beschreibung des Prozesses eingegangen. Nähere Informationen finden sich u. a. bei Bea/Haas (2016), S. 32 f., Grant (1996), S. 109 ff., Grant (2002), S. 130 ff., Prahalad/Hamel (1990), S. 81 ff., Zahn (1999), S. 13 f., Zahn u. a. (2000), S. 52 ff.

549 Vgl. Von der Oelsnitz (2005), S. 188

550 Vgl. Steinle u. a. (1998), S. 368. Metakompetenzen, die als Kritik-, Lern-, Reaktions- und Kommunikationsfähigkeit charakterisiert werden, stellen die Voraussetzung für die Entwicklung, Pflege und Nutzung konkreter Kompetenzen dar. Auf diesen Aspekt wird im Rahmen der theoretischen Erklärungen der Prozessebene näher eingegangen. Siehe Kapitel 3.3.1 sowie Rühli (1994), 44 f.

551 Krüger/Homp (1997), S. 27

552 Vgl. Hamel/Prahalad (1995), S. 307 ff.

553 Hamel/Prahalad (1995), S. 307

beschränkt. Vielmehr kann erst durch das Gesamtpaket aus Aufgabe, materiellen und immateriellen Ressourcen sowie der Capabilities eine Kernkompetenz begründet werden.[554]

Insgesamt stellen die markbasierten und die ressourcenbasierten Ansätze keine kompletten Gegensätze oder heuristische Konkurrenten dar, vielmehr bedingen sie sich gegenseitig und bilden metaphorisch zwei Seiten einer Medaille ab.[555] So handelt es sich um sinnvoll ergänzende Beiträge zur unternehmerischen Strategieforschung, die über zahlreiche Schnittstellen verfügen, denn innerhalb einer planvollen Ressourcenstrategie muss eruiert werden, welche Fähigkeiten zukünftig marktrelevant sein werden und daher langfristig aufzubauen sind, und umgekehrt kann eine erfolgversprechende Marktstrategie nur umgesetzt werden, wenn die Kundenwünsche auch durch das Organisationsportfolio abgedeckt werden können.[556]

3.2.1.3 Innovationen

Gerade wenn die Generierung neuer Inhalte, seien diese organisatorischer oder technologischer Art, in den Mittelpunkt der Betrachtung gerückt wird, bietet das Innovationsmanagement weit-ere Ansatzpunkte für die Entwicklung. Das Innovationsmanagement zeichnet sich dadurch aus, dass die Generierung, Speicherung und Anwendung von neuem Wissen, d. h. das Management „intangibler Ressourcen“, einen zentralen Stellenwert einnimmt. Dabei ist für die erfolgreiche Hervorbringung von Innovationen eine Vielzahl von einzelnen Teilschritten von der strategischen Ebene über Rahmenbedingungen bis hin zum einzelnen Mitarbeiter notwendig. Auf Grund der Durchgängigkeit über alle Handlungsebenen hinweg ist die Steuerung des Prozesses eine Führungsaufgabe und beinhaltet die systematische Planung, Steuerung und Kontrolle von Innovationsprozessen, welche sich grundsätzlich von Routineprozessen unterscheiden.[557]

In führungsbezogener Sichtweise geht es dabei um einen Entscheidungs- und Durchsetzungsprozess oder in technischer Hinsicht um einen Entwicklungs- und Realisationsprozess. Auffällig ist dabei, dass wie für andere Führungsaufgaben auch, zwar eine Vielzahl von Literatur und Beratungsangeboten verfügbar sind, diese sich jedoch überwiegend auf innerbetriebliche Prozesse beziehen und damit den Herausforderungen von Innovationsprozessen und der wirt-

---

554 Vgl. von der Oelsnitz (2005), S. 188

555 Vgl. Rühli (1994), S. 49 ff., Zahn u. a. (2000), S. 51 f., Wernerfelt (1984), S. 171

556 Vgl. Bamberger/Wrona (2012), S. 49, von der Oelsnitz (2005), S. 191

557 Vgl. Künzel/Meier zu Köcker (2015), S. 3, Hauschildt/Salomo (2011), S. 34

schaftlichen Entwicklung nicht immer gerecht werden.[558] So wird vielfach suggeriert, es gäbe ein Er-folgsrezept für Innovationen, wohingegen jedoch die Alltagserfahrung sowie empirische Studien zeigen, dass die Beziehungen zwischen Innovationsmanagement und Innovationserfolg vielfach instabil sind und keine zuverlässigen Prognosen ermöglichen.[559] Insbesondere wenn technologische Leistungsprozesse über Unternehmensgrenzen hinweg stattfinden, steigen Art und Ausmaß der Koordinierungsprobleme und -risiken stark an, wodurch bewährte Instrumente des Projektmanagements nur begrenzt Anwendung finden. Daher ist die Voraussetzung für ein effektives und effizientes Management technologischer Kooperationen mit einer sorgfältigen Analyse der technologischen Leistungsprozesse wie auch der beteiligten Partner und ihrer Kompetenzen notwendig.[560] Somit „gehört die Führung von technologischen Kooperationsprojekten zu den anspruchsvollsten und zugleich konfliktträchtigsten Aufgabenstellungen innerhalb des Technologie- und Innovationsmanagements."[561]

Es geht nicht um die Gewinnung und Ansammlung von Wissen per se, sondern vielmehr um den Aufbau von gerichteten und nutzbringenden Kompetenzen, welche sich aus der systematischen Bündelung und Durchsetzung von Ressourcen auf unternehmerische Ziele hin ergeben. Dabei gerät zunehmend die simultane Nutzung und Erweiterung von Potenzialen in den Mittelpunkt.[562] So ergibt sich zwangsläufig ein konfliktäres Spannungsfeld zwischen Exploration und Exploitation, welche einer Integration der Aktivitäten beider Orientierungsmuster und damit einer synchronen Koexistenz bedürfen.[563] Hiermit sind jedoch einige Probleme sowohl im strukturellen wie auch im kontextuellen Sinn verbunden. So erfordert die simultane Ausübung beider Aktivitätsmuster ein ambidexteres Verhalten von Individuen, wobei physiologische und psychologische Grenzen aufgezeigt werden, da nur ein sequentieller Ausgleich beider Aktivitätsmuster im Sinn eines temporalen Wechsels möglich ist. Daher wird der Führung eine zentrale Rolle bei der Gestaltung zugewiesen.[564]

---

558 Vgl. Künzel/Meier zu Köcker (2015), S. 3

559 Vgl. Hauschildt/Salomo (2011), S. 41, Poole/van de Ven (1989), S. 637 ff., insb. 644 ff.

560 Vgl. Gerybadze (2004), S. 190

561 Gerybadze (2004), S. 207

562 Vgl. Gerybadze (2004), S. 22

563 Vgl. March (1999), S. 185. Diese simultane Ausübung beider Muster im organisationalen Alltag wird auch als Ambidextrie bezeichnet, vgl. Tushman/O'Reilly (1996), S. 8 ff.

564 Vgl. O'Reilly/Tushman (2008), S. 202, Weibler/Keller (2010), S. 262, Zahn (2017)

3.2.1.4 Interorganisationsbeziehungen und Kooperationen

Neben den ressourcenbasierten Ansätzen in all ihren Ausprägungen sind neue Organisations- und Kooperationsformen mit die wichtigsten Themen in der Managementforschung während der vergangenen zwanzig Jahre.[565] Dabei handelt es sich auch hier nicht um gegensätzliche Entwicklungen, sondern um verbundene Themen. So heben neuere Ressourcenansätze der Management- und Marketingforschung hervor, dass sich dauerhafte Wettbewerbsvorteile auch aus Interorganisationsbeziehungen ergeben und innerhalb dieser gleichfalls stabilisiert werden können.[566] HAKAN HAKANSSON sieht zumindest in manchen solcher Interorganisationsbeziehungen eine der wertvollsten Ressourcen, die ein Unternehmen besitzt.[567] Insbesondere auch angesichts der Verschlankung von Unternehmen und der steigenden Umfelddynamik gewinnen Interorganisationsbeziehungen zunehmend an Bedeutung und wurden daher in den letzten Jahren von fast allen funktionalen Betriebswirtschaftslehren, aber ebenso von Industrie- und Organisationssoziologie wie auch der Wirtschaftsgeographie und Innovationsökonomie verstärkt einbezogen.[568]

Die Kooperationsentscheidung erfolgt dabei meist bewusst intendiert und rational geplant, kann aber auch ungeplant über „emergente Strategien"[569] entstehen. Dies kann ebenfalls sehr effektiv sein und spielt insbesondere in Clustern eine

565 Vgl. Von der Oelsnitz (2005), S. 185

566 Vgl. Dyer/Singh (1998), S. 661 ff.

567 Vgl. Hakansson (1987), S. 10

568 Vgl. Sydow/Duschek (2011), S. 31

569 Vgl. Mintzberg (1978), S. 945. Mintzberg definierte 1978 Strategien als Muster und stellte damit heraus, dass diese nicht zwangsweise im Sinne eines bewussten Entscheidungsprozesses formuliert werden müssen, sondern sich als Muster in einem Strom von Aktivitäten formieren. Dabei lassen sich verschiedene Strategiearten unterscheiden. Intendierte Strategien, die aus Plänen resultieren, können zum einen realisiert (deliberte) und zum andern nicht realisiert (unrealized) werden. Für das Scheitern von Strategien gibt es diverse Gründe, wie bspw. eine mangelnde Implementierung auf Grund unrealistischer Annahmen über Unternehmensressourcen. Neben diesen geplanten Strategien kommt es auch zu emergenten Strategien, deren Muster unbeabsichtigt entstehen. Insbesondere in diesen emergenten Strategien ist ein hohes Potential zur Generierung strategischer Flexibilität und damit zur Schaffung von Wettbewerbsvorteilen vorhanden. Jedoch kann davon ausgegangen werden, dass rein emergente Strategien auf Grund der Unwahrscheinlichkeit vollständig unbeabsichtigten Handelns eher selten zu finden sind, vgl. hierzu Mintzberg (1978), S. 935 ff., Mintzberg/Waters (1985), S. 258 sowie Welge/Al-Laham (2012), S. 17 ff.

größere Rolle auf Grund der regionalen Ausrichtung der Kooperation mit polyzentrischer, heterarchischer Netzwerkstruktur.[570] Dabei muss die Kooperationsentscheidung immer in das bestehende strategische Zielsystem des Unternehmens inklusive definiertem Geschäftszweck sowie den generischen Wettbewerbsstrategien eingebettet sein.[571]

> „A central challenge in the study of inter-organizational relationships is to explain why and how organizations connect effectively, work cooperatively, and coordinate their activities to achieve superior performance. The strategic logic and motives underpinning the increased move to inerorganizational relationships in western economics include access to key resources, particularly information, markets, and technologies, advantages from knowledge and learning, scale and scope economies, as well as risk sharing."[572]

In der Analyse dieser Punkte gibt der Ansatz des Sozialkapitals einige Anhaltspunkte, indem die Vernetzung und Beziehungen untereinander untersucht werden.[573] Darüber hinaus bieten die Forschungsansätze, die sich mit „innovativen Milieus" befassen, eine weitere Möglichkeit den Aspekt des Verhaltens der beteiligten Akteure einzubeziehen. Das Konzept der innovativen oder kreativen Milieus geht dabei insbesondere auf die Arbeiten der sog. GREMI-Schule (Groupe de Recherche Européen sur les Milieux Innovateurs) zurück, welche seit 1984 besteht und die innovative Unternehmen nicht isoliert betrachtet, sondern in Beziehung zu ihrem lo-kalen Umfeld und dessen soziokulturellen Einrichtungen.[574]

> „Diesen Begriffsbestimmungen nach konstituiert sich ein kreatives Milieu aus der Kombination dichter informell-sozialer Beziehungen von qualifizierten Entscheidungsträgern mit einem nach außen wie innen wirkenden Image sowie Zusammengehörigkeitsgefühl der Betreffenden auf regionaler Ebene, welche über induzierte kollektive Lernprozesse in Synergie die örtliche Innovationsfähigkeit steigern."[575]

Das „innovative Milieu" basiert somit auf der Annahme, dass Innovationen weder im Unternehmen, d.h. in der Kompetenz und Motivation von Mitarbeitern und Managern, noch ausschließlich in der Umwelt zu finden sind, sondern dass sie in Netzwerken generiert werden.[576] Die regionale Nähe erleichtert dabei die Kontakthäufigkeit der Akteure, führt zu einer intraregionalen Mobilität der Ar-

---

570 Vgl. Sydow (2010b), S. 383, Sydow (2010a), S. 363 ff.
571 Vgl. Stein (2005), S. 170
572 Nahapiet (2008), S. 580, vgl. ebenfalls Gulati u.a. (2000)
573 Vgl. hierzu auch noch einmal die Ausführungen in Kapitel 2.2
574 Vgl. Beckord (2008), S. 34
575 Fromhold-Eisebith (2001)
576 Vgl. Schuler (2008), S. 22 f.

beitskräfte, ermöglicht flexible Lieferbeziehungen und begünstigt insbesondere die Übertragung von Erfahrungswissen. Darüber hinaus wird eine gemeinsam geteilte Basis von Einstellungen, Erfahrungen und kulturellen Werten geschaffen, wodurch eine regionale Identität und ein Zusammengehörigkeitsgefühl entsteht, welches Vertrauen fördert.[577] CREVOISIER hält fest, „die unternehmerischen, familiären und beruflichen Werte, die ein Milieu prägen, veranlassen die verschiedenen Akteure dazu, zu Innovation und Produktion auch im Sinne einer sozialen Investition beizutragen, die ein Klima des Vertrauens und der gegenseitigen Hilfsbereitschaft fördert."[578] Abbildung 3.7 zeigt die Entwicklung und Elemente innovativer Milieus, welche auf lokalen Produktionsnetzen basieren. Die gemeinsame Nutzung von F&E- sowie Bildungseinrichtungen und Dienstleistungen dienen der sozio-institutionellen Einbettung des Produktionsnetzes verbunden mit der Ausbildung geteilter Normen, Werte und Gewohnheiten. Intensive Kommunikation, Informationsaustausch und Interaktion führen zu Wettbewerbsvorteilen der Akteure auf Grund von Innovations- und Lernvorteilen in regional verankerten innovativen Milieus.[579]

Abb. 3.7: Entwicklung und Elemente innovativer Milieus[580]

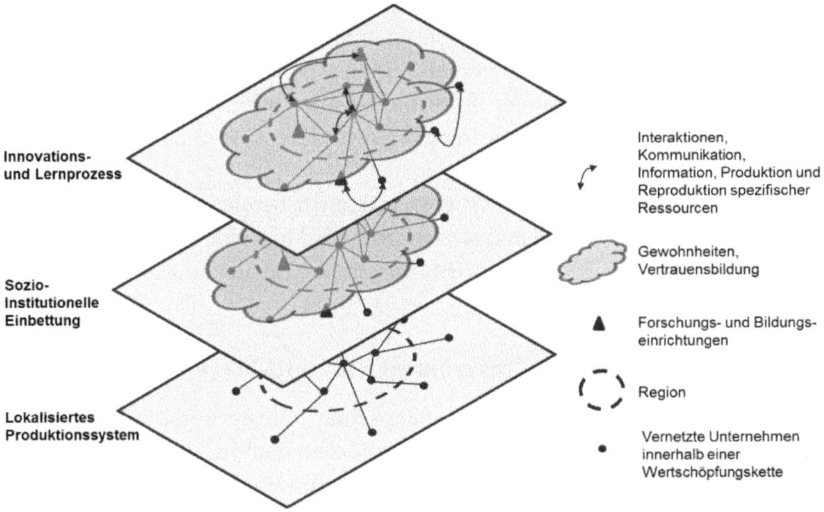

577 Vgl. Revilla-Diez (2002), S. 14 f.
578 Crevoisier (2001), S. 249
579 Vgl. Bathelt/Glückler (2012), S. 189 ff. und 256 f.
580 Quelle: in Anlehnung an Bathelt/Glücker (2012), S. 257

Zusammenfassend lassen sich innovative Milieus durch vier Merkmale charakterisieren:[581]

- Sie stellen wissensintensive Kontaktnetze regionaler Akteure dar, die in einem inten-siven Austausch stehen.
- Von besonderer Bedeutung sind dabei soziale, informell-persönliche Beziehungen, da diese an der Schwelle zwischen dienstlichem und persönlichem Interesse durch hohes Vertrauen gekennzeichnet sind und damit den Informationsfluss beschleunigen.
- Wichtige Aspekte stellen das Image, der mentale Zusammenhalt und kollektive Ziel-setzungen dar, um fokussiert und erfolgreich wirtschaftlich agieren zu können.
- Schließlich bedarf es eines förderlichen sozio-kulturellen und institutionellen Kontextes sowie vielfältiger Interaktionen zwischen Individuen, Gruppen und Organisationen, um die Kreativität und damit das Innovationspotential zu fördern.

Der enge Austausch von Wissen zwischen den Akteuren trägt darüber hinaus zu einer Reduzierung von Unsicherheiten in der Entwicklung neuer Produkte, Verfahren oder Organisationsformen bei. Insgesamt zeigt sich in diesem Ansatz, dass Innovationen und Kreativität das Resultat eines kollektiven, dynamischen Prozesses unterschiedlicher Akteure einer Region ist, indem durch einen häufigen, intensiven und vertrauensvollen Informationsaustausch, bisher unverbundene Ideen und Kenntnisse zu neuen Produkten und Prozessen zusammengeführt werden.[582]

Auf die dynamische Komponente, welche auch bereits im Rahmen der ressourcenbasierten Ansätze thematisiert wurde, wird innerhalb der Prozessanalyse näher eingegangen. Im Folgenden wird zunächst die Inhaltsdimension des Cluster ESW untersucht und erläutert.

3.2.2 Inhalt des Clusters Elektromobilität Süd-West

Im Juli 2007 wurde die Interessensgemeinschaft „Clusterinitiative Automotive Südwest“ mit 29 Mitgliedern gegründet, mit dem Ziel im Herbst 2007 an der ersten Runde des Spitzenclusterwettbewerbs des Bundesministeriums für Bildung und Forschung (BMBF) teilzunehmen. Bereits damals wurde der ganzheitliche Charakter des Themas durch den Fokus auf Gesamtfahrzeugkompetenzen sowie

581 Vgl. Fromhold-Eisebith (2001)
582 Vgl. Fromhold-Eisebith (1995), S. 31, Beckord (2008), S. 34 f.

effiziente Antriebe und leichte Strukturen wie auch die herausragende Bedeutung der Förderung der Kooperation zwischen den Clusterakteuren aus Wirtschaft und Wissenschaft deutlich, wie Abb. 3.8 zeigt.

Abb. 3.8: Projektstruktur Interessengemeinschaft „Clusterinitiative Automotive Südwest“[583]

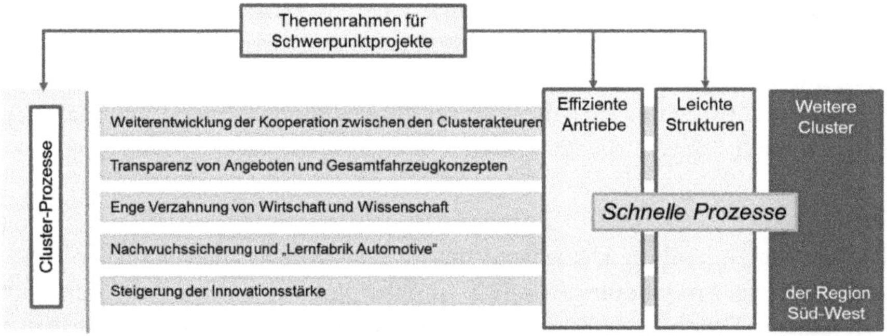

Darüber hinaus wird auch das Thema der Fachkräfte, d.h. der Aus- und Weiterbildung thema-tisiert. Insbesondere soll durch die Projekte die Innovationsfähigkeit gesteigert werden. Die Aufgaben der Interessengemeinschaft werden u.a. in der Auswahl der Steuerungsgruppe, der Formulierung und Vertretung regionaler Interessen von Wirtschaft und Wissenschaft, Projektinitiierung, Mitgliedermanagement und Unterstützung bei der Beantragung, Erarbeitung und Weiterentwicklung des Strategiepapiers sowie der Etablierung eines Rechtsnachfolgers der Interessengemeinschaft und Sicherstellung einer durchgängigen Organisation gesehen. Hervorgehoben wird die Multiplikatorenrolle und Kommunikation zur Sicherstellung einer breiten Beteiligung der Clusterakteure. Bereits zu diesem Zeitpunkt war vorgesehen, dass sich die Interessengemeinschaft nach Einreichung des Strategiepapiers auflöst und die nachfolgende Clustermanagementgesellschaft die Strategie umsetzt.[584]

Mit der Gründung der e-mobil BW und der Übernahme des Clustermanagements im Jahr 2010 wurde der Cluster strategisch und inhaltlich weiterentwickelt. In dem damaligen Logoentwurf kamen die drei Technologiefelder Fahrzeug-, Energie- sowie IKT zum Ausdruck.[585] Unter dem Motto “road to global market” hat der Cluster Elektromobilität Süd-West sich mit der Bewerbung zum Spitzen-

583 Quelle: Interessengemeinschaft „Clusterinitiative Automotive Südwest“ (2008)
584 Vgl. Interessengemeinschaft „Clusterinitiative Automotive Südwest“ (2008)
585 Vgl. Cluster ESW (2011), S. 1

clusterwettbewerb zum Ziel gesetzt, einen entscheidenden Beitrag zur Industrialisierung der Elektromobilität zu leisten und damit den technologischen Wandel hin zu einer leistungsfähigen, schadststoffarmen und marktgetragenen Mobilität signifikant zu unterstützten. Aufbauend auf der historischen Verankerung der Automobilindustrie in der Region Karlsruhe-Mannheim-Stuttgart-Ulm nutzt der Cluster die weltweit einmaligen Mög-lichkeiten. So existiert nicht nur eine Zusammenarbeit zwischen der Automobilindustrie und ihren Zulieferern, sondern auch mit dem regionalen Maschinen- und Anlagenbau, der ebenfalls einzigartige Strukturen aufweist und auch die Basis für die Automobilindustrie außerhalb der Clusterregion, wie z. B. Niedersachsen und Bayern, darstellt.

KMU

Die gezielte Einbindung kleiner und mittlerer Akteure aus den Branchen Fahrzeug, Energie, Produktion sowie IKT ist dabei von besonderer Bedeutung für den Cluster. Durch gemeinsame Projekte und einen Erfahrungsaustausch mit Fahrzeugherstellern und wissenschaftlichen Instituten soll der Zugang zu neuen Technologien und Geschäftsfeldern ermöglicht werden wie auch eine Stärkung des Produktportfolios erfolgen. Aufgrund der Strukturen in der Automobilbranche, welche sich in einer starken Gliederung der Wertschöpfungskette manifestiert und daher unterhalb der Stufe der OEM (Fahrzeughersteller) verschiedene Stufen von System- und Komponentenlieferanten (Tier 1,2,3) aufweist, ist die Beteiligung der KMU jedoch durchaus eine größere Herausforderung als in anderen Branchen mit weniger hierarchischen Strukturen. So sind KMU meist nicht direkter Ansprechpartner, sondern liefern als Tier 2 oder Tier 3 den großen Systemlieferanten (Tier 1) zu. Ein spezifischer Fokus auf die Einbindung ist daher notwendig, weshalb der Cluster ESW sich zum Ziel gesetzt hat, KMU im Technologiewandel zu begleiten.[586] Hierfür wurden bereits 2012 die Grundsteine gelegt und in 2013 gemeinsam mit dem Öko-Institut e. V. ein Beratungskonzept entwickelt als Basis für die anschließende Schulung und Zertifizierung von mehr als fünfzig Beratern zur Durchführung von Beratungsgesprächen zu Chancen und Risiken des Technologiewandels der Elektromobilität in der zweiten Jahreshälfte. In Anlehnung an die bestehenden Innovationsgutscheine des Landes Baden-Württemberg konnten sich im Rahmen der Strukturwandelberatung Elektromobilität KMU mit Sitz in Baden-Württemberg um eine Förderung einer einzelbetrieblichen Beratung durch die entsprechenden Berater bis 30.06.2015 bewerben.[587] Um die Hürde für KMU,

586 Cluster ESW (2011), S. IV

587 Vgl. Cluster ESW (2012), S. 21 f., Cluster ESW (2013), S. 16

ein passendes Beratungsangebot zu finden, weiter zu senken, wurde im Cluster ESW das Projekt „SystEM – Systematischer Ansatz zur Kostenreduzierung in der E-Mobilität" initiiert und im Dezember 2014 durch das Wirtschaftsministerium Baden-Württemberg bewilligt. Gemeinsam mit der Universität Stuttgart und dem FKFS erarbeitete das Clustermanagement innerhalb eines Jahres ein Online-Tool, dass öffentlich zugänglich ist, über den Förderzeitraum des Gutscheinprogramms hinaus genutzt werden kann und welches dabei unterstützt, die unternehmensindividuellen Entwicklungspotenziale in der Elektromobilität zu erkennen wie auch für sich passende Beratungsangebote zu identifizieren.[588] Um die erarbeiteten Inhalte nicht nur in virtueller Um-gebung zu nutzen, sondern auch eine Übertragung auf die im Land ansässigen KMU zu gewährleisten und diese beim Aufbau neuer Kompetenz- und Wertschöpfungsfelder zu unter-stützen, wurde im November 2015 das Folgeprojekt „LieSE – Lieferant im System Elektromobilität" initiiert.[589] Auf Grund der herausragenden Bedeutung und der konsequenten Verstetigung der Aktivitäten wird in 2016 in Zusammenarbeit mit dem Wirtschaftsministerium Baden-Württemberg eine Mittelstandsoffensive Mobilität geplant, um das Unterstützungsangebot für KMU der Automobilwirtschaft zu intensivieren.[590]

Internationalisierung

Darüber hinaus wurde im Zeitraum April 2013 bis Dezember 2014 das Projekt „INSEM-SW – Internationalisierungsstrategie für den Spitzencluster Elektromobilität Süd-West" gemeinsam mit dem SEZ durchgeführt, welches das Ziel verfolgte, Forschungs- und Entwicklungskooperationen auch mit europäischen Partnernetzwerken zu ermöglichen sowie den Cluster strategisch in internationalen Forschungs-, Innovations- und Politiknetzwerken zu verankern. Hierdurch sollten kleine und mittelständische Clusterpartner qualifiziert werden an grenzüberschreitenden Kooperationen teilzunehmen und gleichzeitig eine Etablierung des Clusters auf europäischer Ebene erfolgen. Mit Hilfe von Beratungsgesprächen, Schulungsmaßnahmen und Informationsveranstaltungen gepaart mit einer Analyse der individuellen Chancen und Risiken einer europäischen Projektbeteiligung wurden KMU an die Antragstellung und Durchführung europäischer Forschungs- und Entwicklungsprojekte herangeführt. Insgesamt wurden vier Projektanträge bei der Europäischen Kommission eingereicht, jedoch konnte

588 Vgl. Cluster ESW (2014), S. 17, Cluster ESW (2015), S. 16. Das Online-Tool ist unter http://www.e-mobil-sw.de/de/system.html abrufbar (Stand 08/2016)

589 Vgl. Cluster ESW (2015), S. 16

590 Vgl. e-mobil BW (2016c)

sich keiner im harten Wettbewerb durchsetzen.[591] Ab 2015 setzt der Cluster auf eine bedarfsgerechte Beratung der Clusterpartner, die konkrete Projektvorhaben im europäischen Kontext anstreben.[592] So ist das Clustermanagement 2016 an der Initiierung eines europäischen Projektes im Bereich der IKT-Infrastruktur für automatisiertes Fahren beteiligt. Auch nutzen zahlreiche KMU bestehende Angebote wie Delegationsreisen oder Matchmaking-Veranstaltungen zur Erschließung neuer Absatzmärkte und Bezugsquellen wie auch zur Wissensgenerierung.[593]

Clusterstrategie

Auch wenn gegenwärtig die Fahrzeugzahlen hinter der Prognose liegen, so ist dennoch auf Grund der skizzierten Kontextbedingungen zu erwarten, dass künftig Fahrzeuge vermehrt einsatzspezifisch ausgewählt werden und somit die Steuerung und Kombination verschiedener Mobilitätssysteme an Bedeutung gewinnt.[594] Hierbei zeigt sich jedoch deutlich, dass Elektromobilität noch kein Selbstläufer ist, sondern die Koordinierung der Aktivitäten fortgesetzt werden müssen, um keinen nachhaltigen Bruch der Innovation zu riskieren.[595] Die laufenden und geplanten Aktivitäten der Clusterakteure zielen daher darauf ab, die Industrialisierung der Elektromobilität weiter voranzutreiben und Deutschland zum führenden Anbieter von Elektromobilitätslösungen zu entwickeln. Hierfür hat sich der Cluster folgenden Leitsatz gegeben:

> „Der Cluster Elektromobilität Süd-West entwickelt und produziert die attraktivsten Mobilitätslösungen der Zukunft und macht Deutschland zum weltweit führenden Anbieter."[596]

Weiter ausformuliert ergibt sich die folgende Vision der Clusterpartner aus der Clusterstrategie 2011, welche im Executive Meeting 2016 erneut bestätigt wurde:

> „Durch Vernetzung unserer Kompetenzen aus Fahrzeugtechnik, Energiewirtschaft sowie IKT und Produktionstechnologie bieten wir unseren Kunden hervorragende Produkte und Dienstleistungen zur Sicherstellung einer energieeffizienten, umweltverträglichen und individuellen Mobilität im Zeitalter knapper Ressourcen und steigender Schadstoffemissionen. Die im Markt nachgefragten Produkte werden im Betrieb schadstoffarm sowie kostengünstig in der Anschaffung und über die Lebensdauer sein. Dabei bieten sie zeitgemäßen Komfort und Sicherheit. Mit innovativen Technologien und Methoden ge-

591 Vgl. Cluster ESW (2013), S. 16 f.
592 Vgl. Cluster ESW (2015), S. 17
593 Vgl. Cluster ESW (2015), S. 10
594 Vgl. Cluster ESW (2011), S. 11
595 Vgl. e-mobil BW (2016a), S. 21
596 Vgl. Cluster ESW (2011), S. 5

stalten wir synergetisch die Basis für neue, nachhaltig wirtschaftliche Geschäftsmodelle, die unsere regionale Wertschöpfung und Beschäftigung in der Clusterregion und in ganz Baden-Württemberg sicherstellen. Unsere symbiotische Zusammenarbeit macht uns zu weltweit führenden Anbietern für Mobilitätslösungen und etabliert Deutschland als Leitanbieter und Leitmarkt der E-Mobilität mit internationaler Strahlkraft.“[597]

Dabei gilt es insbesondere die in der Clusterstrategie definierten Entwicklungsziele „Markt und Kosten“, d. h. die Schaffung wettbewerbsfähiger Lebenszykluskosten, „Handhabung und Kom-fort“ im Sinn der Befriedigung von Kundenerwartungen sowie die Steigerung der Nutzbarkeit von elektrifizierten Verkehrsträgern, sprich „Vernetzte Mobilität“ zu adressieren und so zu einem positiven Einfluss auf die Aspekte „Erhalt und Gestaltung des Lebensraumes“, „Sicherung individueller Mobilität“ und „Stärkung der Wirtschaftskraft“ beizutragen (siehe Abb. 3.9).[598]

Der Weg führt indes von der Technologieentwicklung bis zum globalen Markt, wodurch die vier Innovationsfelder die gesamte industrielle Innovationskette von der Forschung und Entwicklung über Konzeption und Test bis hin zu Serienfertigung, Vertrieb und Marketing betrachten.[599]

Abb. 3.9: Nachhaltigkeitsstrategie des Clusters Elektromobilität Süd-West[600]

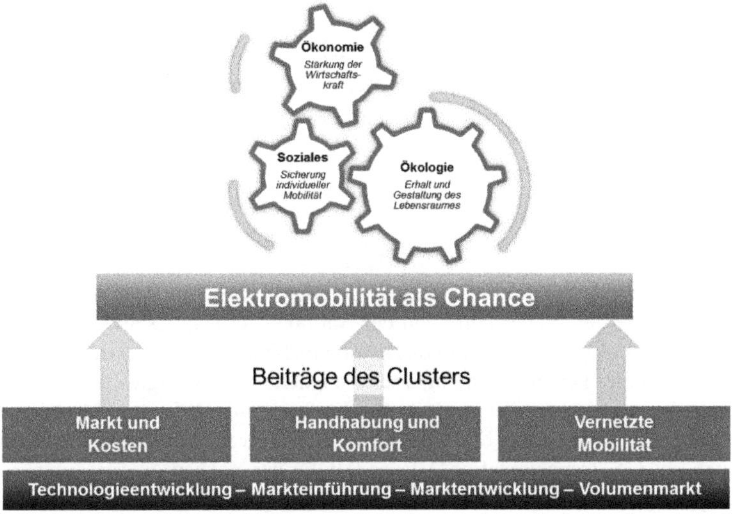

597 Cluster ESW (2011), S. 6
598 Vgl. Cluster ESW (2011), S. IV und 6
599 Vgl. Cluster ESW (2011), S. 6 und 12
600 Quelle: In Anlehnung an Cluster ESW (2011), S. 6

Die e-mobil BW orientiert sich dabei an den Technologie-Reifegraden oder auch Technology Readiness Level (TRL).[601] Angesichts der beschleunigten Innovationszyklen herrscht eine doppelte Herausforderung, denn einerseits müssen die angestoßenen Aktivitäten im Bereich der Industrialisierung, aber auch in der Anwendung weiterentwickelt sowie andererseits neue Herausforderungen und Problemstellungen zukünftiger Mobilitätslösungen erarbeitet werden.[602]

Abb. 3.10: Thematische Ausrichtung entlang der Technologie-Reifegrade (TRL)[603]

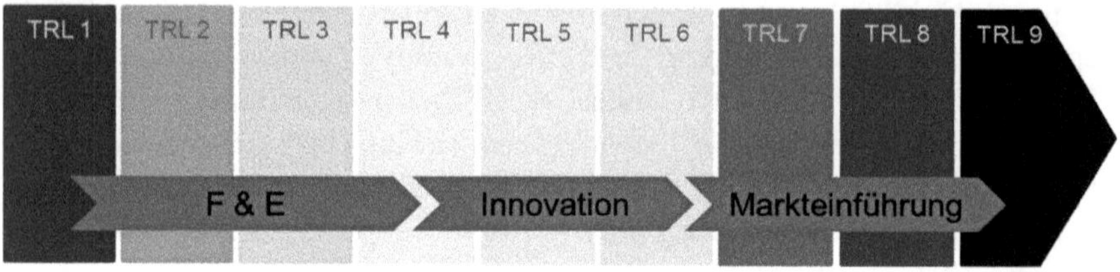

Im Bereich der Mobilität, wie auch in anderen Bereichen der Wirtschaft, zeigt sich insbesondere ein enger Zusammenhang zwischen Elektrifizierung und Digitalisierung, welcher einer verstärkten Bearbeitung bedarf.[604] So sind in den vergangenen Jahren die Wertschöpfungsanteile der Informationstechnik im Kraftfahrzeugbau kontinuierlich gestiegen. Bei einer ganzheitlichen Betrachtung der Elektromobilität zeigt sich, dass sowohl auf Fahrzeugebene, auf Infrastrukturseite,

---

601 Das Konzept der Technologie-Reifegrade oder Technology Readiness Level (TRL) wurde Mitte der 1970er Jahre von der National Aeronautics and Space Administration (NASA) eingeführt, um disziplinenunabhängig eine effektivere Beurteilung zur Reife einer neuen Technologie zu ermöglichen. 1995, folgte die Ausdifferenzierung der einzelnen Stufen und die Beschreibung mit Hilfe von Beispielen. Daran anschließend haben das U.S. Congress' General Accountability Office (GAO) wie auch das U.S. Department of Defense (DOD) das Konzept übernommen und die Grundlage gelegt für die weitere Verwendung in zahlreichen Unternehmen. Insgesamt haben sich die TRL als hoch effektiv herausgestellt in der Kommunikation des Status neuer Technologien, insbesondere zwischen unterschiedlichen Unternehmen. Vgl. Mankins (2009), S. 1217

602 Vgl. e-mobil BW (2016a), S. 21

603 Quelle: In Anlehnung an e-mobil BW (2016a), S. 21

604 Vgl. Goll/Knüttgen (2017), S. 396, e-mobil BW (2016a), S. 21

im Bereich der Verkehrssteuerung sowie in Entwicklung und Fertigung vermehrt digitale Elemente den Prozess führen.[605]

Das System Elektromobilität (siehe Abbildung 3.11) bettet zum einen das Auto mit seiner energietechnischen Entwicklung des Antriebstrangs in einen Gesamtzusammenhang ein und stellt zum anderen gleichzeitig neue Mobilitätsformen der Zukunft dar. Verstärkt durch die zunehmende Digitalisierung erfolgt ein Paradigmenwechsel vom Produkt „Automobil" hin zur „Dienstleistung Mobilität". Dabei ist die Optimierung von Schnittstellen sowohl fahrzeug- als auch verkehrsseitig ein kritischer Erfolgsfaktor für die Gestaltung intermodaler Wegeketten, die Kommunikation zwischen Fahrzeugen untereinander wie auch zwischen Fahrzeug und Infrastruktur.[606]

Abb. 3.11: Das System Elektromobilität[607]

Neben interoperablen Diensten und Plattformen für Abrechnung, Planung und Koordination wie auch der Integration von Fahrzeugen in das Stromnetz und neue Konzepte der Netzsteuerung treten zunehmend automatisierte und vernetzte Fahrfunktionen in den Vordergrund. IKT-Systemen kommt demnach eine integrative Rolle bei der Entwicklung marktfähiger Elektromobilitätslösungen zu,

605 Vgl. AG intelligent move (2015), S. 2
606 Vgl. AG intelligent move (2015), S. 2, Goll/Knüttgen (2017), S. 396
607 Quelle: e-mobil BW (2011), S. 8

wodurch innerhalb des Clusters Elektromobilität Süd-West bereits frühzeitig eine Verankerung der Themen insbesondere im Innovationsfeld IKT wie auch in mehreren technologischen Projekten, z. B. Smart Grid Integration (SGI), Integrierte Mobilitäts- und Energieinfrastruktur (IMEI), Intermodales eMobilitätsmanagement (IeMM), Bewertung integrierter Elektromobilität (BiE), Green Navigation, eFlotte, Autonome Ladeeinheit und systemintegrierter Daten-Gateway für EVs (Elise) und Automatisiertes Parken und Laden von EVs (AUTOPLES), etabliert wurde.[608] Da es sich bei der Digitalisierung um einen Prozess handelt, der viele Bereiche der Elektromobilität betrifft, wurde 2013 ein erstes strategisches Konzept für die „IKT in der neuen Mobilität" in der e-mobil BW erarbeitet (siehe Abbildung 3.12).[609]

Abb. 3.12: Strategisches Konzept 2013 „IKT in der neuen Mobilität"[610]

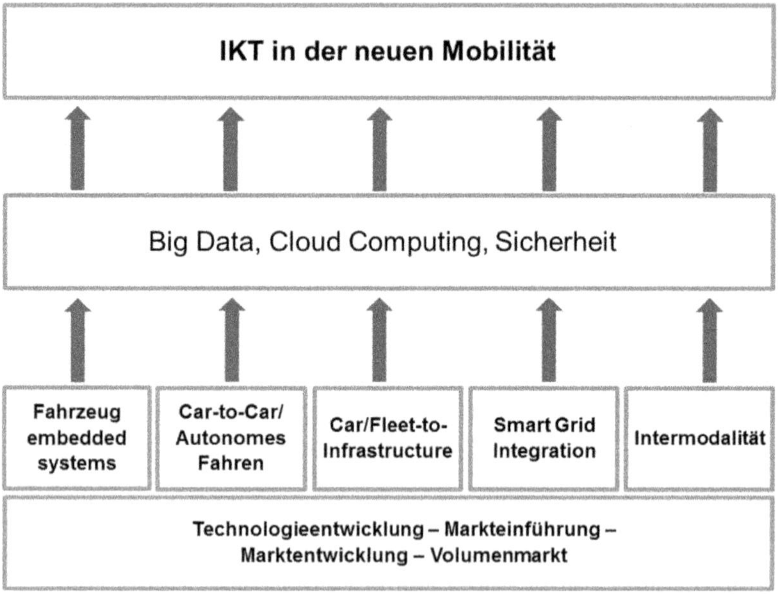

608 Eine Übersicht zu abgeschlossenen und laufenden Projekten findet sich auf der Homepage des Clusters www.emobil-sw.de

609 Vgl. e-mobil BW (2013c)

610 Quelle: e-mobil BW (2013c), S. 7

Dieses Konzept bildete die Basis für die weiteren Aktivitäten und wurde nach der Implementierung der Arbeitsgruppe „intelligent move" im Februar 2014 weiterentwickelt.

> „Die strukturiert zusammenarbeitende Gruppe zielt darauf ab, ein gemeinsames Verständnis zum Thema automatisiertes und vernetztes Fahren auch in Kombination mit der Elektrifizierung zu erlangen, mit Impulsvorträgen zu vertiefen, konkrete Projektideen und Maßnahmen zu erarbeiten und einen Wissenstransfer zu generieren."[611]

Ein wesentlicher Fokus der „AG intelligent move" liegt dabei auf der Fahrzeugvernetzung und dem automatisierten Fahren. Als Leitlinie wurde in der Gruppe ein Systembild erarbeitet, welches die wesentlichen Bereiche und Handlungsfelder des automatisierten und vernetzten Fahrens wie auch das sich ändernde Fahrer/Fahrzeug-Verhältnis darstellt. Abb. 3.13 versucht das komplexe System in einer vereinfachten, übersichtlichen Darstellung abzubilden. Bedeutend dabei ist, dass neben der Initiierung von Projekten zur Weiterentwicklung der Technologie[612] und der Vernetzung der Akteure[613] eine Auseinandersetzung mit den weiteren Umfeldern, und hier insbesondere dem gesellschaftlichen, wirtschaftlichen und politisch-rechtlichen Umfeld, frühzeitig begonnen wird, um die Entwicklung bestmöglich zu begleiten.

---

611 AG intelligent move (2015), S. 21

612 Offene Forschungsfragen beziehen sich beispielsweise auf automatisierte Fahrfunktionen, Algorithmen, kooperatives Fahren, lernende/hochgenaue Karten, Echtzeitdatenverarbeitung, Verkehrsflussoptimierung und Mensch-Maschine Interaktionen.

613 Die Umsetzung eines neuen intelligenten Verkehrssystems erfordert die Zusammenarbeit zwischen verschiedenen Akteuren unter der Bedingung eines klaren und abgestimmten Zielbildes. Wichtig ist dabei über eine Betrachtung der Funktion im Einzelfahrzeug hinauszugehen, denn nur durch Vernetzung und dezentral gelieferte Verkehrsdaten kann auch eine Optimierung des Verkehrsflusses ermöglicht werden. Während erste Automatisierungsfunktionen auch noch ohne eine dauerhafte Vernetzung des Fahrzeugs mit der Umwelt möglich sind, wird zukünftig das kooperative Fahren, d. h. die funktionale Verschmelzung des automatisierten Fahrens und der Fahrzeugvernetzung, vermehrt Beachtung finden, denn nur so kann das volle Potenzial für Sicherheit und Effizienz langfristig ausgeschöpft werden. Vgl. AG intelligent move (2015), S. 34, Goll/Knüttgen (2017), S. 401 ff.

Abb. 3.13: Systembild zum automatisierten und vernetzten Fahren[614]

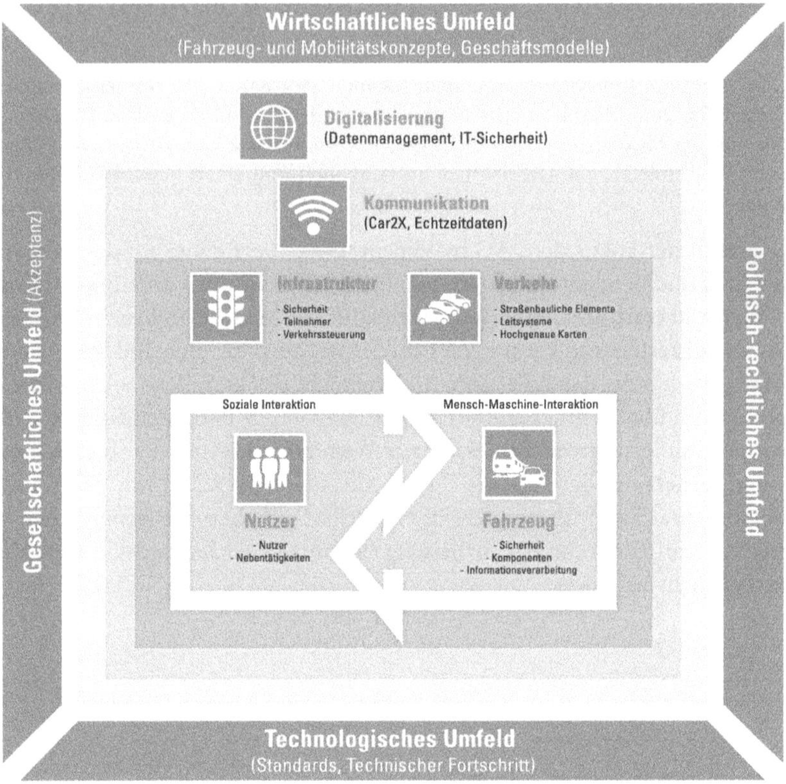

Dabei ist auch der technologische Fortschritt jenseits der traditionellen Automobilindustrie entscheidend. „So wird es für den Standort Deutschland wettbewerbsentscheidend sein, Kompetenzen in den Bereichen intelligentes

614 Quelle: AG intelligent move (2015), S. 4. Der Begriff Nutzer zielt dabei auf das veränderte Verhältnis ab und impliziert, dass weder das Fahrzeugeigentum noch die Ausübung der Fahrfunktion im Falle des vollautomatisierten Fahrens eine zwingende Voraussetzung darstellt. Ein Fahrzeug bezieht sich auf jeden Fahrzeugtyp vom PKW über Nutzfahrzeuge, wie Busse, LKW und Arbeitsmaschinen, bis hin zu neuartigen Transportsystemen. Bereits zum gegenwärtigen Zeitpunkt zeigen sich die veränderten Rollen und Beziehungen zwischen Nutzer und Fahrzeug andeutungsweise in vielen Fahrfunktionen, wie z. B. Abstandsregeltempomaten, Spurhalteassistenten oder Parkassistenten. Dabei muss jedoch stets eine Überwachung durch den Fahrer gewährleistet werden. Vgl. auch Goll/Knüttgen (2017), S. 397 ff.

Datenmanagement (Smart Data, Big Data), IT-Sicherheit, Algorithmen, IT-Infrastrukturen etc. auf- und auszubauen und Standardisierungen an Schnittstellen voranzutreiben."[615] Damit geht die Entwicklung von Technologien, neuen Konzepten und Geschäftsmodellen immer mit einer Entwicklung in den jeweiligen Rahmenbedingungen einher.

Um die Entwicklungen in allen Bereichen bestmöglich zu skizzieren, wurde im Cluster für alle Innovationsfelder wie auch für die AG intelligent move zusätzlich zu den beiden Systembildern eine technologische Roadmap erarbeitet. Diese wird im Rahmen des Strategieprozesses hinterfragt und entsprechend der neuen Entwicklungen angepasst. Abb. 3.14 zeigt die aktuellste Fassung aus dem Jahr 2015 exemplarisch auf.

Abb. 3.14: Exemplarische Darstellung der strategischen Roadmap-Pfeile[616]

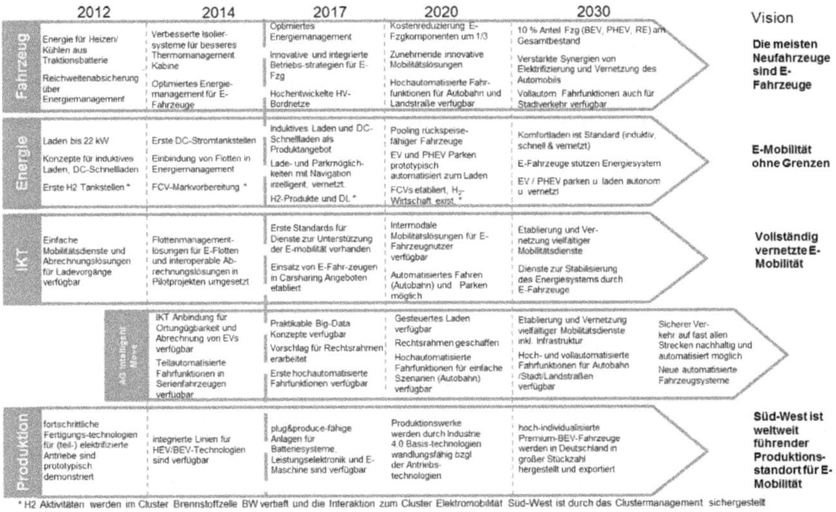

Ergänzend dazu wurden im Jahr 2015 Nutzfahrzeuge und After Sales als weitere strategisch relevante Themen identifiziert und die vorhandenen Aktivitäten ausgebaut. Aufbauend auf der Studie „Entwicklung der Beschäftigung im After Sales – Effekte aus der Elektromobilität" wurde das Thema im e-mobil BW Werkstattgespräch „Chancen innovativer Antriebe im Omni-bus und After Sales" wei-

615 Goll/Knüttgen (2017), S. 399, vgl. auch Bundesregierung (2014), S. 5
616 Quelle: Cluster ESW (2015)

ter vertieft. Darüber hinaus fanden zwei Workshops zum Thema Nutzfahrzeuge statt, welche in der Implementierung einer Arbeitsgruppe mündeten.

3.2.3 Inhalt – Analyse und Zusammenfassung

In Bezug auf die Inhaltsdimension zeigt sich bereits zu Beginn der Analyse eine gewisse Pro-blematik, denn in Cluster-Initiativen sind unterschiedliche Ebenen zu betrachten. So ist es immer notwendig, zum einen die Clusterpartner und die Clusterorganisation zu betrachten wie aber auch die Cluster-Initiative im Gesamten. Darüber hinaus zeigen viele Cluster-Initiativen gewisse Schwächen in Bezug auf ihre strategischen Maßnahmen. Insbesondere erfolgt häufig die Ausarbeitung wie auch die Implementierung der Strategie ohne Einbezug der Schlüssel-akteure eines Clusters. Auch wird die Strategie häufig nicht konsequent verfolgt und umgesetzt.[617] Daher ist hierauf bei der Analyse ein besonderes Augenmerk zu richten.

Die Betrachtung nach Marktgesichtspunkten wie auch dem PORTERschen Diamanten zeigt, dass der Cluster hier auf gute Faktorkonditionen zurückgreifen kann und damit in der Clusterregion sehr gute Ausgangsbedingungen vorliegen. Bezüglich der Nachfragekonditionen ergibt sich hingegen ein etwas anderes Bild. Hier ist klar ein weiteres Potential vorhanden. Doch muss be-achtet werden, dass sich die Elektromobilität insgesamt erst in der Markthochlaufphase befindet und deutliche Zuwächse zu erwarten sind. Sicherlich verfügt die Clusterregion auf Grund der starken Verbundenheit zur Automobilindustrie jedoch über anspruchsvolle und kritische Kunden, die von first-movern bis zu starken Anhängern konventioneller Antriebe reichen. Ein deutliches Plus verzeichnet der Cluster Elektromobilität auf Grund der Tatsache, dass neben der Fahrzeugtechnologie auch die Energietechnik, Informations- und Kommunikationstechnologien und Produktionstechnologien einbezogen werden. Vielmehr noch wird der intensive Austausch an dieser Stelle stark vorangetrieben. Dabei kann auf Grund der historisch gewachsenen Strukturen auf eine hohe Ansiedlung von Unternehmen, Forschungsinstituten, Universitäten und Hochschulen wie auch eine enge Kooperation zu Verbänden, Netzwerken und der öffentlichen Hand aufgebaut werden.

Die Entwicklung der Clustermitgliedszahlen sowie die Zusammensetzung der Clusterpartner über die Jahre zeigt das Potential wie auch die herausragende Stellung auf (siehe Anhang B). Dabei sind in der Clusterregion auch viele eigentliche Wettbewerber vorhanden, die im Cluster jedoch kooperativ miteinander an der Umsetzung des technologischen Wandels arbeiten. Wird schließlich noch die Unterstützung durch die Regierung als verstärkender Faktor betrachtet, so

617 Hantsch u. a. (2013), S. 2

zeigt sich auch hier eine deutlich positive Korrelation, denn das Thema Elektromobilität und neue Mobilitätslösungen werden vom Land Baden-Württemberg stark vorangetrieben und begleitet. Auch seitens des Bundes konnte die Clusterregion, insbesondere auch in der Kombination mit dem Schaufenster Living Lab BW^{e} mobil, ihre gute Position erfolgreich ausbauen.

Die Analyse anhand der Ressourcenausstattung gestaltet sich dabei etwas schwieriger. Grundsätzlich verfügen die Clusterpartner über eine gute physische Ressourcenausstattung, so dass zumindest eine starke Basis vorhanden ist. Da es sich jedoch um eine neue Technologie handelt, müssen viele spezifische physische Ressourcen erst entwickelt und prototypisch auf-gebaut werden. Dabei können die Unternehmen auf eine gute Forschungsinfrastruktur zurückgreifen. Es verwundert daher nicht, dass in der Clusterregion enge Forschungs- und Entwicklungspartnerschaften, wie z.B. die TechCenter e- und a-drive oder das SHARE am KIT, entstehen. Somit sind grundsätzlich auch die notwendigen Fähigkeiten innerhalb des Clusters vorhanden. Innerhalb der Projekte, die im Rahmen des Spitzenclusterwettbewerbes durchgeführt wurden, wurden ## Patente angemeldet. Die Anzahl der Patentanmeldungen wie auch der erteilten Patente an die Clusterpartner liegt dabei signifikant höher, jedoch lässt sich hierbei der spezifische Bezug zur eigentlichen Technologie nicht immer eindeutig herausstellen. Finanzielle Mittel sind auf Grund der Vielzahl erforderlicher Themen begrenzt vorhanden sowohl bei den Clusterpartnern wie auch bei Fördergeldern und weiteren externen Mitteln. Hinsichtlich der organisationalen Ressourcen zeigt sich, dass es sich hier um ein sehr junges Feld handelt. So befinden sich die noch wenig ausgebildeten Prozesse und Strukturen gegenwärtig sowohl auf Cluster- wie auch auf Projektebene in der Erprobungs- und Weiterentwicklungsphase. Was deutlich hervorgehoben werden kann, ist, dass sich zwischenzeitlich das gemeinsame Sprachverständnis angepasst hat und dass Partner, die bereits erfolgreich Projekte im Cluster durchgeführt haben, eine steilere Anlaufkurve in Anschlussprojekten innerhalb des Clusters vorweisen, selbst wenn diese zuvor noch nicht in dem gleichen Konsortium zusammengearbeitet haben. Auf Clustermanagementebene gibt es im organisationalen Bereich, wie bei der Durchführung von Veranstaltungen etc. bereits sehr gut ausgebildete Routinen. Gerade aber auch im Bereich der strategischen Weiterentwicklung, der Projektinitiierung wie auch des Aufgreifens und Verfolgens neuer Ideen und Themen ist ein insbesondere situatives Vorgehen sichtbar. Hier stellt sich die Frage, inwiefern dies dem innovativen Charakter der Thematik und emergenten Strategien zuzuschreiben ist oder weitere Potentiale ausgeschöpft werden können. Hierauf wird auch im Rahmen der Prozessanalyse noch einmal eingegangen.

Fest steht, dass die Beherrschung und konsequente Nutzung von Technologien für viele wettbewerbsintensive Märkte eine entscheidende Erfolgsvoraussetzung geworden ist und gleichzeitig die Beurteilung von Ertragsmöglichkeiten und Risiken in diesen Märkten eine detaillierte Kenntnis der Technologie auf allen Ebenen des Managements voraussetzt. So erfordert der erfolgreiche Markteintritt wie auch die Marktdurchdringung einen zielgerichteten, jahrelangen Aufbau technologischer Kompetenzen, wodurch Technologieplanung und strategische Planung zu Kuppelprodukten des Managements und damit zu notwendigen, organisatorisch nicht separierbaren Aktivitäten werden. So ist es gerade im F&E Bereich erforderlich, technologische Ressourcen, Humankapital und Sachmittel in einem langfristigen Vorlaufprozess auf strategische Markterfordernisse auszurichten.[618] Cluster bieten hier auf Grund technologischer Projekte und des Wissenstransfers eindeutige Vorteile auf. Dabei kommt dem Clustermanagement eine bedeutende Rolle im Scouting von Technologien wie auch in der Moderation der unterschiedlichen Interessen zu.

So lassen sich letztlich Entwicklungspotenziale in den strategischen Innovationsfeldern Fahrzeug, Energie, IKT wie auch Produktion im Cluster ESW nur erschließen, wenn alle Part-ner eng abgestimmt und vernetzt agieren. Bereits seit der Gründung des Clusters wird, wie aufgezeigt, diese komplexe, branchenübergreifende Vernetzung gelebt.[619] Damit ist das erste Merkmal innovativer Milieus bestätigt. Der intensive Austausch zwischen den Partnern wie auch zwischen den Partnern und dem Clustermanagement kann dabei in den erfolgreich abgeschlossenen, wie auch den laufenden Projekten beobachtet werden, und wird ebenfalls in der Darstellung der Kontakthäufigkeit sichtbar. Eine Einschränkung lässt sich bei genauer Betrachtung jedoch feststellen. So arbeiten die Partner in den Projekten wie auch im Kernteam sehr eng miteinander. In den Arbeitsgruppen zeigt sich ein differenziertes Bild, welches auch mit der Dauer des Bestehens der Arbeitsgruppe korreliert. Auf Gesamtteamebene jedoch besteht weiteres Potential zur Intensivierung der Zusammenarbeit. Dennoch zeigt sich, dass im Cluster viele informell-persönliche Kontakte geknüpft werden, wodurch ein vertrauensvoller Umgang zwischen den Clusterpartnern gepflegt wird. Das dritte Merkmal innovativer Milieus bezieht sich auf das Image, die mentale Zusammenarbeit und die kollektiven Zielsetzungen. Hierauf wird in der Prozessanalyse noch einmal vertieft eingegangen. An dieser Stelle zeigt sich jedoch anhand der Systembilder und den strategischen Roadmap-Pfeilen wie auch der gemeinsam verfassten Strategie,

618 Vgl. Gerybadze (2004), S. 112
619 Vgl. Cluster ESW (2011), S. V

dass an diesem Punkt sehr fokussiert gearbeitet wird. Letztlich zeigt die Übersicht der verschiedenen Aktivitäten im Anhang C die vielfältigen Möglichkeiten für Interaktionen zwischen Individuen, Gruppen und Organisationen auf, welche grundsätzlich als kreativitätsförderlich und damit als Faktoren zur Steigerung des Innovationspotentials angesehen werden können. Der Einbezug von KMU ist dabei ein bedeutender Faktor, bergen diese doch volkswirtschaftlich ein großes Potential, welches in Zukunftstechnologien bisher nur gering ausgeschöpft wird. So sind seit 2009 die Innovationsausgaben der KMU rückläufig.[620] Gleichfalls weist Baden-Württemberg nur eine geringe Zahl an Start-ups im Bereich neuer Mobilität auf. Daher ist die aktive Förderung von KMU in neuen Technologien notwendig, um den Strukturwandel aktiv zu gestalten.[621] Hierbei ist jedoch darauf zu achten, dass nicht eine bloße Verwaltung von Themen und Partnern stattfindet, sondern Raum und Möglichkeit wie auch Inspiration geschaffen wird, um das vorhandene Potential zu entfalten. Wichtig ist, eine vertrauensvolle Umgebung zu schaffen, in der ein persönlicher Austausch möglich wird, wodurch unverbundene Ideen und Kenntnisse zu gemeinsamen Projekten, Produkten und Prozessen zusammengeführt werden können. Seitens der KMU wird dies im Cluster ESW auch betont, denn durch gemeinsame Projekte findet ein Austausch wie auch eine gemeinsame Entwicklung an Versuchsträgern statt, die ansonsten KMU nicht zugänglich wären. Die Erarbeitung gemeinsamer Entwicklungsziele und Visionen ist dabei von entscheidender Bedeutung, denn sie dient einer intensiven Auseinandersetzung mit den unterschiedlichen Interessen der Clusterpartner. So stellt KETELS fest:

> „In fact, the lack of a broad consensus about the drivers of economic performance turns out to be the factor most strongly associated with the failure of cluster initiatives. A more subtile implication is the need to manage the interests of different constituencies in the cluster: Companies tend to be more interested in productivity growth and innovation within existing firms rather than new ones, while government tends to be more interested in job creation than higher productivity."[622]

3.3 Prozess

Mit Hilfe der **Prozessbetrachtung** werden die Aktivitäten, Reaktionen und Interaktionen verschiedener, am Prozess beteiligter Akteure dargestellt. Die Prozessperspektive geht daher auf die Frage nach dem „wie" des Wandels ein und bildet

620 Vgl. EFI (2016), S. 33
621 Vgl. e-mobil BW (2016a), S. 22
622 Ketels (2003), S. 18

so die grundlegenden Vorgehensstrategien zur Dynamisierung der Organisation ab. Sie zeigt die Bewegungskomponente, in Bezug auf die Geschwindigkeit und die Richtung des Wandels, innerhalb der dynamischen Betrachtung auf. Dabei geht es zum einen um die Gestaltung des Ablaufs wie auch den Umgang mit den verschiedenen Akteursgruppen und Interessen.[623]

Grundsätzlich kann die Entstehung des Wandels dabei von verschiedenen Betrachtungsstandpunkten aus erfolgen, wobei die Wahl der Systemgrenze eine entscheidende Rolle spielt. So verändern sich Organisationen durch intern und extern wirkende Kräfte, die sich sowohl förderlich als auch hinderlich für den Wandel erweisen können. Grundsätzlich lassen sich drei Erklärungsansätze, Entwicklungs-, Selektions- und Adaptionsmodelle, für den sich ergebenden Wandel unterscheiden.[624]

Entwicklungsmodelle erklären den organisationalen Wandel auf Grund systeminterner Kräfte unabhängig von jeglichen Umwelteinflüssen, wodurch impliziert wird, dass allgemeine, regelmäßig zu beobachtende, typische Entwicklungsmuster existieren, die sich bei allen Systemen in vergleichbarer Form herausbilden. Lebenszyklusmodelle stellen eines der bekanntesten Entwicklungsmodelle der Managementliteratur dar, welche Wandel mit Hilfe systemimmanenter Reifungs- bzw. Alterungsprozesse erläutern. Der Wandel vollzieht sich mittels eines irreversiblen Prozesses über verschiedene Stufen, wie Entstehung, Verbreitung, Reife und Vergehen, wobei „each stage of development is seen as a necessary percursor of succeding stages."[625] Allerdings darf dieser Wandel nicht als eine quasi „naturgesetzliche" Entwicklung angesehen werden, vielmehr können die Phasen auf sehr lange Zeit hinausgezögert, übersprungen oder verkürzt werden.[626]

Im Gegensatz dazu zielen Selektionsmodelle auf eine Erklärung der Veränderung von Unternehmen als umweltbedingte Bewährungs- und Aussonderungsprozesse ab, bei denen nur die Unternehmen erhalten bleiben, die im Sinn eines „survival of the fittest" den jeweiligen Umweltcharakteristiken am besten genügen. Hierbei liegt ein dreigliedriges Phasenschema der Variation-Selektion-Retention zu Grunde. Dabei stellt die explizite Berücksichtigung system-externer Kräfte zwar eine Stärke dar, jedoch kann weder eine Aussage über die Ausgestaltung der Variation, noch über die Selektionskriterien getroffen werden.[627]

---

623 Vgl. Pettigrew (1987), S. 655 ff.

624 Vgl. zu den folgenden Ausführungen Perich (1992), S. 160 ff., Gagsch (2002), S. 33 ff. und 66 ff., Tushman/Romanelli (1985), S. 172 f.

625 Van de Ven/Poole (1995), S. 515

626 Vgl. Staehle (1999), S. 910

627 Vgl. Van de Ven/Poole (1995), S. 518, Türk (1989), S. 56

Adaptionsmodelle ziehen hingegen sowohl interne als auch externe Kräfte in die Betrachtung mit ein und repräsentieren die inzwischen am weitesten verbreitete Vorstellung zur Erklärung von Wandelprozessen.[628] Sie beruhen auf systemtheoretischen Grundlagen und verfügen auf Grund der Systemoffenheit über ein direktes Unternehmens-Umfeld-Interaktionsverhältnis. Proaktiv orientierte Adaptionsmodelle gehen davon aus, dass Unternehmen nicht nur reaktiv und proaktiv auf Veränderungen der Umfelder reagieren, sondern in gewisser Weise die Umfelder selbst kreativ durch Innovationen verändern können. Hierfür werden eine verstärkte Wahrnehmung, ein Bewusstsein sowie aktive Problemlösungskompetenz benötigt. Dies impliziert, dass nicht das Umfeld, sondern die strategischen Wahlmöglichkeiten des Manage-ments den kritischen Erklärungsfaktor für organisationalen Wandel bilden. Hiermit verbunden sind auch die Ansätze des organisationalen Lernens, welche im Folgenden näher erläutert werden.

Einen besonderen Stellenwert innerhalb von Wandlungsprozessen nehmen zunehmend die Techniken der Information und Kommunikation ein. Nicht nur, dass die dramatische Leistungs-steigerung, Miniaturisierung und Integration derartiger Technologien zur Erschließung völlig neuer Anwendungspotentiale auf Produkt- und Prozessebene in Wirtschaft und Gesellschaft führen, auch werden im Verbund mit Produktions-, Transport-, Werkstoff- und Energietechnik deutliche Potentiale z. B. bei Kapazitäts- und Leistungssteigerung, Objektorientierung, Mobilität, Globalisierung und Virtualisierung, erzielt. Auch in Bezug auf die Netzwerkbildung und -entwicklung gehen mit der IKT deutliche Veränderungen einher.[629]

3.3.1 Allgemeine Grundlagen

Organisationen in turbulenten Umfeldern sehen sich dem Problem gegenüber, dass ihre Wettbewerbspositionen auf Grund starker Veränderungen des Wettbewerbsumfeldes schnell obsolet werden. Daher stellen wandlungsfähige Organisationen besondere Anforderungen an ihre Ressourcenausstattung, um eine optimale Anpassung an sich verändernde Bedingungen sowie eine erfolgreiche Einflussnahme auf sich bietende Chancen zu gewährleisten. So ist es bedeutend in flexible Produktionssysteme (physische Ressourcen) sowie in wandlungsfähige Organisationsstrukturen und Prozesse (organisationale Ressourcen) zu investieren.[630] Darüber hinaus ist es für Organisationen

628 Vgl. Chakravarthy (1982), De Green (1982)

629 Vgl. Picot u. a. (2003), S. 5

630 Vgl. Westkämper u. a. (2000), Westkämper/Zahn (2009), S. 47 ff.

in turbulenten Umfeldern überlebenswichtig, permanent neue Vorteile zu generieren, indem sie ihre Wissens-, Kompetenz- und Ressourcenbasis kontinuierlich weiterentwickeln und so schnelle und flexible Antworten auf das sich verändernde Umfeld ermöglichen. Dementsprechend wird die antizipative Schaffung günstiger Voraussetzungen zum Aufbau von Fähigkeiten[631], deren Einsatz im Wettbewerb sowie deren kreative Weiterentwicklung im Laufe der Zeit mit in die strategischen Überlegungen einbezogen, so dass auch überraschende, unvorhersehbare Ereignisse bewältigt werden können.[632] Die Bedeutung der Fähigkeiten stellt auch HALL in seiner empirischen Studie heraus und statuiert

> „this analysis of the total sample shows company reputation, product reputation and employee know-how as the most important contributors to company success; these, together with culture and networks were ranked above specialist physical resources."[633]

Im Gegensatz zu den physischen Ressourcen erweisen sich intangible Ressourcen kapazitätsmäßig als kaum begrenzt und für gewöhnlich nicht abnutzbar. Fähigkeiten wirken sogar wertsteigernd, da sie auch Potentiale in bisher nicht fokussierten Bereichen ermöglichen. Allerdings kehrt sich diese Entwicklung ins Gegenteil, sofern Fähigkeiten nicht eingesetzt werden, d. h. sie verflüchtigen sich oder werden verlernt. Insofern kann bei Fähigkeiten von einer inversen Abnutzbarkeit gesprochen.[634] Insbesondere Fähigkeiten dritter Ordnung oder Metakompetenzen, welche sich in der Lernfähigkeit, Handlungsfähigkeit und Responsiveness von Organisationen zeigen, können als Basis für Innovations- und Wandlungsfähigkeit von Organisationen angesehen werden.[635] So zeigt sich, dass organisationales Lernen als Prozess der Aufwertung der organisationalen Wissensbasis, der Problemlösungskompetenz sowie des gemeinsamen Bezugsrahmens neue Ideen (Inventionen) generiert, welche bei ökonomischer Nutzungsanwendung zu Innovationen werden. Hiermit einher gehen wiederum Wandlungen, wodurch weitere neue Sichtweisen und Lernprozesse entstehen können.[636] Den Manage-

---

631 Zu diesem Zeitpunkt wird auf Grund der inhaltlichen Nähe beider Begriffe sowie des weitgehend übereinstimmenden konzeptionellen Grundgedankens zwischen Ressourcen und Kernkompetenzen nicht unterschieden. Für eine genaue Beschreibung des Kernkompetenzansatzes siehe Prahalad/Hamel (1990)

632 Vgl. Rühli (1994), S. 46 f., Peteraf (1993), S. 182 f., Kirsch (1997), S. 7

633 Hall (1992), S. 141

634 Vgl. Hamel/Prahalad (1995), S. 315 ff., Bamberger/Wrona (2012), S. 45

635 Vgl. Kirsch (1997), S. 8 f., Rühli (1994), S. 44 f.

636 Vgl. Steinle u. a. (1998), S. 368 f.

mentfähigkeiten kommt dabei eine besondere Bedeutung zu, da diese für die Steuerung und die Entwicklung aller anderen Ressourcen verantwortlich sind und damit die Prozesse wesentliche prägen.[637]

> Wandlungsfähigkeit ist daher „nicht als Zustand zu begreifen, der nach großen Anstrengungen am Ende eines Transformationsprozesses endlich erreicht ist, sondern als ein Potenzial, das es mit Kreativität und unternehmerischer Initiative immer wieder zu erneuern und von neuem auszuschöpfen gilt."[638]

Die Entwicklung ***dynamischer Fähigkeiten*** oder sog. „dynamic capabilities" rückt damit in den Vordergrund beim Auf- und Ausbau der Wissens-, Ressourcen- und Kompetenzbasis in hoch dynamischen Unternehmensumwelten.[639] Hierbei handelt es sich um die Fähigkeit einer Organisation „to integrate, build, and reconfigure internal and external competences to address rapidly changing environments."[640] Dynamische Fähigkeiten umfassen verschiedene Fähig-keiten zur Replikation und Rekombination bestehender sowie zur Entwicklung neuer Fähigkeiten und verkörpern daher implizites Wissen, das vornehmlich innerhalb der Organisation entwickelt wird:[641]

- Die Replikationsfähigkeit befähigt wandlungsfähige Organisationen Ressourcen von einem auf einen anderen Prozess zur Lösung bekannter Aufgaben zu übertragen.
- Mit Hilfe der Rekonfigurationsfähigkeit gelingt es, wandlungsfähigen Organisationen neue Ressourcenkombinationen zu erschließen und damit auch neue Aufgaben zu lösen.
- Die Lernfähigkeit nimmt einen besonderen Stellenwert ein und ist die integrative Klammer dynamischer Fähigkeiten. Durch individuelles und organisationales Lernen wird neues Wissen zur Steigerung und zur Erhaltung der Wandlungsfähigkeit generiert und die fortlaufende Anpassung der Organisation an Veränderungen sichergestellt.

„Dynamic capabilities" versetzen Organisationen in die Lage, Produkt- und Prozessinnovationen zu generieren und neue Antworten auf Herausforderungen zu geben.[642] Dabei geht es nicht nur um die Generierung gänzlich neuer

---

637 Vgl. Bamberger/Wrona (2012), S. 45, Wolf (2008), S. 569
638 Zahn/Tilebein (1998), S. 52 sowie ähnlich Zahn u. a. (2005), S. 96, Tilebein (2005), S. 33
639 Vgl. Wolf (2008), S. 579
640 Teece u. a. (1997), S. 516
641 Vgl. Zahn/Nowak (2006)
642 Vgl. Zahn u. a. (2005), S. 89

Inhalte, sondern auch um die Schaffung neuartiger Kombinationen und Systemlösungen auf der Grundlage weitgehend bekannter Know-how Bereiche.[643] In diesem Sinn bilden Lernprozesse sowie die Fähigkeit, den Lernerfolg auch in ein tatsächliches Handeln umzusetzen („Rekonfiguration"), das Herzstück der Dynamisierung.[644]

Wichtig für die Hervorbringung von Innovationen sind somit vorrangig Humanressourcen, insbesondere im Sinn von ***Wissen***, und erst nachgelagert Sachmittel und Rechte. Wissen gliedert sich dabei zunächst einmal in Methoden- und Fachwissen und steht so als technologisches Wissen auf dem Fachgebiet der Innovation wie auch als marktbezogenes Wissen über Anwendungsmöglichkeiten, Märkte und Wettbewerber zu Verfügung. Daneben ist im Clusterkontext auch Führungswissen notwendig, welches sich in den folgenden drei Arten widerspiegelt:[645]

- Strategisches Wissen, d. h. Informationen über Ziele, Restriktionen und Pläne, mit besonderer Relevanz für die Innovation;
- Personenkenntnis, im Sinn des Wissens um Personen, die über besondere Befähigungen verfügen und somit für die Innovation sowohl im positiven wie auch im negativen von Bedeutung sind;
- Netzwerkwissen, welches sich in der Kenntnis von Interaktions- und Kooperationspartnern innerhalb und außerhalb der Organisation zeigt, die die Innovation fördern oder behindern können.

Neben der Generierung und dem Erwerb von neuem Wissen ist auch die Speicherung und die Bereitstellung von Wissen von herausragender Bedeutung.[646] Die Speicherung kann dabei nicht im Sinn eines Behälters verstanden werden,

---

643 Vgl. Gerybadze (2004), S. 31

644 Vgl. Schreyögg/Kliesch (2006), S. 463, Teece u. a. (1997), S. 520

645 Vgl. hierzu wie im Folgenden Hauschildt/Salomo (2011), S. 38 ff.

646 In der Literatur hat sich mit dem Wissensmanagement ein umfassender Ansatz herauskristallisiert, der auf organisationalem Lernen beruht und eine große Bedeutung erlangt hat. Das Wissensmanagement inkludiert die Generierung und den Erwerb neuen Wissens, die Wissensrepräsentation, -speicherung und -kontrolle, sowie die Wissensbereitstellung und -verteilung, als auch die Herstellung eines wissensförderlichen Kontextes. Da in der vorliegenden Forschungsarbeit der Fokus jedoch auf der Wandlungsfähigkeit und damit dem Lernen verbunden ist, wird im Rahmen dieser Arbeit nicht explizit auf das Wissensmanagement eingegangen, sondern es wird an entsprechenden Stellen nur darauf verwiesen. Vgl. Steinmann/Schreyögg (2005), S. 519, sowie zum Wissensmanagement bspw. Kunz (2006), Willke (2001), Nonaka/Takeuchi (1995), Probst u. a. (2006)

in den Wissen eingefüllt wird. Viel eher handelt es sich um eine Art Gedächtnis, welches Wissen mittels erinnern hervorruft.[647]

> „Organizations do not have brains, but they have cognitive systems and memories. As individuals develop their personalities, personal habits, and beliefs over time, organizations develop world views and ideologies. Members come and go, and leadership changes, but organizations' memories preserve certain behaviours, mental maps, norms and values over time."[648]

Das ***organisationale Gedächtnis*** beinhaltet demnach die geteilte Wissensbasis, stellt aber zeitgleich ebenfalls einen Konstruktionsprozess dar. So handelt es sich um die Art und Weise wie die Welt oder das Umfeld angesehen werden und wie eine Auseinandersetzung mit dieser stattfindet.[649] In diesem Zusammenhang ist auch der Begriff der mentalen Modelle oder kognitiven Karten zu sehen. Diese werden nach SENGE definiert als „deeply ingrained assump-tions, generalizations, or even pictures or images that influence how we understand the world and how we take action."[650] Hierbei handelt es sich um homomorphe Abbildungen realer Situationen, die sowohl statische als auch dynamische Konstrukte beinhalten und von Individuen mental konstruiert werden. Mentale Modelle schließen explizites und implizites Wissen ein und bilden so den Kontext, in dem neue Informationen interpretiert werden.[651] Organisationen beinhalten die mentalen Modelle ihrer Mitglieder im Sinn eines geteilten mentalen Modells.[652]

Mittels ***organisationalen Lernens*** passen die Mitglieder ihr gemeinsames mentales Modell an Veränderungen und Gegebenheiten an, wodurch ggf. veränderte individuelle und organisationale Verhaltensweisen hervorgerufen werden.[653] Das Lernen einer Organisation kann dabei durch die Mitgliedschaft in einem innovativen Cluster gesteigert werden, denn es besteht Zugang zu

---

647 Vgl. Reichel (2006), S. 176. Die Bedeutung des Gedächtnisses wird in Kapitel 4 noch einmal vertieft.

648 Hedberg (1981), S. 6

649 Vgl. Reichel (2006), S. 177

650 Senge (1990), S. 8. Eine ähnliche Definition findet sich auch bei REUVENI und VASHDI: „Mental models, at the individual level, are defined as psychological representations that allow people to describe, explain, understand and anticipate events and phenomena in their environment." Reuveni/Vashdi (2015), S. 679. Siehe auch Rouse/Morris (1986)

651 Vgl. Nonaka/Takeuchi (1995), Kim (1993), S. 39, Greschner (1996), S. 74 ff.

652 Vgl. Klimecki u. a. (2000), S. 67

653 Vgl. de Geus (1988), S. 70, Agyris/Schön (1978), S. 17 ff., Kim (1993), S. 41

einer größeren Wissensbasis. Zudem wird durch den intensiven Informationsaustausch und die heterogene Zusammensetzung des Clusters über Branchengrenzen hinweg ein höherer Durchlauf an Informationen und Ideen erzielt. Mittels Sozialisationsmechanismen wird das potentiell nutzbare Wissen gemehrt, indem auch implizites, nicht formalisiertes und nicht formalisierbares Wissen weitergegeben wird.[654]

So verwundert es nicht, dass mit dem ***Relational View*** von Dyer und Singh erstmals das Netzwerk als Analyseeinheit zur Generierung von Wettbewerbsvorteilen im strategischen Management betrachtet wird.[655] Dyer und Singh heben dabei vier Wirkmechanismen hervor:[656]

- Beziehungsspezifische Vermögenswerte führen auf Grund geringerer totaler Wertschöpfungskettenkosten, größerer Produktdifferenzierung, weniger Mängeln und schnellerer Produktentwicklungszyklen zu Wettbewerbsvorteilen. Dabei wirken sich die Dauer der Partnerschaft wie auch ein enger interorganisationaler Austausch zwi-schen den Partnern positiv auf die Generierung relationaler Wettbewerbsvorteile aus.
- Wissensaustausch in interorganisationalen Beziehungen wie auch das interorganisationale Lernen wurden bereits als kritische Komponenten für den Wettbewerbserfolg angesehen. So sind Kooperationspartner eine wichtige Ressource bei der Generierung von neuen Ideen und Informationen, die in einem direkten Bezug zu neuen Technologien und Innovationen stehen. Diese Wissensaustauschprozesse werden definiert als „a regular pattern of interfirm interactions that permits the transfer, recombination, or creation of specialized knowledge“[657]. Dabei ist die Verarbeitungsfähigkeit neuen Wissens stark abhängig von der Aufnahmefähigkeit oder auch „absorptive capacity“. Diese wird nach Cohen und Levinthal definiert als „the ability of a firm to recognize the value of new, external information, assimilate it, and apply it to commercial ends“[658]. Diese Fähigkeit basiert wiederum auf einer generierten gemeinsamen Wissensbasis und geteilten mentalen Modellen

---

654 Vgl. Steinle u. a. (1998), S. 377

655 Vgl. Dyer/Singh (1998), S. 662 ff. Im Gegensatz zu den beiden bisher erläuterten Ansätzen, dem Market-based View und dem Ressource-based-View wie auch den weiteren Spielarten, ist der Fokus innerhalb des Relational View darauf gerichtet, wie aus Kooperationsstrukturen und Prozessen auf Netzwerkebene Wettbewerbsvorteile entstehen. Vgl. Pfohl u. a. (2010), S. 532

656 Vgl. auch im Folgenden Dyer/Singh (1998), S. 662 ff.

657 Vgl. Grant (1996)

658 Vgl. Cohen/Levinthal (1990), S. 128

sowie auf der Kooperationserfahrung der Organisation und der involvierten Mitarbeiter. Hierdurch wird impliziert, dass durch die Clusterzusammenarbeit die Aufnahmefähigkeit der Partner positiv beeinflusst wird.[659] Wichtig ist in diesem Zusammenhang auch noch die Entwicklung von Anreizen zur Förderung von Transparenz und zur Reduzierung von Trittbrettfahrerverhalten.

- Die Komplementarität von Ressourcen und Fähigkeiten ist dann gegeben, wenn Ressourcen der Kooperationspartner gemeinsam höhere Renten erzielen, als die Summe der individuell von den Partnern eingebrachten Ausstattung erlaubt.[660] Entscheidend dabei ist, dass die Fähigkeit vorhanden ist, den richtigen Partner wie auch mögliche, sich ergänzende Bereiche zu identifizieren und zu evaluieren. Hierbei sind kompatible Firmenkulturen, Entscheidungsprozesse und Leistungsprozesse notwendig, um eine Basis zu generieren auf der wirkungsvoll komplementäre tangible Ressourcen kombiniert werden können.
- Der effektiven Steuerung kommt eine zentrale Rolle zu, denn diese beeinflusst sowohl die Transaktionskosten wie auch den Willen der Partner zur Kooperation. Hierbei wird zwischen Verträgen und informellen Steuerungsprozessen unterschieden. Insbesondere letztere gelten dabei als die effektiveren Mechanismen, setzen jedoch ein gewisses Maß an Vertrauen, sozialer Verankerung und Reputation voraus. Auch wird einige Zeit benötigt, denn informelle Prozesse resultieren aus einer Historie von Interkationen und persönlichen Beziehungen.[661]

Neben diesen vier Quellen von Wettbewerbsvorteilen stellen Dyer und Singh sechs Mechanismen vor, die zur Erhaltung relationaler Renten beitragen:[662]

- Auf Grund der Komplexität und kausalen Ambiguität können Wettbewerber nicht identifizieren, welche Faktoren für den Erfolg verantwortlich sind.
- Der Aufbau der Beziehungen und Ressourcen benötigt Zeit, so dass selbst wenn der Wettbewerbsvorteil nachvollzogen werden kann, dieser innerhalb kurzer Zeit nicht replizierbar ist.
- Auf Grund der gemeinsamen Generierung des Wettbewerbsvorteils ist dieser schwer imitierbar.

---

659 Vgl. Pfohl u.a. (2010), S. 535
660 Vgl. Dyer/Singh (1998), S. 666 f. sowie Pfohl u.a. (2010), S. 532
661 Vgl. Dyer/Singh (1998), S. 670 f.
662 Vgl. Dyer/Singh (1998), S. 671 ff.

- Es gibt starke First-mover-Vorteile für die Unternehmen, die die Fähigkeit besitzen, schnell den geeigneten Partner zu identifizieren und mit diesem zu kooperieren.
- Partner kombinieren ihre Ressourcen so, dass schwer imitierbare, unteilbare Ressourcen entstehen. Häufig geht hiermit auch die Entwicklung gemeinsamer Fähigkeiten einher. So koevolvieren und verändern sich die Fähigkeiten der Partner oft in gleichem Maße. Dies birgt jedoch auch die Gefahr eines Flexibilitätsverlustes, wenn nur noch innerhalb der Partnerschaft agiert wird.
- Wettbewerber sind nicht in der Lage, eine spezifische, komplexe sozioinstitutionelle Umgebung zu replizieren, da diese notwendigerweise über formelle und informelle Regeln verfügt, die Opportunismus einschränken und kooperatives Verhalten untereinander fördern.

Die Ausführungen zeigen, dass gerade auf Grund der Interaktion zwischen den Partnern wie auch dem gemeinsamen Lernen eine Stabilisierung der Kooperation und Beziehung erfolgen kann. Hierfür ist es notwendig, das Wissen zugänglich zu machen wie auch sinnvolle Lern-beziehungen aufzubauen. Eine Besonderheit ist dabei das in dem Verbund mögliche soziale Lernen effektiver Anpassungsstrategien an Umweltveränderungen.[663] Problematisch erweist sich hierbei immer die Ambidextrie, d. h. die Integration von Exploitation und Exploration sowie der Fokus auf das Lernen innerhalb des eigenen Unternehmens oder innerhalb des Verbundes. Hier ist immer ein Abwägen notwendig, welche Variante der strategischen Ausrichtung gegenwärtig oder auch situationsabhängig am ehesten angemessen ist.[664] Erfolgreich innovierende Unternehmen begründen einen wesentlichen Teil der Wertschöpfung mit der dynamischen Rekonfiguierung von Leistungen, d. h. sie erschließen mit Hilfe mehrerer, kontinuierlicher Projekte ihre organisatorischen Fähigkeiten und nutzen diese für die effektive Durchsetzung neuer Kombinationen von Technologien, Produkten und Serviceleistungen. Dafür agieren sie auf vier Ebenen: im Inneren ist die Forschungskompetenz notwendig, welche auf der nächsten Ebene gepaart mit wissenschaftlich-technischem Wissen, Produkt- und Prozesswissen die technologische Kompetenz ergibt. Diese technologische Kompetenz wird dann mit organisatorischer Kompetenz und Führungswissen zur Durchsetzung von Innovationen verbunden. Schließlich ermöglichen die Metafähigkeiten oder -kom-

663 Vgl. Kraatz (1998), S. 621 ff.

664 Stein (2005), S. 175 f.

petenzen die dynamische Rekonfigurierung von Unternehmen und Ressourcen im Innovationsprozess.[665]

3.3.2 Prozess des Clusters Elektromobilität Süd-West

Bei der Analyse des Prozesses wird betrachtet wie sich Wandel vollzieht, d. h. welche Aktivitäten durchgeführt werden, welche Interaktionen ablaufen und wie Möglichkeiten zum gemeinsamen Lernen geschaffen werden.

Bereits die Interessengemeinschaft „Clusterinitiative Automotive Südwest" hatte sich neben der inhaltlichen Ausrichtung frühzeitig zum Ziel gesetzt, schnelle Prozesse zu etablieren (vgl. Abb. 3.8, Seite 120). Die Beschleunigung von Prozessen hängt daher im Wesentlichen von der Orientierung an den entscheidenden Geschäftsprozessen, der Ausrichtung auf den Kunden, der Konzentration auf Kernkompetenzen sowie der intensiven Ausnutzung der aktuellen Informationstechnologie ab.[666] Um in einem ersten Schritt Prozesse zu identifizieren, wurde mit Gründung der e-mobil BW GmbH eine systematische Analyse in Form von Studien aufgenommen. Die Studienreihe der e-mobil BW umfasst derzeit 18 Studien, wobei sowohl die „Strukturstudie BW^e Mobil" als auch die „Systemanalyse BW^e Mobil" bereits in einer vollständig, überarbeiteten Neuauflage erschienen sind.[667] Im Rahmen der Systemanalyse wurde, wie in Abb. 3.11 auf Seite 126 gezeigt, das System Elektromobilität erarbeitet und vereinfacht dargestellt. Das Zusammenspiel verschiedener Branchen und deren Schnittstellen werden dabei ersichtlich. Im Laufe der Zeit wurde das Systembild Elektromobilität in mehreren Diskussionsrunden in verschiedenen Kreisen weiterentwickelt. So finden sich heute verschiedene Energieformen und angepasst an den Stand der Technik verschiedene Ladeinfrastrukturvarianten. Auch wurden neue Entwicklungen wie die Digitalisierung aufgenommen und explizit an einzelnen Stellen, wie Digital Lifestyle oder Internet of Things, dargestellt. Darüber hinaus wurden neue technologische und gesellschaftliche Trends, wie Automatisierung und Sharing-Economy, integriert. So ergibt sich das aktualisierte Bild, welches in Abbildung 3.15 dargestellt wird.

---

665 Vgl. Gerybadze (2004), S. 31 f.

666 Vgl. Interessengemeinschaft Clusterinitiative Automotive Südwest (2008)

667 Eine Übersicht zu den Studien findet sich auf der Webseite www.e-mobilbw.de. Die Studien umfassen sämtliche Themen rund um Elektromobilität und Brennstoffzellentechnologie, wie auch Aus- und Weiterbildung, Kommunen, automatisiertes und vernetztes Fahren und After Sales.

Abb. 3.15: Systembild Elektromobilität (Stand 2016)[668]

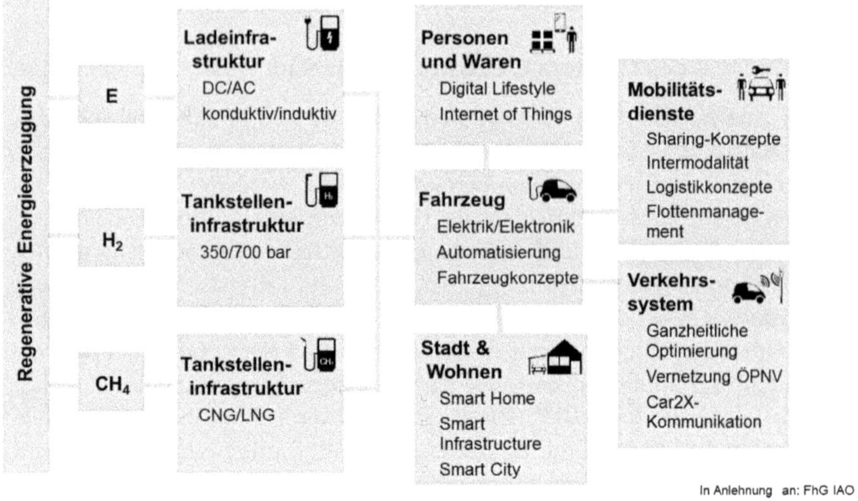

Auch um das neue Thema des vernetzten und automatisierten Fahrens ganzheitlich zu erfassen, hat die AG intelligent move ein Systembild entwickelt (siehe Abb. 3.13, Seite 128). In mehreren Treffen haben die 20 interdisziplinären Teilnehmer die wesentlichen Inhalte diskutiert, bewertet und in einen Zusammenhang gebracht. Ein Redaktionsteam bestehend aus Clustermanagement und Forschungseinrichtungen hat die Inhalte grafisch zusammengefügt und anschließend erneut in der gesamten Gruppe zur Diskussion gestellt. Darüber hinaus hat der Cluster für jedes Innovationsfeld wie auch für die AG intelligent move je einen strategischen Roadmap-Pfeil erarbeitet, welcher die technologische Entwicklung, die zu bearbeitenden Themen wie auch Meilensteine im Zeitablauf darstellt (siehe Abb. 3.14, Seite 129). Die Weiterentwicklung der Pfeile findet dabei im Rahmen der AG intelligent move wie auch im Kernteam des Clusters statt. Innerhalb der AG intelligent move ist das Vorgehen hierzu relativ einfach, denn die Partner diskutieren die Inhalte und Entwicklung des Pfeils im Rahmen der regelmäßig stattfindenden Treffen. Das Kernteam diskutiert über aktuelle Entwicklungen und ebenfalls strategische Inhalte, eine gezielte Anpassung der Pfeile findet jedoch in separaten Sitzungen statt. So wurde 2013 ein Strategieworkshop durchgeführt und 2014 wurde die Strategie in Vorbereitung auf die Jury- und Gutachtersitzung noch einmal gezielt und detailliert diskutiert sowie stellenweise angepasst. 2016 wur-

668 Quelle: e-mobil BW intern

den auf Grund der Entwicklungen im Umfeld wie auch des nahenden Endes der Spitzenclusterförderung in mehreren Kernteam-Sitzungen einzelne Aspekte der Struktur und Strategie ausgearbeitet und zusätzlich ein Strategieworkshop durchgeführt. Da die Zielsetzung des Clusters weit über die Optimierung bestehender Technologien hinausgeht und neben der Einführung neuer Technologien auch die langfristige Begleitung des Technologiewandels wie auch ein volkswirtschaftliches Changemanagement einbezieht, wird der Austausch mit führenden Wirtschafts- und Wisssenschaftseinrichtungen als elementarer Bestandteil gesehen, wodurch 2015 dieses Engagement mit der Implementierung regelmäßiger Executive Meetings verstetigt wurde. Darüber hinaus werden mit Hilfe von Workshops in den Innovationsfeldern neue Entwicklungen aufgenommen und in weiteren Aktivitäten, wie z. B. Projekten, Studien oder der Installierung von Arbeitsgruppen, fortgeführt.[669] Auch innerhalb der technologischen Projekte werden während der gesamten Projektlaufzeit Lücken identifiziert und diskutiert, die dann in neuen Projektanträgen münden, wodurch eine fortwährende Anschlussfähigkeit generiert wird (siehe Tabelle 3.4).

Tabelle 3.4: Technologische Projekte im Rahmen des Clusters ESW[670]

Phase	Anzahl technologischer Projekte	Gefördert von
Vor SpC-Förderung (<2012)	3 gemeinsame Projekte	Land BW
1. SpC-Förderphase (2012–2015)	13 Projekte in vier Innovationsfeldern	BMBF
2. SpC-Förderphase (2015–2017)	5 Projekte in drei Innovationsfeldern	BMBF
Weitere Projektförderung (>2015)	7 Projekte (Stand 09/2016)	Bundes- und Landesförderung

Wichtig ist hierbei stets die Aufarbeitung des aktuellen Stands der Technik, so dass nicht nur die Aktivitäten innerhalb des Clusters einbezogen werden, sondern eine ganzheitliche Betrachtung stattfindet. Mit dem Projekt SystEM wurde erstmals, neben der Erarbeitung der technologischen und ökonomischen Inhalte in der Strukturstudie und der Systemanalyse, insbesondere kleinen und mittelständischen Unternehmen ermöglicht, ihre Handlungspotentiale hinsichtlich einer Erweiterung der Produktvarianz wie auch einer Vertiefung

669 Vgl. Cluster ESW (2015), S. 20 f.
670 Quelle: Eigene Darstellung

der Wertschöpfung zu identifizieren.[671] Mit Hilfe solcher strategieorientierten Technologieanalysen können für definierte Ordnungsklassen, wie Produkte, Bauteile oder Komponenten wie auch für bestimmte Klassen von Verfahren die wesentlichen Know-how Bereiche analysiert und aufgezeigt werden, die von erfolgreichen Markteilnehmern beherrscht werden müssen. Die genaue Vorgehensweise variiert dabei in Abhängigkeit von der Branche und dem vorherrschenden Prozesstypus.[672] So wurde im Projekt SystEM das V-Modell zu Grunde gelegt.

Wie Abbildung 3.16 zeigt, sind die laufenden und geplanten Aktivitäten der Clusterakteure insgesamt darauf ausgerichtet, Deutschland zu einem führenden Anbieter für E-Mobilitätslösungen zu entwickeln und die Industrialisierung der E-Mobilität voranzutreiben. Die Marktakzeptanz auf Basis von Handhabung und Komfort, die Preis- und Kostenposition auf Basis der Fertigungsmöglichkeiten sowie die intelligente Systemvernetzung verschiedener Verkehrsträger und Energieversorger sind dabei erfolgskritische Kriterien.[673] Entscheidend ist jedoch, bereits während der noch laufenden Projekte und Aktivitäten neue Themen zu adressieren.

Abb. 3.16: Schematischer Prozess der Aktivitäten im Cluster ESW[674]

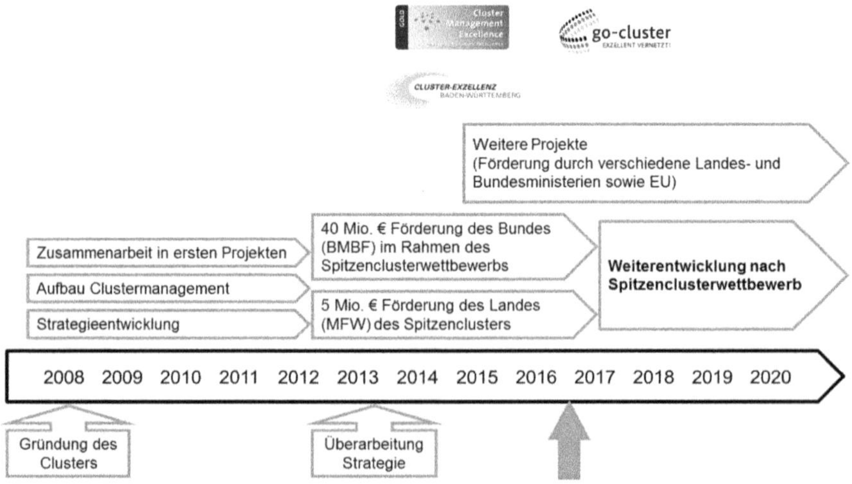

671 Vgl. http://www.emobil-sw.de/de/system.html, zuletzt aufgerufen am 09.09.2016

672 Vgl. Gerybadze (2004), S. 127

673 Vgl. Cluster ESW (2011), S. 13

674 Quelle: Cluster ESW intern

Der Spitzenclusterwettbewerb – Gutachter- und Jurysitzung

Die Anforderungen des Spitzenclusterwettbewerbs sehen vor, dass über die Inhalte, Aktivitäten und Fortschritte jährlich ein Bericht einzureichen ist. Dieser wird durch das Clustermanagement vorbereitet, innerhalb des Kernteams in mehreren Sitzungen diskutiert und durch Projektberichte wie auch Kennzahlen ergänzt. Darüber hinaus wurde nach der Hälfte der Zeit, d. h. im April 2014 eine Gutachtersitzung vor Ort wie auch einen Monat später eine Jurysitzung in Berlin abgehalten. Ziel war im Rahmen dieser Zwischenevaluation zu entscheiden, ob der Cluster die Anforderungen erfüllt und eine Förderung der Projekte der zweiten Phase erfolgt. Diese wurden bereits mit dem ursprünglichen Antrag vorformuliert und eingereicht, mussten jedoch an die neuesten technologischen Entwicklungen angepasst werden. Hierfür wurden bereits ab 2013 die Themen intensiv im Kernteam diskutiert und in den verschiedenen Projektkonsortien vertieft. In der zweiten Jahreshälfte 2013 wurden die Projektanträge geschrieben und die neuesten technologischen Entwicklungen zu Grunde gelegt. Dies erforderte in allen Projekten den Stand der Forschung ausführlich schriftlich wie auch im Kernteam mündlich vorzutragen und den Neuigkeitswert der Projekte herauszustellen. Dabei wurden teilweise tiefgreifende Veränderungen der ursprünglichen Anträge vorgenommen, so dass beispielsweise ein Projekt im Bereich der Ladetechnologie in der ursprünglichen Form auf Grund der rasanten Entwicklung nicht zu einer Einreichung führte. Vielmehr wurden entsprechende Teile in einem anderen Projekt integriert, in welchem sie gegenwärtig auch umgesetzt werden. Zusätzlich zu den technologischen Entwicklungen wurde auch die Strategie kritisch hinterfragt und neue Themen wie die Digitalisierung aufgenommen. Jedoch bestand zu keinem Zeitpunkt ein Zweifel an der grundsätzlichen Ausrichtung und der Vision des Clusters, vielmehr wurde der ganzheitliche Ansatz durch die Partner erneut bestärkt. Dies hebt auch die Jury in ihrer Empfehlung positiv hervor und misst dem Cluster beste Voraussetzungen für eine langfristige Verstetigung bei:

> „Rahmengebend ist die Clusterstrategie, die weiterhin überzeugend entlang der gesamten Wertschöpfungskette im Bereich der Elektromobilität ausgerichtet ist. Die Strukturen, Prozesse und Routinen des Clusters sind etabliert und haben durch das Engagement des Landes Baden-Württemberg bis 2019 beste Voraussetzungen langfristig verstetigt zu werden. Diese Langfristigkeit deckt sich mit noch zu meisternden Herausforderungen bis zur Marktreife der Elektromobilität. Die bereits initiierten und neu vorgestellten Projekte unterstützen die bisherige Ausrichtung mehrheitlich in sehr guter Weise und spiegeln ein innovatives Projektportfolio wider.“[675]

675 PTJ (2014), S. 1

Hiermit wird zwar das Potential hervorgehoben, doch handelt es sich nicht um einen Selbstläufer, sondern bedarf einer aktiven Umsetzung und Fortführung der Strategie wie auch der Aktivitäten. So weist auch die Jury darauf hin, dass die Mehrwerte des Clusteransatzes weiter ausgearbeitet und ergänzende Themen vertieft aufgenommen werden sollen, u. a. handelt es sich dabei um Internationalisierungsmaßnahmen, die Integration aktueller Entwicklungen im Bereich IKT sowie zur Brennstoffzelle wie auch Fragestellungen rund um das IP-Management wie auch die Darstellung der Wettbewerbsposition anhand geeigneter quantitativer Maßzahlen (KPIs).[676] Stand 2016 können diesbezüglich die weiteren Entwicklungen wie folgt aufgezeigt werden:

- Die Internationalisierungsstrategie wie auch das Portfolio an Internationalisierungsaktivitäten wurde beeindruckend ausgeweitet; eine Übersicht der Aktivitäten findet sich im Anhang D. Hervorzuheben ist die erfolgreiche Einreichung eines grenzüberschreitenden Kooperationsvorhabens „Deutsch-französische Allianz für innovative Mobilitätstechnologien (AllFraTech)" in der 2. Wettbewerbsrunde der Maßnahme „Internationalisierung von Spitzenclustern, Zukunftsprojekten und vergleichbaren Netzwerken" des BMBF.
- Die 2014 implementierte AG intelligent move greift den Themenkomplex der IKT in der neuen Mobilität auf und fokussiert in den Aktivitäten dabei insbesondere auf die Themen Fahrzeugvernetzung und automatisiertes Fahren.
- Während des Prozesses der Strategieüberarbeitung wurde im Cluster dem Thema der Brennstoffzelle ein sehr hoher Stellenwert beigemessen, jedoch handelt es sich dabei um ein eigenständiges Netzwerk von Personen. So sind zwar überwiegend die gleichen Institutionen involviert, jedoch werden stets andere Ansprechpartner einbezogen. Die Aktivitäten werden daher in dem 2014 neugegründeten Cluster Brennstoffzelle fortgeführt. Eine enge Vernetzung beider Cluster und deren Aktivitäten wird durch gemeinsame Veranstaltungen wie auch die gemeinschaftlich koordinierte AG Nutzfahrzeuge realisiert.
- Das Thema IP-Management wird immer wieder in den Projekten wie auch durch Vorträge adressiert.
- Die Frage nach geeigneten quantitativen Maßzahlen stellt sich immer wieder in Clusterkontexten und wird daher im Rahmen der weiteren Ausführungen vertieft.

Professionalisierung des Clustermanagements und Arbeitsgruppen

Verbunden mit der Übernahme des Clustermanagements durch die e-mobil BW war aus den früheren Wettbewerbsrunden auch die Professionalisierung des Clustermanagements als ein weiterer Faktor genannt. Das Clustermanagement wurde

676 Vgl. PTJ (2014), S. 1 f.

mit der erfolgreichen Teilnahme am Spitzenclusterwettbewerb in der dritten Runde um weitere zwei Vollzeitäquivalente ergänzt. Im Jahr 2014 hat das Clustermanagement sich erstmals der Evaluierung im Rahmen des „Cluster-Exzellenz Labels Baden-Württemberg“[677] unterzogen und mit dem positiven Ergebnis die Professionalität des Clustermanagements bestätigt. Darüber hinaus hat das Clustermanagement 2014 das European Cluster Management Excellence Gold Label wie auch das go-cluster Label erworben. 2016 fand die erfolgreiche Rezertifizierung statt. Gepaart mit der erfolgreichen Bewerbung um die 2. Förderphase, konnte so nicht nur die Weiterführung des Clusters sichergestellt, sondern auch eine kontinuierliche Verbesserung der eigenen Clusterorganisation vorangetrieben werden.[678] Als ein wichtiger Punkt zur Hebung weiterer Potentiale wurde hervorgehoben, dass die Zusammenarbeit in Arbeitsgruppen weiter zu stärken sei. Zwar findet eine sehr gute Zusammenarbeit im Rahmen des Kernteams sowie innerhalb der Projekte statt, die Ebene dazwischen bietet jedoch noch weitere Möglichkeiten der Vernetzung und Durchführung gemeinsamer Aktivitäten, so dass gerade hier Arbeitsgruppen eine geeignete Maßnahme darstellen können.[679] Eine Arbeitsgruppe ist dabei eine formale Organisationseinheit, welche mehrere Personen umfasst, die in Form der Gruppenarbeit gemeinsame Aufgaben bearbeiten. Hierbei erfolgt eine überlegte, gegenseitige Abstimmung der individuellen Fähigkeiten mit den Einstellungen der Gruppenmitglieder mit dem Ziel durch das Zusammenwirken wie auch die Integration eine in quantitativer und qualitativer Hinsicht größere Gesamtleistung zu erwirken als dies die Summe der isolierten Einzelleistungen hervorrufen würde.[680] Neben der in 2014 neu gegründeten Arbeitsgruppe intelligent move, wurde 2016 die Arbeitsgruppe Nutzfahrzeuge implementiert. Darüber hinaus wurden Workshops zur strategischen Ausrichtung des Clusters durchgeführt, wie beispielsweise der Workshop zum „Komfortladen“ 2014, welcher die vom Cluster ESW formulierten Ziele „Vernetzte Mobilität“ und „Handhabung und Komfort“ adressierte und in mehreren neuen Projektideen mündete.[681]

Zufriedenheitsmessung und Evaluation

Zusätzlich hat das Clustermanagement im Jahr 2013 begonnen eine Zufriedenheitsmessung der Clusterpartner durchzuführen. Zunächst war das Ziel,

677 Vgl. hierzu auch Kapitel 2.3.2, S. 43
678 Vgl. Cluster ESW (2014), S. 25
679 Vgl. VDI/VDE-IT (2014), S. 4
680 Vgl. Schulte-Zurhausen (2014), S. 190
681 Vgl. Cluster ESW (2014), S. 25

mit einem sehr einfachen Fragebogen die Leistungen und Zufriedenheit der Clusterpartner mit dem Clustermanagement abzufragen. Um die sehr positiven Ergebnisse weiter zu vertiefen und Verbesserungspotentiale zu identifizieren, wurde 2014 entschieden, die Zufriedenheitsmessung zu professionalisieren. In einer ersten Stufe wurde 2015 eine qualitative Umfrage mit 20 persönlichen Interviews durchgeführt. Ziel war es auch hier, die Zufriedenheit der Clusterpartner mit dem Clustermanagement festzustellen. Darüber hinaus wurde auch eruiert, wie die Wirkung, Ausrichtung und Arbeit des Clustermanagements verbessert werden kann, sowie welche Erwartungen an das Clustermanagement seitens der Clusterpartner gestellt werden. Um eine neutrale Analyse zu erhalten, wurde die Befragung von einem externen Dienstleister durchgeführt. Um eine integrierte Sichtweise zu erhalten, wurde zum einen die Perspektive des Clustermanagements zum Status-quo wie auch bezüglich einer Selbsteinschätzung hinsichtlich der Zufriedenheit der Clusterpartner abgefragt und zum anderen die Perspektive der Clusterpartner mit Hilfe der 20 Interviews analysiert. Hierbei wurden Erwartungen und Bedürfnisse der Clusterpartner aufgenommen, Rückmeldungen zu Strategie und Leistungsportfolio erfasst wie auch die Zusammenarbeit zwischen Clustermanagement und Clusterpartnern bewertet.[682] Anhand des Quota-Verfahrens[683] wurde die Selektion der Teilnehmer vorgenommen, so dass die gleiche Verteilung von großen, mittleren und kleinen Unternehmen, wie auch Hochschulen, Forschungseinrichtungen, Verbänden und Organisationen in die Befragung einbezogen und dabei auch die Innovationsfelder entsprechend abgebildet wurden. Parallel wurde ein Leitfaden für die Interviews entwickelt und ein Pretest durchgeführt. Nach erfolgreichem Abschluss der Interviewphase erfolgte eine qualitative und quantitative Auswertung der Daten. Wesentlich stellt sich heraus, dass eine sehr hohe Zufriedenheit mit den Leistungen und den Tätigkeiten des Clustermanagements besteht. Auch die Kommunikation zwischen Clustermanagement und Clusterpartnern insbesondere im direkten Austausch wird hervorgehoben. So verwundert es nicht, dass der persönliche Kontakt die am häufigsten genutzte und zufriedenstellendste Kontaktart ist. Bei der Weitergabe von Informationen besteht noch Verbesserungspotential, welches mit einem gezielten Knowledge-Sharing und Knowledge-Management besser ausgenutzt werden kann. Darüber

682 Vgl. Cluster ESW/Star Cooperation (2015), S. 11

683 Im Quota-Verfahren wird die Stichprobe entsprechend der Grundgesamtheit der relevanten Befragungsgruppe nachempfunden. So weist die Stichprobe die gleiche Verteilung verschiedener relevanter Merkmale auf wie auch die Grundgesamtheit. Vgl. Marketing Lexikon (2017)

hinaus wünschen sich einige Teilnehmer mehr Mitwirkungsmöglichkeiten bei strategischen Themen.[684]

2016 wurde in einer zweiten Stufe gleichfalls eine professionelle Zufriedenheitsmessung mit gleichen Fragestellungen durchgeführt. Allerdings wurde aufbauend auf den qualitativen Tiefeninterviews aus dem Jahr 2015 eine detaillierte und erweiterte Onlineumfrage mit Hilfe eines standardisierten Fragebogens durchgeführt. Als Grundgesamtheit ergeben sich hier N=279 potentielle Teilnehmer. Insgesamt haben 143 Partner am Test teilgenommen. 42 % davon haben den Test abgeschlossen. Die 83 abgebrochenen Testergebnisse wurden in die Auswertung einbezogen. So fand eine allgemeine Auswertung über alle Fragen hinweg statt, wie auch eine Vergleichsauswertung der Jahre 2014 und 2015, hier jedoch unter der Prämisse unterschiedlicher Befragungstechniken, wodurch keine 100 %ige Vergleichbarkeit gegeben ist.[685] Insgesamt weist die Stichprobe N=60, der abgeschlossenen Testergebnisse, ebenfalls wieder eine vergleichbare Verteilung der Teilnehmer wie in der Grundgesamtheit auf. Allenfalls die Hochschulen und Forschungseinrichtungen sind etwas überrepräsentiert, was jedoch mit dem Umstand zu tun haben kann, dass obwohl mehrere Institute im Cluster vertreten sind, jeweils nur die Legal Entity als Clusterpartner gezählt wird. Auch in dieser Befragung zeigt sich deutlich, dass eine sehr hohe Zufriedenheit mit dem Clustermanagement und dessen Portfolio besteht. Darüber hinaus sind eine hohe Mitwirkung der Partner in Projekten (78 %) und gemeinsame Messeauftritte (45 %) und Workshops (40 %) zu verzeichnen. Sehr viele der Befragten (88 %) nehmen regelmäßig an den Gesamtteamtreffen teil und nutzen dieses für ihre persönlichen Kontakte. Verbesserungspotentiale ergeben sich im Bereich des gezielteres Networking, eine stärkere Zusammenarbeit zwischen den Clusterpartnern wie auch durch eine Erweiterung des Workshop-Angebots.[686] Insbesondere bezüglich der technologischen Themen und hier vor allem der Projekte wünschen sich die Partner teilweise weitere, vertiefte Informationen. Im Vergleich zum Vorjahr ist die Zufriedenheit mit der Informationsweitergabe zu fachspezifischen Themen jedoch gestiegen.[687]

Zusammengefasst wird die hohe Qualität der Arbeit des Clustermanagements durch die sehr hohe Zufriedenheit der Clusterpartner abgebildet. Bedeutend hierbei ist jedoch, dass eine erfolgreiche Umsetzung der Handlungsmaßnahmen stark von der Motivation und Bereitschaft der Clusterpartner zur Mitarbeit ab-

---

684 Vgl. Cluster ESW/Star Cooperation (2015), S. 9
685 Vgl. Cluster ESW/Star Cooperation (2016), S. 5
686 Vgl. Cluster ESW/Star Cooperation (2016b), S. 6
687 Vgl. Cluster ESW/Star Cooperation (2016b), S. 7

hängt.[688] Darüber hinaus ist die Umfrage immer eine rückblickende Analyse und darf nicht dazu verleiten, die Ergebnisse als Selbstläufer zu verstehen, vielmehr ist auch zukünftig ein hohes Engagement wie auch eine umfassende Analyse zur Erzielung weiterer Wettbewerbsvorteile notwendig. Dies zeigt sich in dem Wunsch der Partner Workshop-Angebote zu erweitern, weitere Themen aufzunehmen und die Zusammenarbeit der Clusterpartner durch gezielte Moderation und Maßnahmen weiter zu stärken.[689]

Benchmarking

Zusätzlich zur Zufriedenheitsmessung und der Begleitforschung des Spitzenclusterwettbewerbs hat das Clustermanagement ein internes Benchmarking mit fünf weiteren Spitzenclustern durchgeführt. Hierfür wurden ein umfangreicher Fragebogen entworfen und im persönlichen Gespräch mit den Clustermanagern grundlegende Clusterdaten, Prozesse und Aktivitäten erörtert.[690] Die Gespräche wurden dabei insbesondere im Jahr 2013 geführt, wobei bis zum gegenwärtigen Zeitpunkt enge Kontakte zu einigen anderen Spitzenclustern bestehen, und es findet ein regelmäßiger Austausch statt. Die Analyse zeigte, dass, auch wenn die einzelnen Spitzencluster jeweils sehr unterschiedliche Organisationsstrukturen und Prozesse entwickelt haben, die gemeinsame Zielbildung und Zielverfolgung für den langfristigen Zusammenhalt einer heterogenen Gruppe, die nicht auf hierarchische Beziehungen zurückgreifen kann, entscheidend ist. Dies setzt die kontinuierliche, gemeinsame Reflektion und Diskussion der Strategie und Ziele voraus.[691]

Kollaborationsplattform

Bereits 2012 wurde eine umfassende Kollaborationsplattform eingerichtet, welche den Clusterpartnern die Kommunikation erleichtern sollte. Neben der Möglichkeit geschlossener Räume für die einzelnen Projekte, konnten Informationen durch das Clustermanagement eingestellt, eine Chatfunktion wie auch eine Kontaktfunktion und weitere Aspekte genutzt werden. Für die Projektkoordinatoren wurde eine Schulung zum Umgang mit der Plattform Anfang 2013 durchgeführt. Das Tool war jedoch in seiner Handhabung im Clusterkontext nicht eingängig und in der täglichen Projektarbeit daher nicht praktikabel, so dass nach zwei jähriger

688 Vgl. Cluster ESW/Star Cooperation (2016a), S. 32
689 Vgl. Cluster ESW/Star Cooperation (2016b), S. 7
690 Vgl. Cluster ESW (2013), S. 47
691 Vgl. Cluster ESW (2013), S. 25

Laufzeit eine ausführliche Evaluation der Nutzungsfunktionen und Möglichkeiten durchgeführt wurde. Auch die Zufriedenheitsmessung zeigte, dass die Plattform nur von wenigen Clusterpartnern genutzt wurde.[692] Auf Grund der Ergebnisse der Evaluation und der geringen Nutzung wurde die Plattform Ende 2015 abgeschaltet. Obwohl verschiedene Angebote geprüft wurden, fiel die Entscheidung zunächst zu Gunsten eines geschlossenen Bereichs auf der Homepage aus, welcher die wesentlichen Informationen und Materialien bereithält. Ein aufwändiges Tool wird auch seitens der Clusterpartner nicht gefordert, vielmehr haben diese das Bedürfnis nach mehr Informationen seitens des Clustermanagements.[693]

3.3.3 Prozess – Analyse und Zusammenfassung

Die Analyse der Prozessebene zeigt beim Vergleich von Theorie und Praxis, dass Cluster auch einem Wandel unterworfen sind. Dieser wird teilweise extern induziert, findet aber auch auf Grund systeminterner Kräfte statt. So kann beobachtet werden, dass die im Cluster ESW zu Beginn vorherrschenden Themen die Ausbildung einer gemeinsamen Basis begünstigten und auch die Entwicklung einer geeigneten Struktur umfassten. Im weiteren Verlauf ist hierdurch ein stabiles geteiltes mentales Modell entstanden, welches teilweise auch in der Strategie für den Spitzenclusterantrag niedergeschrieben und damit explizit gemacht oder kodifiziert wurde. Dieses bildet bis heute die Basis der Aktivitäten und hält den bisherigen Weiterentwicklungen stand. So werden zwar Technologien in einen neuen Zusammenhang gestellt und entsprechend des aktuellen Stands der Forschung angepasst, eine Neudefinition des Clusters hat jedoch bis zum gegenwärtigen Zeitpunkt nicht stattgefunden. Dennoch fällt auf, dass sich das Portfolio wie auch die Leistungen des Clustermanagements im Laufe der Zeit erheblich verändert haben.

Zu Beginn wurde intensiv an dem gemeinsamen Bild gearbeitet und eine Strategie formuliert, was in der erfolgreichen Teilnahme am Spitzenclusterwettbewerb der 3. Runde mündete. Daraufhin folgte eine enge Begleitung der technologischen Projekte. Gegenwärtig liegt der Hauptfokus auf der Entwicklung von Themen, sei es in Arbeitsgruppen, Workshops oder neuen technologischen Projekten wie auch in der Vernetzung mit internationalen Partnern. Entsprechend der Erklärungsansätze für Wandel kann so ein Entwicklungsmodell abgebildet werden. In Anlehnung an die Theorien des Produktlebenszyklus hat sich mittlerweile die Erkenntnis durchgesetzt, dass auch Cluster unterschiedliche Entwicklungsstadien von der Entstehung

692 Vgl. Cluster ESW/Star Cooperation (2015), S. 9
693 Vgl. Cluster ESW/Star Cooperation (2016b), S. 7

(Pionierphase) über das Wachstum und die Reife bis hin zum Niedergang (Eklipse) durchlaufen.[694] Dabei wird im Vergleich zum Produktlebenszyklus die Wachstumsphase jedoch weiter gegliedert, da Cluster im Verlauf des Wachstums unterschiedlichen Kräften ausgesetzt sind, die ihrerseits die Wachstumsdynamik beeinflussen.[695] Auch wenn weitgehend Einigkeit über die Entwicklungsstufen und -phasen besteht, so lässt sich eine genaue Zuordnung von Clustern zu bestimmten Lebenszyklusphasen nur schwer bestimmen. Eine tatsächliche Bewertung ist meist erst ex-post möglich. Daher ist es für die Wirksamkeit clusterbasierter Entwicklungsstrategien entscheidend zu erkennen, welche lebenszyklusbezogenen Bedürfnisse der Clusterakteure vorherrschend sind.[696]

Jedoch wird die Entwicklung von Clustern nicht nur durch den Lebenszyklus, sondern auch durch die regionale und lokale Wissensbasis wie auch die Fähigkeit, dieses Wissen in Lernprozessen einzusetzen beeinflusst. KÄRCHER-VITAL bezeichnet dieses regional konzentrierte Wissen und implizite Know-how sogar als Substanz von Clustern und damit als entscheidende Elemente der Wandlungsfähigkeit und des Erfolgs.[697] So wird hierdurch nicht nur das gemeinsam geteilte mentale Modell, sondern auch eine gemeinsame Sprache erzeugt, welches wiederum dazu beiträgt, dass Informationen vertrauensvoll ausgetauscht werden können.[698] Dies zeigt sich im Cluster ESW durch den vertrauensvollen Austausch im Kernteam, den Arbeitsgruppen wie auch innerhalb der Projekte. So werden das interne Statusseminar wie auch die Workshops gern für intensive und ausführliche Gespräche sowie zur Ideengenerierung genutzt. Das gemeinsame Leitbild und die Sozialisation schaffen eine kooperative Kommunikationsbasis, die einen intensiven Informationsfluss und damit eine schnelle Diffusion von Ideen ermöglicht.[699] Da Cluster an dieser Stelle im Vergleich zu zentralisierten Unternehmen eher über eine unorganisierte, d. h. spontaner Ordnung unterliegenden Kommunikationsstruktur verfügen, werden hierdurch Redundanzen und Komplementaritäten geschaffen, die zu einer Verbesserung der Lernfähigkeit führen.[700] Im Cluster ESW werden beispielsweise einzelne Themen häufig in verschiedenen Runden diskutiert, so dass unterschiedliche Vertreter einer Organisation sich mit dem Thema auseinandersetzen und hierdurch im eigenen Unternehmen jeweils mehrere Personen mit dem Thema

694 Vgl. Tichy (2001), S. 195 f., Europäische Kommission (2002), S. 15
695 Vgl. Europäische Kommission (2002), S. 15 ff.
696 Vgl. Menzel/Fornahl (2005), S. 138, Beckord (2008), S. 100 ff.
697 Vgl. Kärcher-Vital (2003), S. 88
698 Vgl. Reuveni/Vashdi (2015), S. 678 ff.
699 Vgl. Steinle u. a. (1998), S. 377
700 Vgl. Probst/Büchel (1994), S. 50

in Berührung kommen und sich somit schneller austauschen können. Gepaart mit der konzentrierten Arbeit an Strategie und Vision des Clusters, der Innovationsfelder, der Arbeitsgruppen wie auch das Integrieren der strategischen Ausrichtung in die Projekte entsteht eine fundierte Basis über sämtliche Clusterpartner hinweg, die nicht nur das gemeinsame Verständnis fördert, sondern auch eine wichtige Grundlage für erfolgreichen Wandel bietet. Bedeutend ist jedoch auch, dass die Clusterakteure die richtigen Partner innerhalb des Clusters identifizieren können. Das Clustermanagement trägt hier wesentlich zum Erfolg bei und unterstützt die Zusammenführung komplementärer Ressourcen und der richtigen Partner maßgeblich. Innerhalb des Clusters ESW gibt die große Mehrheit der Befragten (87 %) an, dass sie über den Cluster die richtigen Partner gefunden haben.[701] Somit wird bestätigt, was Duch theoretisch beschreibt:

> „The proposals of strategic change that do not arise from local agents themselves run the risk of being left on paper, or being lost after the first stages. That is why the methodology adopted has made the companies assume responsibility for specific actions, through participation in analysis, communication and involvement of the companies in the process. This process of consensus is directed at obtaining maximum attention and generating a work dynamic that favours change, with a strong component of communication and pedagogy of change, through individual interviews, workshops, seminars and meetings with the cluster as a whole and reference trips with industry players.“[702]

Das Ausschöpfen dieses Potenzials ist jedoch ganz wesentlich abhängig von dem Engagement und der Bereitschaft der Clusterpartner. Diese wiederum sind Teil der absorptive capacity, d.h. der Fähigkeit der Partnerorganisationen von und mit anderen Partnern zu lernen, und damit eine zentrale Voraussetzung für einen funktionierenden Wissensaustausch und eine gemeinsame Weiterentwicklung. Informations- und Kommunikationstechnologien unterstützen hierbei die Gestaltung wie auch den Informationsaustausch. Wie sich jedoch auch im Cluster ESW zeigt, ist es nicht notwendig ein eigenes, aufwändiges System zu etablieren. Vielmehr muss das System zu den Gewohnheiten der Clusterpartner passen, damit eine einfache Bedienung möglich ist und dadurch die Unterstützungsleistung der Technologie ausgeschöpft wird. Von entscheidender Bedeutung ist jedoch die Kooperationserfahrung der beteiligten Organisationen wie auch der involvierten Mitarbeiter. Der Cluster ESW weist hier sehr gute Werte auf, denn die Partner arbeiten in vielen Projekten zusammen, wobei knapp die Hälfte aller Clusterpartner seit 2010 Mitglied sind.[703]

---

701 Vgl. Cluster ESW/Star Cooperation (2016b), S. 6

702 Duch (2004), S. 7

703 Vgl. Cluster ESW/Star Cooperation (2016b), S. 6

Darüber hinaus ist eine durch gemeinsame Aktivitäten entstandene Vertrauensbasis wichtig, um in den Aufbauphasen von Kooperationen intensive Vernetzung und Wissensaustausch zu gewährleisten. Die regionale Nähe sowie die Tätigkeit im gleichen Umfeld bewirken, dass eine persönliche Beziehung zwischen den einzelnen Akteuren im Cluster entsteht und ein Zusammentreffen bei verschiedenen Veranstaltungen möglich ist. Dabei entsteht zusätzlich ein gewisser Gruppendruck, der sich positiv auf das Engagement, den Wissensaustausch wie auch die gemeinsame Projektarbeit auswirkt.[704]

Vor diesem Hintergrund wird einmal mehr deutlich, warum Arbeitsgruppen im Clusterkontext ein sehr hoher Stellenwert insbesondere mit Blick auf eine mittel- und langfristige Entwicklung beigemessen wird. So können neue Themen zwar auch im Rahmen des Strategieentwicklungsprozesses des Netzwerks identifiziert werden, jedoch bieten Arbeitsgruppen den Rahmen, diese Themen vertieft zu bearbeiten wie auch durch den persönlichen Kontakt Vertrauen zwischen den Akteuren zu fördern und damit zu einer stabilen Grundlage für die Zusammenarbeit in Projekten beizutragen.[705] Dies trägt auch der emergenten Entwicklung Rechnung und bietet damit Raum für eine mögliche Entfaltung. Kritisch anzumerken ist, dass rund 20 % der deutschen Cluster allerdings hinsichtlich einer ausreichenden Anzahl solcher Gruppen eine deutliche Lücke aufweisen. Zudem weisen existierende Arbeitsgruppen häufig keinen hohen Qualitätsstandard auf.[706] Der Cluster ESW kann hier auf sehr erfolgreiche Erfahrungen zurückgreifen, denn sowohl die AG Internationalisierung weist eine hohe Güte und ein großes Engagement auf, wie auch die AG intelligent move, welche auf Grund des hohen Qualitätsanspruchs auch seitens der Landesregierung als Expertengremium genutzt wird und damit eine Vorreiterrolle einnimmt. Entscheidend sind hierbei jedoch zum einen das Engagement und die aktive Steuerung durch das Clustermanagement wie zum anderen das Engagement und die Bereitschaft der Clusterpartner sich einzubringen.

3.4 Contextual Analysis

Die bisherige Analyse zeigt, dass eine scharfe Trennung der einzelnen Ebenen nicht möglich ist. Vielmehr wird ersichtlich, dass die einzelnen Ebenen eine enge Verwobenheit miteinander aufweisen und sich gegenseitig beeinflussen. Mit Hilfe der kontextuellen Analyse wird deutlich, dass die Formulierung des Inhalts eines

704 Vgl. Pfohl u. a. (2010), S. 535
705 Vgl. VDI/VDE-IT (2014), S. 4
706 Vgl. Hantsch u. a. (2013), S. 2

jeden Wandels zwangsläufig die Betrachtung des Kontextes und des Prozesses einschließt, wodurch eine Abkehr von der Untersuchung einzelner Veränderungen hin zu einer holistischen und dynamischen Analyse des Veränderns stattfindet. So wird mit der kontextuellen Analyse der Versuch unternommen

> „to formulate models of higher-level factors and processes, lower-level factors and processes, and the manner in which they interact. It is recognized that each level often has its own properties, processes, and relationships – its own momentum – and that, while phenomena at one level are not reducible to or cannot be inferred from those at another level, a key to the analysis is tracking the interactions between levels through time."[707]

Anhand eines Beispiel aus der Fallstudie wird im Folgenden die kontextuelle Analyse exemplarisch durchgeführt. Die Digitalisierung ist auf Grund der hohen Dynamik des Themas und der starken parallelen Entwicklung sowohl innerhalb des Clusters wie auch in den Umfeldern, d.h. in der Inhalts- und der Kontextbetrachtung, für die Durchführung einer holistischen Analyse geeignet.

Die Digitalisierung führt zu tiefgreifenden Veränderungen im Fahrzeugbau, Automotive- und Mobilitätssektor. Auf der Kontextebene zeigt sich, dass sowohl im politischen Bereich wie auch in der Gesellschaft dem Thema eine hohe Relevanz zukommt. Hierbei geht es nicht nur um die Bereitstellung neuer Einzelfunktionen für den Nutzer, vielmehr weisen Automatisierung und Vernetzung das Potenzial auf, den gesamten Waren- und Personenverkehr langfristig grundlegend zu verändern. Daher ist es notwendig, Voraussetzungen auf gesamtgesellschaftlicher Ebene, wie auch im Rechtsrahmen oder bei der Akzeptanz automatisierter Systeme zu schaffen, die weit über die Betrachtung des einzelnen Fahrzeugs hinausgehen.[708] So wird die Digitalisierung in der Mobilität auf Bundesebene in verschiedenen Programmen und Aktivitäten adressiert.[709] Auch bezogen auf eine zukunftsorientierte wirtschaftliche Regionalentwicklung ist die Erforschung und Entwicklung von technologischen Schlüsselthemen bedeutend. Auf Landesebene wurde das Thema bereits im Jahr 2013 im Rahmen der „Digitalen Agenda 2020+ BW" aufgegriffen. Seitens des Clustermanagements wurde gemeinsam mit einzelnen Clusterpartnern, die ihrerseits in den Prozess einbezogen waren, ein strategisches Konzept für ein Leuchtturmprojekt „IKT in der neuen Mobilität" erarbeitet, welches einem modulartigen Aufbau folgt und neben Themen der Begleitforschung und des Wissenstransfers technologische Grundlagenforschung vorsieht und in ein großangelegtes Demonstrationsvorhaben mündet. Seitdem

707 Pettigrew (1987), S. 657

708 Vgl. Goll/Knuettgen (2017), S. 397 ff.

709 Vgl. hierzu bspw. die Ausführungen in Kapitel 3.1.2.3, S. 94

findet das Thema seitens der Landesregierung seinen Niederschlag u. a. in den Aktivitäten des sich anschließenden Forward IT-Prozesses sowie in dem Maßnahmenpaket zum automatisierten und vernetzten Fahren. Im Koalitionsvertrag 2016 wurde das Thema der Digitalisierung im Allgemeinen wie auch in der Mobilität im Speziellen fest verankert.[710]

Die Betrachtung des Inhalts zeigt, dass der Cluster ESW sich bereits sehr frühzeitig mit den Themen der Digitalisierung in der Mobilität befasst hat, wenngleich dies zu Beginn nicht unter diesem Stichwort zu verorten war. So wurde bei der Beantragung im Rahmen des Spitzenclusterwettbewerbs das Innovationsfeld Informations- und Kommunikationstechnologie als wesentliches Element skizziert. Nach erfolgreicher Teilnahme wurden verschiedene Projekte im Themenfeld des automatisierten und vernetzten Fahrens durchgeführt. Das Projekt AUTOPLES (Projektlaufzeit 01/2013 bis 12/2015) adressiert beispielsweise das automatisierte Parken und Laden von Elektrofahrzeugen. Im Rahmen der Leistungsschau „modern e-parking & charging" im Oktober 2015 in der Hofdienergarage in Stuttgart demonstrierte das Konsortium mittels Liveübertragung den rund 200 Gästen der Veranstaltung das fahrerlose Parken und Laden von der Einfahrt des Fahrzeugs bis hin zum vollautomatisierten Laderoboter im sechsten Stockwerk. Gleichzeitig zeigte das Schaufenster-Projekt InFlott die bereits heute existierenden Möglichkeiten des modernen Parkens und Ladens von Elektrofahrzeugen von der Ein- bis zur Ausfahrt, inklusive der Parkplatzreservierung. Weitere Projekte im Spitzencluster wie Elise, IeMM, BiE, Smart Grid Integration, Green Navigation und Effect 360° wie auch Projekte im Rahmen anderer Ressortforschungsförderprogrammen wie e^2-Lenk oder OmniSteer befassen sich mit einzelnen Aspekten der Digitalisierung in neuen Mobilitätslösungen.

Es wird sehr deutlich, dass Exploration und Exploitation gleichzeitig Anwendung finden müssen. Dies geht Hand in Hand mit einer detaillierten Auseinandersetzung der Entwicklungen im Kontext und wirkt gleichfalls durch die Prozessebene auf diesen zurück. So führte der verstärkte Fokus auf Digitalisierung bundes- wie auch landesseitig gepaart mit der inhaltlichen Weiterentwicklung dazu, dass das Clustermanagement über die technologischen Themen hinaus als Experte in die Kontextentwicklung einbezogen wurde. Die hierbei stattfindende Vertiefung des inhaltlichen Themas mündete in einem ersten strategischen Konzept, welches wiederum Grundlage für die Verstetigung der Zusammenarbeit einzelner Clusterpartner im Rahmen der Arbeitsgruppe darstellte. Mit der Implementierung der AG intelligent move wurde im Cluster ESW die Zusammenarbeit formalisiert und ein

710 Vgl. Bündnis 90/Die Grünen/CDU (2016)

Rückgriff auf den internen Kontext vorgenommen. Im folgenden Jahr wurde zunächst ein gemeinsames Verständnis innerhalb der Gruppe durch die Entwicklung einer Mindmap und einer Roadmap erarbeitet, welche grafisch wie schriftlich fixiert und ausgearbeitet wurden. Aus diesem Vorgehen ergaben sich Konsequenzen für die Clusterstrategie, denn auch in dieser musste das Thema entsprechend verankert werden und eine Integration des neuen Strategiepfeils erfolgen. Die Integration der AG intelligent move wie auch die thematische Ausrichtung wurde daher im Kernteam rückgespiegelt und diskutiert. Nachdem durch diesen gemeinsamen Prozess innerhalb der AG intelligent move eine geteilte Wissensbasis wie auch ein geteiltes mentales Modell als Grundlage entstanden sind, konnte dieses Wissen teilweise sehr fundiert externalisiert werden. So dient die AG intelligent move auch als Expertengremium in beratender Funktion für die Landesregierung Baden-Württemberg. In diesem Zusammenhang hat die AG intelligent move in einem sechsmonatigen Prozess ein Positionspapier zu Testregionen für automatisiertes und vernetztes Fahren in Baden-Württemberg erarbeitet. Die Landesregierung hat die Empfehlung aufgenommen und im Januar 2016 ein Maßnahmenpaket zum vernetzten und automatisierten Fahren veröffentlicht, welches aus einer Investitions- und einer Forschungsförderung besteht. Im Juli 2016 erhielt eines der drei eingereichten Konsortien den Zuschlag zum Aufbau eines Testfeldes Baden-Württemberg für automatisiertes und vernetztes Fahren.[711]

Mit Blick auf die Beschreibung der kontextuellen Analyse zeigt sich, dass wie in den Kapiteln 3.1 bis 3.3 jede Ebene für sich betrachtet werden kann. Dabei weisen diese jeweils deutlich unterschiedliche Eigenschaften, Prozesse, Strukturen und Beziehungen auf, die jedoch nicht auf eine Ebene reduziert oder von einer anderen Ebene rückgeschlossen werden können. Durch die kontextuelle Analyse lassen sich Schlüsselfaktoren identifizieren, die insbesondere im Zusammenhang mit den theoretischen Ausführungen eine Rückführung auf allgemeine Aussagen zulassen.

So zeigt sich beispielsweise, dass die Technologie einen wesentlichen Treiber im Prozess des gesellschaftlich-wirtschaftlichen Wandels darstellt. Dabei ist die Wettbewerbsfähigkeit einzelner Unternehmen wie auch ganzer Branchen abhängig von der Fähigkeit, eine entsprechende Technologiekompetenz zu entwickeln, anzuwenden, zu bewahren, weiterzuentwickeln und anzupassen. Damit wird das Technologiemanagement insbesondere bei tiefgreifenden technologisch-wirtschaftlichen Veränderungen zu einem strategischen Erfolgsfaktor, der zunehmend nicht mehr nur die Wirtschaft, sondern in gleichem Maße auch die Politik und Wissenschaft betrifft.[712]

711 Vgl. VM (2016b), VM (2016c)
712 Vgl. auch Zahn (1995), S. V

Die Perspektiven zur Erklärung von Wettbewerbsvorteilen werden daher um interorganisationale Kooperationen ergänzt. So zeigt eine Betrachtung des PORTERschen Diamanten in Anwendung auf den Cluster ESW das dynamisch, selbstverstärkende Verhältnis zwischen den einzelnen Dimensionen. Die historisch gewachsene Automobilindustrie bietet dabei einen guten Nährboden für wirtschaftliche Entwicklung. Dies wird durch die verbundenen Branchen, wie den Anlagen- und Maschinenbau, welche in der Region ebenfalls stark vertreten sind, verstärkt. Auch im Hinblick auf die Entwicklung hin zu alternativen Antrieben ist somit eine fundierte Basis geschaffen, welche durch ansässige Energieunternehmen wie auch die ihrerseits starke Informations- und Kommunikationstechnologiebranche in der Region zu einer herausragenden Ausgangsbasis führt. So lassen sich beispielsweise offene Fragestellungen im Bereich Standardisierung und Technologie über Branchengrenzen hinweg diskutieren, wodurch wesentliche Beiträge zu Schnittstellendefinitionen erzielt werden können. Auf Grund des jungen Themas ließen sich durch gemeinsame Anstrengungen und Aktivitäten im Forschungs- und Entwicklungsbereich Kosten für die einzelnen Unternehmen reduzieren wie auch eine vertrauensvolle Basis zur Zusammenarbeit aufgebaut werden. Hierdurch können im vorwettbewerblichen Bereich die Faktorkonditionen bestmöglich genutzt werden. Die Analyse der eigenen Ressourcen und die Definition von Kernkompetenzen wie auch die Generierung eines gemeinsamen Verständnisses dient einerseits des Aufbaus einzigartiger Wettbewerbsvorteile und Möglichkeiten für den Cluster wie auch der einzelnen Akteure und stärkt so ebenfalls das Expandieren in internationale Märkte.[713]

Der Markthochlauf führt zu veränderten Nachfragekonditionen. Hier unterstützen anwendungsnahe Forschungsprojekte, wie im Schaufenster Elektromobilität „LivingLab BW^{e} mobil", die Auseinandersetzung mit der Alltagstauglichkeit der Technologie. Da die e-mobil BW sowohl das Clustermanagement im Cluster ESW als auch die Projektleitstelle des Schaufensters in Kooperation mit der Wirtschaftsförderung Region Stuttgart (WRS) übernommen hat, können hier durch einen iterativen Rückkopplungsprozess weitere Potentiale ausgeschöpft werden.

Im direkten Vergleich der beiden Koordinierungsaufgaben zeigen sich ebenfalls interessante Ergebnisse in Bezug auf die Fragestellung vorliegender Forschungsarbeit. So handelt es sich bei beiden Aktivitäten um Koordinierungs- und Führungsaufgaben und beide Netzwerke stellen Projektverbünde dar. Auf Grund unterschiedlicher Förderprogramme ist die Ausgestaltung der Aufgabe jedoch jeweils andersartig gelagert. Die Veröffentlichung der „Richtlinie zur

---

713 Vgl. hierzu auch Rasche (1994), S. 383 f.

Förderung von Forschung und Entwicklung „Schaufenster Elektromobilität"" erfolgte im Oktober 2011. Die e-mobil BW konnte zur Koordinierung der baden-württembergischen Bewerbung um ein Schaufenster Elektromobilität daher auf zwei bereits bestehende Netzwerke zurückgreifen: den Cluster ESW wie auch das Netzwerk aus der Modellregion Elektromobilität Region Stuttgart, welches seit 2009 im Rahmen der KoPa II-Förderung durch das damalige Bundesministerium für Verkehr, Bau und Stadtentwicklung (BMVBS) gefördert wurde. So konnte unter Koordination der e-mobil BW und der WRS im Januar 2012 ein Gesamtantrag eingereicht werden, der im April 2012 als eines von bundesweit vier Schaufenstern Elektromobilität ausgewählt wurde. Anschließend unterstützte die Projektleitstelle aus e-mobil BW und WRS die 41 im Gesamtantrag aufgeführten Projekte bei der Beantragung von Fördermitteln bei insgesamt acht verschiedenen Fördermittelgebern.[714] Bis zum Ende der aktiven Projektphase am 30.06.2016 wurden 34 geförderte Projekte durchgeführt, 1.900 Elektrofahrzeuge auf die Straßen in der Region Stuttgart und der Stadt Karlsruhe gebracht, 1.000 Ladepunkte aufgebaut und mehr als 18 Millionen Kilometer elektrisch gefahren. Hierfür haben mehr als 100 beteiligte Partner aus Wirtschaft, Wissenschaft und öffentlicher Hand die neuen Technologien an vielen Stellen im Land sichtbar gemacht und damit ein intermodales, international vernetztes, herstellernahes und bürgernahes Schaufenster Elektromobilität präsentiert. Inhaltlich können die Ergebnisse aus den Projekten verkürzt zusammengefasst werden mit der Erkenntnis, dass Elektromobilität alltagstauglich ist und bei Anwendung im System Sinn entfaltet. So bietet die Elektromobilität einen entscheidenden Baustein für die Entwicklung hin zur Stadt der Zukunft, in der die verschiedenen elektromobilen Verkehrsmittel im intermodalen Verkehrssystem intelligent miteinander vernetzt sind. Um auch die Bürgerinnen und Bürger frühzeitig in den technologischen Wandel einzubeziehen, hat das LivingLab BW^{e} mobil mit seinen Projekten rund 600 Veranstaltungen durchgeführt und mit verschiedenen Maßnahmen über 900.000 Menschen erreicht und mit Informationen zur Elektromobilität versorgt. So war das baden-württembergische Schaufenster Elektromobilität ein wichtiger Bestandteil einer regionalen Strategie, die zum Ziel hat, Elektromobilität bis 2020 flächendeckend in Baden-Württemberg nutzbar zu machen. Auch wenn

714 Auf Bundesebene die Ministerien für Wirtschaft und Technologie (BMWi), Verkehr, Bau und Stadtentwicklung (BMVBS), Umwelt, Naturschutz und Reaktorsicherheit (BMU) sowie Bildung und Forschung (BMBF), auf Landesebene das Ministerium für Finanzen und Wirtschaft (MFW), Wissenschaft, Forschung und Kunst (MWK) sowie Verkehr und Infrastruktur (MVI). Dazu die Region Stuttgart. Vgl. LivingLab BW^{e} mobil (2015)

die Alltagstauglichkeit der Elektromobilität erfolgreich nachgewiesen werden konnte, fehlt in vielen Anwendungsfällen die Wirtschaftlichkeit wie auch die Bereitschaft, das auf den Verbrennungsmotor ausgerichtete Mobilitätssystem im Zeichen der neuen Technologie im Sinn einer echten Mobilitätswende zu verändern.

Tabelle 3.5. stellt die jeweiligen Fakten beider Verbünde, d. h. des Clusters ESW sowie des Schaufensters Elektromobilität Baden-Württemberg LivingLab BW^e mobil, verkürzt dar und ermöglicht so einen direkten Vergleich.

Tabelle 3.5: Gegenüberstellung Cluster ESW und LivingLab BW^e mobil[715]

	Cluster ESW	**LivingLab BWe mobil**
Förderzeitraum	Seit 2007 SpC-Förderung 2012–2017	04/2012–06/2016
Partner	Über 100	Über 100
Projekte (Anzahl und Volumen)	28 (Stand 09/2016), rund 53 Millionen, , davon 18 mit rund 40 Millionen innerhalb der SpC-Förderung	34, rund 60 Millionen
Gremien	KT: mind. 8mal jährlich, GT: 4mal jährlich AGs: mind. 4mal jährlich Workshops: mind. 1mal jährlich pro Innovationsfeld	Projektleitertreffen: 4mal jährlich Partnerversammlung: 1mal jährlich Workshops: themenbezogen bei Bedarf (z. B. Ladeinfrastruktur/Roaming)
Strategieentwicklung	KT	Nicht vorgesehen
Aktivitäten/ Maßnahmen	• Gremien • kontinuierliche Projektinitiierung und -durchführung • Querschnittsaktivitäten, wie • Öffentlichkeitsarbeit (Messen, Veranstaltungen, etc.) und • Internationalisierung (Delegationsreisen, Benchmarking, Matchmaking, Kooperationen mit internationalen Partnern)	• Zeitl. befristete Gremien • einmalige Projektinitiierung und -durchführung • themenbezogene, zeitl. befristete Workshopreihen • Präsentation auf nationalen und internationalen Konferenzen/Messen • Projektbezogene Publikationen

715 Quelle: Eigene Darstellung

Bei allem Erfolg waren die regionalen Projektleitstellen ursprünglich in der Förderrichtlinie des Schaufensters nur für die Antragsphase zwingend vorgesehen, wurden jedoch in allen vier Schaufensterregionen von den jeweiligen Ländern für den gesamten Förderzeitraum finanziert und weitergeführt. Die Projektleitstelle des Schaufensters Elektromobilität Baden-Württemberg LivingLab BW^{e} mobil hat während der Projektlaufzeit quartalsweise Projektleitertreffen sowie einmal jährlich eine Partnerversammlung durchgeführt. Diese am Förderzeitraum orientierte Struktur fand mit der Ergebniskonferenz im November 2015 in Esslingen ihren Abschluss. Mangels einer zweiten Förderperiode hat sich diese Struktur aufgelöst, gleichwohl führt die e-mobil BW in ihrer Funktion als Netzwerkkoordinator die Kontakte zu den einzelnen Partnern weiter und unterstützt die Beantragung einzelner Folgeprojekte.

Auf Grund der gleichen Kontextbedingungen kann hervorgehoben werden, dass neben unterschiedlichen Förderbedingungen die Clusterstrategie einen entscheidenden Einfluss auf die Wandlungsfähigkeit ausübt. Hierdurch wird ein Rahmen geschaffen, der eine langfristige Verbindlichkeit erzeugt und damit sich ähnlich wie in gewöhnlichen Organisationen auf die Struktur, den Inhalt und den Prozess auswirkt. So wurde zwar auch im Schaufenster ein gemeinsames Verständnis geschaffen, jedoch war der Fokus immer eher auf die erfolgreiche Umsetzung ausgerichtet, während im Cluster bereits frühzeitig an der Weiterentwicklung der Strategie gearbeitet wurde. Diese Auseinandersetzung mit der Strategie und der Ausrichtung des Clusters erfolgte dabei nicht allein innerhalb des Clustermanagements, sondern war ein gemeinsamer Prozess. Die Interaktion der Partner kann daher als ein weiteres wesentliches Merkmal für die Wandlungsfähigkeit herausgestellt werden. Dies wird durch die Häufigkeit der Treffen im Cluster ESW wie auch im Schaufenster LivingLab BW^{e} mobil gestärkt. Ausschlaggebend für den Erfolg beider Verbünde ist ein extrem hohes Engagement seitens des Clustermanagements wie auch der Projektleitstelle. Hierdurch kann auch ohne Rückgriff auf hierarchische Strukturen und damit verbundene Managementaktivitäten ein hohes Engagement seitens der Partner erzielt werden. Dennoch zeigt sich genau hierin auch die enge Verbundenheit, denn ohne dieses Engagement der Partner kann das Clustermanagement bzw. die Projektleitstelle nur wenig erreichen.

3.5 Zusammenfassung und Vertiefung der Forschungsfragen

Wie die kontextuelle Analyse zeigt, ist bei hoher Dynamik und Komplexität auch in Cluster-Initiativen eine Koevolution mit den Umfeldern notwendig. Diese kann nur erzielt werden, wenn auch die Cluster-Initiative über eine Wandlungsfähigkeit verfügt und sich so an Veränderungen anpassen wie auch den Wandel selbst gestalten kann. Gerade in Anbetracht unsicherer Entwicklungen stiftet der gemeinsame Austausch und das gemeinsame Handeln, wie in einer Cluster-Initiative, einen Mehrwert, denn durch den Zugang zu Informationen und Wissen kann Komplexität reduziert und die absorptive capactiy der Akteure verbessert werden.[716] Diese Vorteile lassen sich, wie im Vergleich zwischen Cluster ESW und LivingLab BW^e mobil dargestellt, nur realisieren, wenn eine gewisse Gerichtetheit und Langfristigkeit wie auch eine grundsätzliche Wandlungsfähigkeit vorhanden ist. Ansonsten dienen die netzwerkartigen Strukturen oder Verbünde nur einer kurzfristigen Aktion, wie bspw. der erfolgreichen Beteiligung an einem Forschungsprogramm, welches zwar der Vernetzung dient, jedoch nicht das gleiche, vertrauensvolle Verhältnis und damit die Entfaltung einer einzigartigen Ressource im Wettbewerb ermöglicht.

Das Technologieniveau hat nicht zuletzt auf Grund der relativen Rohstoffarmut der Bundesrepublik für viele Unternehmen eine herausragende Bedeutung, die sich entscheidend auf die Innovationskraft und damit den Erfolg auswirkt. Das Innovations- und Technologiemanagement stellt daher eine strategische Aufgabe dar, die im Aufgabenbereich des Top-Managements angesiedelt ist und Aussagen sowohl intern in Bezug auf die Ressourcen als auch extern bezüglich der Marktposition zulassen muss.[717] Die Wissensgenerierung und Ideengewinnung erhält in diesem Zusammenhang eine besondere Rolle, nicht zuletzt da Exploration und Exploitation parallel durchzuführen sind. Eine Gerichtetheit ist für den wirtschaftlichen Erfolg daher unabdingbar, womit die Unterstützung des Aufbaus von Kompetenzen und Fähigkeiten verbunden ist. Ausgehend von dieser Basis können weitere Wettbewerbsvorteile im Markt erzielt werden.[718] Voraussetzung ist jedoch eine gewisse Wandlungsfähigkeit der Organisation, die eng mit Lernprozessen verknüpft ist. Immer wichtiger ist zudem, dass verschiedene Kompetenzen, wie General Management-Kompetenz, Marketing-Kompetenz und technologische Kompetenz, im Verbund entwickelt und umgesetzt werden, damit Technologie- und Geschäftsentwicklung parallel stattfinden kann.[719] Das Technologie- und Innovationsmanagement ist mit der Fokussierung auf Kernkompetenzen stärker ins Zentrum des strategischen Managements gerückt und die Forderung nach einem ganzheitlichen Management von neuen Technologien und Innovationen entstanden.[720]

716 Vgl. Zahn (2017), S. 205
717 Vgl. Macharzina/Wolf (2015), S. 25 f.
718 Vgl. Gerybadze (2004), S. 5
719 Vgl. Gerybadze (2004), S. 109 f.
720 Vgl. Albers/Gassmann (2011), S. 5

Abb. 3.17: Ganzheitliches Technologie- und Innovationsmanagement[721]

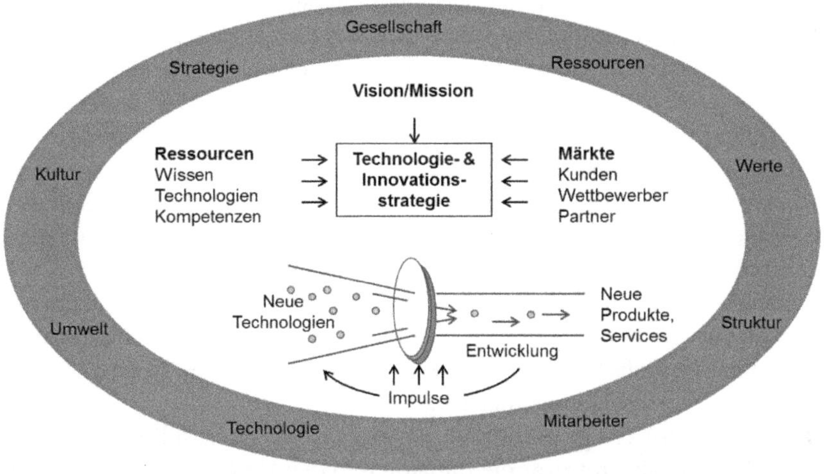

Abbildung 3.17 fasst die unterschiedlichen Ebenen einer ganzheitlichen Perspektive noch einmal zusammen, wodurch auch die einzelnen Ebenen der kontextuellen Analyse ihre Entsprechung finden. So muss eine aktive Einbettung in den externen und internen Kontext stattfinden, welches sich in unterschiedlichen Aktivitäten und Interaktionen niederschlägt. Inhaltlich ist die Auseinandersetzung mit der Technologie- und Innovationsstrategie sowohl aus Ressourcensicht wie auch aus Marktperspektive notwendig. Elementar ist dabei die Entwicklung eines gemeinsamen Verständnisses, welches sich beispielsweise in einer gemeinsamen Vision ausdrückt.

Auf Grund dieses umfassenden Systems ist es gegenwärtig kaum möglich die Entwicklung nur im eigenen Unternehmen voranzutreiben. Vielmehr sind ein Austausch und die Kooperation mit weiteren Partnern notwendig, wodurch das Management interorganisationaler Beziehungen an Bedeutung zunimmt. Es lassen sich grundsätzlich vertikale, horizontale und laterale Beziehungen unterscheiden, wobei diese sich nur im Falle bilateraler Kooperationen klar abgrenzen lassen. Häufiger sind gegenwärtig multilaterale Beziehungen und dynamische Konfigurierungen der Wertschöpfungskette.[722] Dies trifft auch in Clustern und Cluster-Initiativen wie dem untersuchten Cluster ESW zu. Dabei unterscheiden sich Cluster oder auch Netzwerke ganz wesentlich in ihrem Innovationsgrad.

721 Quelle: in Anlehnung an Albers/Gassmann (2011), S. 6
722 Vgl. Gerybadze (2005), S. 461

Innovative Cluster zeichnen sich durch eine hohe Kontaktintensität, d. h. eine qualitativ wie quantitativ stark ausgeprägte Interaktion zwischen den Partnern aus, welche zudem persönliche Elemente beinhaltet. Darüber hinaus weist der evolutionäre Charakter eines innovativen Clusters eine gemeinsame Sozialisation auf, die eng mit dem Bewusstsein der Clusterzugehörigkeit verbunden ist und Entwicklungsprozesse auslöst. Zusätzlich wirkt sich eine branchenübergreifende Perspektive positiv auf das innovative Potential aus, denn die Erweiterung des Blickwinkels bei gleichzeitigem Vorhandensein eines gemeinsam geteilten mentalen Modells ermöglicht kreative Schnittmengen, in deren Rahmen ein „Pool" von Ideen entsteht, der den Partnern zur Verfügung steht.[723]

Unabdingbar ist hierbei eine hohe Interaktivität und enge Kommunikation zwischen verschiedenen Akteuren und Spezialisten. Die allgemeine organisationale Beziehungsfähigkeit nimmt auch in mehrschichtigen Netzwerken und Clustern eine entscheidende Rolle ein.[724]

So ist zunächst ein grundsätzlich positives Kooperationsklima notwendig. Nicht selten jedoch sind zwar die Initiatoren in den Unternehmensspitzen vom Wert des Bündnisses überzeugt, jedoch findet nicht ohne weiteres eine Übertragung dessen auf die Realisationsebene statt. Auch umgekehrt gibt es Mitarbeiter, die auf Grund der Projektarbeit von der Kooperation überzeugt sind, sich jedoch eine Übertragung auf die Vereinbarungsebene schwierig erweist. „Doch nur, wenn auch diejenigen, die die Kooperation vor Ort mit Leben erfüllen, „open minded" sind, d. h. sich tolerant und offen zeigen, kann ein Unternehmen wirklich tiefgründig von einer lerninduzierten Partnerschaft profitieren."[725] Hieran zeigt sich, dass erfolgreiche Cluster-Initativen nicht automatisch auf Grund eines lokalen unternehmensübergreifenden Wertschöpfungssystems oder einer historisch gewachsenen Situation entstehen. Vielmehr wird ein „Kümmerer" benötigt, der hier unterstützend wirkt. Dem Clustermanagement kommt so eine zentrale Rolle in professionellen, wandlungsfähigen Cluster-Initiativen zu.

Ein professionelles Clustermanagement kann basierend auf seinem Branchenwissen zueinander passende Unternehmen mit komplementären Ressourcenausstattungen zusammenführen wie auch bei einem Ressourcen-Misfit steuernd eingreifen.[726] Hiermit verbunden ist eine politisch-emotionale Managementfähigkeit, die einen zentralen Stellenwert in kompetenzorientierten Verbünden einnimmt, und darauf abzielt, Beziehungskapital oder auch Sozialkapital zu gene-

723 Vgl. Steinle u. a. (1998), S. 375 f.

724 Vgl. Dyer/Singh (1998), S. 672

725 Von der Oelsnitz (2005), S. 202

726 Vgl. Pfohl u. a. (2010), S. 535, Steinle/Schiele (2002), S. 852

rieren. Durch den Aufbau von Vertrauen und persönlichen Beziehungen werden nicht nur Reibungsverluste reduziert, sondern auch der beiderseitige Lernumfang verbessert.[727] Unternehmen und Institutionen investieren viel Zeit und Arbeitsaufwand in Kooperationen, wodurch das Finden der richtigen Partner und die Übertragung von explizitem Wissen wie auch von Kontextwissen entscheidende Faktoren sind.

Die Erfahrung zeigt jedoch, dass das Top-Management nach wie vor rechtliche oder finanzielle Aspekte betont und dadurch das operative Management der Kooperation, d.h. die alltäglichen Transfer- und Schlichtungsprozesse, häufig vernachlässigt wird.[728] Hierbei handelt es sich um einen fatalen Fehler, denn kooperative Projekte und Aktivitäten laufen nicht spontan oder gar „auf Zuruf" ab, sondern sind zumeist sehr viel schwieriger zu führen und sehr viel konflikt-trächtiger als unternehmensinterne Projekte. Dies geht nicht zuletzt damit einher, dass bekannte und erprobte Methoden und Maßnahmen des Projektmanagements, der Konfliktresolution wie auch des Controllings nur unzureichend auf Verbundprojekte und Aktivitäten in Netzwerken und Clustern übertragen werden können und sich eigene Routinen, Lenkungsstrukturen wie auch Methoden noch nicht ausreichend ausgebildet haben.[729] Gepaart mit der zunehmenden Bedeutung einer technologiebasierten Unternehmensführung zeigt sich, dass hier erheblicher Forschungsbedarf besteht. Insbesondere auf Grund der zunehmend komplexeren Technologiewelt und der Notwendigkeit zur Kooperation wird verstärkt nach Führungskräften gesucht, die sich ganzheitlich mit der Problematik befassen können. So nimmt, entgegen des landläufigen Glaubens, mit der Öffnung des Innovationsprozesses und der damit verstärkten Arbeitsteiligkeit der Bedarf an Management und Führung zu, wenngleich diese nicht nur auf Grund fehlender hierarchischer Strukturen vollständig anders agieren müssen. Beispielsweise reicht es nicht mehr nur, die Technologie zu verstehen, auch die Nutzerperspektive wie auch eine Bewertung noch unreifer Technologien im Lichte des betriebswirtschaftlichen Primats sind bedeutend.[730]

Mit Blick auf die Problemstellung und die damit verbundenen Forschungsfragen der vorliegenden Forschungsarbeit lässt sich zusammenfassen:

---

727 Vgl. Kale u.a. (2000), S. 227, von der Oelsnitz (2005), S. 202, Gerybadze (2005), S. 462

728 Vgl. beispielsweise auch Gretzinger u.a. (2002)

729 Vgl. Gerybadze (2004), S. 226

730 Albers/Gassmann (2011), S. 20

- Anhand der Fallstudie konnte in Verbindung mit den theoretischen Beschreibungen in einer ersten Analyse aufgezeigt werden, wodurch sich professionelle und wandlungsfähige Cluster-Initiativen strukturell, inhaltlich und prozessual kennzeichnen lassen.
- Strukturell umfasst dabei sowohl den internen wie auch den externen Kontext und bezieht sich auf das Umfeld der Cluster-Initiative als auch auf die organisationale Struktur und die kulturellen Faktoren.
- Inhaltlich nehmen die Strategie und deren Weiterentwicklung sowie die darauf einzahlenden Projekte und Aktivitäten einen sehr hohen Stellenwert ein.
- Prozessual zeigt sich, dass Wandlungsfähigkeit mit Lernprozessen einhergeht, die sowohl auf individueller, sozialer und organisationaler Ebene stattfinden und die wesentlich durch Interaktionen geprägt werden.
- Damit lassen sich auch hinsichtlich der zweiten Forschungsfrage bereits wesentliche Einflussfaktoren skizzieren: Strategie, gemeinsames mentales Modell, Interaktion, Sozialkapital.

Bleibt die dritte Forschungsfrage nach den Implikationen für die Führung von Clustern und den Empfehlungen bezüglich der stetigen Weiterentwicklung der Cluster-Initiative. Diese kann zum gegenwärtigen Zeitpunkt aus der bisherigen Analyse nur ansatzweise mit Hilfe des Fall-beispiels beantwortet werden. So wurde zwar die Bedeutung des Clustermanagements für die langfristige Entwicklung von Cluster-Initiativen herausgearbeitet, für allgemeinere Aussagen ist jedoch eine weitere Vertiefung notwendig, wodurch sich die folgenden Unterfragen ableiten lassen:

3a) Welche wesentlichen Ebenen umfasst eine interaktionsorientierte Führung von wandlungsfähigen Cluster-Initiativen?
3b) Welche Funktionen muss eine interaktionsorientierte Führung von wandlungsfähigen Cluster-Initiativen ausüben?
3c) Welche Implikationen lassen sich für die Clusterpolitik wie auch die Aus-und Weiterbildung zukünftiger Clustermanager ableiten?

Diesen Fragen wird im folgenden Verlauf der Arbeit nachgegangen und ein Konzept für eine interaktionsorientierte Führung in professionellen, wandlungsfähigen Cluster-Initiativen erar-beitet.

4. Interaktionsorientierte strategische Führung in wandlungsfähigen Cluster-Initiativen

„Ich halte es für sehr richtig,
dass wir nicht weiter zu der Erwartung ermutigen,
das Verhalten des Menschen in der Gesellschaft
könnte etwas geringeres sein, als das komplexeste aller Themen,
mit denen sich unser Geist befassen kann.“
(Barnard, 1938, The Functions of the Executive S. XII)

Aus der bisherigen Darstellung der theoretischen Grundlagen wie auch der Analyse des Fallbeispiels ergibt sich, dass Cluster-Initiativen gerade bei Umbrüchen bestehender Technologien oder der Entwicklung neuer Technologien erhebliche Mehrwerte stiften und durch die Zusammenführung von Ressourcen und Partnern eine konkretere Unterstützung leisten können als vielfach angenommen. Gerade wenn es um das gemeinsame Innovieren geht, d.h. die gemeinsame Entwicklung neuer Produkte, Dienstleistungen oder Prozesse, konnten Cluster-Initiativen in der Vergangenheit zeigen, dass sie gute Plattformen darstellen, dieses zu erleichtern.[731] Die Betonung liegt dabei auf dem Wort gemeinsam, so dass hierdurch eine Interaktionsorientierung impliziert wird. Auch dienen Cluster-Initiativen und landesweite Netzwerke dem Aufbau und der Bündelung von Wissen, wodurch die Kompetenz zur Innovation in der Region gesteigert werden kann. Hierbei handelt es sich um eine dynamische Fähigkeit, die zu neuen Geschäften und zur systematischen Wertsteigerung der Organisation führen kann und damit strategisch gerichtet ist.[732] Wie in der Fallstudie erörtert kommt dem Clustermanagement mit steigendem Professionalisierungsgrad wie auch qualitativer Güte eine herausragende Stellung zu. Letztlich erlangt die Wandlungsfähigkeit vor dem Hintergrund sich schnell ändernder Wettbewerbsumwelten eine elementare Bedeutung für die Überlebensfähigkeit von Organisationen und auch von Cluster-Initiativen. Vor diesem Hintergrund ist es notwendig, sich mit einer interaktionsorientierten strategischen Führung in wandlungsfähigen Cluster-Initiativen auseinanderzusetzen.

Kritisch erweist sich hierbei, dass häufig nach wie vor ein mechanistisches Weltbild zu Grunde gelegt wird, welches vor dem Hintergrund turbulenter Wettbewerbsumfelder und der gesellschaftlichen Entwicklung zu kurz greift

731 Vgl. Künzel u.a. (2015), S. 4
732 Vgl. Gerybadze (2004), S. 22

und daher die menschliche Anpassungsfähigkeit als wesentliches Merkmal in Wandelprozessen verkannt und der Einbindung kognitiver Elemente ungenügend Beachtung geschenkt wird. Diese Gefahr wird bei näherer Betrachtung interorganisationaler Beziehungen einmal mehr deutlich, denn hier versagen viele der tradierten Managementmethoden, die auf hierarchische Strukturen und ein eindeutiges Über-/Unterordnungsverhältnis ausgerichtet sind. Gleichzeitig handelt es sich bei Cluster-Initiativen um ein recht junges Forschungsfeld, so dass sich gegenwärtig noch keine neuen Routinen etabliert haben, wenngleich die wirtschaftliche und gesellschaftliche Bedeutung von Clustern zwischenzeitlich unbestritten ist.

> „Dabei unterscheidet sich das Management interorganisationaler Beziehungen signifikant vom Management in Organisationen, das bislang im Zentrum von Managementforschung und –ausbildung stand, und zwar gleichgültig ob im disziplinären Kontext von Betriebswirtschaftslehre, Arbeits- und Organisationspsychologie, Organisations- und Wirtschaftssoziologie oder Regionalwissenschaften.“[733]

Insbesondere für die erfolgreiche Gestaltung wandlungsfähiger Cluster-Initiativen sind daher die folgenden Punkte von hoher Relevanz und gezielt im Management zu berücksichtigen:

- Ausbau des Sozial- und Beziehungskapitals sowie
- eine stärkere Betrachtung interaktionsorientierter Aspekte,
- kontinuierliche Lern- und Veränderungsprozesse von Cluster-Initiativen wie auch ihrer verbundenen Branchen,
- Weiterentwicklung des Grundverständnisses „für die Problemsituationen des Alltags und für deren Einbettung in einen unübersichtlichen Kontext“[734],
- gemeinsame Erarbeitung einer Strategie und
- Ausbildung eines geteilten mentalen Modells.

Gerade in der Einbettungsperspektive zeigt sich, dass die Akteure nicht außerhalb der Organisation stehen, sondern diese mit all ihren Fähigkeiten und Kompetenzen sowie ihrer persönlichen Lebensgeschichte, geprägt durch Erwartungen, die als Folge von Erfahrungen der Vergangenheit gewachsen sind, mitgestalten und mitentwickeln. Dies verschärft sich in Cluster-Initiativen dahingehend, dass die Akteure zwei Rollen erfüllen müssen und so zum einen ihre Institution vertreten und dennoch selbst Teil der Cluster-Initiative sind. In Bezug auf das Clustermanagement heißt das, dass die durch die Sprachregelung von Theorie

733 Sydow/Duschek (2011), S. 11
734 Rüegg-Stürm (2001), S. 5

und Praxis suggerierte Vorstellung einer unproblematischen Trennung zwischen gestaltendem Subjekt (Führungskraft) und gestaltbarem Objekt (Organisation) nicht länger aufrechtzuerhalten ist. Dies impliziert, dass auch die Führung, d. h. das Clustermanagement, nicht aus dem System ausgenommen werden kann, sondern als Element des Systems, welches sie leitet, zu betrachten ist.[735]

> „Als Manager müssen wir ... lernen, das zu sein, was wir wirklich sind. Keine Macher und Befehlsgeber, sondern Katalysatoren und Pfleger, eines sich selbst organisierenden Systems in einer sich fortentwickelnden Umwelt."[736]

Hiermit ist eine neue dominante Logik verbunden, deren Bedeutung und Umsetzung in der Literatur sich noch in den Kinderschuhen befindet und bis vor einigen Jahren so nicht möglich gewesen wäre, da ein Selbsteinschluss bzw. Selbstbezug als die Wurzel aller Paradoxie betrachtet worden wäre.[737] Die Weiterentwicklung und Ausbreitung der systemtheoretischen Sichtweise in den Sozial- und Wirtschaftswissenschaften ermöglicht jedoch, diese Betrachtungsweise einzunehmen, auch wenn bislang lediglich erste Ansätze zu verzeichnen sind und kein einheitliches theoretisches Verständnis darüber existiert. Für eine interaktionsorientierte strategische Führung wandlungsfähiger Cluster-Initiativen wird dieser Selbsteinschluss jedoch auf Grund der vielfältigen Interaktionen und des benötigten Engagements sämtlicher Clusterakteure als notwendig erachtet.

Im Rahmen der vorliegenden Forschungsarbeit ist es daher von zentraler Bedeutung, sich der Thematik einer interaktionsorientierten strategischen Führung wandlungsfähiger Cluster-Initiativen auf drei verschiedenen Ebenen zu nähern:

- Zum einen spielt sich die Wandlungsfähigkeit auf der individuellen Ebene ab und weist damit einen höchst persönlichen Charakter auf.
- Die zweite Ebene kann als Interaktionsebene charakterisiert werden und widmet sich der herausragenden Stellung von Beziehungen in Cluster-Initiativen.
- Zuletzt ist auch die Cluster-Initiative als Ganzes zu betrachten, d. h. das System an sich, welches einer ganzheitlichen Führung bedarf.

Diesen Aspekten wird im folgenden Kapitel nachgegangen, indem zunächst kurz die drei Ebenen beschrieben werden. Hierbei wird auf angrenzende Forschungsgebiete, wie Soziologie, Psychologie und Neurowissenschaften, Bezug genommen, wobei die Inhalte im Rahmen der vorliegenden Arbeit verkürzt dargestellt und lediglich Schnittstellen aufgezeigt werden. Anschließend werden verschiedene

---

735 Vgl. Rüegg-Stürm (2001), S. 5, von Foerster (1993), S. 234

736 von Foerster (1993), S. 234

737 Vgl. von Foerster (1993), S. 234

Führungsfunktionen zur Beantwortung der vertieften Forschungsfragen und zum Aufbau eines Konzeptes interaktionsorientierter strategischer Führung in wandlungsfähigen Cluster-Initiativen erarbeitet.

4.1 Ebenen einer interaktionsorientierten strategischen Führung

Eine Analyse von technologischen Entwicklungen, Marktmechanismen und ökonomischen Wahlentscheidungen allein ist nicht hinreichend, um wandlungsfähige Cluster-Initiativen zu verstehen. Ausgehend von einer systemischen Betrachtungsweise, in Anlehnung an die Einbettungsperspektive, gerät die Analyse von Interaktionen in den Fokus. So lassen sich interorganisationale Beziehungen als Systeme interdependenter Akteure charakterisieren, die Entscheidungen treffen, welche sich in Handlungen zeigen und die der Koordination bedürfen. Dabei handeln und entscheiden die einzelnen Akteure nicht isoliert, sondern unterliegen vielfältigen sozialen Beeinflussungen anderer Akteure.[738] Aufgrund des Eingreifens von Individuen als handelnde Akteure im Sinne führender bzw. geführter Subjekte bezieht sich Führung immer auch auf eine zwischenmenschliche Dimension, wobei mindestens zwei Individuen, im Falle der Führung von Organisationen üblicherweise zahlreiche Individuen in den Führungsprozess einbezogen sind.

In der traditionellen Sicht ist die Führungsaufgabe dabei beschränkt auf Führungskräfte, die auf die zu führenden Individuen einwirken, um bei diesen eine Verhaltensänderung oder –beibehaltung zu erzeugen.[739]

> „Organizational leaders plan, organize, provide direction, and exercise control over organizational resources, material and human, in order to achieve the organization's objectives. The main aim of leadership behavior, however, is to influence organizational members' actions because it is through the behavior of the members that organizations' goals are attained."[740]

Problematisch an dieser Sichtweise ist die Tatsache, dass hierdurch die faktischen Verhältnisse insofern zu kurz gedacht werden, als sie unberücksichtigt lassen, dass jedes Mitglied von Arbeitsgruppen, Abteilungen, etc., also Individuen ohne formale Führungsfunktion, andere im Unternehmen tätige Personen mehr oder weniger stark beeinflussen und damit eine Asymmetrie der Interaktionsbeziehungen konzediert wird.[741] Dies gilt einmal mehr in interorganisationalen

738 Vgl. Kirsch (1997), S. 108
739 Vgl. Macharzina/Wolf (2015), S. 37 und 577 ff.
740 Kanungo (2001), S. 257
741 Vgl. Macharzina/Wolf (2015), S. 37 und 577 ff., Bamberger/Wrona (2012), S. 9 f.

Beziehungen, in denen keine hierarchischen Strukturen vorliegen und sich Machtverhältnisse über die Unternehmensgröße, weitere signifikante Merkmale oder ein herausragendes Engagement ergeben. Ähnlich der Unternehmensführung, die mit steigender Führungsebene in zunehmendem Umfang und verstärkter Intensität gemeinsame Entscheidungsprozess durchführt, ist auch das Clustermanagement von den Friktionen im lateralen Kooperationsprozess betroffen. Dieses Problem wird von der Praxis zwar häufig aufgezeigt, jedoch entzieht es sich meist einer aktiven Gestaltung. So gibt es vielfältige Ansätze zur Gestaltung vertikaler Vorgesetzen-Mitarbeiter-Beziehungen. Laterale Beziehungen sind dabei trotz der Praxisrelevanz aber bisher immer nur aspekthaft und vorübergehend Gegenstand wissenschaftlichen Interesses, wodurch nur ansatzweise Konzepte für die Führung in wandlungsfähigen Cluster-Initiativen übertragen werden können.[742]

Eine interaktionsorientierte Sichtweise trägt diesem Tatbestand Rechnung, insofern sie die Führung in das System integriert und Führung als ein gegenseitiges Beeinflussungshandeln bezeichnet.[743] Hierdurch wird die Integration der individuellen und sozialen bzw. organisationalen Ebene unerlässlich für das Verständnis einer sozialen Ordnung, sind beide Ebenen doch in vielfältiger Weise miteinander vernetzt und beeinflussen sich gegenseitig.[744] Ein viables Modell sollte daher sowohl eine individuelle sowie eine soziale Analyseebene umfassen als auch ihre interdependenten Zusammenhänge aufweisen.[745] Inwiefern Führung, Führungsstrukturen und Führungsaufgaben dabei eine andere Bedeutung und Gewichtung erhalten, ist jedoch erklärungsbedürftig. Im Folgenden werden daher die Ebene der Individuen, die Interaktionsebene sowie die Organisationsebene als wesentliche Ebenen zur Entwicklung eines interaktionsorienten Führungskonzeptes in wandlungsfähigen Cluster-Initiativen näher spezifiziert.

Hierfür wird zum einen auf eine radikal-sozialkonstruktivistische Synthese zurückgegriffen, welche durch den Einbezug der biologisch-psychologischen Perspektive singulärer Individuen sowie durch eine sozial-kulturelle Perspektive soziale Systeme betrachtet und hierdurch die doppelte Perspektivierung der Phänomene Kognition und Wissen ermöglicht.[746] Zum anderen ist mit der Strukturationstheorie von Giddens ein weiterer integrativer Ansatz gegeben, welcher Handlung und Struktur nicht mehr als Dualismus, sondern als Dualität auffasst und so das Verhältnis von Handeln und Struktur als rekursiven Prozess

742 Vgl. Klimecki (1984)
743 Vgl. Macharzina/Wolf (2015), S. 37
744 Vgl. Berger/Luckmann (2010), S. 69 f.
745 Vgl. Schüerhoff (2006), S. 58
746 Vgl. Schüerhoff (2006), S. 60

der Strukturation konzipiert. Hierbei wird explizit Bezug darauf genommen, dass Strukturen der Bedeutungszuweisung (Signifikation), der Herrschaftsausübung (Domination) und der Rechtfertigung (Legitimation), also alles Strukturen, die auch der Unternehmensführung zugeschrieben werden können, die Möglichkeit zu handeln einschränken sowie gleichzeitig aber auch ein Handeln erst ermöglichen.[747]

4.1.1 Die Ebene der Individuen

Insbesondere wenn es um Wandelprozesse in Organisationen[748] geht, spielt die menschliche Komponente eine bedeutende Rolle. Umso verwunderlicher mutet es an, dass in den Ausarbeitungen zur Wandlungsfähigkeit, welche einmal mehr eine menschliche Komponente hervorheben, der Mensch zwar betrachtet, aber als wesentlicher Faktor unterrepräsentiert ist. Vielmehr wird suggeriert, dass Mitarbeiter mit entsprechenden Anreizen und autoritärer Durchgriffsmacht grundsätzlich wandelwillig seien. Dass hier ein fundamentaler Irrtum vorliegt zeigen die vielen Ausführungen zu den Change-Management-Prozessen und die zahlreichen Praxisbeispiele gescheiterter Umstrukturierungsmaßnahmen. So ist es notwendig den Menschen bewusst in den Vordergrund zu rücken, wenn die Frage der strategischen Führung in wandlungsfähigen Cluster-Initiativen erarbeitet wird, denn ganz im Sinne Druckers geht es im Management im Allgemeinen und im Management interorganisationaler Beziehungen immer um Menschen, bestehen Organisationen doch aus Mitarbeitern, insbesondere aus ihrem Wissen, ihren Fähigkeiten und deren wechselseitigen Interaktionen. Insbesondere durch den Übergang zur Wissensarbeit sieht er die Verhältnisse zwischen Unternehmen und Menschen auf den Kopf gestellt, da Menschen für

747 Vgl. Giddens (1997), S. 81 ff., Staehle (1999), S. 70

748 Als Organisation wird hier denn auch eine Cluster-Initiative verstanden, denn wie in Kapitel 2 beschrieben hat sich neben den Unternehmen und Markt mit der Kooperation oder dem Netzwerk eine dritte Organisationsform ökonomischer Aktivität etabliert und zwar unabhängig von der Tatsache wie diese dritte Organisationsform genau betitelt wird. Darüber hinaus kann durch den Begriff der Autopoiese und der damit einhergehenden Differenzierung Organisation gekennzeichnet werden, als die Beziehungen zwischen Systembestandteilen, die das System als Einheit einer bestimmten Klasse konstituieren. Dagegen bezieht sich die Struktur auf die spezifische Art und Weise in welcher die Organisation des Systems realisiert ist. Vgl. Sydow/Duschek (2011), S. 14 sowie zur Autopoiese bspw. Maturana (1982), S. 141 f., Maturana/Varela (1987) wie auch Neumann (2012), S. 172 ff.

den Erfolg eines Unternehmens wichtiger und deshalb mächtiger als je zuvor werden.[749]

Zum begrifflichen Verständnis des Menschen (aus konstruktivistischer Sicht)

Die spezifische Sichtweise von Organisationen als funktionaler und zweckgerichteter Leistungsorganismus verleitet dazu, Menschen auf ihre betrieblich nutzbaren Leistungspotentiale zu reduzieren und sie als Leistungsträger formeller Arbeitsrollen zu betrachten. Produktionstechnisch wird damit menschliche Arbeitskraft als Produktionsfaktor in bestimmter Menge und Qualität, d. h. ein konkret definierbares Nutzungspotential, benötigt, wodurch der Mensch dem Leistungsprozess als Mittel zum Zweck (Objektstellung) dient. Anreize zur und Anpassungen an eine rollengemäße Ausführung werden dabei mittels eines sanktionierenden Führungsstils im Sinn von Belohnungen und Bestrafungen geschaffen.[750] Zugrunde liegt hier die Vorstellung eines nutzenmaximierenden (wirtschaftlich) handelnden Menschen als „homo oeconomicus".[751] Die Problematik eines derartigen Vorgehens, welches die komplexen Vorgänge verkürzt betrachtet und zu einer Entkleidung menschlicher Individualität führt, wurde vielfach aufgezeigt und resultierte in der Ausbildung neuer Menschenbilder, wie dem „homo socius"[752] oder dem „homo sustinens"[753], welche dem Objektverständnis vom Menschen als Produktionsfaktor entgegentreten und auf die Natur des Individuums fokussieren.[754] So wird zunehmend versucht auch im Unternehmenskontext den Menschen naturgemäßer zu betrachten, d. h. als ein Wesen, das sich als Persönlichkeit in das Unternehmen einbringt und seine berufliche Arbeit zunehmend als wichtigen Lebens- und Gestaltungsraum erlebt. Gerade in netzwerkartigen Organisationsformen, wie Cluster-Initiativen, zeigt sich dabei

---

749 Vgl. Edersheim (2007), S. 186 f.

750 Vgl. Kropp (2001), S. 103 ff.

751 Der Homo oeconomicus ist ein Menschenbild, dass ein rationales Handeln unterstellt, welches sich strikt an den eigenen Interessen ausrichtet und dabei stets dem ökonomischen Prinzip folgt. Vgl. z. B. Küpers/Weibler (2005), S. 22 f.

752 Der „homo socius" ist charakterisiert als ein soziales Wesen, das zur Überlebenssicherung einer ständigen Interaktion mit seiner Umwelt bedarf. Vgl. Berger/Luckmann (2010), S. 54

753 Das von Bernd Siebenhüner entwickelte Menschenbild berücksichtigt die evolutionäre (Triebe, Emotionen, Handlungsdispositione) und kulturelle (Bildung/Erziehung, Sozialisation, Kulturation) Bedingtheit des Menschen. Vgl. Siebenhüner (2001) sowie Reichel (2006), S. 110

754 Vgl. Küpers/Weibler (2005), S. 23

deutlicher als bei reiner Unternehmensbetrachtung, dass der Mensch hierbei als „innere Umwelt" der Organisation zu charakterisieren ist, da er niemals Teil des Systems Organisation wird, sondern nur als Mitglied in diesem interagiert und dadurch mit diesem gekoppelt ist.[755]

Damit wird direkt ein zentrales Merkmal sichtbar, welches in der Autonomie bzw. Autonomisierung lebender Systeme besteht, durch welche sie eine erhöhte Unabhängigkeit von ihrer Umwelt besitzen im Vergleich zu anderen Systemen.[756] Diese Autonomie bildet „gerade (…) die Grundlage der spezifischen Leistungen menschlicher Kognition, nämlich Konstitution von Wirklichkeit und damit die Möglichkeit, Handlungs-Planung zu betreiben, d.h. etwas zu tun, was noch keinen Nutzen für den Organismus hat."[757] Somit resultiert diese Autonomie nicht zuletzt aus der Selbstreferentialität[758] des Gehirns, welche wie jegliche Erkenntnisprozesse ausschließlich eine Selbst-Deutung des Gehirns darstellt.

Den kognitiven Prozessen von Individuen kommt damit aus konstruktivistischer Sicht eine besondere Bedeutung zu, da „Wirklichkeit", „Wissen" und „Wahrheit" nicht unabhängig von einem wahrnehmenden Individuum existieren können, auch wenn die Vorstellungen darüber nur in einer unspezifischen Weise „in ihnen" sind.[759] Damit sind kognitive Prozesse im Sinn von Wirklichkeitskonstruktionen allerdings von außen nicht steuerbar, sondern lediglich irritierbar,

---

755 Vgl. Kropp (1997), S. 77 ff.

756 Dies zeigt sich insbesondere im Vergleich zu Maschinen, welche fremd gemacht sind – nämlich von Menschen, um deren Zwecke zu verwirklichen – und heteronom funktionieren, d.h. den ihnen vorgegebenen Regelmäßigkeiten folgend. In diesem Sinn ist ihr Verhalten „trivial", da es mit großer Sicherheit vorhersagbar ist und eine Abweichung dessen als Fehlfunktion bezeichnet werden kann. Vgl. Hejl (2000), S. 41 f.

757 Roth (2003), S. 270

758 Selbstreferentielle Systeme verändern die Zustände ihrer Komponenten in operational geschlossener Weise. So sind „Wahrnehmung, Bewußtsein, Vorstellung, Erinnerung usw. Zustände, die nur dem kognitiven Gehirn als einem sich selbst erlebenden und beschreibenden System zugänglich sind." Roth (1991b), S. 366. Es ist gerade diese Selbstreferentialität welche das Gehirn der Menschen von allen bisherigen „lernenden" Computern unterscheidet und deren Lernfähigkeit auf Grund der Vorgabe von Regeln, nach denen sie zu lernen haben, außerordentlich eingeschränkt wird. Würden selbstreferentielle Computer gebaut werden, würden diese, nachdem sie begonnen haben, die Kriterien der Beurteilung eigenen Handelns selbst zu entwickeln, ein ähnliches Maß an Autonomie und Unvorhersagbarkeit wie Menschen erreichen. Vgl. Hejl (2005), S. 115, Roth (1991a), S. 148

759 Vgl. Schüerhoff (2006), S. 28 wie auch die dortige Literatur

wobei die spezifischen Folgen des Einflusses allein den eigenen Eigenschaften unterliegen und abhängig von der historischen Entwicklung des kognitiven Systems selbst sind.[760] Kognitive Systeme tendieren dabei dazu, in der Vergangenheit erfolgreiche Verhaltensweisen zu wiederholen, wodurch sie einen eher konservativen Charakter aufweisen.[761] Wahrnehmung und Gedächtnis sind damit untrennbar miteinander verbunden, denn Wahrnehmung vollzieht sich immer durch die „Brille" des Gedächtnisses und ist durch frühere Wahrnehmungen entscheidend beeinflusst.[762]

Das Gedächtnis ist hierbei nicht als ein Speichermodell zu verstehen, d.h. es ist kein Behälter, in den Wissen abgelegt und durch Erinnern wieder hervorgeholt werden kann, vielmehr stellt es sich als eine Art Produktionsmodell dar.[763] Somit handelt es sich bei Erfahrungen, Wissen und Wahrnehmungen um Prozesse, die zu Veränderungen des Systems führen, wodurch weiteres Handeln anders gestaltet werden kann als zuvor. So können neue Konnektivitäten der Komponenten entstehen oder auch im Sinne eines „Vergessens" aufgelöst bzw. verändert werden. Genau hierin zeigt sich denn auch die entscheidende Leistung des Ge-

---

760 Vgl. Roth (2003), S. 272 ff., Schüerhoff (2006), S. 40, Hejl (2005), S. 118

761 Auf Grund der Selbstreferentialität müssen sie ihre Kriterien zur Bewertung der eigenen Aktivitäten selbst mit Hilfe früherer interner Bewertungen entwickeln. Lernen ist daher immer ein Lernen am Erfolg oder Mißerfolg, wobei die Kriterien für die Festlegung von Erfolg selbst wieder dem Lernen am Erfolg unterliegen. Vgl. Schüerhoff (2006), S. 40, Roth (1991a), S. 148

762 Vgl. Roth (1991a), S. 147

763 Das Gedächtnis als Speichermedium zu betrachten ist eine durchaus weit verbreitete Annahme, welche seine Plausibilität aus dem Erfolg der Computertechnik sowie älterer Vorstellungen erlangt. Hiermit ist die Auffassung verbunden, dass das Gespeicherte unversehrt reproduziert werden kann, was impliziert, dass das zu Erinnernde bezüglich seiner Veränderbarkeit zu standardisieren ist. Damit findet keine Unterscheidung von Wissen, welches relativ unverändert bleiben sollte sowie von Wissen, das Veränderungen unterworfen sein kann statt, wodurch es in der Anwendung von lebenden Systemen zu einer scharfen Trennung zwischen Gedächtnis und Kognition kommt. „Würde man nämlich das Gehirn ernsthaft mit einem dieser Systeme der Speicherung von Dokumenten vergleichen und den Unterschied nur im Ausmaß seiner Speicherleistung und nicht in der Qualität seiner Arbeitsprozesse sehen, dann erforderte eine solche Theorie einen mit kognitiven Kräften ausgestatteten Dämon, der das gewaltige Speichersystem durcheilt, um die Informationen für den Träger des jeweiligen Gehirns herauszuziehen, die dieser für sein Überleben braucht." von Foerster (1991), S. 59. Für eine ausführliche Diskussion der Thematik des Gedächtnisses als Speichermodell siehe Hejl (1991), S. 297 ff., von Foerster (1991), S. 58 ff. Vgl. Reichel (2006), S. 137, Hejl (1991), S. 325 ff.

hirns, denn was erinnert werden kann, muss gegenwärtig nicht gewusst werden, zumal die Aktivierung von „Wahrnehmungsproduktionsketten" auf Grund von Ereigniseigenschaften ausreichend ist, um mit einer sehr hohen Geschwindigkeit die Wahrnehmung als Ergebnis einer historisch ausgebildeten Konnektivität zu konstruieren.[764]

> Somit ist das Gedächtnis „entscheidend für die Fähigkeit (i) sowohl überhaupt etwas Neues wahrzunehmen als auch (ii) die ständige Wiederkehr des Immergleichen (…) zu erleben."[765]

Die identische Reproduktion von Praktiken über Raum und Zeit hinweg bedarf und ermöglicht zugleich Reflexivität. Reflexivität ist daher nicht nur als Selbstbewusstsein zu verstehen, sondern bezieht sich vielmehr auf einen fortlaufenden Prozess, mit dem Individuen ebenfalls steuerenden Einfluss auf das gesellschaftliche Leben ausüben. So stellt gerade die spezifisch reflexive Form der Bewußtheit von Individuen, die am tiefsten in die rekursive Regulierung sozialer Praktiken eingebundene Komponente dar.[766] Damit kommt dem Gedächtnis eine entscheidende, wenn nicht gar die zentrale Rolle bei der Entwicklung und Ausgestaltung der Identität zu. So gibt es ohne Gedächtnis keine Unterscheidung zwischen Selbst und Nicht-Selbst, zwischen gestern, heute und morgen.[767] Diese historische Entwicklung lässt sich auch als psychische Prägung kennzeichnen und weiter ausdifferenzieren, wobei im Rahmen dieser Arbeit Vereinfachungen dahingehend vorgenommen werden, dass auf die Interventionsmöglichkeiten der Führung auf der Ebene des Individuums abgezielt wird.

Psychische Prägung von Individuen und deren Bedeutung für die strategische Führung

Die psychische Prägung des Menschen umfasst alle Vorgänge und kognitiven Prozesse, die zur Aufnahme und Verarbeitung von wertneutralen und wertgeladenen Informationen beitragen. Kernelemente der psychischen Prägung sind Werthaltungen und Einstellungen, wobei insbesondere erstere sich im

764 Es wird dabei eine Beziehung zwischen Ereigniseigenschaften und Wahrnehmung unterstellt, die darauf basiert, dass Ereignisse aus Sicht des Systems als mit früheren Ereignissen „gleich" identifiziert werden. Dabei handelt es sich jedoch nicht um objektivisitische Abbildungen, da dies nicht impliziert, dass das Wahrnehmungsergebnis hierduch determiniert wird. Vgl. Hejl (1991), S. 327, Reichel (2006), S. 138

765 Reichel (2006), S. 137

766 Vgl. Giddens (1997), S. 53

767 Vgl. Reichel (2006), S. 137

Rahmen automatischer Wirklichkeitsakzentuierungen der Primärsozialisation ausbilden. Dies impliziert, dass Werthaltungen als eine Form allgemeiner Bewertungsmaßstäbe angesehen werden können, die Individuen während ihres Heranreifens zu Mitgliedern der Gesellschaft internalisieren und somit fest in ihrem Bewusstsein verankern.[768] Diese bilden den Rahmen für Einstellungen, welche sich immer auf ein Objekt, eine Maßnahme oder eine konkrete Fragestellung beziehen und sich im Rahmen der eigenen Identität, aber auch durch spätere Erfahrungen im Rahmen der Sekundärsozialisation ausbilden. Dieser Prozess ist niemals vollständig abgeschlossen und damit stets veränderbar, auch wenn teilweise besondere (pädagogische) Maßnahmen notwendig sind, um den „Affektdruck" zu verstärken und die Aufmerksamkeit des Individuums zu erhöhen.[769] Somit können Einstellungen durch eine kognitive und affektive Disposition gekennzeichnet werden, wobei es von der konkret zu beurteilenden Fragestellung abhängt, welchem Bereich ein höherer Stellenwert beigemessen wird und wie das Zusammenspiel der Komponenten sich gestaltet. Mittels einer Dissonanzverarbeitung versucht das Individuum Diskrepanzen zwischen den beiden Bereichen zu reduzieren.[770]

Zwei weitere Elemente der psychischen Prägung, die auch wesentlich die Einstellungen prägen, sind die Kenntnisse und Interessen eines Individuums. Kenntnisse werden hierbei gerne mit Wissen gleichgesetzt und umfassen alle wertneutralen Informationen, über die ein Individuum verfügt. Sie dienen als Grundlage für die kognitive Disposition und können in Faktenwissen und Wissen um Kausalzusammenhänge eingeteilt werden. Die Interessen beziehen sich demgegenüber auf die Werteebene und spiegeln die Wichtigkeit bestimmter Aspekte für das Individuum wieder. Vereinfacht manifestiert es sich in Objektinteressen, welche sich auf Besitz- oder Verwendungswünsche beziehen, sowie in Eigenschaftsinteressen, die sich darin zeigen, welche Wichtigkeit ein Individuum bestimmten Objekteigenschaften beimisst.

---

768 Vgl. Berger/Luckmann (2010), S. 141 ff.

769 „Affektdruck" bezieht sich hierbei auf Emotionen, Gefühle und Stimmungen und zielt auf die untrennbare Verwobenheit zwischen affektiven und kognitiven Prozessen ab. Somit beeinflussen Affekte sämtliche individuelle Verhaltens- und Denkweisen und damit die Wirklichkeitskonstruktionen eines Individuums. Vgl. Schüerhoff (2006), S. 51 f.

770 Kognitiv bezieht sich dabei auf die Gedanken und Überzeugungen in Bezug zum Einstellungsobjekt, wohingegen affektiv die emotionalen Reaktionen auf das Einstellungsobjekt darstellt. Vgl. Dyckhoff/Souren (2008), S. 21, Werth/Mayer (2008), S. 206

Insgesamt beeinflussen alle vier Elemente, d. h. Werthaltungen, Einstellungen, Kenntnisse und Interessen, gemeinsam die Verhaltensbereitschaften und Handlungsabsichten des Individuums. Diese Verhaltensbereitschaft, die sich beispielsweise in Kaufabsichten oder Verhaltensabsichten, wie der Nutzung öffentlicher Verkehrsmittel, der Abneigung gegenüber umweltschädlichen Produkten oder der Ablehnung autoritärer Herrschaftssysteme, zeigt, stellt die Ausgangsbasis für tatsächliche Handlungen dar.[771]

Gemäß den vorigen Ausführungen ist die konkrete Handlung dabei nicht nur ein Ergebnis kognitiver Prozesse, sondern wirkt selbst wieder auf die kognitiven Prozesse zurück, indem eine Bewertung des Verhaltens stattfindet, diese in die Wahrnehmungsprozesse integriert und hierdurch die Ausgangsbasis für neue kognitive Prozesse geschaffen wird. Menschliches Handeln ist damit wie auch menschliche Erkenntnis immer ein kontinuierlicher Verhaltensstrom, oder in den Worten GIDDENS eine durée, welcher sich nicht aus einem Aggregat oder einer Serie separater Intentionen, Gründe und Motive zusammensetzt, sondern eine Ontologie von Raum und Zeit als konsitutives Prinzip sozialer Praktiken unterstellt.[772]

Abb. 4.1: Individuelle Ebene[773]

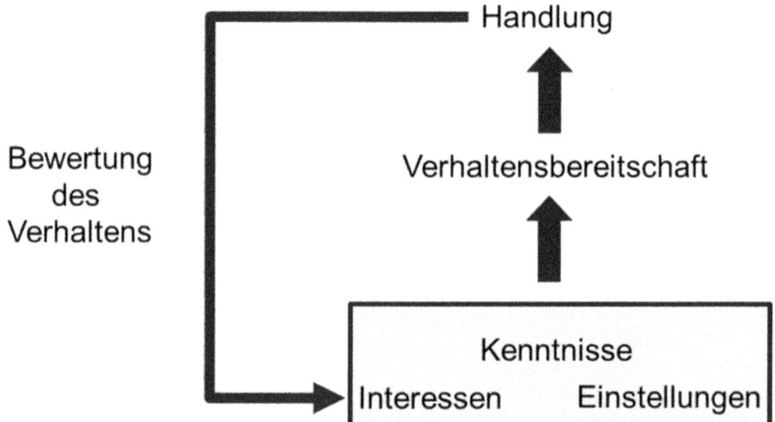

771 Vgl. Dyckhoff/Souren (2008), S. 21, Macharzina/Wolf (2015), S. 52

772 Giddens (1997), S. 53

773 Quelle: Eigene Darstellung

Für die strategische Führung ergeben sich hieraus interessante Möglichkeiten, denn die enge Verknüpfung zwischen den aufgezeigten Elementen der psychischen Prägung zeigt, warum eine Fokussierung auf Informationen häufig nicht die gewünschten Erfolge bringt. Vielmehr müssen auch Werte, Einstellungen und Interessen berücksichtigt werden, um auf Handlungsabsichten und tatsächliche Handlungen einzuwirken. Dies heben auch Macharzina und Wolf hervor, indem sie den Ergebnissen der Werteforschung eine große Bedeutung zur Schließung der Wissenslücke beimessen, da auf Grund des Umweltbezuges die Tendenz zum (psychologischen) Reduktionismus verhaltenswissenschaftlicher Ansätze überwunden werden kann.[774] So haben Werte und Einstellungen als Grundkonstanten menschlichen Handelns insofern eine hohe Relevanz als sie die gegenwärtigen und künftigen Bedürfnisstrukturen organisationsinterner und -externer Interaktionspartner prägen. Hierdurch stellen sie auch für die Führung der Organisation nicht zu vernachlässigende Elemente dar, da diese die Aufgabe hat, längerfristige Entwicklungstrends mit organisationsinternen und -externen Faktoren in Übereinstimmung zu bringen. Dabei ist es wichtig zu berücksichtigen, auf welche Einstellungen Bezug genommen werden soll, denn affektiv basierte Einstellungen lassen sich am ehesten durch die Erzeugung bestimmter Emotionen beeinflussen, wohingegen sie sich durch rationale Argumente kaum verändern lassen. Dagegen können kognitiv basierte Einstellungen durch starke Argumente und entsprechende Verhaltensmaßnahmen verändert werden.[775] So sind es nicht nur die reinen Fakten, die das Entscheidungsverhalten maßgeblich beeinflussen, sondern auch die Sozialisation des Menschen wie auch dessen Emotionalität.

4.1.2 Die Interaktionsebene

In seinen bahnbrechenden Experimenten entdeckte Giacomo Rizzolatti die neurobiologische Grundlage dafür, dass es so etwas wie eine neurobiologische Resonanz gibt, wodurch in weiteren Untersuchungen soziale Interaktionen als die bedeutendste Quelle von Signalen für Menschen identifiziert werden konnten.[776] Dass es sich bei zwischenmenschlichen Beziehungen jedoch nicht nur um eine kulturelle Lebensform handelt, auf die zur Not auch verzichtet werden könnte, sondern dass diese eine essentielle Bedeutung auch auf der körperlichen Ebene haben, ist spätestens seit der Entdeckung der Spiegelneuronen[777], welche das

774 Vgl. Macharzina/Wolf (2015), S. 52
775 Vgl. Werth/Mayer (2008), S. 207 f.
776 Vgl. Bauer (2007), S. 21 ff., Bauer (2008), S. 13 ff.
777 Vgl. Rizzolatti u. a. (1996), Rizzolatti/Craighero (2004)

neurobiologische Format für Austausch- und Resonanzphänomene darstellen, nicht von der Hand zu weisen.[778] Mit den Spiegelneuronen besitzt die menschliche Gehirnstruktur spezialisierte Systeme, die auf Beziehungsaufnahme und Beziehungsgestaltung ausgelegt sind, und durch die ein gemeinsamer, überindividueller zwischenmenschlicher Bedeutungsraum erzeugt wird.[779] Diesen Resonanzphänomenen kommt nicht nur im privaten Bereich eine besondere Bedeutung zu, sondern sie stellen auch in Politik und Wirtschaft ein Mittel zur Beeinflussung dar. So können sie insbesondere im beruflichen Führungsverhalten maßgeblich über Erfolg oder Misserfolg entscheiden.[780] Gleiches gilt auch wenn Lern- und Veränderungsprozesse in Organisationen und Gesellschaft beobachtet werden. So zeigt sich vor allem in der Untersuchung von sozialen Gruppen oder in einer Zweierbeziehung, dass Ungleichgewichte in der wechselseitigen Einstimmung auf die Stimmungen und Absichten der bzw. des jeweils anderen auf Grund eines Machtgefälles zu den häufigsten Konfliktursachen gehören. Dabei sind fehlendes Einfühlungsvermögen und Empathiedefizite eine bedeutende Ursache für inkompetentes Führungsverhalten sowie häufig verantwortlich für die großen Probleme in ineffizienten Teams.[781] Obwohl also Interaktionen als ureigenste menschliche Bedürfnisse charakterisiert werden können, die auch im Organisationskontext im Allgemeinen und im Führungskontext im Speziellen eine überaus wichtige Rolle spielen, fanden diese in den bisherigen Ansätzen allenfalls am Rande des Personalmanagements, nicht jedoch in Bezug auf die strategische Führung eine entsprechende Anwendung. Bei den Überlegungen zu einem Konzept strategischer Führung in interorganisationalen Beziehungen muss dieser Aspekt auf Grund der herausgestellten besonderen Relevanz von Interaktionen einbezogen werden, und es stellt sich die Frage, welche Erkenntnisse hieraus abgeleitet werden können.

Interaktionen als soziale Systeme

In einem ersten Schritt sind ***soziale Interaktionen*** gekennzeichnet durch wechselseitige Beziehungen zwischen zwei oder mehr Personen, deren Aktionen und Reaktionen abwechselnd als Ursache und als Wirkung auftreten können.[782] Wesentlich ist dabei, dass die Interaktionen zunächst „neutral", d.h. die Einflussbeziehungen

778 Vgl. Bauer (2007), S. 166

779 Vgl. Gallese (2003), S. 517

780 Vgl. Bauer (2007), S. 7

781 Vgl. Bauer (2007), S. 148 f., Ebling u.a. (2012), S. 35 f.

782 Interaktion kann daher als eine spezifische Art der Kommunikation angesehen werden, die über den materiellen Aspekt der Informations- bzw. Nachrichtenüber-

prinzipiell gleichwertig, sind. Erst die unterschiedlichen Beeinflussungspotentiale wie Persönlichkeitsmerkmale, Fähigkeiten oder organisatorische Macht- und Statusattribute einerseits und auf der anderen Seite das Ausmaß, in welchem es gelingt, die Beeinflussungsaktionen der entsprechenden Situation anzupassen, Zielvereinbarungen zu erwirken sowie individuellen und gemeinschaftlichen Erwartungen zu entsprechen, führen zu symmetrischen oder asymmetrischen Interaktionsstrukturen, welche eine Gleich- oder eine Über- bzw. Unterordnung bewirken.[783] Das entscheidende Element der Interaktion stellt also die wechselseitige Beziehung dar, wodurch sich Individuen nicht nur wechselseitig wahrnehmen, sondern dieses Wahrnehmen auch für das Verhalten der Personen von Bedeutung ist.[784]

Hierdurch wird impliziert, dass die unterstellte Reaktion des Gegenübers immer bereits Teil der eigenen kommunikativen Handlung ist.[785] Damit ist es für das lebende System jedoch nicht länger möglich, mittels einer einseitigen Veränderung der Zustände verlässliche Vorhersagen über das Umweltverhalten zu erhalten. Vielmehr besteht die Notwendigkeit in einem Prozess wechselseitiger Interaktion und damit wechselseitiger Veränderung eine partielle ***„Parallelisierung"*** der interagierenden, kognitiven Systeme herbeizuführen. In dem Ausmaß, in dem eine derartige Parallelisierung gelingt, d. h. in dem sich vergleichbare Realitätskonstrukte ausgebildet haben, sind soziale Bereiche entstanden. So wird im Rahmen dieser Arbeit ein soziales System verstanden als die Menge von Individuen, die eine gemeinsame Wirklichkeitsfestlegung oder –konstruktion ausgebildet bzw. übernommen haben und mit Bezug auf diese direkt oder indirekt interagieren.[786] Die Fokussierung auf das soziale System ermöglicht dabei auch die Betrachtung indirekter Interaktionen verteilter Teams, in welchen nicht länger die physische Anwesenheit der beteiligten Akteure ausschlaggebend ist. Dies ist vor dem Hintergrund veränderter Wettbewerbsumfelder und Entwicklungen auch im Kontext von Netzwerken und Cluster-Initiativen bedeutend. Soziale Systeme konstituieren sich dadurch, dass einzelne Individuen einen Bereich synreferentiellen Denkens, Kommunizierens und Handelns ausbilden und in Bezug auf diesen interagieren.[787]

---

mittlung hinausgeht und eine Form des sozialen Handelns darstellt. Vgl. Staehle (1999), S. 309

783 Vgl. Macharzina/Wolf (2015), S. 584 f.

784 Vgl. Schüerhoff (2006), S. 130 wie auch die dortige Literatur

785 Vgl. Markowitsch/Welzer (2005), S. 181

786 Vgl. Hejl (1991), S. 303 ff.

787 Infolge dessen sind die Komponenten sozialer Systeme durch eine Doppelmitgliedschaft gekennzeichnet insofern, dass sie die kognitiven Prozesse sowie Handlungs-

In diesem Sinn können soziale Systeme auch als ***synreferentielle Systeme*** verstanden werden, da sich alles systemische Handeln und seine Veränderungen auf die sozial erzeugten und elaborierten Wirklichkeitskonstrukte sowie die zugeordneten Handlungsprogramme bezieht.[788] Die „Parallelisierung" stellt dabei für das betreffende soziale System die fundamentale Gemeinsamkeit in Bezug auf die zugeordneten Handlungsprogramme und häufig auch Normen dar. Auch oder gerade für soziale Systeme gilt, auf Grund der hohen Komplexität, dass das Verhalten nicht auf das, isolierter Komponenten zurückgeführt werden kann, sondern als ein eigenständiges System betrachtet werden muss. Soziale Systeme, insbesondere im Unternehmenskontext, sind dabei gekennzeichnet durch eine Selektivität sowie eine relative Unabhängigkeit, d. h. dass in der Regel nicht alle Mitglieder miteinander interagieren. Vielmehr zeigt sich, dass neben zufälligen oder unbedeutenden Interaktionen sich im Zeitverlauf ein relativ stabiles Interaktionsmuster ausbildet, welches meist nach Personen und/oder Themen strukturiert ist und als die Organisation des sozialen Systems charakterisiert werden kann. Die Systemorganisation dient hierbei der selektiven Aktivierung einzelner Komponenten und deren, auf Grund ihrer Eigendynamik, möglichen Verhaltensweisen. Dies impliziert, dass zur Erzeugung eines spezifischen Verhaltens, dieses von den entsprechenden Einheiten auf Grund ihres jeweils gegebenen Zustandes und ihrer Eigendynamik produzierbar sein muss. Dabei ist die tatsächliche Verhaltenserzeugung häufig von Auslösern außerhalb der betreffenden Einheit, d. h. aus der Umwelt, abhängig, wodurch ein endloser „Tanz" zwischen Handlungsauslösung durch die Umwelt sowie der Festlegung möglicher Auslöser durch die Dynamik der Einheit selbst entsteht.[789]

Interaktionen setzen sich demnach nicht aus einzelnen, klar voneinander trennbaren Handlungen zusammen, sondern sie werden durch ein diskursives Moment der Aufmerksamkeit auf die ***durée*** durchlebter Erfahrungen konsti-

---

und Verhaltensweisen in Bezug auf einen synreferentiellen Bereich definieren, dabei jedoch Teilprozesse des kognitiven Systems eines Individuums darstellen, wodurch eine enge Kopplung mit anderen Teilprozessen besteht. Auf Grund dessen kommt es auch zu Interaktionen zwischen den unterschiedlichen synreferentiellen Bereichen, weshalb soziale Systeme einerseits direkte Interaktionen wie auch indirekte Interaktionen über die Mehrfachmitgliedschaft in verschiedenen Sozialsystemen beinhalten. Vgl. Hejl (1991), S. 303 ff.

788 Vgl. Hejl (1991), S. 303 ff.

789 Vgl. Hejl (1991), S. 306 f.

tuiert.[790] Dies impliziert, dass Interaktionszusammenhänge neben der reflexiven Handlungssteuerung auch immer routinemäßig die Kontrolle des Bezugsrahmens der Interaktion einschließen. Das heißt, Akteure steuern nicht nur kontinuierlich den Fluß ihrer Aktivitäten im Sinn eines integralen Bestandteils des Alltagshandelns, sondern kontrollieren ebenfalls die sozialen und physischen Aspekte des Kontextes, in dem sie sich bewegen.[791] Auf diese Weise reproduzieren Akteure in und durch ihre Handlungen die Bedinungen, die ihr Handeln ermöglichen.[792] Die Rationalisierung des Handelns bildet dabei die grundlegende Basis für die wechselseitige Beurteilung der generalisierten „Kompetenz" seitens der Akteure. Menschliche Akteure sind daher nicht nur in der Lage, ihre eigenen Aktivitäten und die von anderen, in der Regelmäßigkeit des Alttagshandelns, zu beeinflussen, sondern auch auf der Ebene diskursiven Wissens diese „Steuerung zu steuern". Zur Produktion und Reproduktion von Interaktionen greifen die Akteure hierbei auf die gleichen Wissensbestände zurück, die sie auch zur Begründung verwenden. Somit inkorporieren sie mit Hilfe von Interpretationsschemata, die in den Wissensbeständen der Akteure vorhanden sind und zur Aufrechterhaltung der Kommunikation reflexiv angewandt werden, räumliche und zeitliche Eigenschaften von Begegnungen in Prozessen der Sinnkonstitution. Dies impliziert, dass die Kommunikation von Sinn, wie alle Aspekte der Handlungskontextualität, nicht bloß als ein Geschehen „in" Raum und Zeit angesehen werden darf.[793] Viel bedeutender ist der ***wechselseitige Prozess des Interpretierens***, denn hierbei geht es darum, Denkstrukturen offenzulegen, so dass diese mit anderen Denkstrukturen konfrontiert und Sinn gestiftet werden kann.[794] Somit stellt die Interpretation ein

790 Interaktion ist insofern nicht als eine einmalige Aktion zu verstehen, sondern stellt eine Art von Austauschprozess dar, bei welchem Aktivitäten und Interaktionen zu weiteren Aktivitäten und Interkationen bzw. zu deren Beeinflussung führen und so die Anschlussfähigkeit garantieren. Vgl. Giddens (1997), S. 54, Staehle (1999), S. 45 f.

791 Vgl. Giddens (1997), S. 54 f. Zur Veranschaulichung kann auch die Vorstellung von zwei Sichtweisen, einer externen und einer internen, hilfreich sein. Die externe Sichtweise umfasst dabei die Elemente Aktivität, Interaktion und Empfindungen und ermöglicht es dem sozialen System, z. B. einer Gruppe, in einem bestimmten Umfeld zu überleben. Demgegenüber bezieht sich die interne Sichtweise auf das System, dass sich unbeeinflusst von außen durch die Interaktionen zwischen den Individuen, genauer den kognitiven Systemen, mit ihren jeweiligen Werten, Einstellungen und Bedürfnissen entwickelt. Vgl. Staehle (1999), S. 45 f. wie auch die dortige Literatur

792 Vgl. Giddens (1997), S. 52

793 Vgl. Giddens (1997), S. 82

794 Vgl. Kieser (2002), S. 298

Mittel zur Steuerung und zur Generierung von Handlungen dar und bildet einen zentralen Bestandteil von Interaktionen.[795] „Es ist erforderlich, sich am Gegenüber auszurichten, ihm anzuzeigen, wie er sich zu verhalten hat, und das Anzeigen der anderen Person aus deren Perspektive zu interpretieren, um herauszufinden, wie man sich selbst verhalten sollte."[796]

LUHMANN prägt in diesem Zusammenhang auch den Begriff der doppelten Kontingenz unter welchem subsumiert wird, dass zwei Systeme, die miteinander in Kontakt treten, ihr jeweiliges Verhalten aufeinander abstimmten müssen, ohne dieses jedoch exakt kalkulieren zu können.[797] Als stabilisierendes Element treten hier Erwartungen in Erscheinung, denn je klarer es ist, was die Systeme voneinander erwarten können, desto wahrscheinlicher wird die Vorhersagbarkeit des Verhaltens. Somit wird die wechselseitig gesicherte Erwartbarkeit, auch Erwartungserwartungen genannt, zum Schöpfungsmedium des Sozialen.[798] Eine Interaktion ohne wechselseitige Interpretation und Erwartung ist selbstverständlich möglich, jedoch handelt es sich hierbei eher um eine reflexartige Reaktion ohne Nachdenken durch welche kein soziales System im hier verstandenen Sinn erzeugt wird. Übertragen auf den Organisationskontext zeigt sich somit, dass Organisationen als soziale Systeme charakterisiert werden können, wenn sich den in ihr Interagierenden die Möglichkeit bietet, an der Realitätskonstruktion teilzuhaben, welche zur Grundlage von Organisationsentscheidungen gemacht wird. Existiert eine solche Möglichkeit nicht oder wird diese von einzelnen Akteuren nicht wahrgenommen, bilden sie kein soziales System, sondern arbeiten lediglich für ein solches.[799] Eine interaktionsorientierte Sichtweise im Organisationskontext bietet daher die Möglichkeit, auch Phänomene wie innere Kündigung, Engagement etc. einzubeziehen und näher zu beleuchten sowie den Fokus auf ungenutzte Potentiale insbesondere hinsichtlich des Aufbaus und der Nutzung

795 Vgl. Blumer (1981), S. 83 f.

796 Kieser (2002), S. 289

797 Kontingenz bezeichnet dabei grundsätzlich ein gewisses Maß an Unvorhersehbarkeit, Offenheit und Unwahrscheinlichkeit durch welche soziale Situationen charakterisiert werden können. „Kontingenz ist etwas, was weder notwendig ist noch unmöglich ist; was also so, wie es ist (war, sein wird), sein kann, aber auch anders möglich ist. Der Begriff bezeichnet mithin Gegebenes (Erahrenes, Erwartetes, Gedachtes, Phantasiertes) im Hinblick auf mögliches Anderssein." Luhmann (1984), S. 152, vgl. auch Schweiger (2012), S. 21

798 Vgl. Luhmann (1984), S. 154 ff., Martens/Ortmann (2006), S. 439 f., Schweiger (2012), S. 21

799 Vgl. Maturana/Varela (1980), S. 17 f.

von Sozialkapital zu richten. Dies ist umso wichtiger in Cluster-Initiativen, da hier Beziehungs- und Sozialkapital aufzubauen und zu nutzen ist, ohne jedoch ein verbindliches formales Verhältnis, wie z. B. ein Arbeitsverhältnis, vorweisen zu können. So sind es vor allem die Betrachtung gesellschaftlicher Prozesse, die sich durch soziales Handeln konstituieren, sowie gesellschaftliche Strukturen, deren Entstehung und Dynamik auf die Wechselwirkung von Handlungen bezogen werden können, durch welche sich die interaktionsorientierte Sichtweise auszeichnet.[800]

4.1.3 Organisationale Ebene

Nicht nur auf der Ebene der Individuen spielt das Gedächtnis eine herausragende Rolle, wenn es um die Bedeutung der Einordnung neuer Erfahrungen, Handlungen und Sichtweisen geht, auch auf der organisationalen Ebenen kommt diesem Aspekt besondere Bedeutung zu bei der Generierung einer Wandlungsfähigkeit[801] und der damit verbundenen Notwendigkeit neues Wissen zu erwerben wie auch zu verarbeiten. Wandlungsfähigkeit bezieht sich dabei einerseits auf die eine strukturelle Wandlungsfähigkeit, welche sich auf Organisation sowie Technologie erstreckt und durch moderne Informations- und Kommunikationsstrukturen geprägt ist.[802] Andererseits findet eine aktive Einbindung der Akteure und ihrer Kreativität und Innovationsfähigkeit statt, denn letztlich stellen Organisationen Systeme höchster Ordnung dar, in welchen Menschen freiwillig ihr Wissen, ihre Fähigkeiten und ihren persönlichen Einsatz zu einem gemeinsamen Vorhaben einbringen und damit Wandel initiieren und gestalten können.[803]

Hierin ist denn auch die Abgrenzung zur Flexibilität zusehen, denn diese impliziert einen vordefinierten und begrenzten Umfang an Veränderungsmöglichkeiten und stellt damit auf passiv-reaktive Handlungsoptionen ab.[804] So kann ein

800 Vgl. Bellmann/Hippe (1996), S. 9, Reichel (2006), S. 61 f.

801 In der Literatur werden neben Wandlungsfähigkeit auch Schlagworte wie Fortschrittsfähigkeit, Entwicklungsfähigkeit, Anpassungsfähigkeit und Flexibilität verwendet, vgl. hierzu bspw. Klimecki u. a. (1993), S. 25, Haas (1997), S. 1, Malik (1996), S. 80

802 Vgl. Westkämper/Zahn (2009), S. 13

803 Vgl. Westkämper u. a. (2000), S. 25, Tilebein u. a. (1998), S. 219, Reinhart (1999), S. 14, Gagsch (2002), S. 116

804 Vgl. Reinhart u. a. (1999), S. 21, Volberda (1998), S. 203 ff., Kaluza/Blecker (2005), S. 5. Z.T. wird Flexibilität auch ähnlich des Wandlungsfähigkeitsbegriffs der vorliegenden Arbeit definiert, z. B. als ‚Metaflexibilität', vgl. Volberda (1998), S. 197 f. oder als ‚strategische Flexibilität', vgl. Burmann (2001), S. 170 f.

System als flexibel bezeichnet werden, „wenn es im Rahmen eines prinzipiell vorgedachten Umfangs von Merkmalen sowie deren Ausprägungen an veränderte Gegebenheiten reversibel anpassbar ist".[805] VOLBERDA beschreibt Flexibiltät in Bezug auf Managementhandeln als „the degree to which an organization has a variety of managerial capabilities and the speed at which they can be activated, to increase the control capacity of management and improve the controllability of the organization".[806]

Im Gegensatz dazu unterliegen wandelbare Systeme, welche in passiv wandelbare und aktiv wandelbare Systeme unterschieden werden können, dieser Einschränkung nicht.[807] Sie sind über ein gewisses Flexibilitätsspektrum hinaus auch an zukünftige Anforderungen anpassbar, welche zum Zeitpunkt der Systemspezifikation noch nicht umfassend bekannt waren.[808] „Ein System wird somit dann als wandelbar bezeichnet, wenn sein Verhaltensspektrum durch eine systemextern vorgenommene Anpassung des Umfangs an Merkmalen sowie deren Ausprägungen auch an zunächst unbekannte Gegebenheiten veränderbar ist."[809] Wandel bezieht sich somit nicht länger nur auf Veränderungen in der Ausprägung des Systems, vielmehr ist auch das System an sich einem Wandel unterworfen.

In Abgrenzung zur Wandlungsfähigkeit beziehen wandelbare Systeme den Menschen oder im Sinn dieser Forschungsarbeit die individuelle Ebene nicht explizit mit ein und stellen so ein verkürztes Bild organisationalen Wandels dar. Insbesondere in komplexen Umfeldern ist für den Erhalt der Wettbewerbsfähigkeit jedoch eine permanente Innovations- und Wandlungsfähigkeit von Strukturen, Organisation und Technologie notwendig, wodurch die Interdependenz des gesamten Systems das entscheidende Kriterium darstellt.[810] Wandlungsfähige Systeme sind damit in der Lage sowohl reaktive Anpassungen als auch antizipative Eingriffe vorzunehmen, wodurch Systemveränderungen wie auch Umfeldveränderungen erwirkt werden können.[811]

---

805 Westkämper u. a. (2000), S. 24

806 Volberda (1996), S. 361

807 Vgl. Tilebein (2005), S. 31

808 Vgl. Westkämper u. a. (2000), S. 24, Gagsch (2002), S. 115 sowie Tilebein (2005), S. 32

809 Gagsch (2002), S. 115, vgl. dazu auch Westkämper u. a. (2000), S. 24

810 Interdependenz bedeutet, dass das Gesamtsystem nicht notwendigerweise eine Verbesserung erfährt, wenn eine spezifische Funktion oder ein Teil effizienter gestaltet wird. Vgl. Drucker (2009), S. 19 wie auch Westkämper/Zahn (2009), S. 9

811 Westkämper u. a. (2000), S. 25

Abb. 4.2: Definition von Wandlungsfähigkeit[812]

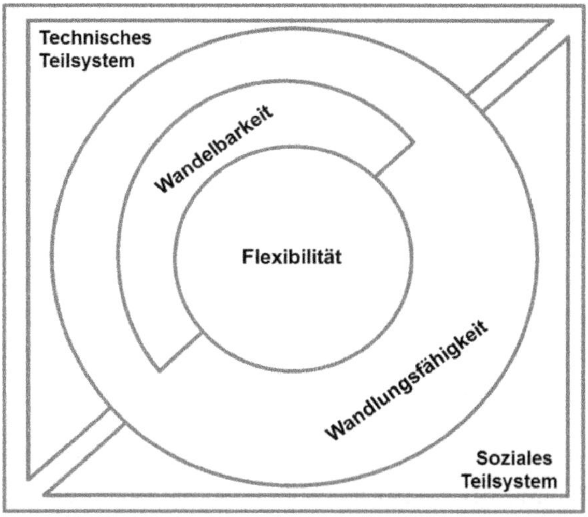

Abbildung 4.3 veranschaulicht den Zusammenhang zwischen Flexibilität, Wandelbarkeit und Wandlungsfähigkeit. Hierbei wird ersichtlich, dass es sich bei Wandlungsfähigkeit um ein umfassendes Veränderungspotential handelt, welches Flexibilität im Sinn reversibler Anpassungen an veränderte Umfelder und, soweit technische Ressourcen betroffen sind, auch deren Wandelbarkeit beinhaltet. Darüber hinaus ist auch die Reaktionsfähigkeit einer Organisation, sich an unvorhersehbare Veränderungen durch kreative Weiterentwicklung des Handlungsrepertoires eingeschlossen. Dies macht die Existenz eines sozialen Teilsystems in wandlungsfähigen Organisationen zwingend erforderlich.[813] Wandlungsfähigkeit umfasst damit die Eigenschaften eines Systems „aus sich selbst heraus über gezielt einsetzbare Prozess- und Strukturvariabilität sowie Verhaltensvariabilität" zu verfügen.[814]

Die Organisation selbst verfügt dabei nicht über eine eigene Wahrnehmungsfähigkeit, sondern kann nur das wahrnehmen, was ihre Mitglieder in die Kommunikation einbringen. Dies gilt ebenfalls für Cluster-Initiativen, welche als Organisation bezeichnet werden können und deren Mitglieder die Clusterakteure oder auch Clusterpartner sind. So stellen die Akteure der Cluster-Initiative das

---

812 Quelle: Westkämper u.a. (2000), S. 25

813 Vgl. Tilebein (2005), S. 32 sowie Zahn/Nowak (2005)

814 Westkämper/Zahn (2009), S. 14

konstitutive Element zur Weiterentwicklung der Organisation dar, denn erst ihre Kompetenzen ermöglichen und/oder begrenzen Organisationsoperationen.[815] „Es sind letztlich die Individuen, die (...) die kognitiven Leistungen erbringen, die (...) Bildung von Sozialsystemen ermöglichen.“[816] Dabei ist es jedoch notwendig, dass die Akteure einen synreferentiellen Bereich ausgebildet haben, auf den bezogen sie interagieren. Indem sie ihre Wirklichkeitsvorstellungen aneinander angleichen und Bezug nehmen auf eine gemeinsame Wissensbasis konstruieren sie das strategische Wissen einer Organisation.[817] So wird Bezug genommen auf den prozessualen Charakter von Organisationen, welcher auf die Interpretations- und Interaktionsaktivitäten der Einzelindividuen zurückzuführen ist.[818] Hieraus lässt sich ableiten, dass zwei Aspekten – dem organisationalen Gedächtnis wie auch dem organisationalen Lernen als Weiterentwicklung der Wissensbasis – eine besondere Bedeutung zukommen.

Organisationales Gedächtnis und gemeinsames mentales Modell

Wenngleich die einzelnen Konstrukte durch die kognitiven Fähigkeiten einzelner Individuen entstehen und mittels Interaktionen angeglichen werden, werden die Ergebnisse als Erfahrungen, Routinen, Regeln, etc. im Gedächtnis der Organisation festgehalten. Dieses ist dabei jedoch nicht im Sinn eines Speichermodells zu verstehen, vielmehr verkörpert sich das Wissen in den Erfahrungs-, Kognitions- und Handlungsmöglichkeiten der Mitglieder sowie im Rahmen ihrer Interaktionen. Ähnlich den Individuen erinnern sich auch Gemeinschaften durch die Aktivierung von Ereignissen entlang der organisationell vorhandenen Konnektivitäten, wodurch heterarchische Selbstregelungsprozesse eingeschlossen werden. Damit können zwei charakteristische Merkmale des organisationalen Gedächtnisses von Cluster-Initiativen und Netzwerken herausgestellt werden:[819]

- Gemäß, des sozialen Differenzierungsprozesses ist das Wissen partikular bei einzelnen Mitgliedern zu finden und nur teilweise als übereinstimmendes Wissen über alle Akteure verteilt.

815 Die Organisation ist damit vom Bewusstsein ihrer Mitglieder vollkommen abhängig und auf die Wahrnehmung ihrer Mitglieder angewiesen. Vgl. Martens/Ortmann (2006), S. 443, Kim (1993), S. 41, Prange (2002), S. 29

816 Hejl (1992), S. 192

817 Vgl. Schüerhoff (2006), S. 120

818 Vgl. siehe dazu Argyris/Schön (2002), S. 31, Weick (1991), S. 117, Daft/Weick (1984), S. 284 f.

819 Vgl. Hejl (1991), S. 324

- Das Gedächtnis ist in der zwischen ihnen bestehenden Organisation, d. h. der Cluster-Initiative, verkörpert.

Mittels Reflexion erhält die Organisation eine Selbstbeschreibung bzw. konstruiert eine organisationale Identität.[820] Hierfür ist es wesentlich, dass das soziale System, also auch die Organisation, in einem kommunikativen Prozess immer wieder reflexiv über sich selbst kommuniziert und dadurch einen Unterschied schafft zwischen dem System und der Umwelt, so dass sich eine organisationale Identität herausbildet.[821] Dies ist jedoch nicht als einmaliger Prozess zu verstehen, sondern stellt eine wiederholte Selbstthematisierung dar, welche über die Zeit zentrale Referenzpunkte der Organisation identifiziert, an denen sie sich orientiert. Somit können organisationale Identitäten als kollektiv geteilte Annahmen über die Organisation beschrieben werden, die als Phänomen auf der organisationalen Ebene durch die Kognitionen der Akteure konstituiert werden.[822] Kommunikation bezieht sich dabei zum einen auf Sprache, umfasst aber auch Symbole und Handlungen. Sie ist insbesondere dann erfolgreich, wenn der Empfänger die Bedeutung konstruiert, die der Sender beabsichtigt hatte. Hierdurch werden geteilte Wissensbestände und ein gemeinsames Verständnis zu kritischen Bedingungen erfolgreicher Kommunikation. Der Ausbildung eines synreferenziellen Bereichs kommt damit eine besondere Bedeutung zu, denn hierdurch wird eine gemeinsame Basis geschaffen die eine effiziente Kommunikation ermöglicht.[823]

Aus der Beschreibung lässt sich für interorganisationale Beziehungen ableiten, dass diese einer intensiven Kommunikation zwischen den Akteuren bedürfen, wenn sich ein gemeinsames Verständnis und in der Folge eine gemeinsame Strategie und Vision herausbilden sollen, wie es für professionelle Cluster-Initiativen gefordert ist. Dies impliziert jedoch zugleich die Ich-Beteiligung, das Engagement oder das Involviertsein und stellt damit eine enge Kopplung zur individuellen Ebene dar. Insbesondere wenn nicht auf andere Anreizmechanismen, wie bspw. monetäre Vergütungen, und hierarchische Durchgriffsmacht zurückgegriffen werden kann, erhält dieser Aspekt eine besondere Bedeutung. Somit bezieht sich die Führung nicht auf das direkte Eingreifen in Teilsysteme, sondern im Schaffen von Kontextbedingungen für ihr Verhalten im Sinn von Anregung, Moderation und Katalysation selbstorganisierender Prozesse.

---

820 Vgl. Scheidemann (2009), S. 89 ff.

821 Vgl. Luhmann (1990), 79 ff., 310 ff., 481 ff., Luhmann (2000), S. 72 und 417 ff.

822 Vgl. Cornelissen u. a. (2007), 5 f., Scheidemann (2009), S. 92

823 Vgl. Hejl (2000), S. 56

Die Verhaltensbeeinflussung erfolgt demnach indirekt und manifestiert sich beispielsweise in der Entwicklung von Leitbildern oder in der Schaffung geteilter Wert- und Normensysteme.[824]

Organisationales Lernen

Die Lernfähigkeit ist im Rahmen der Wandlungsfähigkeit ein zentrales Element und impliziert Lernen als Umstrukturierung der bestehenden Wissensbasis, womit Lernen bzw. die Aneignung und organisatorische Verankerung von neuem Wissen zur Voraussetzung eines kontinuierlichen Wandels wird.[825] In diesem Zusammenhang wurde auch der Begriff der lernenden Organisation geprägt.[826] Dementsprechend impliziert die „Vision der lernenden Organisation“ die interne Wandlungsfähigkeit und bestimmt so die Fähigkeit zur Selbsttransformation und permanenten Wiedererfindung. Darüber hinaus ist sie die Basis für neue Denkmuster und Verhaltensstrukturen, auf Grund derer neue gemeinsame mentale Modelle entwickelt werden können.[827]

Hierdurch kann die Annahme ausgeschlossen werden, dass lernende Organisationen nur eines gewissen Schulungs- und Trainingsaufwandes bedürfen, denn dadurch würde zwar ein gewisses Lernen vorangetrieben, nicht jedoch eine lernende Organisation, die flexibel auf unterschiedliche Situationen reagieren muss. So ist vielmehr die Förderung einer Lernkultur entscheidend, die es ermöglicht immer und überall sich anbietende Lernprozesse wahrzunehmen. Lernende Organisationen überprüfen demnach ständig sowohl ihre Innenwelt als auch ihre Umwelt auf Innovationen, neue Ideen, neue Probleme und neue Möglichkeiten und steigern damit die zukünftige Leistungsfähigkeit.[828] Die Wettbewerbsfähigkeit ergibt sich letztlich aus der zielbewussten Integration und Anwendung des durch das Lernen entwickelten Wissens, wodurch das Lernen zu einer grundsätzlichen Voraussetzung von Wettbewerberfolgen wird.[829] Cluster-Initiativen bieten hierbei auf Grund der Netzwerkstruktur und aktivitätenbezogener Zusammenarbeit einzelner Clusterakteure und des vorhandenen gemeinsamen Verständnisses wie auch der ausgebildeten Vertrauens-

---

824 In diesem Zusammenhang wird teilweise auch der Begriff der prozeduralen Führung verwendet, vgl. Kirsch (1997), S. 590 ff. wie auch Bamberger/Wrona (2012), S. 9 sowie Martignoni u. a. (2016)

825 Vgl. Müller-Stewens/Lechner (2016), S. 474

826 Vgl. Argyris/Schön (2002), Senge (1990)

827 Vgl. Senge (1990), S. 6 ff., Zahn u. a. (2000), S. 57 ff.

828 Vgl. Perich (1992), S. 179

829 Vgl. Kim (1993)

basis eine gute Möglichkeit Lernprozesse zu fördern und auf Veränderungen im Wettbewerbsumfeld zu reagieren. Die hiermit einhergehende Entwicklung von Einsichten, Wissen und kausalen Zusammenhängen zwischen vergangenen Handlungen und Entscheidungen, deren Effektivität sowie zukünftigen Entscheidungen stellt den Kernaspekt organisationaler Lernprozesse dar und dient gleichzeitig der Dokumentation des verfügbaren Wissens und Könnens im Sinn organisationaler Kompetenzen (vgl. Abb. 4.4).[830]

Abb. 4.3: Grundmodell des „organizational learning“[831]

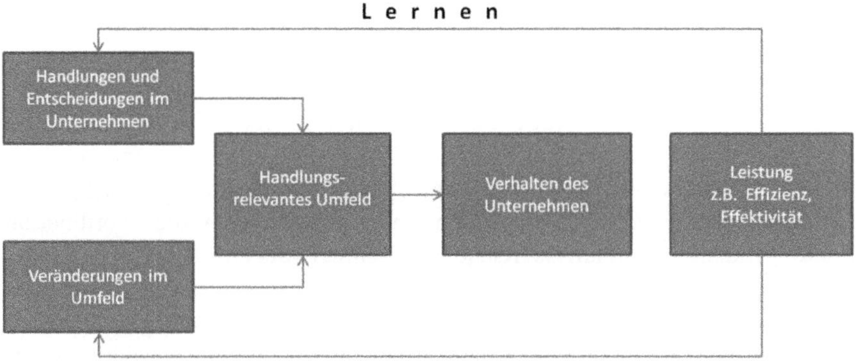

Im Gegensatz zu den Ansätzen des organisationalen Lernens, bei welchen jeweils effektive Handlungen und Entscheidungen für die Lernprozesse notwendig sind, heben die phänomenologischen Konzepte die Bedeutung managerieller Wahrhnehmungs- und Bewusstseinsprozesse hervor, wodurch sie eine besondere Relevanz in vorliegender Forschungsarbeit erlangen. „The human actor creates the environment to which the system then adapts."[832] Die Grundannahme stellt dabei, aufbauend auf dem Konstruktivismus, die konstruierte und mit Bedeutung gefüllte Welt dar.[833] Eine wesentliche Bedeutung spielen dabei die Erfahrungen und Prädispositionen, die in der Organisation bzw. den Köpfen der Akteure vorhanden sind. Sie fungieren als Perzeptionsfilter und bilden so einen selektiven kognitiven Bezugsrahmen zur Ermittlung von Problemen, Aufstellung des Lösungsraumes und Generierung daraus resultierender Handlungen.[834] In diesem Sinn wird auch

830 Vgl. Perich (1992), S. 179 sowie Fiol/Lyles (1985), S. 811
831 Quelle: In Anlehnung an Perich (1992), S. 180
832 Weick (1979), S. 64
833 Vgl. Perich (1992), S. 181
834 Vgl. Lawrence/Lorsch (1969)

der organisationale Wandel durch das Wahrnehmen von Veränderungen in der Umwelt und einen folgenden organsiationsweiten Bewusstseinswandel initiiert („con-struction and deconstruction of meaning").[835]

4.1.4 Implikationen für die strategische Führung in Cluster-Initiativen

Die Betrachtung der unterschiedlichen Ebenen zeigt an unterschiedlichen Stellen zunächst einmal, dass die Entwicklung von Organisationen im Allgemeinen wie auch Cluster-Initiativen im Speziellen durch intentionale Handlungen erzeugt wird. Allerdings handelt es sich dabei nicht um einen beabsichtigten Entwurf, auch wenn die Befriedigung von Bedürfnissen sowie die visionäre oder auch strategische Ausrichtung dies auf den ersten Blick vermuten lassen würden. Vielmehr ergibt sich die spezifische Ausprägung aus der durée wechselseitiger Interaktionen, welche sich jedoch beständig den Anstrengungen, diese unter eine bewusste Führung zu bringen, entziehen.[836] Dies zeigt sich insbesondere darin, dass bestimmte Beiträge und Funktionen nicht nur durch eine strukturgegebene Führung erbracht werden können, sondern andere Personen die Koordination interdependenter Handlungsbereiche übernehmen oder eine Selbstabstimmung der betroffenen Akteure erfolgt. Gerade in Cluster-Initiativen ist dies auch explizit gewünscht. Dabei „taucht" Führung dann „auf", wenn sich überlagernde Handlungsstrukturen entwickeln, die aus der Notwendigkeit einer Entscheidungskoordination erwachsen. Somit ist die Existenz von Führung in einem sozialen System nicht per se gegeben und grundsätzlich selbst erst einmal erklärungsbedürftig.[837]

Allgemein kann zunächst einmal festgehalten werden, dass Führung sich als ein Phänomen darstellt, bei dem Individuen als handelnde Akteure eingreifen.[838] Handeln bezieht sich dabei immer auf Ereignisse in einer gegebenen Verhaltenssequenz, bei denen ein Akteur auch anders hätte handeln können.[839] Hierdurch wird die Fähigkeit eingeschlossen, in die Welt einzugreifen bzw. einen solchen Eingriff zu unterlassen mit der Folge, einen spezifischen Prozess oder Zustand zu beeinflussen. Hierzu gehört auch die Entfaltung einer Reihe von Kausalkräften,

835 Vgl. Perich (1992), S. 182

836 Vgl. Giddens (1997), S. 79

837 Vor dem Hintergrund kybernetischer Denkkategorien wird hier auch gerne von „Controlling Overlayers" gesprochen. So wird von einem System interdependenter Akteure ausgegangen, welche Entscheidungen unter vielfältigen sozialen Beeinflussungen anderer Akteure treffen, wobei diese immer einer Koordination bedürfen. Vgl. Kirsch (1997), S. 108, Bamberger/Wrona (2012), S. 9 f.

838 Vgl. Macharzina/Wolf (2015), S. 37

839 Vgl. Giddens (1997), S. 60

die ebenfalls auf die Beeinflussung der von anderen entfalteten Kräfte abzielen und dabei maßgeblich von der Fähigkeit des Individuums abhängen, „einen Unterschied herzustellen“ zu einem vorher existierenden Zustand oder Ereignisablauf. Damit geht es darum, irgendeine Form von Macht auszuüben.[840]

Macht ist dabei nicht auf die Intention oder den Willen, gewünschte oder beabsichtigte Ergebnisse herbeizuführen, zu verstehen, sondern im Sinn eines umgestaltenden Vermögens dem Handeln inhärent. So „charakterisiert der Gebrauch von Macht nicht spezifische Verhaltensweisen, sondern ist vielmehr für jegliches Handeln typisch.“[841] Macht selbst stellt dabei keine Ressource dar und bedarf immer spezifischer Medien, durch welche Macht als Routineelement in der Realisierung von Verhalten ausgeübt wird.[842] Macht innerhalb sozialer Systeme bedarf geregelter Beziehungen von Autonomie und Abhängigkeit zwischen Akteuren oder Kollektiven in ihren sozialen Interaktionskontexten. Diese hierarchischen oder Herrschaftsstrukturen bringen jedoch nicht, wie insbesondere in der Organisationstheorie weit verbreitet, „fügsame Körper“ hervor, welche sich wie Automaten verhalten und sämtliche Anweisungen ausführen. Vielmehr werden durch derartige Beziehungen auf jeder Ebene der Abhängigkeit gewisse Ressourcen zur Verfügung gestellt, mit denen wechselseitige Beeinflussungen möglich werden, d. h. auch Mitgliedern stehen Möglichkeiten zur Verfügung, mit denen sie das Management beeinflussen können, wodurch eine Dialektik der Herrschaft impliziert wird.[843] Somit sind es nicht die hierarchischen Strukturen, welche in sozialen Systemen Macht und Führung ausdrücken, sondern die Übernahme von Verantwortung.

Verantwortung zu übernehmen ist nicht nur eine Frage der Stärke und des Mutes, sondern verlangt insbesondere spezielle Fähigkeiten wie eine ausreichende Wahrnehmung der Komplexität und ein weitergehendes Einfühlungsvermögen in die dort ablaufenden, hochvernetzten Prozesse. Dies gilt einmal mehr in interorganisationalen Beziehungen, da hier weitere Faktoren in die Betrachtung einbezogen werden müssen. Darüber hinaus verlangt es „aber auch eine Einsicht in die „Topologie“, die Beziehungsstruktur unseres eigenen Wissens, um den Wert und die Grenzen des eigenen Verständnisses beurteilen und die Genauigkeit und

840 Vgl. Giddens (1997), S. 65 f.

841 Giddens (1997), S. 67

842 Auch wenn insbesondere in der objektivistischen wissenschaftlichen Literatur gerne davon ausgegangen wird, so zeigt sich doch in der Praxis sehr deutlich, dass allein definierte hierarchische Strukturen keine „fügsamen Körper“ hervorbringen, die sich wie Automaten verhalten. Vgl. Giddens (1997), S. 67

843 Vgl. Giddens (1997), S. 66 f.

Verlässlichkeit einer Voraussage abschätzen zu können".[844] Verantwortung für Handlungen zu übernehmen beinhaltet daher neben der Explikation von Gründen auch die Benennung normativer Fundamente, welche zur „Rechtfertigung" herangezogen werden können. Somit liefert der Begriff der Verantwortlichkeit einen treffenden Ausdruck für die Überschneidung interpretativer Schemata und Normen.

Der interpretative Teil der Interaktion wurde bereits ausführlich erläutert und dessen Bedeutung herausgestellt. Die normativen Komponenten der Interaktion beziehen sich dagegen auf das, was von denjenigen „erwartet" wird, die an der Interaktion teilnehmen und stellt damit auf die Beziehung zwischen Rechten und Verpflichtungen ab.[845] Dabei ist es jedoch zwingend notwendig beide Teile, den interpretativen und den normativen, gemeinsam in einer interaktionstheoretischen Sicht zu betrachten, denn sonst besteht die Möglichkeit das soziale System vom Standpunkt des „gesellschaftlichen Objekts" zu betrachten und eine Betonung auf den alles durchdringenden Einfluss einer normativ koordinierten legitimen Ordnung im Sinne eines „Programmierens" des sozialen Verhaltens zu legen. Dies wiederum impliziert dann jedoch Menschen nicht als bewusst handelnde Subjekte anzuerkennen, welche den Strom ihrer gemeinsamen Interaktion steuern.[846]

In der gemeinsamen Betrachtung spiegelt sich eine Art Gedächtnis wieder, durch welches es ermöglicht wird, Handlungen einzubetten in einen sozialen Kontext und diesen als einen Rahmen wahrzunehmen. Die Bindung der Akteure beruht daher nicht mehr auf hierarchischen Anweisungen, sondern erfolgt mit Hilfe eines angestrebten Normenkonsens, welcher die Clusterakteure in die Lage versetzt, in einem wechselseitigen Prozess ein Bewusstsein der Identität und „Zweckhaftigkeit" zu entwickeln.[847] Dabei ist es auch erforderlich die Kontrollprozesse in Cluster-Initiativen von der engen Überwachung und technischen Kontrolle um Formen der Selbstkontrolle und sozialen Kontrolle sowie deren Integration zu ergänzen.[848] Damit verteilt sich aber einmal mehr die Führung auf

---

844 Dürr (1992)

845 Normen, insbesondere wenn es sich dabei um formelle Verhaltenscodes handelt, wie etwa jene in Gesetzbüchern, zeigen eine Art behaupteter Symmetrie zwischen Rechten und Verpflichtungen auf, wobei die einen die Rechtfertigung für die anderen liefern. Vgl. Giddens (1997), S. 83

846 Vgl. Giddens (1997), S. 83

847 Vgl. Macharzina/Wolf (2015), S. 113

848 Macharzina und Wolf haben hier ein Konzept des „Management of Context and Meaning" entwickelt um diesen Aspekt gezielt in die Managementlehre aufzunehmen. Vgl. hierzu Macharzina/Wolf (2015), S. 113 ff.

eine Vielzahl von Köpfen und die Frage nach der Notwendigkeit einer Führung verschärft sich.

Wodurch lässt sich also nun in einer interaktionsorientierten Sichtweise die Existenz der Führung in Cluster-Initiativen legitimieren? Der Fokus ist hier auf das verbindende Element der Führung zu richten. Dieses liegt gemäß der Dualität von Struktur, wie sie in Interaktionszusammenhängen zu finden ist, darin die Bewusstheit der Akteure mit den strukturellen Momenten sozialer Systeme zu koppeln und in einem wechselseitigen Austausch weiterzuentwickeln.[849] So ermöglicht die Führung als Bindeglied zwischen Organisations-, Umwelt- und Steuerungskonzept, den Wissenstransfer zwischen organisationaler, interaktionaler und individueller Ebene, wodurch ebenfalls ein lenkender Einfluss auf die Interaktionen und Prozesse in der Cluster-Initiative ausgeübt wird.[850]

Analog zu der Funktionsweise des Gehirns gilt es für spezifische Aufgabeninhalte begrenzte Vorstellungs- und Wahrnehmungsinhalte selektiv zu aktivieren, denn sonst würde eine effektive und effiziente Ausübung beeinträchtigt. Darüber hinaus müssen die an einer momentanen Wahrnehmung oder Vorstellung beteiligten Nervenzell-Netzwerke sich in einer zeitgleichen (simultanen), phasengleichen (synchronen), rhythmischen bioelektrischen Aktivität befinden, zu der sie sich über ihre Verbindung anregen.[851] Dabei verlässt das eine oder andere Teil-Netzwerk nach einem kurzen Moment des simultanen, gemeinsamen „Schwingens“ den aktiven Verband und einzelne neue Teil-Netzwerke schließen sich diesem an. Dies führt zur Produktion eines kontinuierlichen und sich zugleich laufend wandelndem Denk- bzw. Wahrnehmungsstrom.[852] Übertragen auf Cluster-Initiativen bedeutet dies, dass Projekte, Arbeitsgruppen und sonstige Untergruppierungen durch das Clustermanagement dazu befähigt werden müssen, im Moment der gemeinsamen Aktion einen synreferentiellen Bereich auszubilden, der eine synchrone und simultane Aktivität ermöglicht. Dabei besteht jedoch die Notwendigkeit die Strukturen so offen und flexibel zu halten, dass immer wieder neue Konstellationen entstehen können und auch in der Cluster-Initiative ein kontinuierlicher, aber auch sich wandelnder Denk- und Wahrnehmungsstrom entstehen kann.

---

849 Vgl. Giddens (1997), S. 81

850 Vgl. Macharzina/Wolf (2015), S. 113

851 Insbesondere in der Synchronisation, also in der Gleichzeitigkeit und Phasengleichheit der Aktivität, sieht der Frankfurter Hirnforscher Wolf Singer, welcher an der Entdeckung dieses Mechanismus führend beteiligt war, das „Bindemittel und Ordnungsmerkmal“ der Gehirntätigkeit. Vgl. Bauer (2008), S. 58

852 Vgl. Bauer (2008), S. 57 f.

Die Tatsache, diesen Sachverhalt in zwei Sätzen beschreiben zu können, darf jedoch nicht über die vielfältigen Herausforderungen hinwegtäuschen, der sich ein Clustermanagement hierbei gegenübersieht. Nicht nur, dass die vorausschauende und strategische Definition von Aktivitäten und Projekten die Fähigkeit des Umgangs mit komplexen Phänomenen und Prozessen bedarf, auch die Voraussetzungen für ein simultanes und synchrones Schwingen zu schaffen sind alles andere als trivial. Gerade der letzte Punkt wird durch eine interaktionsorientierte Führung im Gegensatz zu traditionellen, mechanistisch geprägten Führungstheorien hervorgehoben. So bestehen soziale Systeme aus einer Menge interdependenter Akteure bzw. Gruppen von Akteuren, welche unterschiedliche Sichtweisen der Realität besitzen und unterschiedliche Wertauffassungen verfolgen. Eine Führung wird dahingehend notwendig, dass eine rein dezentrale Koordination zwischen den verschiedenen Akteuren bzw. Gruppen von Akteuren insbesondere in komplexen sozialen Systemen, wie sie professionelle Cluster-Initiativen darstellen, kaum oder nur mit großen, die Integration des Gesamtsystems gefährdenden Schwierigkeiten, zu realisieren wäre. Es bedarf daher zentraler Organe bzw. Institutionen, die das legitimierte Recht besitzen, „Wertallokationen" für das System verbindlich vorzunehmen und so einen integrativen Rahmen zu schaffen.[853] Die Setzung verbindlicher Werte für das System beinhaltet dabei beispielsweise die Festlegung von Zielen, die Formulierung von Grundsätzen, Entscheidungen über Maßnahmen sowie die Schaffung von Strukturen und Regeln. Dies impliziert aber auch in einem wechselseitigen Austausch zwischen verschiedenen Werten und Interessen unterschiedlicher Akteure und Akteursgruppen abgestimmt auf den Organisationszweck eine Selektion vorzunehmen und diese verschiedenen Werte, Interessen, Bedürfnisse und Sichtweisen in autorisierte Entscheidungen des Systems zu transformieren.[854] Dabei ist das System umso handlungsfähiger, auch im Sinn unpopulärer Entscheidungen, je stärker die Unterstützung durch die Akteure diffus, d. h. abgekoppelt von spezifischen Entscheidungen, rein aus dem Glauben an die Legitimität, erfolgt.[855]

Wird zusätzlich der Faktor der Wandlungsfähigkeit der Cluster-Initiative betrachtet, zeigt sich die Notwendigkeit auch bei der Koordinierung und Unterstützung der einzelnen, sich teilweise emergent ergebenden Prozesse. Führung bezieht sich hierbei nicht auf das direkte Eingreifen in die Teilsysteme, sondern

853 Vgl. Easton (1967), S. 191 f.

854 Vgl. Easton (1967), S. 193 ff.

855 Vgl. Easton (1967), S. 157 ff., Bamberger/Wrona (2012), S. 64

im Schaffen von Kontextbedingungen für ihr Verhalten im Sinn von Anregung, Moderation und Katalysation selbstorganisierender Prozesse der Teileinheiten. Die Verhaltensbeeinflussung erfolgt demnach bei der „prozeduralen Führung“[856] indirekt und manifestiert sich beispielsweise in der Schaffung geteilter Wert- und Normensysteme.[857] So tritt neben die Generierung von Systemen, Regeln und Strukturen im Rahmen der indirekten Führung in besonderem Maße die Gestaltung der Organisations- und Führungskultur. Der bewussten Gestaltung der kulturellen Elemente des Führungskontextes ist demnach ein besonderer Stellenwert einzuräumen.[858]

4.1.5 Zusammenfassung

In den vorangegangenen Kapiteln wurde die Basis gelegt für ein umfassendes Verständnis interaktionsorientierter Führung. Damit wird eine systemtheoretisch orientierte Führung wandlungsfähiger Cluster-Initiativen in einem ersten Schritt entwickelt. Den unterschiedlichen Ebenen wie auch den diese begründenden Faktoren, die auf Werten und Einstellungen wie auch Wissen und Fähigkeiten beruhen, kommt dabei eine besondere Bedeutung zu, da es weniger um kurzfristige Reaktionen, als vielmehr längerfristige Entwicklungstrends sowie die Abstimmung interner und externer Faktoren geht. Dabei ist nicht zuletzt auf Grund der fehlenden hierarchischen Durchgriffsmacht und der starken Interaktionsorientierung in Cluster-Initiativen diesen Aspekten eine verstärkte Beachtung zu schenken. Entgegen der hohen faktischen Relevanz ist die Werteforschung jedoch in bestehenden Ansätzen der Unternehmensführung noch unterrepräsentiert und in dem jungen Forschungsfeld der Führung von Cluster-Initiativen nur angedacht worden.[859]

Darüber hinaus ist das gemeinsame Innovieren ein wesentlicher Beweggrund für die Zusammenarbeit in einer Cluster-Initiative, wodurch die Führung in wandlungsfähigen Cluster-Initiativen das Technologie- und Innovationsmanagement als integrierte Bestandteile der Auf-gaben behandeln muss. Hierdurch wird die Generierung, Erhaltung und Weiterentwicklung von Erfolgspotentialen unterstützt und ein Beitrag zur Sicherung der Wettbewerbsfähigkeit geleistet. Dabei geht es nicht nur um technologische Neuerungen, sondern auch um die Steuerung der Entwicklung, Erhaltung und Anwendung

856 Vgl. Kirsch (1997), S. 590 ff.
857 Vgl. Bamberger/Wrona (2012), S. 9
858 Vgl. Hammer (2011), S. 17
859 Vgl. Macharzina/Wolf (2015), S. 52

von Technologiekompetenz über den gesamten Produktlebenszyklus. Mit dem Innovationsmanagement werden demgegenüber auch weitere, nicht-technische Innovationsprozesse, insbesondere zur Stimulierung und Durchsetzung von Neuerungen, einbezogen.[860] Zudem muss ein Umgang mit emergenten Prozessen entwickelt werden, da Innovationen nicht in Routinen abgebildet werden können, wenngleich Instrumente zur Unterstützung von Innovationsprozessen existieren.[861]

Es zeigt sich, dass Führungskräfte in interorgansiationalen Beziehungen wie Cluster-Initiativen einer sehr komplexen Aufgabe gegenüberstehen, die sich von der traditionellen betriebswirtschaftlichen Lehre unterscheidet und sowohl technologische als auch psychologische und soziologische Ansätze einbezieht. Stark verkürzt, treten die klassischen Managementaufgaben, wie das Analysieren von Bilanzen und Gestalten von Anreizsystemen stark in den Hintergrund. Die auch in Unternehmen zunehmende Notwendigkeit der Analyse der Umfelder wie auch der kritischen Reflexion von Handlungsalternativen, gewinnt dagegen, verbunden mit der Initiierung geeigneter Maßnahmen an Bedeutung. Hierin ist ein originärer Mehrwert von Cluster-Initiativen zu sehen. So ist die Analyse nicht nur für die Clusterorganisation selbst bedeutend, sondern auch für die einzelnen Clusterakteure. Damit verbunden ist, dass verschiedene Branchen und Gepflogenheiten einbezogen und so Harmonisierungsbestrebungen im Sinn eines gemeinsamen Schwingens oder einer Resonanz notwendig werden.[862] Führung zeigt sich dabei nicht mehr einzig und allein auf Managementebene, sondern als ein wechselseitiges Beeinflussungshandeln.[863] So werden die Eigenschaften und das Verhalten von Clustermanagement und Akteuren, der Handlungskontext wie auch die ablaufenden Beeinflussungsprozesse in einer interaktionsorientierten Sicht einbezogen.[864] Zusammenfassend lässt sich die wandlungsfähige Führung in Cluster-Initiativen wie folgt charakterisieren:

- Führung gestaltet sich als ein Phänomen individuell handelnder Akteure, woraus sich eine zwischenmenschliche Dimension ergibt.
- Bei Führung handelt es sich um ein wechselseitiges Beeinflussungshandeln.

860 Vgl. Zahn (1995), S. 15, Corsten u.a. (2006), S. 38
861 Vgl. Hauschildt/Salomo (2011), S. 30
862 In Anlehnung an Beschorner (2003), S. 22
863 Vgl. Macharzina/Wolf (2015), S. 37
864 Vgl. Macharzina/Wolf (2015), S. 584 f.

- Führung bezieht strategische, technologische und gesellschaftliche Entwicklungen ein und erhält dadurch einen ganzheitlichen Charakter.
- Wandlungsfähige Führung ist auf kognitive Prozesse von Individuen, organisationales Lernen wie auch die Bereitschaft der Akteure zur Mitwirkung angewiesen.
- Gemeinsame mentale Modelle und kulturelle Aspekte erlangen daher im Führungskontext eine besondere Bedeutung.

Damit folgen Cluster-Initiativen der Beschreibung komplexer adaptiver Systeme, die sich durch drei spezifische Merkmale auszeichnen. Sie bestehen aus einer festgelegten Zahl heterogener Akteure, von denen jeder einzelne unabhängig von den anderen entscheidet. Dennoch interagieren die Akteure miteinander und berücksichtigen die Aktionen der anderen Akteure bei ihren eigenen Handlungen, worin das zweite Merkmal zu sehen ist. Drittens entsteht so Emergenz, welche sich im spontanen Herausbilden neuer Eigenschaften, Strukturen oder Aktivitäten auf der Makroebene des Systems durch das Zusammenspiel der einzelnen Elemente zeigt. Dieses Gesamtsystem lässt sich dabei nicht verstehen, wenn lediglich die einzelnen Komponenten betrachtet werden.[865] Für die Führung ergeben sich hieraus ein paar wichtige Anhaltspunkte:[866]

- So entstehen Strukturen, Regeln und Subsysteme im prozessualen Entwickeln durch die Akteure.
- Die Suche nach dem inneren Motor, der das Ganze zusammenhält und antreibt, muss in Gedanken einbezogen werden, da dieser Prozess sich intuitiv einstellt und nicht rational erschlossen werden kann.
- Auf Grund der Komplexität der Aufgabe und der Dynamik der Umfelder wurde die Bedeutung der Strategie herausgestellt. Management sollte daher immer vom Strategischen zum Operativen, vom Konzeptionellen zum Aktionsorientierten, vom Komplexen zum Einfachen und nicht umgekehrt verlaufen.
- Trotz des Bewusstseins für die durée der Handlungen wird eine übergreifende Perspektive in den Vordergrund gerückt und eine Fokussierung auf die Vision vorgenommen.

Auf Basis dieser Merkmale und Anhaltspunkte werden im folgenden Kapitel Führungsfunktionen für eine interaktionsorientierte strategische Führung von wandlungsfähigen Cluster-Initiativen entwickelt.

865 Vgl. Mauboussin (2011), S. 55
866 In Anlehnung an Müri (1995), S. 197 ff.

4.2 Funktionen einer interaktionsorientierten strategischen Führung

Aus einer funktionalen Perspektive setzt die Führung an den Prozessen, Funktionen und Aufgaben an, welche zur Steuerung der Organisation und der Leistungserstellung benötigt werden. Gerade in einer interaktionsorientierten Perspektive, wenn Führung nicht mehr auf einzelne Personen per se beschränkt ist, sondern wie in systemischer und konstruktivistischer Sicht auch weitere Personen als Führer auftreten können, wird die Verantwortlichkeit für den zu leistenden Beitrag und nicht die Kontrolle über andere das wichtigste Kriterium, wodurch nicht die Macht, sondern die Funktion das Hauptmerkmal und damit grundlegende Prinzip darstellt.[867]

Bereits BARNARD hat als Vordenker der betriebswirtschaftlichen Systemtheorie die Führungskraft in den Mittelpunkt seiner Betrachtung gestellt, da sie mittels drei ihr obliegender Funktionen die Erfolgsfaktoren von Organisationen beeinflussen kann. Diese drei Funktionen sah er „in (1) dem Aufbau und der Pflege eines effektiven Kommunikationssystems, (2) der Einstellung und Erhaltung eines leistungsfähigen Personals und (3) der Motivation des Personals".[868] Durch die Zerlegung der Managementaufgaben in die grundlegenden Funktionen wird ein generelles Verständnis der Grundtätigkeiten der Führung in Organisationen generiert, welches zur Integration der Produktionsmittel zu einem lebendigen Organismus beiträgt.[869] Da es sich hierbei um rein formale Ordnungskategorien handelt, liegt es an der Persönlichkeit und der Erfahrung der entsprechenden Führungskraft, diese lebendig und wirklichkeitsnah umzusetzen und dadurch einen Sinn zu stiften. Dennoch bieten die Funktionen auf Grund der formalen Darstellung eine geeignete Grundlage zur Beurteilung der Leistung der Führung sowie zur systematischen Weiterentwicklung und Verbesserung, da sie sich auf alle Managementaufgaben anwenden lassen.[870]

So wurde bereits früh in der Entwicklungsgeschichte der Managementlehre begonnen, die wesentlichen Funktionen zu definieren und zu präzisieren. Management kann damit als ein Komplex von Steuerungsaufgaben verstanden werden, die bei der Leistungserstellung und –sicherung in arbeitsteiligen Systemen als immer wiederkehrende Probleme erbracht werden müssen. Es handelt sich demnach um einen generellen Katalog von Systemsteuerungsaufgaben, die sich

867 Vgl. Drucker (2009), S. 48
868 Vgl. Barnard (1938) zitiert nach Wolf (2008), S. 180
869 Vgl. Drucker (2009), S. 49
870 Vgl. Drucker (2009), S. 51

indifferent zur jeweiligen Situation ergeben und dadurch als Querschnittsfunktion zur Steuerung des Einsatzes der Ressourcen sowie des Zusammenwirkens der einzelnen Systemkomponenten aufgefasst werden können.[871] Hierfür wurden vielfältige Funktionskataloge entwickelt, die teilweise ein sehr breites Spektrum umfassen. Als eines der Pionierwerke gilt der erste allgemeine Funktionskatalog des Managements von HENRI FAYOL,[872] welcher auch GULICK als Grundlage seines POSDCORB-Konzeptes diente.[873] Aufbauend auf diesen und weiter ausdifferenzierten Konzepten hat sich in der Folge der klassische Fünferkanon von Managementfunktionen herausgebildet, wie er zunächst von HAROLD KOONTZ und CYRIL O'DONNELL beschrieben wurde und der bis heute die Managementlehre prägt. Hierbei handelt es sich um einen Prozess von Planung, Organisation, Personaleinsatz, Führung und Kontrolle.[874]

Schwierig wird es an dieser Stelle, wenn zusätzlich auf Grund dynamischer Umfelder Wandlungsfähigkeit einzubeziehen ist, da es sich hierbei um ein Potential und nicht um einen Zustand handelt und daher über dessen zukünftige Nutzung zum Zeitpunkt der Entstehung noch keine Klarheit herrscht.[875] Auf Grund teilweise signifikant unterschiedlicher, konträrer oder völlig unerwarteter Szenarien, ist es unmöglich bereits frühzeitig die Aktivitäten zu fokussieren. Für Organisationen besteht daher die Schwierigkeit zukünftige Handlungsräume zu öffnen, ohne im Vorfeld konkret festzulegen, wie diese zu nutzen sind. Die Herausforderung für das Management umfasst damit das Reagieren, wo erforderlich, das Antizipieren, wo immer möglich, sowie das Initieren von

871 Vgl. Steinmann/Schreyögg (2005), S. 7, Schreyögg/Koch (2010), S. 8

872 Vgl. Fayol (1929)

873 Hinter der Abkürzung verbergen sich folgende Managementfunktionen: Planning, Organizing, Staffing, Directing, Coordinating, Reporting und Budgeting, vgl. Gulick (1947), Kieser (2006), S. 104 ff.

874 Die häufig genannten Managementaufgaben der „Koordination" und „Entscheidung" werden hierbei nicht als eigenständige Funktionen betrachtet, da diese funktionsübergreifend auftreten, mit den einzelnen Aufgaben jeweils eine Vielzahl von Entscheidungen einhergeht und diese damit dem Begriff des Managements inhärent sind. Darüber hinaus ist dieser klassische Managementprozess eher als didaktisches Hilfsmittel zu verstehen, mit Hilfe dessen der konzeptionelle Zusammenhang zwischen Managementfunktionen aufgezeigt werden kann und nicht als eine Beschreibung realer Steuerungsabläufe, da sich insbesondere in empirischen Studien zeigt, dass der tatsächliche Arbeitsprozess von Führungskräften sich nicht mittels eines klassischen Prozesses abbilden lässt. Vgl. Schreyögg/Koch (2010), S. 9 ff.

875 Vgl. Zahn/Tilebein (1998), S. 5, Westkämper u. a. (2000), S. 26 und Tilebein (2005), S. 33

Wandel, falls sich Gelegenheit dazu bietet.[876] Hieran schließt sich als zweiter kritischer Punkt der Erhalt der Wandlungsfähigkeit an, da dieser keinen Automatismus darstellt. Vielmehr muss ein sich immer wieder erneuerndes Potential für den Umgang mit Wandel geschaffen werden. Daher bedarf es zum Aufrechterhalten ungerichteter Wandlungsfähigkeit einer permanenter Wahrnehmungs-, Denk- und Handlungsbereitschaft.[877] So gehen mit der Überwindung von technischen, organisatorischen, rechtlichen, marktlichen und räumlichen Grenzen von Organisationen erhebliche Auswirkungen auf die Arbeitswelt von Management und Akteuren einher. Nicht nur, dass hiermit neue Anforderungen hinsichtlich der Kompetenzen, Fähigkeiten und Qualifikationen verbunden sind, auch entstehen neue Möglichkeiten zur Entfaltung von Persönlichkeits-, Leistungs- und Verantwortungspotentialen.[878]

GAGSCH identifizierte vier Gestaltungsfelder der Wandlungsfähigkeit: strategische Beweglichkeit, strukturelle Anpassungsfähigkeit, ressourcenseitige Wandelbarkeit sowie mitarbeiterbedingte Vielseitigkeit.[879] Diese Gestaltungsfelder werden beeinflusst durch die beiden gegenläufigen Einflussfaktoren des umweltbedingten Wettbewerbsdrucks sowie des Entwicklungsstadiums der Organisation.[880] Trotz einer gewissen Prägung sind sie dennoch durch die Organisation beeinflussbar, wodurch je nach Intention und externer Anforderung verschiedene Konfigurationen für eine zielbewusste und aktive Förderung des Wandlungspotentials ausgestaltet werden können. Zu beachten ist hierbei, dass nur über eine integrative Betrachtungsweise sämtlicher Gestaltungsfelder eine langfristige Wandlungsfähigkeit von Organisationen erzielt werden kann. Das Verfolgen isolierter Konfigurationsansätze in einzelnen Gestaltungsfeldern stiftet somit in Bezug auf langfristigen Erfolg keinen Mehrwert, da in den weniger beachteten Feldern Starrheiten auftreten können.[881]

---

876 Vgl. Ulrich (1994), S. 11, Gagsch (2002), S. 117, Zahn/Nowak (2006), S. 150, Brown/Eisenhardt (1998), S. 7

877 Vgl. Zahn/Tilebein (1998), S. 52, Tilebein (2005), S. 34, Gagsch (2002), S. 117

878 Vgl. Picot u. a. (2003), S. 455

879 Vgl. Gagsch (2002), S. 138 ff.

880 Vgl. Gagsch (2002), S. 132 ff. Dabei führt der umweltbedingte Wandlungsdruck zu Lerneffekten aus der Vergangenheit, was ein Ansteigen der Erfahrungskurve eines Unternehmens bedeutet. Demgegenüber resultiert aus dem Entwicklungsstadium im zunehmenden Zeitverlauf eine ansteigende Verkrustung des Unternehmens, wodurch strategische und strukturelle Anpassungen erschwert werden. Vgl. z. B.Klimecki u. a. (1993), S. 87

881 Vgl. Gagsch (2002), S. 138 ff.

Hinzu kommt die Integration der interorganisationalen Beziehungen, welche explizit Berücksichtigung finden müssen und wodurch sich Clustermanagement zumindest in großen Teilen vom Management klassischer, hierarchischer Organisationen unterscheidet.[882] Ein besonderes Gewicht erhalten hierbei Normen, Werte und Sinngehalte, die durch die Vision und die Organisationskultur vermittelt werden und der Legitimität dienen, da eine ungenügende Beachtung zur Destabilisierung der gesamten Organisation führen kann. Insbesondere angesichts des täglichen Aktions- und Zeitdrucks der Führung ist die kritische Reflektion der Begründungsbemühungen auf allen Verantwortungsebenen und bei allen regionalen Akteuren notwendig, um die Entscheidungen konsensual mit allen betroffenen Stakeholdern abzustimmen.[883]

All diese Aspekte sind in ein Konzept interaktionsorientierter strategischer Führung wandlungsfähiger Cluster-Initiativen zu integrieren und die Funktionen dahingehend anzupassen. Insgesamt können damit sechs Funktionen beschrieben werden: die umfeldanbindende, begrenzende, akteursorientierte, strategische, sinnstiftende und die diagnostische Funktion. Am Ende der Beschreibung einer jeden Funktion findet sich eine tabellarische Zusammenfassung der wesentlichen Inhalte. Die dort beschriebenen Aufgaben und Indikatoren stellen Kategorien dar, welche je nach Cluster-Initiative unterschiedlich stark ausgeprägt und gewichtet oder auch ergänzt werden können. Insbesondere in Bezug auf die Indikatoren zeigt sich, dass es sich hierbei nicht nur um konkret messbare Faktoren handelt, sondern vor dem Hintergrund einer interaktionsorientierten strategischen Führung wandlungsfähiger Cluster-Initiativen viele nicht oder schwer messbare Faktoren einzubeziehen sind. Auch auf Grund der Heterogenität der Cluster-Initiativen lassen sich nicht generisch die besten Instrumente identifizieren, vielmehr ist hier ein individuelles Vorgehen notwendig. Teilweise stellen die Indiktatoren daher Kategorien dar, die vorhanden sein sollten, jedoch mittels unterschiedlicher Kriterien und Instrumente abgebildet werden können.

4.2.1 Umfeldanbindende Funktion

Mit dem Einzug der systemorientierten Betrachtungsweise in die Lehre der strategischen Führung hat auch die Erkenntnis, dass Organisationen neben Input-Output-Verbindungen weitere vielfältige Umweltbeziehungen unterhalten, zunehmend Beachtung gefunden. Im Rahmen der „klassischen" Theorien wurde dies zwar implizit mitgedacht, jedoch wurde bis auf wenige Ausnahmen die Führung vor-

882 Vgl. Sydow/Duschek (2011), S. 16
883 In Anlehnung an Hinterhuber (2015), S. 43 f.

wiegend als organisationsinternes Problem bei relativ stabilen Umweltbeziehungen begriffen.[884] Durch die Logik der Organisation als offenes System hat sich eine differenziertere Sichtweise ergeben, wodurch die Umwelt zur Analyse von Merkmalen und Funktionen der strategischen Führung eine wichtige Rolle einnimmt.

Eine grundlegende Annahme ist dabei, dass Organisationen durch ihr strategisches Verhalten und damit mittels der strategischen Führung ihre Beziehungen zur Umwelt derart strukturieren, dass sie die für ihr Überleben notwendigen Ressourcen erlangen.[885] Die Anpassung der Organisation an die Umwelt und ihre sich wandelnden Merkmale stellt daher eine Funktion der strategischen Führung dar.[886] Dies gilt sowohl für die einzelnen Akteure innerhalb der Cluster-Initiative wie auch für die Cluster-Initiative an sich. So hat die Führung der einzelnen Institutionen dafür Sorge zu tragen, dass neben der Markt- und Ressourcenorientierung eine proaktive Ausrichtung im dynamischen Wertschöpfungssystem erfolgt.[887] Der Beitritt zu einer Cluster-Initiative ist damit häufig ein Resultat der strategischen Führung der einzelnen Institutionen, um Wettbewerbsvorteile durch die interorganisationale Beziehung aufzubauen.

Gleichzeitig übt das Clustermanagement für die Cluster-Initiative als Ganzes diese Funktion aus und analysiert so die Entwicklungen in den Umfeldern sowohl auf technologischer wie auch auf politischer, gesellschaftlicher und ökonomischer Ebene. Dabei werden Umweltentwicklungen nicht länger als Ergebnis von Zufälligkeiten oder auf Grund naturgesetzlichen Charakters beschrieben, vielmehr sind sie das Resultat von Verhaltensweisen clusterexterner Institutionen, Individuen oder Anspruchsgruppen.[888] So werden durch die Clusterakteure betriebs- und volkswirtschaftliche Effekte generiert, wobei die Anzahl der Akteure wie auch ihre Veränderung Indikatoren für die Entwicklung im Cluster als auch die mögliche Einflussnahme durch äußere Rahmenbedingungen darstellen.[889] Mit der Erkenntnis, dass Umweltentwicklungen als Resultat von Verhaltensweisen betrachtet werden können, kann grundsätzlich der Versuch unternommen werden, dieses Verhalten zu beeinflussen. Organisationen sind nicht länger nur reaktiv der Umwelt ausgeliefert, sondern können ebenfalls proaktiv auf die Umweltentwicklungen einwirken.[890]

884 Vgl. Macharzina/Wolf (2015), S. 18
885 Vgl. Pfeffer/Salancik (1978)
886 Vgl. Bamberger/Wrona (2012), S. 14
887 Vgl. Zahn u. a. (1997), S. 143 ff.
888 Vgl. Macharzina/Wolf (2015), S. 28
889 Vgl. BMWi (2013), S. 12
890 Vgl. Macharzina/Wolf (2015), S. 29, Bamberger/Wrona (2012), S. 17

Hierbei kann zwischen der Aufgabenumwelt und der allgemeinen Umwelt unterschieden werden. Letztere umfasst sämtliche Umweltfaktoren, die einen eher mittelbaren Einfluss auf die Organisation ausüben und von der Führung quasi nicht beeinflusst werden können. Die Aufgabenumwelt bezieht sich dagegen auf die Struktur, das Verhalten und die Handlungsergebnisse von Institutionen, Interessengruppen und Einzelpersonen, mit denen die Cluster-Initiative direkt interagiert. Üblicherweise wird zwischen Einflussfaktoren wirtschaftlicher, technologischer, gesellschaftlicher und politisch-rechtlicher Art unterschieden.[891]

Die ökonomische Umwelt bezieht sich primär auf die gesamtwirtschaftliche Lage wie auch die Branchenentwicklung. Nicht nur das zurückgehende Wirtschaftswachstum führte zahlreiche Organisationen dazu, grundlegende strukturelle, prozessuale und personelle Veränderungen vorzunehmen. Auch externe Schocks und Krisen zeigen die Notwendigkeit zur Anpassung überkommener Strukturen und Prozesse auf. Zu den angestrebten Verbesserungen der Wettbewerbsposition gehören daher, wie teilweise auch im Fallbeispiel beschrieben, der Zugang zu neuen Märkten, Risikoreduktion, Zeitvorteile, Synergieeffekte, Informationszugang sowie ein erhöhter Einfluss auf Regierungen, Verbände und Gremien.[892]

Das politisch-rechtliche Umfeld wurde in der Literatur zur strategischen Führung lange Zeit kaum thematisiert. In Cluster-Initiativen kommt diesem jedoch eine besondere Bedeutung zu, vor allem dann, wenn es sich um sehr junge Technologiefelder handelt. So kann mittels einer Cluster-Initiative und damit der Bündelung mehrerer Institutionen, Interessen und Meinungen eine gemeinsame Position erarbeitet werden, die wiederum ein stärkeres Gewicht in der Öffentlichkeit wie auch in relevanten Gremien beinhaltet.[893] Darüber hinaus steigen die Anzahl und Reichweite unternehmenspolitisch und technologisch relevanter Normen beständig an, so dass Cluster-Initiativen hier relevante Informationen bündeln und den Clusterakteuren zur Verfügung stellen können. Gesetze und Vorschriften stellen dabei Handlungsergebnisse oder konkreter, allgemeinverbindliche Willensbekundungen des politischen Systems dar, die gepaart mit grundsätzlichen Veränderungen, z. B. des Regierungssystems oder der Industriepolitik, in die Analyse einbezogen werden müssen. Nicht zuletzt stellt die Förderung von Cluster-Initiativen im Allgemeinen und des Clustermanagements im Speziellen selbst ein Instrument der Regionalentwicklung/-politik dar.

---

891 Vgl. Macharzina/Wolf (2015), S. 22 ff. auch für die weiteren Ausführungen der einzelnen Umfelder. Siehe auch die Erläuterungen zum Kontext in Kapitel 3.1.1

892 Vgl. Stein (2005), S. 176

893 Vgl. Macharzina/Wolf (2015), S. 27

Zum gesellschaftlichen Umfeld besteht ein doppeltes Wirkungsgefüge, denn einerseits übernehmen die einzelnen Institutionen eine Versorgungsfunktion für die Mitglieder der Gesellschaft und andererseits sind diese wiederum am Prozess der Leistungserstellung wie auch an dessen Veränderung beteiligt. So besteht für die einzelnen Institutionen die Notwendigkeit, sich mit den Bedürfnissen und Ansprüchen der Gesellschaft auseinanderzusetzen und diese gleichzeitig in eine richtige Balance mit der eigenen Leistung zu bringen. Dies beinhaltet u. a. einen kontinuierlichen Strom von Ressourcen zwischen Institution und Umwelt aufrechtzuerhalten und die Ressourcenströme dabei so zu integrieren, dass die Erfüllung neuer Bedürfnisse die Leistungsfähigkeit der Institution nicht überschreitet.[894] Dies gilt gleichsam für die Cluster-Initiative als solche. Dem Clustermanagement kommt dabei noch die besondere Bedeutung zu, die Gesamtentwicklung im Auge zu behalten, verschiedene Interessen zu bündeln, eine Richtung zu geben und so dafür zu sorgen, dass auch langfristig Arbeitsplätze, Ideen, Rohstoffe und weitere Ressourcen gesichert sind. Zudem hat das Clustermanagement die Aufgabe den gesamtgesellschaftlichen Wandel zu begleiten, wodurch auch Entwicklungen der Werthaltungen und Bedürfnisse in die Betrachtung einzubeziehen sind. Hierfür sind u. a. auch Veränderungen der Bevölkerungsstruktur und -dichte, der Einkommensverteilung, des Bildungssystems wie auch der kulturellen Rahmenbedingungen zu betrachten. Mit der gesellschaftlichen Dimension rückt damit ein Sozialbezug in den Fokus des Wertschöpfungsprozesses.[895]

Das technologische Umfeld wird primär durch technologische Trends, die als übergeordnete Entwicklungen nahezu alle Lebensbereiche betreffen und verändern, charakterisiert.[896] Die Digitalisierung ist ein solches Beispiel, welches sich jedoch dann auch in erheblichem Ausmaß auf die Strategie auswirkt und im späteren Verlauf noch einmal aufgegriffen wird.

Cluster-Initiativen sind daher nicht nur Wirtschaftssubjekte oder gar bloße Instrumente der Wirtschaftsförderung, sondern können auch als gesellschaftliche Organisationen charakterisiert werden. So erfüllen Cluster-Initiativen zwar ganz bestimmte Zwecke, stiften aber auch für die Gesellschaft einen bestimmten Nutzen und werden folglich nicht nur als ökonomische Akteure, sondern in hohem Maße auch bezüglich ihres politischen, sozialen und ökologischen Verhaltens bewertet.[897] Im Rahmen der strategischen Führung wird festgelegt, welche Funktion die Cluster-Initiative in den Umfeldern wahrnehmen möchte, genauer welchen

894 Vgl. Hinterhuber (2015), S. 22 f.
895 Vgl. Macharzina/Wolf (2015), S. 25
896 Vgl. AG intelligent move (2015), S. 6
897 In Anlehnung an Macharzina/Wolf (2015), S. 32

Beitrag sie zur Lösung ökonomischer, technologischer, gesellschaftlicher wie auch rechtlich-politischer Probleme zu leisten beabsichtigt. Daher ist es für die strategische Führung einer Cluster-Initiative in besonderem Ausmaß notwendig, eine sorgfältige, dynamische Umweltanalyse vorzunehmen, welche die Interessen der unterschiedlichen Stakeholder[898], aber auch Entwicklungen der generellen Umwelt berücksichtigt.[899] Ziel des Stakeholder-Konzeptes, welches 1963 am Stanford Research Institute entwickelt wurde,[900] ist es die Aufmerksamkeit der Führung neben den Stockholdern (Aktionären) auch auf andere Interessengruppen zu lenken. Denn wie auch eine empirische Untersuchung von Führungskräften deutscher multinationaler Unternehmen zeigt, wird der Einfluss sozio-politischer Interessengruppen nur marginal niedriger als der marktlicher Interessengruppen eingestuft.[901] So ist es nicht verwunderlich, dass der Stakeholder-Ansatz neben seiner Verwendung in der Organisations- und Systemtheorie[902] vor allem in der Literatur über Strategische Planung[903] und soziale Verantwortung[904] von Organisationen Anwendung findet. Zunehmende Bedeutung erlangt auch eine „Corporate Diplomacy" die auf das Bilden von Beziehungskapital mit externen Stakeholdern fokussiert: „„Corporate Diplomacy" is the ability to win the hearts and minds of external stakeholders in support of an organizational mission."[905]

Die Voraussetzung für den Existenzerhalt und die Handlungsfähigkeit einer Organisation ist die Schaffung und Sicherung einer Legitimationsgrundlage, d. h. es geht um die Generierung von Akzeptanz durch die Umwelt. Der auf dieser Legitimität aufbauende gesellschaftlich zugestandene Verhaltensspielraum kann dann zur Nutzung von auftretenden Chancen und Vermeidung von Risiken durch

---

898 Stakeholder werden nach Freeman definiert als „any group or individual who can affect or is affected by the achievement of the firm's objectives", siehe Freeman (1984), S. 25. Ähnliche Definitionen sind bspw. zu finden bei Steinmann/Schreyögg (2005), S. 8. Eine einheitliche und abschließende Zuordnung der einzelnen Gruppen liegt dabei nicht vor. Vielmehr wird betont, dass eine Liste von Anspruchsgruppen nie abgeschlossen sein kann, da je nach spezifischer Situation im Wirtschaftsleben immer wieder neue Gruppen sich bilden, aber auch sich wieder auflösen können, welche die Organisation auf Grund verschiedenster Interessenlagen beobachten und versuchen Einfluss auf die Organisation auszuüben, vgl. Steinmann/Schreyögg (2005), S. 84, Kirsch (1997), S. 331

899 In Anlehnung an Bamberger/Wrona (2012), S. 15., Freeman (1984), S. 24 ff.

900 Vgl. Freeman (1984), S. 31

901 Vgl. Macharzina/Wolf (2015), S. 32

902 Vgl. hierzu bspw. Pfeffer/Salancik (1978), Staehle (1999), S. 427

903 Vgl. hierzu insbesondere Ansoff (1965) und Lorange (1980)

904 Vgl. z. B. Sethi (1975)

905 Henisz (2016), S. 183

geeignete Maßnahmen herangezogen werden.[906] Legitimität bedeutet dabei die generalisierte Einschätzung, dass „die Handlungen einer Organisation vertretbar, erwünscht, richtig oder angemessen innerhalb eines sozialen Systems (Gesellschaft, Branche, etc.) sind".[907]

Abbildung 4.4 zeigt die beschriebenen Zusammenhänge grafisch auf. Dabei wird auch noch einmal deutlich, dass eine strikte definitorische Unterscheidung zwischen Institution, Cluster-Initative, Aufgabenumwelt und allgemeiner Umwelt sowie die Spezifikation unidirektionaler Wirkungsbeziehungen nicht möglich sind. Vielmehr handelt es sich um eine koevolutive Entwicklung, wodurch die Umwelt anhand ihrer wechselseitigen Beziehungen und Wirkungen für die Cluster-Initiative und die einzelnen Clusterpartner zu analysieren ist. Die Cluster-Initative dient den einzelnen Institutionen dabei als eine Art zusätzlicher Ebene, durch die Zugang zu Informationen erzielt wie auch Komplexität reduziert werden kann.

Abb. 4.4: Umfeldanbindende Funktion[908]

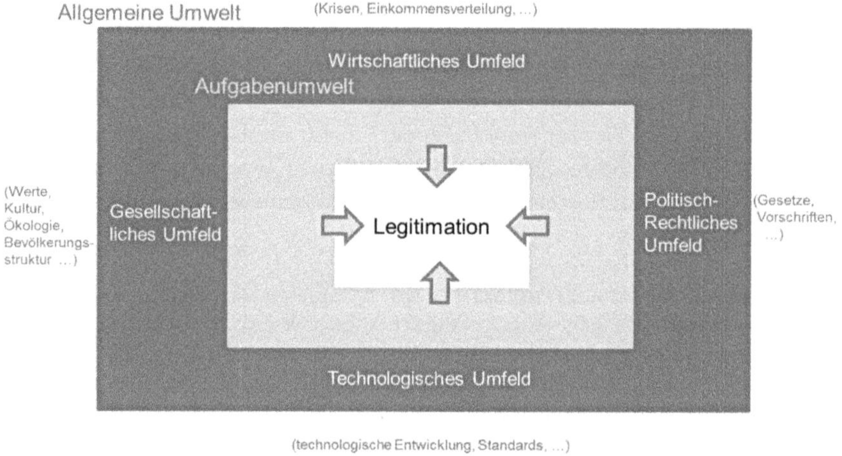

Für das Clustermanagement ergeben sich somit zusammenfassend folgende Aufgaben, die im Rahmen einer umfeldanbindenden Funktion erfüllt werden

906 Vgl. Steinmann/Schreyögg (2005), S. 83, Parsons (1951), Freeman (1984), S. 45 f.

907 Vgl. Steinmann/Schreyögg (2005), S. 83

908 Quelle: Eigene Darstellung

müssen, ergänzt um potentiell mögliche Indikatoren, welche jedoch nicht als abschließende Auflistung zu verstehen sind:[909]

Tab. 4.1: Umfeldanbindende Funktion – Aufgaben und Indikatoren[910]

Umfeldanbindende Funktion – Aufgaben		**Indikatoren (exempl.)**
Proaktive Ausrichtung im dynamischen Wertschöpfungssystem	• Marktanalyse • Stakeholderanalyse • Akteursanalyse • Überblick über die Ressourcenausstattung der Akteure • Betriebs- und volkswirtschaftliche Effekte • Legitimationsgrundlage	• Beschreibung des Tätigkeitsfeldes • Kompetenzatlas • Anzahl der Akteure und deren Veränderung im Zeitverlauf
Allgemeine Umwelt	• Analyse und Beobachtung allgemeiner Trends und Entwicklungen • Reflexion und Diskussion bzgl. möglicher Auswirkungen auf die Aufgabenumwelt	• Maßnahmen im Trendscouting • Diskussionsrunden und -papiere
Ökonomisches Umfeld	• Analyse der gesamtwirtschaftlichen Lage und der Branchenentwicklung • Wissenstransfer und Informationsaufbereitung • Interessenbündelung • Identifikation von Synergiepotenzialen	• Zugang zu neuen Märkten • Veröffentlichungen, z. B. Strukturstudie • Einfluss auf Verbände • Kooperation mit Verbänden, Netzwerken etc.
Politisch-rechtliches Umfeld	• Zentraler Ansprechpartner • Informationsbündelung	• Kontakte mit öffentlicher Hand • Einfluss auf Gremien, Normung etc.
Gesellschaftliches Umfeld	• Kommunikation und Öffentlichkeitarbeit • Identifikation der Bedürfnisse und Ansprüche der Gesellschaft	• Veranstaltungen • ÖA-Maßnahmen • Analysen, z. B. hinsichtlich Arbeitsplätzen und Bevölkerungsstruktur

909 Vgl. z. B. auch Drewello/Kiehlmann (2015)
910 Quelle: Eigene Darstellung

Umfeldanbindende Funktion – Aufgaben		Indikatoren (exempl.)
Technologisches Umfeld	• Analyse und permanentes Scouting technologischer Entwicklungen	• Publikationen, z. B. Systemanalyse • Roadmap
Public Relations	• Entwicklung eines stakeholderorientierten Kommunikationskonzeptes	• Aufbau und Betreuung von Pressekontakten • Nutzung verschiedener Kommunikationskanäle und Kommunikationsinstrumente • Sichtbarkeit der Cluster-Initiative • Organisation und Durchführung verschiedener zielgruppenspezifischer Veranstaltungsformate

4.2.2 Begrenzende Funktion

Begrenzende Faktoren ergeben sich insbesondere aus dem internen Kontext heraus, d. h. anhand der Struktur, Routinen, aber auch kultureller Aspekte. Häufig wiederkehrende Routineprozesse dienen dazu, Abläufe schnell, sicher, zuverlässig, reibungsarm und kostengünstig durchführen zu können. Damit werden auch klare Zuständigkeiten definiert und eine feste Ordnung, die ebenfalls Kontrolle ermöglicht, zu Grunde gelegt. Im Gegensatz dazu sind Innovationen einmalige, zumindest erstmalige Ereignisse, die so nicht ins Schema passen, häufig nur schwer bewältigt werden können und insofern nicht zum Zuschnitt passen. So gibt es keinen festgelegten Innovationsprozess, äußere Grenzen der Organisation werden häufig durchbrochen und Innovationen setzen sich quer über die Instanzenzüge hinweg. In der Konsequenz fühlt sich jeder – oder auch keiner – zuständig. Insbesondere kann nicht auf gesicherte Vorgänge und im Verhältnis zu Interaktionspartnern auf Befehl und Gehorsam zurückgegriffen werden. „Kurz: Innovationen sind bei der Organisation nicht nur nicht bedacht worden, sie sind oftmals Störenfriede im wohlgeordneten Regelwerk.“[911] Cluster-Initiativen bieten hier einen geschützten Rahmen, indem gemeinsames Innovieren vollzogen werden kann. Dies darf jedoch nicht darüber hinwegtäuschen, dass auch die Cluster-Initiative wie auch die Clusterorganisation, d. h. die mit dem Clustermanagement betraute Institution, dabei in gewissem Maße ebenfalls von dieser Situation betroffen sind.

Innovationsbewusste Organisationen sind offen für Informationsaufnahme und Informationsabgabe, treten in einen Innovationsdialog mit unterschiedlichen

911 Hauschildt/Salomo (2011), S. 46

Akteuren und sind aufgeschlossen gegenüber Anregungen und Wandel. Dabei wird versucht Raum zu geben für emergente Entwicklungen, wodurch möglichst wenig organisatorische Ge- und Verbote ausgesprochen werden, wie z. B. Einhalten von Dienstwegen, Vorschriften zur Nutzung von Sachmitteln, zeitlichen und örtlichen Bindungen des Handelns, Kommunikations- und Interaktionspflichten. Somit dient die Organisation als Freiraum zum Handeln und nicht als Beschränkung des Aktionsspielraumes.[912] Dennoch sind das Handeln begrenzende bzw. disziplinierende Regeln notwendig, damit die Freiheit der einzelnen Teile sowie die Handlungsfreiheit der Akteure nicht zu einer Zersplitterung der Kräfte führen. So müssen durch Festlegung von Freiräumen und Definition von Spielregeln die Grenzen der Handlungsfreiheit klar aufgezeigt und Sanktionen für unbegründetes Abweichen vom strategischen Kurs spezifiziert werden.[913]

> „Boundary systems: formal systems used by top managers to establish explicit limits and rules which must be respected. Boundary systems are stated typically in negative terms or as minimum standards. Boundary systems are created through codes of business conduct, strategic planning systems, and operating directives provided to business managers. Analysis of risks to be avoided influences the design of boundary systems."[914]

Dies gilt so auch in Cluster-Initiativen. Dem Clustermanagement kommt daher die Aufgabe zu, trotz der Autarkie der einzelnen Institutionen und dem Fehlen der hierarchischen Durchgriffsmacht, Leitplanken für das gemeinsame Handeln zu definieren, in Strukturen umzusetzen und dabei insbesondere Freiräume für Innovation und Weiterentwicklung einzuplanen. Hier sind die Strukturen insgesamt jedoch offen zu halten und nur in bestimmten Kooperationsprojekten zwischen den beteiligten Institutionen durch Kooperationsverträge und die Regelungen zum Intellectual Property zu klären. Hiermit wird die Zusammenarbeit im konkreten Fall festgelegt und die Verteilung der Informationen wie auch die gegenseitige Absicherung von Wissen beschrieben. Diese Regelungen sind jedoch zwischen den beteiligten Akteuren zu treffen ohne, dass sich hier ein Clustermanagement zwangsläufig einbringen muss. Vielmehr steht das Clustermanagement bei Bedarf zur Verfügung und unterstützt die Kooperation im Sinn eines Mediators. Zudem kommt dem Clustermanagement die gesamtkoordinierende Rolle zu. Demnach lassen sich folgende Aufgaben auf unterschiedlichen Ebenen der Führung unterscheiden:[915]

---

912 Vgl. Hauschildt/Salomo (2011), S. 65
913 Vgl. Zahn u. a. (1997), S. 142 ff.
914 Simons (1994), S. 170
915 In Anlehnung an Gerybadze (2004), S. 226 f.

rationen nicht beständig ist und doch zur Bildung eines Sozial- und Beziehungskapitals führt, wodurch die Akteure wissen, wo sie besondere Ressourcen finden können und wie sie Zugang dazu erlangen. Dies fördert zugleich ein Klima des Vertrauens und der gegenseitigen Hilfsbereitschaft.[923] Bei den begrenzenden Faktoren wird somit die Dualität der Struktur noch einmal besonders gut sichtbar, so dass Strukturen Handeln nicht nur einschränken, sondern gleichzeitig auch erst ermöglichen, indem sie die Voraussetzung schaffen für ein geregeltes Zusammenleben und -arbeiten. Insbesondere im Interaktionszusammenhang zeigt sich hierbei, dass Normen als begrenzende Faktoren des gesellschaftlichen Lebens fungieren, denen gegenüber jedoch eine Reihe von instrumentellen Verhaltensweisen möglich sind.[924] Clustermanagements können die Entwicklung der Cluster-Initiative dabei nur insoweit strukturieren, wie sie durch das alltagspraktische Handeln der Clusterakteure reproduziert und so bezüglich ihrer Geltung kontinuierlich bestätigt werden.[925]

Tab. 4.2: Begrenzende Funktion – Aufgaben und Indikatoren[926]

Begrenzende Funktion – Aufgaben	Indikatoren (exempl.)
• Innovationsdialog	• Austausch mit Akteuren • Wissenstransfer und Informationsaufbereitung
• Entwicklung einer Governance-Struktur und Gestaltung der Handlungsspielräume	• Definition und Zerlegung der gesamten Thematik in einzelne Teilbereiche • Zuordnung von Akteuren zu Teilbereichen/ Aktivitäten • Entwicklung und Anpassung der Struktur • Strukturdiagramm • Verankerung in der Strategie • Definition von Normen und Werten
• Regelung der Zusammenarbeit auf Durchführungsebene	• Definition von Zuständigkeiten und Ansprechpartnern • Koordination von Arbeitsgruppen und Gremien

923 Vgl. Crevoisier (2001), S. 249, siehe auch Küpers/Weibler (2005), S. 89 f.

924 Dies zeigt sich beispielhaft darin, dass Gründe für und tatsächliche Rationalisierung von Handlungen diver-gieren können. So sind von normativen Verpflichtungen noch Gründe und Motive abzugrenzen. Gründe beziehen sich dabei auf die Ursachen des Handelns, wohingegen Motive von den zu Grunde liegenden Bedürfnissen abhängig sind. Die Motivation stellt damit eher ein Handlungspotential dar, welches in Form von Gesamtplänen oder Programmen eine Vielzahl möglicher Verhaltensweisen beinhaltet. Vgl. Giddens (1997), S. 54 ff.

925 In Anlehnung an Brand (2006), S. 57 f.

926 Quelle: Eigene Darstellung

Begrenzende Funktion – Aufgaben	Indikatoren (exempl.)
• Mediation und Unterstützung einzelner Konsortien in der Projektanbahnungsphase	• Teilnahme an Konsortialtreffen • Kontakte zu Partnern • Konfliktmanagement
• Rückkopplungsprozess mit den Akteuren	• Informationsbereitstellung • Engagement • Ergebnisevaluation

4.2.3 Akteursorientierte Funktion

Zunehmend wird deutlich, wie auch im Rahmen dieser Forschungsarbeit gezeigt, dass den Akteuren eine besondere Bedeutung zukommt. Nicht nur, dass die Akteure auf individueller Ebene ein schwer zu imitierendes, strategisch wichtiges Wettbewerbspotential repräsentieren und damit der effektive Einsatz und Aufbau von Humankapital verstärkt ins Zentrum des Interesses rückt.[927] Auch sind die Akteure auf organisationaler Ebene entscheidend für den Erfolg von Cluster-Initiativen. Der Fokus ist dabei auf die Schlüsselakteure gerichtet, d. h. diejenigen Akteure, die sich in der Cluster-Initiative über einen langen Zeitraum aktiv beteiligen und maßgeblich in die Umsetzung strategischer Themen involviert sind.[928] Laut einer Studie des BMWi ist ein Anteil von mind. 25–50 Prozent Schlüsselakteuren der Durchschnitt. Knapp ein Viertel der Cluster-Initiativen gab an sogar deutlich darüber zu liegen.[929] Es zeigt sich ebenfalls, dass in Cluster-Initiativen mit einem sehr hohen Anteil aktiver Akteure sich deutlich positive Effekte auch in finanzieller Hinsicht ergeben.[930] Neben den Schlüsselakteuren ist auch die Gesamtanzahl von Clusterakteuren bedeutend, denn auch hier muss gewährleistet sein, dass die kritische Masse an regionalen Institutionen erreicht wird.[931] Nach Aussagen von USAID sind rund 20 Prozent, die erste Schritte unternehmen und sich engagieren, notwendig, um mittel- bis langfristig zu einer Imitation durch andere Institutionen zu gelangen.[932] Ist dies gegeben und engagieren sich Institutionen in einer Cluster-Initiative, zeigt sich wie auch in Netzwerken, dass die Akteure mehr mit anderen Akteuren kooperieren als mit externen Partnern.

927 Vgl. Picot u. a. (2003), S. 456
928 Vgl. BMWi (2013), S. 5
929 Vgl. BMWi (2013), S. 7
930 Vgl. BMWi (2013), S. 5
931 Vgl. Kapitel 2.3.3
932 Vgl. USAID (2009), S. 2

> „Hence networks are considered as a repository of information on the availability, competencies, and reliability of prospective partners.“[933]

Cluster-Akteure müssen dabei selbst Investitionen in die Mitwirkung in der Cluster-Initiative wie auch der Clusterarbeit in unterschiedlichem Maße einbringen. Zumeist handelt es sich hierbei um Personaleinsatz und/oder finanzielle Mittel in Form von Mitgliedsbeiträgen oder der Inanspruchnahme von gebührenpflichtigen Serviceangeboten des Clustermanagements. F&E-Investitionen werden hierunter explizit nicht subsumiert. Dennoch geht nicht zuletzt mit diesem Investment auf Seiten der Clusterakteure eine Wirkungserwartung einher, die durch das Clustermanagement wie auch die Clusteraktivitäten erfüllt werden muss.[934] Daher ist es wichtig, von Anfang an Ziele und Strategien offen zu kommunizieren und zu diskutieren, so dass möglichst frühzeitig ein gemeinsam gangbarer Weg eingeschlagen werden kann. Da insbesondere zu Beginn von gemeinsamen Aktivitäten, wie technologischen Projekten, und beim Eintritt neuer Clusterpartner eine gemeinsame Verständigungsgrundlage fehlt, kommt dem Clustermanagement an dieser Stelle eine zentrale Rolle zu. So benötigen manche Partner beispielsweise Unterstützung bei der Artikulierung ihrer Ziele oder formalen Anforderungen in Förderprojekten, welches in einem schrittweisen Verfahren zu leisten ist. Darüber hinaus fehlt oft zwischen den Partnern insbesondere bei neuen Kooperationen das nötige Vertrauen, um alle Ziele tatsächlich offen zu legen. Hier nimmt das Clustermanagement eine neutrale Rolle ein und dient als Mediator.[935] Letztlich ist auch eine Überprüfung der Kompatibilität der Ziele notwendig, denn häufig zeigt sich, dass entweder das Management einzelner Institutionen von der gemeinschaftlichen Arbeit überzeugt ist und dies beim Mitarbeiter, der die Kooperation im Alltag ausführen soll, nicht ankommt oder umgekehrt, dass die Teilnehmer aus unterschiedlichen Institutionen sich im Rahmen von Clusteraktivitäten, seien es Workshops, Projekte oder ähnliches einig sind und anschließend jedoch die entsprechende Unterstützung in der eigenen Institution fehlt. Diese Problematik ist insbesondere darauf zurückzuführen, dass die Clusterakteure in unterschiedlichen Rollen im Clusterkontext agieren. So sind sie zum einen Spezialisten, die in technologischen Projekten auf Gleichgesinnte stoßen und mit diesen gemeinsam an der Lösung des Problems arbeiten. Zum anderen sind sie jedoch auch Repräsentanten verschiedener Firmen, wobei dramatischer Weise festgehalten

---

933 Kenis/Oerlemans (2008), S. 296, vgl. ebenfalls Gulati (1995)

934 Vgl. BMWi (2013), S. 8

935 In Anlehnung an Gerybadze (2004), S. 210

werden muss, dass viele nicht hinlänglich über die wesentlichen Parameter der einzelnen Unternehmensstrategien informiert sind. Hieraus resultiert die Schwierigkeit, dass die Beurteilung der Kompatibilität der Clusterstrategie und der Unternehmensziele nicht ausreichend dargestellt werden kann oder dass Zielkonflikte nicht offen angesprochen werden sollen. Umso wichtiger ist es, dass eine offene Atmosphäre entsteht und eine konsequente Umsetzung der gemeinsam erarbeiteten Ziele und Strategien erfolgt.[936]

> „Ein kooperativer Verbund muss sich auf einen einheitlichen Maßstab einigen und auch im Alltag Koordinierungsmechanismen durchsetzen, die von allen Beteiligten akzeptiert werden und bei denen sich nicht einzelne Partner übervorteilt fühlen.“[937]

Aus der Perspektive strategischer Führung ergibt sich hiermit die Funktion, organisational subsumierte Subjekte und ihre Zusammenarbeit so zu konditionieren, dass die Handlungen systemkonform ausfallen und dennoch die jeweiligen Einzelinstitutionen sichtbar bleiben. Hierfür muss die Führung sich außerhalb der organisationalen Ebene bewegen und die Partner auch auf der individuellen Ebene ansprechen, um so die Dimension der Personalität zu mobilisieren, von der die Organisation gerade abstrahiert. „Führung findet somit in einem widersprüchlichen Doppelkontext von individueller Konkretion und organisationaler Abstraktion statt.“[938] Diesem Tatbestand wird insofern eine hohe Bedeutung beigemessen, da auf Grund fehlender hierarchischer Strukturen die Führung nur insoweit Autorität genießt, wie die Clusterpartner diese auch akzeptieren.[939] Erfolgreiche Führung zeichnet sich dabei durch die Generierung eines Interessenausgleichs und der Schaffung hinreichender Kooperationsanreize für die einzelnen Individuen bzw. Gruppen aus.[940] Hierfür ist eine intensive Beziehungspflege sowohl zwischen Individuen wie auch zwischen Gruppen erforderlich, in der sich die Führung jedoch selbst auch zurücknimmt und eher eine dienende Funktion ausübt.

> „It is not even quite correct to say that the executive functions are to manage a system of cooperative efforts. As a whole it is managed by itself, not by the executive organizations, which are part of it. The functions with which we are concerned are like those of the nervous system, including the brain, in relation to the rest of the body. It exists to maintain the bodily system by directing those actions which are necessary

---

936 In Anlehnung an Gerybadze (2004), S. 211
937 Gerybadze (2004), S. 226
938 Türk (1995), S. 331 ff.
939 In Anlehnung an Barnard (1966)
940 Vgl. Wolf (2008), S. 181

more effectively to adjust the environment, but it can hardly be said to manage the body, a large part of whose functions are independent of it and upon which it in turn depends."[941]

Auch oder gerade in Bezug auf Wandlungsfähigkeit erhält die individuelle Ebene, wie bereits dargestellt, auf Grund der kognitiven Entwicklung einmal mehr Gewicht. So können mit Veränderungen und Innovationen erhebliche Widerstände einhergehen, die einen radikalen Wandel des Bewusstseins erfordern.[942] Die zentralen Aufgaben einer interaktiven Führungsfunktion sind damit die Förderung der Kreativität und Eigeninitiative der einzelnen Akteure wie auch die Stimulation des organisationalen Lernens. Hierdurch werden Voraussetzungen geschaffen für intensive formelle und informelle Kommunikation, die das Engagement der Akteure auf operative Grundtugenden und strategische Schlüsselaspekte bezieht. Die Führung übernimmt dabei insbesondere die Rolle des Informationsbrokers wie auch des Integrators von Fähigkeiten.[943]

Die Aufgaben der strategischen Führung im Rahmen der akteursorientierten Funktion können damit wie folgt zusammengefasst werden:[944]

Tab. 4.3: Akteursorientierte Funktion – Aufgaben und Indikatoren[945]

Akteursorientierte Funktion – Aufgaben Indikatoren (exempl.)	
• Auf individueller Ebene Verlagerung der Aufgaben weg von anweisenden Tätigkeiten hin zu Unterstützungsleistungen und Coaching	• Förderung der Kreativität und Eigeninitiative einzelner Akteure • Stimulation des organisationalen Lernens • Intensive Beziehungspflege
• Relationale Einbettung durch Identifikation der Beziehungen der Akteure • Wiederholende Verbindungen erlauben Rückschlüsse auf Fähigkeiten und Interessen potentieller Partner	• Identifikation der Schlüsselakteure • Analyse von Art und Häufigkeit der Beziehungen • Identifikation des Aktivitätsgrades einzelner Akteure

941 Barnard (1966), S. 216 f.

942 Vgl. Hauschildt/Salomo (2011), S. 35

943 Vgl. Zahn u. a. (1997), S. 145 f.

944 Vgl. im Folgenden z. B. auch Drewello/Kiehlmann (2015), S. 12 f., Picot u. a. (2003), S. 456, Gulati/Gargiulo (1999)

945 Quelle: Eigene Darstellung

Akteursorientierte Funktion – Aufgaben Indikatoren (exempl.)	
• Identifizieren und Respektieren der Arbeitsweise und spezifischen Kultur der jeweiligen Akteure	• Schaffen einer neutralen Position des Clustermanagements • Verständnis für die unterschiedlichen Denk- und Arbeitsweisen in Unternehmen, Forschungseinrichtungen und Verwaltung • Raum für persönliche Gespräche und individuelle Betreuung • Schaffung offener Angebote, die je nach Interessenlage und Unternehmenspolitik optional wahrgenommen werden können
• Schaffen von Vertrauen und Herstellen eines „Wir-Gefühls“	• Offene Kommunikation, insbesondere auch der Ziele und Strategien • Gemeinsame Aktivitäten und Projekte • Informationen zu gemeinsamen Aktivitäten • Informationen zum Nutzen und den Mehrwerten der Beteiligung • Maßnahmen zur Sensibilisierung potentieller und neuer Akteure • Raum für vertrauliche Gespräche
• Kontakte zwischen Wirtschaft, Wissenschaft und öffentlicher Hand fördern	• Kontakte des Clustermanagements mit den einzelnen Gruppen / Akteuren • Anzahl gemeinsamer Veranstaltungen • Spezielle Akteursgruppenspezifische Veranstaltungsangebote
• Austausch und Zusammenarbeit zwischen Clustern	• Anzahl Treffen mit anderen Clustern • Kooperationen einzelner Akteure mit anderen Clustern • Gemeinsame Durchführung von Veranstaltungen, Projekten, etc. • Teilnahme an Clustermanagement und Clusterförderungsveranstaltungen
• Entwicklung eines professionellen Clustermanagement-Teams	• Auswahl und Einstellung geeigneten Personals • Integration des Personals in ein funktionierendes und wandlungsfähiges Team • Motivieren und fördern des Personals im Clustermanagement • Initiieren und leiten von Arbeitsbesprechungen • Zusammenarbeit im Team

4.2.4 Strategische Funktion

Insbesondere in dynamischen Märkten wird für Organisationen die Fähigkeit sich auf ergebende Umweltveränderungen einzustellen wie auch gleichsam die Umfelder ihrerseits zu beeinflussen überlebenswichtig. Hiermit eng verbunden ist die Wandlungsfähigkeit der Organisation, die zum einen diese Fähigkeit impliziert und zum anderen eine interne Wandelbarkeit umfasst. Der Wandel in komplexen adaptiven Systemen vollzieht sich dabei nicht nach einem vorgegebenen Schema, vielmehr kann er viele oder wenige Bereiche betreffen, tief oder flach, schnell oder langsam, linear oder nichtlinear sein.[946] Ein bloßes Beobachten der verschiedenen Umfelder ist daher nicht ausreichend, denn die Wandlungstreiber müssen frühzeitig erkannt, bewertet sowie geeignete Handlungspotentiale geschaffen und aktiviert werden.[947]

Die Identifikation, Interpretation und Verstärkung „schwacher Signale"[948] in Form strategischer Früherkennung ist daher von besonderer Bedeutung. Wandlungsfähige Organisationen passen sich so frühzeitig an ihre Umwelt an beziehungsweise üben selbst Einfluss auf die Umwelt aus, wodurch ein dynamisches Aktions-Reaktions-Gefüge resultiert, das einen permanenten Wandel generiert.[949] Wandel charakterisiert dabei eine grundlegende Veränderung, welche jedoch nicht automatisch eine positive Entwicklung bedeutet. Vielmehr handelt es sich um ein „Auf und Ab", eine „Renaissance" oder einen „Aufstieg, Fall und Wiederaufstieg.[950]

> „In general though, we see organizations get better at what they already do (first-order change), change what they do (second-order change), and persist or die (third-order change).[951]

Die Auseinandersetzung mit einer strategischen Vision und einer auf dem Organisationszweck basierenden Zielorientierung ist daher für ein erfolgreiches

946 Vgl. Dooley (1997), S. 89

947 Vgl. Zahn u. a. (2010), S. 87, Zahn u. a. (2005), S. 2, Bamberger/Wrona (2012), S. 506 ff.

948 Vgl. Ansoff (1975). Mit Hilfe des von Ansoff entwickelten Konzeptes wird versucht, Unternehmen durch die Schaffung einer zukunftsorientierten Informationsgrundlage auf Überraschungen druch Umfeldturbulenzen vorzubereiten. Hierdurch soll die verfügbare Reaktionszeit durch Abschätzung möglicher zukünftiger Ent-wicklungen und durch abgestufte Reaktionsstrategien hinsichtlich alternativer

949 Vgl. Gagsch (2002), S. 25, Müller-Stewens/Lechner (2016), S. 432 ff.

950 Vgl. Reiß (1997), S. 7

951 Dooley (1997), S. 89

Bestehen notwendig. Dabei geht es nicht nur um das Vorhandensein von Vision und Zielen, sondern auch die verbreitete Kenntnis dieser tritt in den Vordergrund. Erfolgreiche wandlungsfähige Cluster-Initiativen zeichnen sich dadurch aus, dass die Zielorientierung und Ausrichtung an der Strategie sich stringent durch die Clusterakteure wie auch die Aktivitäten, seien es technologische Projekte oder Querschnittsbereiche, durchzieht.[952]

So ist auch im Rahmen des Technologie- und Innovationsmanagements eine aktive Beschäftigung mit Vision, Strategie, Werten und Leitbildern notwendig.[953] Gerade zur Stärkung und Steigerung der Wettbewerbsfähigkeit ist die detaillierte Kenntnis der Aufgabenumwelt, der Cluster-Initiative wie auch der Akteure notwendig. Die strategische Analyse auf diesen Ebenen ist ein elementarer Bestandteil der Führung in wandlungsfähigen Cluster-Initiativen.[954]

> „Among the contents of organizational memories perhaps the most important are the representation of the organization itself and its goals, for it is this representation that provides the basis for defining the roles or organization member."[955]

In den meisten Cluster-Initiativen wird dem Technologiemanagement eine besondere Bedeutung beigemessen. Dabei steht auf Seiten des Clustermanagements nicht so sehr die Projekteffizienz laufender F&E-Vorhaben im Vordergrund, sondern vielmehr ist hier eine Anschlussfähigkeit zu generieren und damit der Fokus auf die zielgerichtete Besetzung langfristig ertragreicher Suchfelder und die Kreativität bei Initiierung von Projekten und Aktivitäten zu richten. Dabei steht die Frage, das Technologie- und Ressourcenportfolio bestmöglich auf strategische Belange in dynamischen, zukunftsweisenden Märkten auszurichten im Mittelpunkt, und damit die Frage, ob die richtigen Dinge im Sinn der Zukunftssicherung getan werden.[956] Dies ist eng verbunden mit der Frage nach Innovationen. Daher sind in der strategieorientierten Funktion auch Elemente des Innovationsmanagements zu integrieren. Innovationsmanagement zielt darauf ab, Institutionen so zu positionieren, dass eine Sicherung und/oder Verbesserung der wirtschaftlichen Erfolgsposition realisiert werden kann. Demnach steht die Verwirklichung bedarfs- und ressourcengerechter Innovationen, die eine nachhaltige Erfolgssicherung bzw. -verbesserung implizieren, im Mittelpunkt des Interesses.[957] Hierzu

---

952 In Anlehnung an Sackmann (2006), S. 8
953 Vgl. Albers/Gassmann (2011), S. 5
954 In Anlehnung an Duch (2004), S. 14
955 Simon (1991), S. 133
956 In Anlehnung an Gerybadze (2004), S. 112
957 Vgl. Corsten u. a. (2006), S. 38

gehört auch ein angemessener Umgang mit dem „Zermürbungskrieg der Innovation", welcher der konsequenten Implementierung von Prozessen des Multi-Projektmanagements bedarf wie auch die Bewältigung emotionaler, sozialer und psychologischer Herausforderungen umfasst.[958] Clustermanagements müssen hierauf zum einen gefasst und vorbereitet sein, um einen adäquaten Umgang mit den Situationen zu finden und zum anderen sich selbst mit der Problematik auseinandersetzen, da sie nicht selten ebenfalls in die Prozesse einbezogen sind und gleichfalls wie die Projektpartner ein hohes Engagement einbringen.

Die gezielte Kooperationsanbahnung, -pflege und -steuerung kann auf Grund des damit verbundenen Wissens selbst zu einer Quelle von Wettbewerbsvorteilen werden. Innovation stellt somit einen Prozess der Differenzierung gegenüber dem Umfeld dar und zeigt sich im erfolgreichen Ergebnis der Abstimmung von Ressourcen, Beziehungen zu verbundenen Branchen, der allgemeinen Dynamik der Alltagsumwelt, der Einführung neuer Technologien wie auch der Beziehungen zwischen den Akteuren.[959]

> „Das Geschick bei der Herstellung und Erhaltung einer gedeihlichen Zusammenarbeit mit anderen Unternehmen stellt von daher eine erfolgskritische Schlüsselfähigkeit auf der Metaebene des Managements dar."[960]

Neben der Technologie stellt die Kooperation einen wesentlichen Aspekt der strategieorientierten Funktion dar. Lokale Entwicklungsfähigkeiten wie Unternehmergeist oder eine enge Verflechtung zwischen Produktionssystem und Unterstützungsstrukturen begünstigen die Entwicklung und Weiterentwicklung von Cluster-Initiativen und unterstützen dabei die lokalen Akteure, dem Wandel der Märkte und der Technologien mehr oder weniger gerecht zu werden.[961] Eine wich-

958 Vgl. Gerybadze (2004), S. 9. Der „Zermürbungskrieg der Innovation" ist darauf zurückzuführen, dass hohe Investitionen teilweise monetär, insbesondere aber mit hohem personalem Einsatz notwendig sind, um in mehreren Versuchen eine Innovation zu erzielen. Erfahrungsgemäß können Firmen davon ausgehen, dass nur ein erfolgreiches Produkt im Markt realisiert wird, obwohl vorher für sieben Projektideen und vier Ent-wicklungsvorhaben aufwändige Prozeduren durchlaufen werden müssen. Ähnliches gilt für Förderprojekte, die häufig in stark überzeichneten Förderprogrammen eingereicht werden. Der hohe Einsatz an Zeit, Emotionen und Engagement der Projektbeteiligten bei erfolglosem Ausgang und vergebenen Arbeitseinsatz führt nicht selten zu erheblicher Frustration und teilweise in manchen Institutionen auch einem Stigma des Scheiterns.

959 Vgl. Crevoisier (2001), S. 247 f.

960 Von der Oelsnitz (2005), S. 201

961 Vgl. Crevoisier (2001), S. 249 f.

tige Frage ist dabei neben der Teilbarkeit die Absicherung von Wissen. So ist der Austausch von Wissen und der Zugang zu Informationen eine wesentliche Stärke von Cluster-Initiativen, jedoch muss dabei der IP-Schutz aufrechterhalten werden. Das Clustermanagement kann hierbei als Neutralisierungsebene dienen und den Austausch allgemein zugänglicher Informationen im Rahmen der Cluster-Initiative koordinieren. Darüber hinaus sind in den einzelnen technologischen Projekten Kooperationsverträge zu schließen, die die Nutzung des Know-hows regeln. Dies ist jedoch von den beteiligten Partnern eigenverantwortlich durchzuführen und keine Tätigkeit des Clustermanagements. Von größter Bedeutung für die langfristige Existenz einer Cluster-Initiative ist jedoch, dass diese den Clusterakteuren einen Mehrwert bringen, da ansonsten das Engagement und Investment ihnen keinen Nutzen stiftet. So ist nicht die Kooperation selbst als strategisches Ziel zu verstehen, sondern ihr Beitrag zur Erreichung der originären Wettbewerbsziele der einzelnen Clusterakteure. Auch in dieser Perspektive ist das Clustermanagement nicht außerhalb des Systems zu sehen, vielmehr ist es als Clusterorganisation mit eigenen Zielen und Motivation eingeschlossen. Ziel muss es daher sein, den Mehrwert herauszuarbeiten sowie erwartete Wertschöpfungsbeiträge und Leistungen möglichst konkret zu beschreiben und als erfüllbares Maßnahmenpaket festzulegen.[962]

> „Obgleich die Bedeutung von Kreativität und visionärer Kraft für die Unternehmensführung nie bezweifelt wurde, so ist doch im Laufe der Zeit immer deutlicher geworden, dass Unternehmensführung zu einem ganz wesentlichen Teil eine klar bestimmbare und rational durchdringbare Aufgabenstellung ist."[963]

Vor einem verhaltenswissenschaftlichen Hintergrund lassen sich sämtliche Phasen der funktionalen Prozessansätze des strategischen Managements, d. h. die Phasen der Planung, Organisation, Implementierung und Kontrolle, als Entscheidungsprozesse der Führung darstellen. Die Entscheidungen beruhen dabei auf einer Problemanalyse im situativen Umfeld, gleich auf welcher Ebene und in welcher Phase, und wirken sich so auf die nachfolgende Entscheidungsumsetzung gepaart mit der Koordination arbeitsteilig zu erbringender Handlungen aus. Die Entscheidungsvorbereitung, welche sowohl die gedankliche Durchdringung des Phänomens mit Bezug zur konkreten Situation als auch die Konsolidierung unterschiedlicher Interessen und den antizipativen Abgleich der eigenen Handlungsalternativen beinhaltet, beschreibt dabei die eigentlich komplexe Aufgabe.[964]

---

962 Vgl. Stein (2005), S. 172 f.

963 Schreyögg/Koch (2010), S. 6

964 Vgl. Stein (2005), S. 169 f.

Insgesamt lassen sich die Aufgaben resultierend aus der strategieorientierten Funktion wie folgt zusammenfassen:[965]

Tab. 4.4: Strategische Funktion – Aufgaben und Indikatoren[966]

Strategische Funktion – Aufgaben	**Indikatoren (exempl.)**
• Gemeinsame Erarbeitung einer Vision und Strategie • Ableitung daraus folgender Ziele • Definition von Maßnahmen zur Zielerreichung • Analyse des Bedarfs einer strategischen Neuausrichtung	• Vorliegen und Weiterentwicklung von Vision, Strategie und Zielen • Bestimmung der relevanten Akteure bei Ausarbeitung und Umsetzung der Strategie • Strategieumsetzung, ggf. entlang definierter Meilensteine • Kommunikation von Vision, Strategie und Zielen • Mehrwertanalyse • Bedarfsorientiertes Dienstleistungs-, Beratungs- und Serviceangebot • Entwicklung von Finanzierungsmodellen
• Identifikation regionalökonomischer Faktoren, die für die strategische Ausrichtung der Cluster-Initiative bestimmend sind	• Schlüsselakteure • Branchenstruktur • Regionale, nationale und globale wirtschaftliche Entwicklungen • Strategische Früherkennung
• Analyse technologischer Entwicklungen und Identifikation von Faktoren, die für die inhaltliche Ausrichtung entscheidend sind	• Trendanalysen • Identifikation, Interpretation und Verstärkung „schwacher Signale“ • Begleitung technologischer Projekte • Generierung von Anschlußprojekten und –aktivitäten
• Projektinitiierung	• Anzahl entwickelter Projektskizzen • Erfolgreiche Projektbewilligung • Aufbau einer Förderdatenbank bzw. eines Bewertungssystems von Förderprogrammen für das eigene Themenfeld • Informationsweitergabe von Förderprogrammen an Clusterpartner
• Identifikation neuer Entwicklungsmöglichkeiten	• Weiterbildung, um über fachliche Kompetenz auf aktuellem Stand zu verfügen • Einarbeitung in neue Themenfelder

965 Vgl. bspw. auch Drucker (2009), S. 49 f., Drewello/Kiehlmann (2015), S. 11 f.
966 Quelle: Eigene Darstellung

Strategische Funktion – Aufgaben	Indikatoren (exempl.)
• Beziehungsmanagement und Kooperationspflege	• Anzahl erfolgreicher Kooperationen • Kontakthäufigkeit/-möglichkeit
• Öffentlichkeitsarbeit und Public Relations	• Entwicklung eines Kommunikationskonzeptes • Auswahl geeigneter Kommunikationsinstrumente • Konzeption nachgefragter Veranstaltungsformen • Organisation, Durchführung und Moderation verschiedener Veranstaltungsformate

4.2.5 Sinnstiftende Funktion

Mit dem Aufkommen von und der Fokussierung auf Cluster-Initiativen geht nicht nur ein tief greifender Wandel in den Prozessen und Strukturen industrieller Wertschöpfungssysteme einher, gleichzeitig sind auch neue organisationale Leitbilder zu entwickeln.[967] So werden beispielsweise Organisationen nicht mehr nur als „Arbeitsort", sondern auch als „Lebensraum", und nicht mehr nur als „Werkstatt", sondern auch als „Wissensstatt" aufgefasst.[968] Gerade aber mit der Einbettungsperspektive und der Interaktionsorientierung, wodurch Organisationen in einer wechselseitigen Beziehung zu ihrer Umwelt zu sehen sind, zeigt sich, dass diese zwar einerseits einen bestimmten Zweck verfolgen und andererseits gleichzeitig einen Sinn stiften. Karl E. Weick sieht Organisationen als „sensemaking systems", die in einem retrospektiven Prozess der sozialen Konstruktion und Interaktion Unbekanntes strukturieren, so dass es handhabbar wird. Weiterhin lässt sich die Sinnstiftung durch Identitätskonstruktion, Kontextkonstruktion, soziale Interaktion, Stetigkeit, Zielgerichtetheit und Plausibilität charakterisieren.[969] Die Zweckorientierung gemeinsam mit der Sinnorientierung bieten eine gute Ausgangsbasis für die langfristige, und im besten Sinn des Wortes, nachhaltige Existenzsicherung.[970]

Während die Zweckorientierung sich auf die harten Faktoren bezieht, setzt die Sinnorientierung an den sozialen und emotionalen Faktoren an und vervollständigt damit die ganzheitliche Betrachtung wandlungsfähiger Cluster-Initiativen. Dies ist insbesondere auf Grund der starken Interaktionsorientierung und der Wandelthematik notwendig. Emotionen beeinflussen nicht nur Wahrnehmungs-

967 Vgl. Zahn u. a. (2008b), S. 173 ff.
968 Vgl. Zahn (2006), S. 127, Zahn u. a. (2008a), S. 24
969 Vgl. Weick (1995), S. 17 ff.
970 Vgl. Zahn u. a. (2008a), S. 25

und Denkprozesse, sondern wirken sich ebenfalls auf Grundhaltungen und Überzeugungen aus. Damit fördern sie auf der organisationalen Ebene sowohl die Ausbildung von Fähigkeiten zur Mobilisierung interner wie zur Absorbierung externer Ressourcen und auf individueller Ebene die Lernfähigkeit und Verantwortungsbereitschaft.[971] Sensemaking resultiert dabei entgegen häufiger Annahmen aus einem Zusammenspiel von Handlungen und Interpretationen und nicht von Entscheidungen und Alternativen.[972] Sensemaking stellt damit eine Unterstützung dar, Erfahrungen und Überzeugungen den Akteuren auf eine verständliche, nachvollziehbare Art und Weise nahezubringen und damit das Handeln zu legitimieren wie auch weitere Akteure zu überzeugen. Der Führung kommt hierbei eine besondere Rolle zu, denn diese beeinflusst das Verhalten der Akteure und hat die Aufgabe, diese zu informieren und zur Mitarbeit anzuregen.[973] Das Clustermanagement hat somit die Aufgabe zum einen die gemeinsamen Ziele und Aktivitäten umzusetzen und zum anderen sich mit den Konflikten, Problemen und Ängsten einzelner Akteure auseinanderzusetzen und hier mediativ zu wirken, so dass erfolgreich an der Erfüllung der gemeinsamen Vision und Strategie gearbeitet werden kann. Hierfür sind eine ausgeprägte Kommunikation und persönliche Treffen wie auch vertraute Gespräche notwendig. Durch diese informellen Routinen wird Raum geschaffen für selbstorganisierende Prozesse und emergente Phänomene. Dies regt die Akteure zusätzlich an, sich mit ihren Erfahrungen und ihrem Wissen ebenfalls einzubringen, wodurch eine Anschlussfähigkeit zu vorigen Projekten und Aktivitäten impliziert wird.[974] So findet die Sinnstiftung zwar in der Gegenwart statt, bezieht jedoch immer die Vergangenheit und die Zukunft mit ein und ermöglicht auf diese Weise ein zusammenhängendes Erklärungsmuster.[975]

Die strategische Führung hat dabei zur Aufgabe, neue Einsichten bezüglich veränderter Herausforderungen aus der Aufgabenumwelt und notwendiger thematischer, struktureller oder inhaltlicher Anpassungen verständlich in eine neue strategische Logik zu übertragen. Diese neue strategische Logik muss dann im Rahmen des Sinnvermittelns in einprägsamen Worten zur Beeinflussung und Steuerung von Aktionen im Rahmen des intendierten Wandels an interne, aber auch an externe Stakeholder kommuniziert werden.[976] Auch wenn derartige Sinn-

---

971 Vgl. Hüther (2010), Zahn u. a. (2008a), S. 27
972 Vgl. Weick u. a. (2005), S. 409 ff.
973 Vgl. Zahn (2006), S. 128 ff., Zahn u. a. (2008a), S. 28
974 Vgl. Maitlis (2005), S. 21 ff.
975 Vgl. Zahn u. a. (2008a), S. 29
976 Vgl. Zahn (2006), S. 130

stiftungsprozesse häufig emergent und ungeplant stattfinden, können diese ebenfalls intendiert werden und folgen dann einem definierten Schema. GIOIA und CHITTIPEDDI haben in diesem Zusammenhang gepaart mit einem Wertewandel die Untergliederung in die vier Phasen „envisioning – signaling – re-visioning – energizing" geprägt.[977] Diese vier Phasen machen deutlich, dass Sinn stiften und Sinn vermitteln nicht einfach vorgegeben werden können, sondern in einem retrospektiven und interaktiven Prozess der Akteure und Stakeholder entstehen und somit mit Phasen des Verstehens und Beeinflussens bzw. des Denkens und Handelns einhergehen.[978]

Aber auch wenn Sensemaking zunächst auf der individuellen Ebene und hier insbesondere im Denken stattfindet, so darf dies nicht darüber hinwegtäuschen, dass es eng mit Handlungen verknüpft ist und nur durch diese beobachtbar und damit wahrhaftig wird. Somit ist es notwendig, mit verschiedenen Methoden, Maßnahmen und Ansätzen die Sensibilität zu fördern, Momente des Innehaltens zu erzeugen, das Zusammengehörigkeitsgefühl zu stärken und damit Sinn zu stiften und zu vermitteln.[979]

Die Methoden, Maßnahmen und Ansätze gehen dabei mit der obersten Ebene des Ebenenmodells von SCHEIN zur Beschreibung der Organisationskultur einher.[980] Demnach zeigen sich auf der obersten Ebene sichtbare Verhaltensweisen, Artefakte und weitere Erzeugnisse. Diese spiegeln sich in Symbolen und Zeichen wieder und stellen damit die Elemente einer Kultur dar, sich selbst zu repräsentieren und nach innen und außen zu vermitteln. Dazu gehören Sprache, Logo, Stil, Corporate Identity wie auch Rituale, Metaphern und organisationale Geschichten. Die zweite Ebene umfasst die Einstellungen und das Verhalten der Akteure. Auf der dritten Ebene finden sich die Grundannahmen, welche nicht weiter hinterfragt oder diskutiert werden. Sie sind tief im Denken verankert und werden von den Akteuren nicht bewusst wahrgenommen. Die Organisationskultur gestaltet sich demnach als ein Gerüst an Sinnstrukturen und Handlungsmustern, welche der Interpretation von Situationen, Handlungen und Entscheidungen dienen.[981]

Im Bereich der Einstellungen und des Denkens ist die Ausbildung gemeinsamer mentaler Modelle, d.h. die Generierung gemeinsamer Überzeugungen, Ansichten etc. eine wichtige Grundlage für die Zusammenarbeit wie auch die Sinnstiftung. Mentale Modelle können dabei auf unterschiedliche Weise be-

977 Vgl. Gioia/Chittipeddi (1991), S. 438 ff.
978 Vgl. Zahn (2006), S. 130 ff.
979 Vgl. Zahn u.a. (2008a), S. 30
980 Vgl. Schein (1985)
981 Vgl. Heinen/Frank (1997), S. 25

schrieben werden und umfassen beispielsweise die Ausbildung von Routinen und Standardprozessen, kognitive Karten oder logische Strukturen für die Interpretation der Sprache.[982] Gerade in branchenübergreifenden interorganisationalen Beziehungen muss hier zunächst ein gemeinsames Sprachverständnis geschaffen werden, da ansonsten die unterschiedlichen Beteiligten, obwohl sie vermeintlich über die gleichen Dinge sprechen, aneinander vorbei kommunizieren. Dabei handelt es sich nicht um ein fixiertes Modell, vielmehr sind mentale Modelle prozessual zu verstehen, d. h. es handelt sich um die Art und Weise wie die Akteure sich mit der Realität der Organisation und ihrer Aufgabenumwelt auseinandersetzen.[983] Insgesamt sind die Maßnahmen des Sensemaking einem Spannungsfeld ausgesetzt zwischen Flexibilität und Raum von Strukturen und Prozessen, um eine bestmögliche Reflexion und Argumentation zu ermöglichen und der Beharrungstendenz auf allgemein anerkannten Handlungsroutinen.

> „Für das Management bedeutet dies ein „Spielen“ mit der Selbstreferenz, ein Entwickeln und Anbieten von Sinn- und Motivationsangeboten, ohne im Voraus sagen zu können, wie erfolgreich diese sein werden und wer letzten Endes mitmacht (ob es überhaupt gelingt, einen bestimmten Zweck zu erfüllen).“[984]

Damit wird noch einmal explizit aufgezeigt, dass Führung aus sinnorientierter Perspektive nur steuernd wirken kann, indem Anreize und Möglichkeiten über ein Sensemaking und kulturelle Elemente geschaffen werden. Diese müssen aber ebenfalls von den Akteuren in einem wechsel-seitigen Prozess mit Leben gefüllt, verinnerlicht und umgesetzt werden. Wenn sich jedoch verpflichtende Handlungen anschließen, die ihrerseits wieder mit Sinn versehen werden und damit erneut die Grundlage für eine Anschlussfähigkeit zukünftiger Handlungen darstellen, können diese „sedimentieren“, ohne dass eine direkte Steuerung seitens der Führung erforderlich ist.[985] Dies ist das Ziel und das Ergebnis eines selbstreferenziellen Managements, welches sich in der Steuerung durch Selbststeuerung zeigt.[986] Dies darf aber nicht dazu verleiten, zu denken, dass die Führung in dieser Perspektive keine Aufgaben zu erfüllen hätte, denn dieses wäre weit gefehlt. Vielmehr müssen das Vertrauen und der Respekt der Akteure gewonnen, diese zu konstruktiven Leistungen motiviert und hieraus Inspiration geschaffen werden. Hierfür sind isolierte Bedeutungen einzelner Institutionen in den Gesamtkontext zu integrieren

---

982 Vgl. Senge (1990), S. 174 ff., Zahn u. a. (2008a), S: 32
983 Vgl. Zahn (2006), S. 134 f.
984 Zahn u. a. (2008b), S. 185
985 Vgl. Giddens (1993), S. 110 ff.
986 Vgl. Zahn u. a. (2008b), S. 183

und durch Legitimationsmechanismen subjektiv einsichtig zu machen.[987] So ist die zentrale Aufgabe der Führung darin zu sehen, „im Austausch mit anderen eine adäquate Sicht des Problems zu entwickeln, die hilft, derzeitige Ereignisse und weitere Möglichkeiten in Raum, Zeit und Geschehen einzuordnen."[988] Die Bereitstellung von Interpretationshilfen durch Sinnstiftung und Sinnvermittlung wird dabei zur wichtigen Führungsaufgabe. An dieser Stelle kommen zusätzlich wieder Spiegelneuronen ins Spiel, denn so kann der Führungsimpuls durch die Akteure mittels Resonanz angenommen werden.[989] Hierfür sind vier Elemente emotionaler Intelligenz notwendig: Selbstwahrnehmung, Selbstmanagement, soziales Bewusstsein und Beziehungsmanagement.[990] Nur wenn dies gegeben ist, können auch unterschwellige Gefühle der Akteure ausgedrückt und verarbeitet werden, wodurch Barrieren reduziert und ein gemeinsames Schwingen oder auch die Ausbildung gemeinsamer mentaler Modelle möglich wird. Eine wichtige Voraussetzung stellt hierbei das Vertrauen dar, welches demnach durch entsprechende Rahmenbedingungen gezielt gefördert werden sollte. Vertrauen korreliert dabei eng mit Kommunikation, welche wiederum durch ein Mindestmaß an Übereinstimmung auf syntaktischer, semantischer und pragmatischer Ebene erleichtert wird.[991]

Damit lassen sich die einzelnen Bereiche in der folgenden Abbildung zusammenfassen und die Aufgaben wie folgt beschreiben:

Tab. 4.5: Sinnstiftende Funktion – Aufgaben und Indikatoren[992]

Sinnstiftende Funktion – Aufgaben	**Indikatoren (exempl.)**
• Entwicklung von Leitbildern	• Vorhandensein von Leitbildern, Geschichten • Kommunikation an Akteure
• Sinnstiftung	• Identitätskonstruktion, durch z. B. Story Telling • Soziale Interaktion • Stärkung des Zusammengehörigkeitsgefühls • Zielgerichtetheit • Logo, Stil, Corporate Identity • Rituale • Gemeinsame mentale Modelle

987 Vgl. Berger/Luckmann (2010), S: 98 ff., Schüerhoff (2006), S. 49
988 Sackmann (2004), S. 593
989 Vgl. Zahn (2008a), S. 28 ff.
990 Vgl. Goleman (1998), S. 24
991 Vgl. Picot u. a. (2003), S. 137 f.
992 Quelle: Eigene Darstellung

Sinnstiftende Funktion – Aufgaben	Indikatoren (exempl.)
• Steigerung der Lernfähigkeit und der Verantwortungsbereitschaft	• Positive Atmosphäre • Engagement der Akteure • Konfliktmanagement • Mediation
• Emotionale Intelligenz des Clustermanagements	• Selbstwahrnehmung • Selbstmanagement • Soziales Bewusstsein • Beziehungsmanagement
• Öffentlichkeitsarbeit	• Veranstaltungen • Publikationen

4.2.6 Diagnostische Funktionen

Die diagnostische Funktion ist in Cluster-Initiativen auf mehreren Ebenen relevant. Sie betrifft zum einen die Cluster-Initiative als solche auf der Gesamtebene und zum anderen das Clustermanagement, wodurch ein Selbsteinschluss der Führung gegeben ist. Insgesamt zeigt sich, dass trotz der zunehmenden Bedeutung von Clustern und entsprechender Förderung sich bisher kein einheitliches System zur Bewertung von Cluster-Initiativen herauskristallisiert hat. Zwar werden sowohl im Spitzenclusterwettbewerb wie auch im Rahmen der Exzellenzlabel und von go-cluster verschiedene Bewertungskriterien zu Grunde gelegt und evaluiert, doch sind hiermit auf Grund der Komplexität des Themenfeldes nur bedingt Kriterien für die strategische Führung inkludiert. Vielmehr dienen diese zur Bewertung der Leistungen des Clustermanagements im Sinne einer Qualitätszertifizierung und stellen damit ex-post-Betrachtungen durch externe Gutachter dar. Gerade junge Cluster-Initiativen verfügen kaum über Erfolgsindikatoren, sog. Key Performance Indicators (KPI), oder konkrete, messbare Ziele.[993]

Demnach hat die strategische Führung auch eine diagnostische Funktion zu erfüllen, die dem Aufbau von Planungs- und Kontrollsystemen in Unternehmen gleicht. So erhält die Führung wichtige Basisinformationen durch das kontinuierliche Monitoring der Umfelder der Cluster-Initiative und durch das kritische Reflektieren von Strukturen, Prozessen, Instrumenten und Ergebnissen.[994] Dabei ist eine Übertragung vorhandener System auf Grund der Interaktionsorientierung und der Notwendigkeit von emergenten Prozessen nur

993 Vgl. Meier zu Köcker (2013), S. 37

994 Vgl. Zahn u. a. (1997), S. 144 ff., Bamberger/Wrona (2012), S. 231 ff.

in einem sehr begrenzten Umfang möglich. Insbesondere können nur wenige Aspekte mittels messbarer Daten und Fakten dargestellt werden, wodurch es sich nicht um Kontrollinstrumente im herkömmlichen Sinn handelt, sondern eher eine Systematik geschaffen wird, um das Geschehen zu verfolgen und so auch eine Basis für das Aufzeigen von Wirkungen und Erfolgen zu entwickeln.[995] Tabelle 4.1 fasst die folgenden Erläuterungen zusammen und zeigt beispielhaft Indikatoren zur Messung auf. Diese können sowohl quantitativ als auch qualitativ erfassbar sein. Darüber hinaus wird versucht ein Bezug zu den Reifgraden und damit zu den veränderten Leistungen des Clustermanagements vorzunehmen. Insgesamt handelt es sich nicht um eine abschließende Auflistung, sondern vielmehr um einen Auszug und eine beispielhafte Darstellung, da auf Grund der individuellen Ausgangslage einer jeden Cluster-Initiative ein jeweils auf die spezifische Situation abgestimmtes Maßnahmenbündel entwickelt werden muss.

Tab. 4.6: Diagnosekriterien der strategischen Führung in Cluster-Initiativen[996]

Kriterium	**Indikatoren**	**... bei steigendem Reife- und Professionalisierungsgrad**
Umwelt	• Stakeholder • Branchen • Marktentwicklung • Marktgröße • Marktwachstum • Marktstruktur	• Veränderungen im Markt • Neue Märkte • Internationalisierung • Stakeholderanforderungen
Strategie	• Ziele • Stärken- und Schwächenanalyse • Technologie • Erfolgsgrößen • Ressourcen	• Technologische Entwicklungen • Neue Technologien • Standardisierungen • Strategiefortschreibung • Zielanpassung • Bedarfsprofile
Aktivitäten	• Projektideengenerierung • Anzahl Veranstaltungen • Art der Veranstaltungen • Wissenstransfer • Informationsbereitstellung	• Projektinitiierung • Trainingsprogramme • Zusammenarbeit

995 Vgl. hierzu auch Meier zu Köcker (2013), S. 38
996 Quelle: Eigene Darstellung

Kriterium	Indikatoren	... bei steigendem Reife- und Professionalisierungsgrad
Cluster-Initiative	• Anzahl und Art der Partner • Struktur • Gremien • Persönliche Interaktion • Engagement in Projekten und Aktivitäten • Branchenübergreifend • Verbundene Institutionen, Netzwerke und Verbände	• Erfolgsgeschichten • Gemeinsame Sprache • Gemeinsames Verständnis • Bewusstsein der Clusterzugehörigkeit • Bekanntheitsgrad und Wahrnehmung durch Dritte • Zu-/Abgang an Partnern • Partneranalyse
Standortfaktoren	• Verkehrsanbindung • Attraktivität • Regionalökonomische Bedeutung • Nähe der Partner • Kontakt zu öffentlicher Hand	

Werden die Kriterien entsprechend der Funktionen und Ebenen aufbereitet, so kann im Bereich des Umfeldes und der Strategie auf klassische Methoden der strategischen Analyse zurückgegriffen werden.

Die strategische Analyse wird im Rahmen der strategischen Planung[997] durch die Umwelt- und die Organisationsanalyse charakterisiert.[998] Auf Grund der Konzentration auf Technologieentwicklung und Innovationen ist hierbei auch ein starker Fokus auf strategische Frühaufklärungssysteme zu richten, um auch „schwache Signale“[999] frühzeitig wahrzunehmen. Hier dienen Scanning-Systeme, die eine kontinuierliche Beobachtung der Umwelt erlauben, wie auch Monitoring-Systeme, welche eine vertiefte und dauerhafte Informationssammlung beinhalten, der strukturierten Aufarbeitung.[1000]

997 Hierbei handelt es sich um einen „informationsverarbeitenden Prozess zur Abstimmung von Anforderungen der Umwelt mit den Potenzialen des Unternehmens in der Absicht, mit Hilfe von Strategien den langfristigen Erfolg eines Unternehmens zu sichern.“ Bea/Haas (2016), S. 55

998 Vgl. hierzu bspw. Bea/Haas (2016), S. 94 ff., Müller-Stewens/Lechner (2016), S. 139 ff., Gerybadze (2004) S. 121

999 Der Begriff stammt von Ansoff dessen Konzept als Grundlage fast aller Ansätze zu Frühaufklärungssystemen auf strategischer Ebene dient, siehe Ansoff (1975)

1000 Vgl. bspw. Bamberger/Wrona (2012), S. 261

Problematisch erweist sich hierbei, dass Technologieanalysen und -bewertungen nur auf materielle Anlagegüter und Substanzwerte in quantitativer Form bezogen werden können, da technologischen Kompetenzen, Wissen und Fähigkeiten intangible Ressourcen sind, die nur äußerst schwer quantitativ erfasst werden können.[1001] Hinzu kommt, dass mit Blick auf Innovationen messbare Indikatoren, wie z. B. Patentanmeldungen, nur zur Erfolgsmessung und -darstellung Relevanz besitzen, denn in Bezug auf die Führung und Anschlussfähigkeit ist es für die Situation zur Entscheidung und Durchsetzung künftiger Innovationen irrelevant, ob eine Innovation in der Vergangenheit erfolgreich war.[1002] Damit ist die Zählung von Patenten nur bedingt geeignet, den Erfolg einer Cluster-Initiative zu messen, insbesondere wenn diese auch nicht exakt dem Themenfeld zugeordnet werden können. Wichtiger ist dagegen auf Grund der hohen Ausschussquote an Ideen und Projektinitiierungen, an dieser Stelle einen positiven, motivierenden Umgang in der Darstellung zu finden, so dass Frustrationspotentiale reduziert und eine Würdigung des Engagements erfolgt, selbst wenn die Einreichung der Idee oder Projektskizze nicht erfolgreich verlief. Zudem spiegelt sich hierin der Aktivitätsgrad der Akteure wie auch die Bereitschaft zur und das Vertrauen in die Zusammenarbeit wieder. Diesem Aspekt ist daher in der Kategorie Aktivitäten ein gesonderter Stellenwert beizumessen. Der Projektinitiierung geht häufig ein Ideengenerierungsprozess voraus. So ist es notwendig, mit Hilfe geeigneter Maßnahmen, wie beispielsweise Workshops oder Brainstormingrunden, eine große Anzahl an Ideen und Konzepten zu entwickeln und in der frühen, unstrukturierten Phase zu bewerten und zu filtern. In Analogie zu einem Entwicklungstrichter werden daraus einzelne Projekte identifiziert und im Rahmen von Förderprogrammen oder mit eigenen Mitteln durchgeführt. Die Integration der Projekte in die Strategie erfolgt dabei von Seiten des Clustermanagements. Je nach Konstrukt der Cluster-Initiative und freien Kapazitäten wird das Clustermanagement aktiver Projektpartner oder es wird eine unterstützende und koordinierende Funktion eingenommen.[1003]

Neben diesen allgemein strategischen Diagnosekriterien und den innovationsspezifischen Aspekten ist die interorganisationale Beziehung explizit in die Diagnose einzubeziehen. Hierfür müssen geeignete Indikatoren erst noch identifiziert werden. Teilweise erklären sie sich aus den bisherigen Beschreibungen. Herausgestellt werden konnte, dass professionelle und innovative Cluster-Initiativen sich

---

1001 Vgl. Gerybadze (2004), S. 123
1002 Vgl. Hauschildt/Salomo (2011), S. 21 f.
1003 Vgl. Albers/Gassmann (2011), S. 5 f.

durch eine hohe Kontaktintensität auszeichnen und mittels eines gemeinsamen Sozialisationsprozesses ein gemeinsames Verständnis und geteiltes mentales Modell entwickelt haben.[1004]

In Bezug auf die Wandlungsfähigkeit sind Diagnosekriterien durchaus wichtig, um aus Analysen zu lernen und frühzeitig Veränderungen wahrzunehmen, denn „je besser wir erklären können, was sich ereignet hat, umso besser werden wir vorhersagen können, was sich ereignen wird“[1005]. Insbesondere wenn wie in einer branchenübergreifenden Cluster-Initiative Themen und Entwicklungen aus unterschiedlichen Blickwinkeln betrachtet werden. Gerade die Zukunftsgerichtetheit ist dabei jedoch entscheidend. Ziel der strategischen Führung muss es demnach sein, möglichst frühzeitig Bedarfsprofile, Marktentwicklungen, Akteursanforderungen und Erfolgsfaktoren zu ermitteln und durch Sinnstiftung und -vermittlung den gemeinsamen Sozialisationsprozess zu stärken.[1006] Daher ist, ähnlich dem kooperativen Führungsprinzip, die clusterorientierte und situationsabhängige Organisation und Planung nach den jeweiligen Erfordernissen unter Berücksichtigung eines minimalen Instrumentariums orientiert an der Strategie und den Zielen erfolgsversprechender als starre Kontrollsysteme.[1007] Daraus ergeben sich folgenden Aufgaben für die strategische Führung wandlungsfähiger Cluster-Initiativen:[1008]

Tab. 4.7: Diagnostische Funktion – Aufgaben und Indikatoren[1009]

Diagnostische Funktion – Aufgaben		**Indikatoren (exempl.)**
Cluster-Initiative	• Durchführung strategischer Analysen • Steuern der Cluster-Initiative	• Externe und interne Kontextanalyse • Einsatz von Scanning- bzw. Monitoring-Systemen zur strategischen Früherkennung • Koordination der unterschiedlichen Aktivitäten • Bedarfsanalyse

1004 Vgl. Steinle u. a. (1998), S. 375 f.
1005 Homans (1972), S. 94
1006 In Anlehnung an Gerybadze (2004), S. 124
1007 In Anlehnung an Hahn (2006), S. 19
1008 Vgl. bspw. auch Drewello/Kiehlmann (2015), S. 1 sowie 12 f.
1009 Quelle: Eigene Darstellung

Diagnostische Funktion – Aufgaben		Indikatoren (exempl.)
	• Projektinitiierung und -durchführung	• Bewerten von Projektideen • Kontakte zu internen und externen Entscheidungsträgern • Beteiligungen an relevanten nationalen und internationalen Ausschreibungen • Projektcontrolling • Multiprojektmanagement
	• Management der interorganisationalen Beziehungen	• Hohe Kontakthäufigkeit • Vertrauensvoller Umgang
Clustermanagement	• Durchführung von Evaluierungen	• Zufriedenheitsmessung der Clusterpartner • Benchmarkingprozess mit weiteren Clustern und deren Clustermanagements • Reflexionsprozess des Clustermanagements • Externe Evaluierung und Qualitätszertifizierungen • Wirkungsanalyse der Aktivitäten
	• Berichtswesen	• Jahresberichte oder Fortschrittsberichte • Veröffentlichung der wesentlichen Ergebnisse
	• Reflexionsprozess bzgl. sämtlicher Funktionen, Aktivitäten etc.	• Regelmäßiger Reflexionsprozess unter Einbezug zukünftiger Entwicklungen • Betrachtung der Ergebnisse sämtlicher Funktionen

4.2.7 Zusammenfassung interaktionsorientierte Führung

Die klassischen Funktionen der Führung wurden für die Entwicklung eines Konzeptes zur strategischen Führung wandlungsfähiger Cluster-Initiativen um kognitive und interaktive Aspekte wie auch Fragen aus dem Innovationsmanagement ergänzt. Kognitive Aspekte beziehen sich dabei hauptsächlich auf verschiedene Denkprozesse, seien diese bewusst oder unbewusst, und beeinflussen maßgeblich jede Handlung.

> „We use it [cognitive activity] to pilot our lives and to be responsive to feedback from the environment that could be relevant for survival."[1010]

Eng damit verbunden ist auch das Konstrukt der Motivation, denn diese fungiert insbesondere in Entscheidungsprozessen als eine Art Filter und lenkt damit was gewollt, gewünscht oder benötigt bzw. als nützlich angesehen wird. Motivation ist damit stark auf die Ziele von Menschen ausgerichtet.[1011] Insbesondere wenn es um Anpassung geht, können daher kognitive Aspekte nicht separiert betrachtet werden, vielmehr müssen auch weitere psychologische Prozesse und die Art ihres Zusammenwirkens einbezogen werden. Mit Hilfe der zuvor beschriebenen individuellen, interaktionsorientierten und organisationalen Ebenen wird diesem Aspekt Rechnung getragen und eine Grundlage gelegt für die Entwicklung interaktionsorientierter Führungsfunktionen in wandlungsfähigen Cluster-Initiativen. Dabei ist die Zielgerichtetheit und strategische Ausrichtung ein wesentlicher Faktor bei der Ausarbeitung eines integrierten Konzeptes, bestehend aus Ebenen und Funktionen.

> „After all, thought has to refer to something –it does not operate in vacuum – and the cognition of the emotions involves goals, plans, and beliefs and is about the stakes (active goals) and (coping) options a person has for managing the person-environment relationship."[1012]

Mit Hilfe der Funktionen wurden das komplexe Aufgabenspektrum der interaktionsorientierten Führung in wandlungsfähigen Cluster-Initiativen strukturiert und Antworten auf die vertieften Forschungsfragen hinsichtlich der Ebenen und Funktionen gegeben. Hierbei zeigt sich deutlich, dass zusätzlich zu messbaren Indikatoren sog. weiche Faktoren in das Konzept zu integrieren sind. Bisher verwendete Indikatoren sind für eine Nutzung im Rahmen einer strategischen Führung nur bedingt oder verkürzt anwendbar. Hinzu kommt, dass in Cluster-Initiativen das gemeinsame Innovieren einen hohen Stellenwert einnimmt und ex-post-Analysen deshalb nicht ausreichen, zukünftige Entwicklungen für eine strategische Führung einzubeziehen. Die Funk-tionen integrieren gezielt Elemente der strategischen Früherkennung. Daneben erlangt die Interaktionsorientierung wie auch die Sinnstiftung eine herausragende Bedeutung, denn letztlich erfolgt Wandel durch die kognitiven Fähigkeiten der Individuen und die organisationale Wandlungsfähigkeit. Zudem ist das Clustermanagement bei allen Aktivitäten und Entwicklungen auch immer auf das Engagement der Akteure angewiesen.

1010 Lazarus (1991), S. 6
1011 Vgl. Lazarus (1991), S. 13
1012 Lazarus (1991), S. 13

> „An organization's actual state is essentially hidden in its complexity as a whole from any single person's view, exceeding human perceptual, intellectual and analytical capacities. The perceived organizational state is an amalgam of images, stories, thoughts, beliefs and feelings."[1013]

Zusammengenommen können wandlungsfähige Cluster-Initiativen damit auch als komplexe adaptive Systeme beschrieben werden, welche aus interagierenden Akteuren bestehen, die Ereignisse mittels kognitiver Schemen bzw. mentaler Modelle interpretieren und darüber Entscheidungen und Handlungen auslösen. Diese nichtlinearen Interaktionsprozesse führen zu einer permanenten Fortführung und Erneuerung der Kommunikation, so dass sich das System in einem permanenten Prozess der (Ko-)Evolution in und mit seiner Umwelt entwickeln kann.[1014] So können wandlungsfähige Cluster-Initiativen beschrieben werden als

- ein eingebettetes System in eine Umwelt, das
- zielorientiert (Personen mit einer bestimmten Absicht, orientiert an Leibildern)
- in Kombination mit einem technischen System (Verwendung von Wissen, Technologien, Ausstattungen und Einrichtungen) und
- einem psychosozialen System (Personen in sozialen Beziehungen und Interaktionen),
- koordiniert durch Managementaufgaben,
- die Integration und Umsetzung strukturierter Aktivitäten wahrnimmt.[1015]

Damit ergeben sich für eine notwendige interaktionsorientierte Führung die Integration von drei Ebenen:

- der individuellen Ebene,
- der interaktionsorientierten Ebene und
- organisationalen Ebene,

die in den Fokus rücken und Beachtung bei der Erarbeitung eines integrierten Konzeptes finden müssen. In Bezug auf die strategische Führung lassen sich damit sechs Funktionen definieren und mit Aufgaben und Indikatoren versehen:

- umfeldanbindende Funktion
- begrenzende Funktion

1013 Dooley (1997), S. 89 ff.

1014 Vgl. Tilebein (2005), S. 83, Dooley (1997), S. 89 ff., Kast/Rosenzweig (1970), S. 6 sowie S. 20

1015 In Anlehnung an Kast/Rosenzweig (1970), S. 6 und S. 20

- akteursorientierte Funktion
- strategische Funktion
- sinnstiftende Funktion
- diagnostische Funktion

Kritisch hervorzuheben ist, dass das Überleben von sozialen Systemen nicht in der gleichen Weise objektiv feststellbar ist, wie das Überleben biologischer Organismen. Vielmehr scheint das Überleben sozialer Systeme kulturell und legitimationsbezogen definiert und damit nicht allgemeingültig für alle Zeiten in den Strukturen einer Gesellschaft festgelegt zu sein.[1016] Hieraus ergibt sich für die Führung wandlungsfähiger Cluster-Initiativen eine Vielzahl kritischer Herausforderungen und Aufgaben, wie sie oben dargestellt wurden.

1016 Vgl. Habermas (1971), S. 150 f.

5. Implikationen für Theorie und Praxis

„The great challenge for the next several decades will be to advance understanding of social systems in the same way that the past century has advanced understanding of the physical world."
(Jay W. Forrester)

In Kapitel 4 wurden die Unterforschungsfragen anhand von Ebenen und Funktionen vertieft und ein Konzept für die interaktionsorientierte strategische Führung wandlungsfähiger Cluster-Initiativen entwickelt. Dabei konnte die These erhärtet werden, dass Cluster-Initiativen, unabhängig von der Branchenzusammensetzung und technologischen Ausrichtung, an der Schnittstelle von Geographie, Wirtschaft, Organisationslehre, Technologie und Soziologie eine eigene Axiomatik begründen und ein integriertes Konzept zur Begleitung von wirtschaftlichem, technologischem und gesellschaftlichem Wandel bieten.[1017] Der spezifische Bezug auf Wandlungsfähigkeit unterstreicht dabei den dynamischen Charakter und stellt die Prozessualität in den Vordergrund. Cluster-Initiativen sind geprägt durch ihre spezifischen Ressourcen, formellen und informellen Spielregeln, lokale Einbettung, technologisches Niveau und organisationale Kultur. Auf Basis gemeinsamer Ressourcenausstattung werden kollaborativ vor allem technische Kompetenzen adaptiv rekonfiguriert, rekombiniert und kreativ weiterentwickelt. Damit ist der jeweils momentane Stand zugleich Abbild der gewachsenen Cluster-Struktur und des erreichten Entwicklungsniveaus der Anpassungs- und Fortschrittsfähigkeit des Clusters.[1018] Der Ansatz bündelt Fragen der regionalen Entwicklung und fokussiert auf die Dynamik des Technologiewandels, die Wechselwirkungen zwischen den Akteuren wie auch die über Raum und Zeit stattfindenden Prozesse. Dem Clustermanagement wird hierbei eine zentrale Rolle zugeschrieben, wenngleich die Existenz der Führung zunächst erklärungsbedürftig war. Offen geblieben ist bisher nur noch die letzte Forschungsfrage nach den Implikationen, die sich aus den bisherigen Ausführungen und Darstellungen sowohl für die Theorie wie auch für die Praxis inklusive der Fallstudie des Clusters Elektromobilität Süd-West ableiten lassen. Hierauf wird im folgenden Kapitel der Fokus gerichtet.

1017 Vgl. hierzu bspw. auch Crevoisier (2001), S. 247
1018 Vgl. Crevoisier (2001), S. 250 f.

5.1 Implikationen für die Theorie

Auf Grund der Tatsache, dass Cluster ein Schnittstellenthema darstellen und in verschiedenen wissenschaftlichen Disziplinen zu verorten sind, gibt es diverse Ansätze Cluster zu beschreiben. Auf Grund des jungen und komplexen Themenfeldes ist das theoretische Fundament noch rudimentär. Dennoch hat sich der Ansatz auf unterschiedlichen Ebenen zwischenzeitlich insofern durchgesetzt als in Cluster-Initiativen und im Clustermanagement wie auch deren Förderung wirksame Instrumente zur Regionalentwicklung und Wirtschaftsförderung gesehen werden.

> „Instead of solely within the firm, the true origin of competitive advantage may be the proximate or local environment in which a firm is based."[1019]

Dieser Umstand darf jedoch nicht darüber hinwegtäuschen, dass nicht jeder Cluster einer professionellen Cluster-Initiative entspricht und nicht jede lokale oder regionale Ballung von Institutionen einer Branche eine in sich vernetzte Struktur aufweist, auch wenn dies auf Grund der gegenwärtigen Popularität des Begriffs von Verantwortlichen gerne so bezeichnet wird. Nicht selten ist es auch gerade diese Wunschvorstellung, welche die stärkste Triebkraft für Clusterstrategien darstellt.[1020] Dennoch sind Cluster und ihre Theorieansätze insbesondere in der Literatur auch immer wieder umstritten, was sicherlich nicht zuletzt in der Komplexität der Thematik begründet liegt. So sind weitere Forschungen und empirische Untersuchungen notwendig, um Effekte, Erfolgsfaktoren und Wirkungen von Cluster-Initiativen auf die Regionalentwicklung, die Institutionen und den Wandel zu identifizieren und zu verifizieren.

Dabei sind auch geeignete Methoden und Instrumente zu entwickeln, denn das klassische Portfolio ist nur in bestimmten Umfängen übertragbar und damit geeignet, Cluster-Initiativen als komplexe adaptive Systeme zu untersuchen. So werden Maßnahmen benötigt, die auf den Umgang mit und die aktive Einbindung von heterogenen Akteuren abzielen und zugleich einen zentralen Fokus auf deren Interaktion wie auch die gemeinsame, zielgerichtete Aktivität richten. In diesem Zusammenhang ist es von elementarer Bedeutung emergente Prozesse zu ermöglichen und Raum zu schaffen für die spontane Herausbildung neuer Eigenschaften, Strukturen, Themen und Projekten.[1021] Darüber hinaus ist eine Orientierung mit Hilfe von Lebenszyklusmodellen für wandlungsfähige

---

1019 Porter (1991), S. 110

1020 Vgl. Beckord (2008), S. 14

1021 Vgl. hierzu bspw. auch die Ausführungen auf S. 225 ff.

Cluster-Initiativen wichtig, um Maßnahmen, Aktivitäten und Services an den entsprechenden Reifegrad anzupassen. Gerade in diesem Bereich jedoch, sind noch weitere Forschungsarbeiten notwendig, da theoretische Erkenntisse hier nur rudimentär vorhanden sind und lediglich erste Ansätze und Zurodnungen existieren. Hierbei ist ein enger Austausch zwischen Theorie und Praxis notwendig, da es vielfach Erfahrungswerte, Best Practice Beispiele und Verhaltensregeln sind, die eine geeignetere Gestaltungsgrundlage bieten als eine rein wissenschaftliche Modellierung und quantitative Erhebungsmethoden. Die wissenschaftliche, systematische Fundierung ist auf Grund der offenen theoretischen Fragestellungen nichtsdestotrotz ein entscheidender Faktor. Fallstudien, Auditierung und Evaluation sind beispielsweise geeignete Methoden, die Komplexität von Cluster-Initiativen zu beschreiben sowie zielgerichtet zu untersuchen. Nur unter Beachtung der jeweiligen Kontextbedingungen einer Region und Branche wie auch der Einsatzbedingungen verschiedener Maßnahmen und Aktivitäten lassen sich für den spezifischen Fall sinnvolle, verallgemeinerungsfähige Aussagen formulieren. Diese bieten im Zweifel ein höheres Erklärungspotential als grobe Ursachenzusammenhänge und die Entwicklung von zu vereinfachenden Theorien.[1022] So lassen sich selten auf Grund der Komplexität und Individualität eines jeden Clusters systematische Zusammenhänge nachweisen. Insofern ist eine vereinfachende und/oder abstrahierende Sichtweise des Wissenschaftlers grundsätzlich möglich und auch hilfreich für die Theoriegenerierung und ein ganzheitliches Verständnis vom Erkenntnisobjekt. Allerdings ist der enge praktische Bezug bei der fundierten Untersuchung von Clustern und Cluster-Initiativen unerlässlich. Damit unterscheidet sich die Thematik ganz wesentlich von vielen, gegenwärtigen wirtschaftswissenschaftlichen Arbeiten, die nach wie vor an einer Trennung von Theorie und Anwendung festhalten.[1023]

In Bezug auf das Management von Cluster-Initiativen wird damit deutlich, dass die Forschung zur entsprechenden Praxis erst in den Anfängen steht und die Forschungsergebnisse daher vielfach rudimentär sind. Weitere Analysen und Forschungsarbeiten, die sich mit Praktiken und Methoden des Managements interorganisationaler Beziehungen befassen, sind notwendig, um auf den bisher gelegten Grundsteinen aufzubauen. Entsprechende Methoden und Routinen, die in Multi-Akteurs-Konstellationen Bestand haben, müssen entwickelt, implementiert und evaluiert werden. So entspricht der gegenwärtige Erkenntnisstand

1022 In Anlehnung an Gerybadze (2004), S. 52 f.
1023 Vgl. Crevoisier (2001), S. 246

eher einem dynamischen Forschungsprogramm, denn gesichertem Lehrbuchwissen.[1024]

Gleiches kann für die Beziehungen zwischen Cluster und Organisation, Cluster und Umfeld sowie Cluster und Individuum konstatiert werden. Diese sind gegenwärtig ebenfalls lediglich in Grundzügen erforscht und erfordern so eine weitere Detaillierung bezüglich des Zusammenwirkens der Beziehungsebenen. Gepaart mit den Fragestellungen zum interorganisationalen Management wird hier von mehreren Autoren eine Mehrebenenanalyse gefordert.[1025] Die vorliegende Forschungsarbeit setzt an diesen Punkten an und zeigt mit Hilfe der kontextuellen Analyse sowohl theoretisch wie auch praktisch verschiedene Beziehungsstrukturen auf. Dabei wird ersichtlich, dass auch in interorganisationalen Beziehungen Führung existent ist, wenn gleich sich diese im Vergleich zu traditionellen Unternehmen in einer interaktionsorientierten Weise darstellt. Ein starker Fokus ist daher nicht zuletzt auf Grund fehlender hierarchischer Strukturen auf das gemeinsame Erarbeiten und Entwickeln von Strategien, Projekten und Maßnahmen gerichtet. Ein integratives Führungskonzept, welches sowohl die sach- als auch personenbezogene Perspektive einbezieht, ist daher unerlässlich. Ein entsprechendes Konzept für eine interaktionsorientierte Führung in wandlungsfähigen Cluster-Initiativen wurde aufbauend auf den theoretischen und praktischen Erkenntnissen entwickelt und mit Hilfe von drei Ebenen – der individuellen, interaktionsorientierten und organisationalen Ebene – wie auch von fünf Funktionen – der umfeldanbindenden, begrenzenden, akteursorientierten, strategischen, sinnstiftenden und der diagnostischen Funktion – herausgearbeitet. Hierdurch wurde nicht nur ein umfassender Überblick über die komplexe Problematik erarbeitet, sondern auch ein wesentlicher Beitrag zu den offenen Fragestellungen geleistet. Nichtsdestotrotz konnten auf Grund der Komplexität und Interdisziplinarität des Themas, viele einzelne Punkte nur oberflächlich behandelt werden, so dass sich dort detailliertere Analysen in den jeweiligen Forschungsdisziplinen wie auch in ganzheitlichen Untersuchungen anschließen sollten.

Die Evaluation professioneller Cluster-Initiativen und die vertiefte wissenschaftliche Erkenntnis können wertvolle Beiträge leisten, wenn sie aufzeigen, welche Wirkungen gut umgesetzte Cluster-Initiativen erzielen und worin sich erfolgreiche Cluster-Initiativen unter Berücksichtigung der wirtschaftlichen

---

1024 Vgl. Sydow/Duschek (2011), S. 254, Gerybadze (2004), S. 228

1025 Vgl. Sydow/Duschek (2011), S. 254, Parkhe u. a. (2006), S. 567, Zaheer u. a. (2010), S. 62 ff.

Ausgangssituation von weniger erfolgreichen unterscheiden. Solche Forschungsergebnisse könnten sich positiv auf die Erwartungen von Unternehmen, Politik und weiteren Stakeholdern wie auch den wissenschaftlichen Diskurs bezüglich der Wirksamkeit von Clusterförderung auswirken. Hier kann es hilfreich sein, wenn, wie in der Evaluation des Spitzenclusterwettbewerbs, unterschiedliche Cluster-Initiativen aus unterschiedlichen Regionen in unterschiedlichen Phasen der Clusterentwicklung systematisch verglichen werden. Derartige Vergleiche sollten jedoch unabhängig von Förderprogrammen mit dem Ziel des weiteren Erkenntnisgewinns durchgeführt werden.[1026] Wichtig ist, die Unterschiede, aber auch Gemeinsamkeiten von Clustern und Netzwerken auszuarbeiten, denn zu häufig werden beide Begriffe synonym verwendet, weshalb zahlreiche Maßnahmen für das Management von Clustern sowie Clusterentwicklungsprogramme nicht selten zu kurz greifen.[1027]

Mehrere Studien weisen darauf hin, dass nicht die bloße Existenz einer Zusammenarbeit, sondern mitunter die Qualität des Clustermanagements wie auch der Interaktion zwischen den Akteuren erfolgsentscheidend sind. Damit würde in Bezug auf eine Wandlungsfähigkeit die Art und Weise der Interaktion die Treiber einer regionalen, wirtschaftlichen und technologischen Entwicklung bestimmen. Die Schwierigkeit besteht hier jedoch darin, das Management dieser regionalen Interaktionen und Lernprozesse empirisch zu erfassen.[1028] Insbesondere auf Grund des Einsatzes einer Vielzahl von qualitativen Indikatoren in Ergänzung zu wenigen messbaren Faktoren wie auch der individuellen Situation einer jeden Cluster-Initiative gestaltet sich eine Bewertung problematisch. Erfolgsversprechend ist hier eine ganzheitliche bzw. systemische Analyse, die ebenfalls einen prozessualen Charakter aufweist.

Der in der vorliegenden Forschungsarbeit gewählte Analyserahmen wie auch die Erarbeitung der Fallstudie zeigen beispielhaft das komplexe Forschungsfeld auf. In Kombination mit theoriegeleiteten Erkenntnissen konnte ein Konzept für eine interaktionsorientierte strategische Führung wandlungsfähiger Cluster-Initiativen entwickelt werden, das sowohl eine Ebenenbetrachtung wie auch die Betrachtung von Führungsfunktionen einschließt. Bisherige betriebswirtschaftliche Konzepte konnten so, u. a. angereichert um soziologische, psychologische, neurowissenschaftliche Aspekte, hinsichtlich der spezifischen Eigenschaften von Cluster-Initiativen ergänzt und ein Beitrag zur Entwicklung

1026 Vgl. Jappe-Heinze u. a. (2008), S. 2
1027 Vgl. Sydow/Duschek (2011), S. 256
1028 Vgl. Thomi/Werner (2001), S. 214 f.

eines Managements interorganisationaler Beziehungen in Cluster-Initiativen geleistet werden. Mit dem Fokus auf Wandlungsfähigkeit lag ein besonderer Schwerpunkt auf den kognitiven Fähigkeiten der individuellen Akteure wie auch der Ausbildung gemeinsamer mentaler Modelle und der Generierung von Sozialkapital. Hiermit wurde ein weiterer, in der Literatur diskutierter Aspekt aufgegriffen, wonach unter dem Blickwinkel von Lerneffekten nicht nur die unterschiedliche Faktor- und Ressourcenausstattung, sondern vielmehr auch die unterschiedlichen sozialen und technischen Fähigkeiten betrachtet und als wesentliche Determinanten des Wandels angesehen werden.[1029] Zur Erhärtung der Aussagen ist eine Analyse weiterer Cluster-Initiativen notwendig, um über vergleichende Analysen zu stärkeren empirischen Substanziierungen zu kommen, als es mit dieser Arbeit möglich ist.

5.2 Implikationen für die Praxis

Die wissenschaftliche Analyse von Cluster-Initiativen erfordert auf Grund der Komplexität neben der theoretischen Annäherung einen praktischen Anwendungsbezug herzustellen. Im Rahmen der vorliegenden Forschungsarbeit wurde diesem Aspekt mittels einer Fallstudie Rechnung getragen und so gleichzeitig eine verständnisfördernde Perspektive eingenommen. Hierdurch konnten Problemstellungen definiert sowie Fragen und Interpretationsmuster zu deren Lösung entwickelt werden. Dabei wurde nicht der Anspruch erhoben, die Realität erschöpfend abzubilden, sondern die wesentlichen Faktoren in einem dynamischen Umfeld geprägt von Innovation und Strukturwandel, gepaart mit einer lokalen Dialektik und interorganisationalen Beziehungen, herauszuarbeiten. Durch das gewählte kontextuelle Analysemodell von Pettigrew wurde die Cluster-Initiative im Fallbeispiel aus verschiedenen Perspektiven – kontextuell, inhaltlich und prozessual – untersucht. Gepaart mit den theoretischen Erkenntnissen konnte so eine fundierte Grundlage für Erklärungen und Ansatzpunkte weiterer Analysen geschaffen werden. Insbesondere wurde herausgearbeitet, dass in Cluster-Initiativen Innovationsprozesse durch die Ausbildung gemeinsamer mentaler Modelle, die Fokussierung auf Interaktionen, Vertrauen, Wissensaustausch und die richtigen Partner in Kombination mit einem professionellen Clustermanagement unterstützt und ermöglicht werden können.[1030] Hierdurch lassen sich auch für die Praxis verschiedene Implikationen ableiten, die im Folgenden kurz dargestellt werden.

1029 Vgl. Thomi/Werner (2001), S. 203 f.

1030 In Anlehnung an Gerybadze (2004), S. 17 f.

5.2.1 Implikationen für den Cluster Elektromobilität Süd-West

Cluster zeichnen sich durch eine hohe räumliche Bindung und Persistenz aus und sind damit nicht selten das Ergebnis eines über Jahrhunderte andauernden Entwicklungspfades, dessen Wurzeln in der Industrialisierung begründet sind.[1031] Dies trifft auch auf die in der Fallstudie untersuchte Cluster-Initiative zu. Der Cluster ESW ist in der Region Stuttgart – Karlsruhe – Mannheim – Ulm angesiedelt und befindet sich damit in einer der weltweit herausragenden Automobilregionen, die durch eine historisch gewachsene Produktions- und Zulieferstruktur geprägt ist. Hierdurch sind bereits günstige Voraussetzungen für eine erfolgreiche Cluster-Initative vorhanden. Nicht nur, dass die baden-württembergischen Unternehmen des Fahrzeugbaus, ihre Zulieferer und Ausrüster deutschland- und europaweit überdurchschnittlich viele Patente anmelden, auch sind verbundene Branchen wie Maschinen- und Anlagenbau, Kundendienst- und Instandsetzungsbetriebe, IT-Unternehmen und insbesondere auch eine ausgezeichnete Hochschullandschaft in großer Dichte vorhanden.[1032]

Der Cluster ESW basiert aber nicht nur auf gewachsenen Grundlagen, er strebt zudem an die bestehenden Möglichkeiten zu nutzen, um sich in gemeinsamen Aktivitäten den Herausforderungen neuer Mobilitätslösungen zu stellen. Dabei werden die Marktakzeptanz auf Basis von Handhabung und Komfort, die Preis- und Kostenposition auf Basis der Fertigungsmöglichkeiten sowie die intelligente Systemvernetzung verschiedener Verkehrsträger und Energieversorger als erfolgskritische strategische Faktoren definiert.[1033] In zahlreichen Forschungsprojekten wird an der technologischen Weiterentwicklung gearbeitet und vielfach werden Innovationen vorangetrieben. So kam es beispielsweise in einzelnen Projekten zu Patentanmeldungen. Mit Hilfe verschiedenster Veranstaltungsformate und Delegationsreisen wird ebenso der Wissensaustausch zwischen den Clusterakteuren wie auch mit weiteren Akteuren gefördert. Aber nicht nur hinsichtlich einzelner technologischer Fortschritte kann der Cluster ESW Erfolge vorweisen. Ein gelungenes Beispiel regionaler Performancewirkungen liefert die „AG intelligent move", welche ebenfalls der Landesregierung als Expertengremium dient. Der Cluster ESW zeichnet sich dabei durch seine Anstrengungen zur Entwicklung einer gemeinsamen Kompetenzbasis und einer organisationalen Identität aus. Es konnte gezeigt werden, dass der Cluster ESW in der Vergangenheit eindrucksvolle Ergebnisse erzielt hat. Dabei hat der

1031 Vgl. Beckord (2008), S. 15
1032 Vgl. Cluster ESW (2011), S. 2
1033 Vgl. Cluster ESW (2011), S. 13

Cluster ESW sich an Veränderungen in den Umfeldern angepasst wie auch teilweise diese mitgestaltet. Er hat kontinuierlich seine Strategie weiterentwickelt sowie technologische Themen und weitere Maßnahmen/Aktivitäten den Anforderungen angepasst.

Gerade in Wandelprozessen wie auch im Innovationsmanagement ist der Rückblick auf gemeinsam Erreichtes wichtig, nicht zuletzt um Erfolgsgeschichten zu generieren, die gemeinsame Basis zu stärken, eine organisationale Identität zu erzeugen und eine Anschlussfähigkeit der Aktivitäten und Maßnahmen zu generieren. Entscheidend jedoch ist, inwiefern es gelingt die gemeinsam aufgebaute Kompetenzbasis wie auch die speziellen Fähigkeiten der einzelnen Clusterakteure so einzusetzen, dass die Potentiale genutzt werden, um auch zukünftig die gemeinsam gesteckten Ziele zu erreichen. Gerade in Hinblick auf die begonnene Phase des Markthochlaufs[1034] muss die Cluster-Initiative ihre Wandlungsfähigkeit beweisen und die regionale Vernetzung zukünftig nutzen, um die starke Stellung des Clusters ESW zu erhalten und weiterauszubauen.

Dem Clustermanagement kommt an dieser Stelle eine besondere Bedeutung zu. Es ist für die Koordination der Aktivitäten zuständig und maßgeblich in den Strategieprozess involviert. Es hat eine Schlüsselfunktion in Bezug auf die Interaktion der Akteure und die Ausbildung einer vertrauensvollen Zusammenarbeit. Das Clustermanagement des Clusters ESW hat sowohl das Cluster Exzellenz Label der EU wie auch von Baden-Württemberg erhalten und rezertifiziert. Für das Clustermanagement des Clusters ESW wird es entscheidend sein, nicht in die Erfolgsfalle zu tappen und sich auf dem Geleisteten „auszuruhen". Der Umgang mit dynamischen Umfeldern erfordert eine hohe Wachsamkeit, um auf Veränderungen zu reagieren, diese vorwegzunehmen und sich damit kontinuierlich zu wandeln. Nur so kann es gelingen, reife und/oder professionelle Cluster-Initiativen weiterzuentwickeln und Einfluss auf deren Lebenszyklus zu nehmen. Gerade in einem derart innovativen Feld mit entsprechend starken Konsequenzen für die regionale Wirtschaft und die gesamte Gesellschaft, wie es im Fall des Clusters ESW vorliegt, gibt es viele offene Fragestellungen und zu behandelnde Themen. Die Begleitung dieses technologischen, strukturellen und gesellschaftlichen Wandels kann durch ein professionelles Clustermanagement wesentlich unterstützt werden.

Der Sinnorientierung wie auch der Erzeugung von Resonanz kommt dabei eine besondere Bedeutung zu. So werden in einem wechselseitigen Prozess des Inter-

1034 Vgl. hierzu die von der NPE definierten Entwicklungsstufen der Elektromobilität, www.nationale-plattform-elektromobilitaet.de/hintergrund/der-ansatz/

pretierens Denkstrukturen offengelegt und Sinn gestiftet.[1035] Das Clustermanagement sollte daher Reflexionsprozesse aktiv einbauen und gestalten, so dass ein Selbsteinschluss der Führung erfolgen und die Wahrnehmung geschärft werden kann. Es gilt innerhalb der Cluster-Initiative einen synreferentiellen Bereich auszubilden, der gemeinsame Aktivitäten ermöglicht und gleichzeitig so offen und flexibel ist, dass immer wieder neue Konstellationen entstehen können, wodurch ein kontinuierlicher, aber auch sich wandelnder Denk- und Wahrnehmungsstrom in der Cluster-Initiative wie auch im Umfeld entsteht.[1036]

Darüber hinaus sollte nicht zuletzt auf Grund des Markthochlaufs darauf hin gewirkt werden, dass die einzelnen Forschungsprojekte irgendwann am Markt ankommen und sowohl in Produkte oder Dienstleistungen wie auch Management-seitig in eine tägliche Routine überführt werden.[1037] Zwar ist in diesem jungen Feld nach wie vor ein großer Forschungs- und Entwicklungsbedarf vorhanden, so dass weitere Projekte zu initiieren und durchzuführen sind, jedoch sollten zusätzliche Angebote geschaffen werden, die sich verstärkt am entstehenden Markt orientierten. Im Cluster ESW ist dies mit der Ausrichtung entlang der Wertschöpfungskette gegenwärtig zwar theoretisch angedacht, findet aber noch keine Anwendung. Hierauf ist auch aus prozessualer und struktureller Sicht noch einmal ein Schwerpunkt zu setzen, wodurch auch eine Auseinandersetzung mit der Rolle des Clustermanagements in diesem Bereich einhergeht. Unter Umständen sind hier weitere Methoden und Services anzubieten und damit das bisherige Portfolio zu erweitern.

5.2.2 Implikationen für beteiligte und potentielle Clusterakteure

Eine Cluster-Initiative kann nur dann erfolgreich sein, wenn neben einem hohen Engagement und der richtigen Auswahl und Zusammensetzung des Clustermanagements auch ein hohes Engagement seitens der Clusterpartner wie auch eine kritische Masse relevanter Schlüsselakteure vorhanden ist.[1038] Auf Grund des internationalen Wettbewerbs und weiterer technologischer und gesellschaftlicher Entwicklungen besteht für viele Unternehmen die Notwendigkeit, verstärkt in neue Technologien zu investieren und die Innovationsanstrengungen zu steigern. Dieses wird vielfach nicht mehr allein im Unternehmen bewerkstelligt, sondern im Verbund mit anderen Unternehmen und Forschungseinrichtungen durch-

1035 Vgl. hierzu auch Kapitel 4.1.2
1036 Vgl. hierzu auch Kapitel 4.1.4
1037 Vgl. Hauschildt/Salomo (2011), S. 21
1038 Vgl. hierzu auch Kapitel 3.4

geführt. So wird neben der Ausrichtung auf Konkurrenz die Kooperation immer wichtiger, was sich bspw. im Beziehungsmanagement, interaktiven Strategieprozessen und gemeinschaftlichen Formen der Leistungserbringung niederschlägt und mit einem fundamentalen Wandel des strategischen Managements einhergeht.[1039] Im Innovationsprozess ist damit nicht nur das Vorhandensein von Partnern, sondern gerade auch deren speziell koopkurrente Interaktion zur vollen Potentialrealisierung von besonderer Bedeutung.[1040] Dabei zeigt sich in einer empirischen Analyse, dass Unternehmen, die in der Vergangenheit positive Erfahrungen mit interorganisationalen Kooperationen gemacht haben, auch zukünftig zu neuen Bündnissen neigen und diese auch eher wieder erfolgreich gestalten.[1041] Cluster-Initiativen bieten hier einen guten und verlässlichen Rahmen und ermöglichen zugleich eine Anschlussfähigkeit von Interaktionen und Aktivitäten.

So scheint es, dass Clusterakteure auf Grund der strukturellen Einbettung wie auch der thematischen Fokussierung mehr und höhere Chancen besitzen interorganisationale Beziehungen zu knüpfen. Cluster-Initiativen bieten nicht nur gute Möglichkeiten zum Austausch bzw. zum Pooling von Wissen und für gemeinsame Aktivitäten, sie verfügen auch über eine Vielzahl unterschiedlicher Akteure. Daher steigt die Wahrscheinlichkeit neue Beziehungen und Aktivitäten innerhalb der Cluster-Initiative aufzubauen und durchzuführen signifikant an, je mehr positive Erfahrungen eine Organisation innerhalb der Cluster-Initiative macht. So wird durch das Engagement in einer Cluster-Initiative der Zugang zu Informationen und Wissen erleichtert, sowohl in Bezug auf technologische Inhalte wie auch bezüglich potentieller Partner. Neue Partner bringen dabei neues Wissen in die Cluster-Initiative ein, wodurch die Vielfalt und Vitalität gesteigert werden kann.[1042] Gleichzeitig jedoch findet ein effizienter Umgang mit Komplexität statt, da Informationen geteilt, eine gemeinsame Wissensbasis aufgebaut und gemeinsame Lernprozesse angestoßen werden. Cluster-Initiativen adressieren somit nicht einfach nur Ansprechpartner, sondern vermitteln auch wichtige neue kodifizierte Informationen in persönlichen Gesprächen. Insbesondere bei technologieintensiven Innovationen ist die regionale Clusterung insofern zweckmäßig, als es sich hier um einen evolutionären, nicht-linearen, von vielen Akteuren beeinflussten interaktiven Prozess zwischen Institutionen und ihrer Umwelt handelt.[1043] Zudem

1039 Vgl. Gerybadze (2005), S. 459, Gerybadze (2004), S. 1
1040 Vgl. Steinle u. a. (1998), S. 376 f.
1041 Vgl. Dyer/Singh (1998), S. 667, Von der Oelsnitz (2005), S. 203
1042 Vgl. Tichy (2001), S. 193
1043 Vgl. Hierzu auch Kap. 3.5, Tichy (2001), S. 187

steigen durch die Zugehörigkeit zu einer Cluster-Initiative die Sichtbarkeit und die Attraktivität der eigenen Organisation für andere Akteure.[1044]

Vor allem für KMU ergeben sich durch das Engagement in einer Cluster-Initiative vielfältige Vorteile. Diese beschränken sich nicht allein auf den Zugang zu Informationen, sondern betreffen auch das kollaborative Reflektieren, z. B. bei der Entwicklung gemeinsamer Strategien.[1045] Ebenso ist der Zugang zu Ressourcen wie zu den Schlüsselakteuren ein wertvoller Vorteil für KMU. Darüber hinaus haben die Verbindung zu wissenschaftlichen Institutionen und der Zugang zu wissenschaftlichen Erkenntnissen generell positive Implikationen.[1046] Um diese Potentiale bestmöglich auszuschöpfen ist jedoch zu empfehlen, dass die Verantwortung für den Aufbau von Kooperationskompetenz von bestimmten Stellen oder Personen koordiniert wird, wie es in Großunternehmen häufig der Fall ist. Dies hilft Erfahrungen aufzubauen, Beziehungen zu knüpfen, zu pflegen, zu dokumentieren und zu evaluieren.[1047]

Aber nicht nur KMU profitieren von gemeinsamer Zusammenarbeit. Immer wenn cluster economies, d. h. Lokalisierungsersparnisse, die nur den Mitgliedern einer Cluster-Initiative durch die Zusammenarbeit zu Gute kommen, erzielt werden können, ergeben sich deutliche positive Effekte für die regionalen Akteure. Diese resultieren als „private and common benefits"[1048] aus kollaborativen Lernprozessen, die wiederum gemeinschaftliche wie auch individuelle Weiterentwicklung ermöglichen. Die clusterspezifischen Wettbewerbsvorteile resultieren nicht zuletzt aus dem kollektiven Charakter des clusterspezifischen Lernprozesses, wodurch nicht nur der Lernpfad einer Institution, sondern eines gesamten Clusters nachvollzogen werden müsste. Damit ist bereits die Beteiligung in einer Cluster-Initiative ein Wettbewerbsvorteil, denn zukünftig tritt neben die Perspektive des Wettbewerbs zwischen einzelnen Unternehmen auch die Perspektive des Wettbewerbs auf Clusterebene, wodurch der Wettbewerb nicht mehr nur zwischen Unternehmen, sondern auch zwischen Clustern stattfindet.[1049] Durch den schnelleren Aufwertungsprozess profitieren Organisationen, die in einem starken Cluster verankert sind, gegenüber denen in schwächeren Clustern. Die Interaktionsprozesse erhalten inzwischen zwar deutlich mehr Aufmerksamkeit als

1044 Vgl. Kenis/Oerlemans (2008), S. 295 f., Gulati/Gargiulo (1999), S. 1475 f., Gulati (1999), Uzzi (1996), S. 683 ff.
1045 Vgl. Duch (2004), S. 5
1046 Vgl. Tichy (2001), S. 192
1047 Vgl. Von der Oelsnitz (2005), S. 203
1048 Vgl. Kapmeier (2007), S. 92 ff. und Tsai (2002), S. 180
1049 Vgl. Steinle u. a. (1998), S. 376 ff.

dies in früheren, mehr deskriptiven Analysen von Akteuren der Fall war, jedoch ist es bisher nicht gelungen, die gewonnenen Erkenntnisse in eine Art regionales Wissens- und Kompetenzmanagement zu überführen.[1050]

5.2.3 Implikationen für die Clusterpolitik

Innovationen, insbesondere radikale Innovationen, erfordern mehr als nur Technologie. Neue Märkte müssen erschlossen oder erst entwickelt, ein Rechtsrahmen muss geschaffen und die Gesellschaft muss einbezogen werden. Dabei ist der wirtschaftliche Erfolg zumindest zu Beginn kaum abschätzbar, sondern häufig erst mit der allmählichen Verbesserung der Prozesstechnologie, die aus Lerneffekten resultiert und daher zu einem späteren Zeitpunkt auftritt. Besonders in den frühen Phasen der Innovation erhalten Cluster-Initiativen nicht zuletzt auf Grund ihrer komplexitätsreduzierenden Funktion eine zentrale Bedeutung, vor allem vor dem Hintergrund der Verfügbarkeit von Wissen, Kompetenzen und Fertigkeiten.[1051] Allerdings entstehen solche Cluster-Initiativen nicht von selbst, vor allem dann nicht, wenn Unternehmen in ihren Innovationsbemühungen nicht auf externe Unterstützung angewiesen sind. Erst wenn disruptive Technologien auftreten oder tiefgreifende Veränderungen in der Gesellschaft, in der Wirtschaft oder im Rechtssystem mit der Innovation einhergehen, wenn Schwerpunktverlagerungen im Rahmen der Innovationstätigkeit der öffentlichen Unterstützung bedürfen oder wenn kritische Kompetenzen in der öffentlichen Forschungsinfrastruktur gebündelt sind und öffentliche Institutionen Weichenstellungen für neue Innovationspfade geben können, sind günstige Bedingungen für das Zusammenwirken unterschiedlicher Akteure in einer Cluster-Initiative gegeben. Wo rein privatwirtschaftliche Initiativen schnell wieder abebben oder ins Leere laufen können, sind politische Akteure wie Ministerien, Verbände, etc. gefragt, um fundamentalen technischen, wirtschaftlichen und sozialen Wandel (z. B. Elektromobilität oder Industrie 4.0) zu befördern.[1052] Darüber hinaus bedürfen solche Veränderungen für gewöhnlich längerer Zyklen und widersprechen damit der Unternehmenslogik, die auf die Erzielung kurzfristiger Renditen fokussiert ist. Es ist daher nicht verwunderlich, dass in der Mehrzahl der Fälle die Finanzierung

1050 Vgl. Thomi/Werner (2001), S. 215 f.

1051 Vgl. Tichy (2001), S. 188 ff.

1052 In Anlehnung an Gerybadze (2004), S. 19. So hat sich bespielsweise das MIT in den 70er, 80er und 90er Jahren als effektiver Beförderer fundamentaler technischer Innovationen (letztere auf dem Gebiet der Halbleitertechnik) und tiefgreifendem wirtschaftlichen Wandel erwiesen.

von Cluster-Initiativen ganz oder teilweise durch die öffentliche Hand erfolgt.[1053] Wird der private Sektor dabei hinreichend in die inhaltliche Ausgestaltung der Cluster-Initiative eingebunden, konnten bislang keine negativen Effekte durch die öffentliche Förderung nachgewiesen werden.[1054]

> „As long as the private sector is heavily involved in the governance of the cluster initiative, government seems to have a positive role in providing operational budgets to overcome joint action problems in the private sector, especially in the early phase of a cluster initiative."[1055]

Allerdings konnte bislang auch kein eindeutiger Zusammenhang zwischen staatlicher Forschungsförderung und damit induzierten Innovationsergebnissen nachgewiesen werden. Es hat sich aber gezeigt, dass vor allem revolutionäre Innovationen häufig einem komplexen, ergebnisoffenen und vielfache Rückkopplungen einschließenden Austauschprozess zwischen verschiedenen Akteuren entspringen.[1056] Die Förderung von Cluster-Initiativen ist daher ein geeignetes Instrument die Innovationskraft zu steigern und den Innovationsprozess in der frühen Phase zu unterstützen. Ebenfalls wichtig ist eine Stärkung des Umfelds von Cluster-Initiativen, damit sich diese zukunftsfähig entwickeln können. In diesem Zusammenhang kann es zweckmäßig sein mehrere Cluster-Initiativen in einer Region zu fördern und/oder Neugründungen und Ansiedlungen von Unternehmen zu unterstützen, da hierdurch neues Wissen in die Region gebracht und Entwicklungsimpulse erzeugt werden.[1057] Damit eröffnet sich die Chance einer sich selbstverstärkenden Innovationsdynamik, in der die Herausbildung einer zielbewussten Clusterpolitik zum Kernelement einer regionalen Innovationspolitik wird und in einem weiteren Schritt die Transformation zu einer clusterbasierten Regionalpolitik erfolgen kann. Baden-Württemberg ist hier schon einige Schritte gegangen. So wurden mit der Gründung intermediärer Einrichtungen, wie der Medien- und Filmgesellschaft Baden-Württemberg mbH (MFG), der BIOPRO Baden-Württemberg GmbH (2002), der e-mobil BW GmbH, der Umwelttechnik BW GmbH sowie zuletzt im Jahr 2013 der Landesagentur Leichtbau BW, neben den rund 120 Cluster-Initiativen und landesweiten Netzwerken wichtige Service- und Beratungseinrichtungen geschaffen mit dem Ziel, die Innovationsakteure in

---

1053 Im Global Cluster Initiative Survey traf dies auf 54 % der befragten Cluster-Initiativen zu, vgl. Ketels u. a. (2012), S. 17

1054 Vgl. Beckord (2008), S. 126

1055 Ketels (2003), S. 18

1056 Vgl. Rothgang u. a. (2015), S. 9

1057 Vgl. Tichy (2001), S. 194

den jeweiligen Branchen- und Technologiefeldern in der Rolle des Dienstleisters, Förderers und Moderators im Innovationsprozess zu begleiten. Darüber hinaus wurde mit der Gründung der ClusterAgentur Baden-Württemberg im Oktober 2014 eine Organisation etabliert, die die regionalen Cluster-Initiativen und Netzwerke zielgerichtet bei deren Weiterentwicklung und Professionalisierung unterstützen soll.[1058]

Die Förderung von Cluster-Initiativen dient dabei insbesondere auch zur Förderung von KMU. Für diese ist es zum einen schwierig, entsprechende Kontakte aufzubauen und Zugang zu etablierten Netzwerken zu erhalten, was eine vermittelnde neutrale Instanz, wie ein Clustermanagement, als Ansprechpartner und Türöffner leisten kann. Hier sind entsprechende Formate für KMU zu entwickeln und umzusetzen. Zum anderen wird die Suche nach externen Innovationsquellen immer wichtiger. Auch hier sind KMU benachteiligt, da ihnen häufig sowohl personelle als auch finanzielle Ressourcen für aufwändige Such- und Analyseprozesse fehlen.[1059] Cluster-Initiativen können ihren Akteuren genau an dieser Stelle Unterstützung bieten, indem sie solche Prozesse begleiten und eine Plattform für den Diskurs aus verschiedenen Blickwinkeln bieten. Hier sind geeignete Maßnahmen zu entwickeln, die diesen Prozess unterstützen und KMU aktiv in die Clusterarbeit einbeziehen.[1060]

Clusterorientierte Fördermaßnahmen sollten im Interesse nachhaltiger Entwicklungseffekte einen Zeitraum von mehreren Jahren umfassen und den Fokus auf langfristig wirksame Maßnahmen legen. Damit wirken sie über eine Projektförderung hinaus und können den Grundstein für eine clusterbasierte Regionalpolitik legen. Problematisch erweist sich auf Grund des „Multi-Akteurs-Multi-Maßnahmen-Charakters", dass quantitative Methoden nur sehr begrenzt geeignet sind, positive Effekte zu messen. Klassische ex-post-Evaluationen sind daher nur mit mäßigem Erfolg anwendbar und können zudem häufig nicht eindeutig einzelnen Maßnahmen zugerechnet werden. Insbesondere bei den großen Förderprogrammen hat sich infolgedessen eine begleitende Evaluation bewährt. Die hohe Interaktionsdichte mit unterschiedlichen Akteuren zeigt, dass ein hoher Bedarf an Prozessbegleitung und „Umsetzungs-Coaching" entsteht.[1061] Maßnahmen wie im Rahmen des „go-cluster" Programms scheinen daher geeignet, Unterstützungsleistungen und Trainingsangebote für das Clustermanagement

---

1058 Künzel u. a. (2015), S. 3, zur ClusterAgentur Baden-Württemberg siehe auch www.clusterportal-bw.de/clusteragentur/

1059 Vgl. Zhang/Li (2010), S. 89 f.

1060 Vgl. Rothgang u. a. (2015), S. 55

1061 Vgl. Jappe-Heinze u. a. (2008), S. 1

zu schaffen. Hier wäre es wichtig, weitere Maßnahmen zu entwickeln und anzubieten, um Cluster-Initiativen insbesondere auch in den Bereichen Sinnorientierung und Interaktionsgestaltungen zu fördern.

Bei allen Maßnahmen, die ergriffen werden, sollten jedoch die wesentlichen, herausgearbeiteten Kriterien für professionelle Cluster-Initiativen berücksichtigt werden. Damit kommt der Strategieentwicklung eine besondere Rolle zu. So müssen die spezifischen Potentiale und Hemmnisse in einem Technologiefeld oder einer regionalen Branche herausgearbeitet und maßgeschneiderte Lösungsansätze für die individuelle Situation der Cluster-Initiative entwickelt werden. Dabei kann das Clustermanagement nicht wie in Unternehmen eine übergeordnete Strategie vorgeben, sondern, und genau hierin liegt ein konstitutives Merkmal, muss diese gemeinsam mit den Akteuren entwickeln. Die Fähigkeit zur Kommunikation und Kooperation ist damit elementare Voraussetzung für das Clustermanagement.[1062] Ggf. sollten an diesem Punkt weitere unterstützende Aktivitäten zur Qualifizierung des Clustermanagements sowie zur Durchführung von eigenen Strategieentwicklungs- und Benchmarking-Prozessen angeboten werden.[1063]

Die Ausführungen sollen nicht dazu verleiten, Cluster-Initiativen als das einzig wahre Wirtschaftsförderinstrument und die Cluster-Förderung als Allheilmittel für die Beantwortung sämtlicher technologiepolitischer Fragen anzusehen. Vielmehr würde ein übermäßiger, unreflektierter Gebrauch zu dessen Entwertung führen. Es sind daher spezifische Kriterien zu bestimmen, die Cluster-Initiativen bei der Auswahl geeigneter Maßnahmen unterstützen. Insbesondere sollte hierbei auf das Engagement der Schlüsselakteure wert gelegt werden, denn diese sind für den Erfolg der Cluster-Initiative ein wichtiger Faktor, ohne den, Förderung und Clustermanagement nur eingeschränkt wirksam sein können. Darüber hinaus sind, wie erwähnt, der klare Fokus und das Commitment auf eine gemeinsame Strategie für eine zielgerichtete Entwicklung der Cluster-Initiative notwendig. Schließlich müssen funktionierende Organisationsstrukturen vorhanden sein, die Kommunikation erleichtern und Zuständigkeiten klarer festlegen. Darüber hinaus ist es entscheidend, auch Ergebnisse und Erfolge darzustellen und frühzeitig zu kommunizieren.[1064] So gibt die Clusterpolitik den Rahmen für die Entwicklung von Strategien und deren operative Umsetzung und damit zur Weiterentwicklung von Cluster-Initiativen vor.[1065] Dabei ist zu beachten, dass sich erfolgreiche Ansätze nicht einfach auf andere Regionen übertragen lassen, da jeder Cluster

1062 Vgl. Jappe-Heinze u. a. (2008), S. 11
1063 Vgl. Rothgang u. a. (2015), S. 54
1064 Vgl. Rothgang u. a. (2015), S. 54
1065 Vgl. Beckord (2008), S. 24

einzigartig ist und sich durch die Unternehmen, Institutionen, Akteure sowie deren Interaktionen definieren.[1066]

> „Clusterpolitiken können deshalb als Versuch begriffen werden, Wissenschaft, Politik und Wirtschaft im interaktiv und institutionell verdichteten regionalen Raum wieder stärker zu verkoppeln.“[1067]

5.2.4 Implikationen für Clustermanagements

Mit Hilfe der entwickelten Ebenen und Funktionen wurde das komplexe Aufgabenfeld des Clustermanagements in einer ganzheitlichen Sichtweise erarbeitet. Dabei wurde auf Grund des spezifischen Fokus der Wandlungsfähigkeit im Rahmen dieser Forschungsarbeit die Generierung einer Bereitschaft für Veränderung als ein wesentliches Erfolgskriterium für den langfristigen Bestand einer Cluster-Initiative herausgestellt. Die Bereitschaft zur Veränderung ist dann gegeben, wenn die Akteure über Möglichkeiten verfügen sich selbst aktiv in den Prozess einzubringen, in der Interaktion mit anderen gemeinsam Themen zu bearbeiten und so Gestaltungsräume zu nutzen. Hierfür ist es notwendig, dass das Clustermanagement gewisse Leitlinien definiert und gemeinsam mit den Clusterpartnern einen Rahmen entwickelt, innerhalb dessen jedoch gezielt Freiräume geschaffen werden, damit emergente Prozesse entstehen können. Mit Hilfe von Informationen, Daten und Fakten sowie deren gezielten Kommunikation lassen sich Veränderungsprozesse zwar unterstützen und gewisse Barrieren reduzieren, entscheidend ist jedoch die Akteure so einzubeziehen, dass sie sich optimal involvieren und engagieren. Das bildet die Grundlage für Wandlungsfähigkeit und sollte daher als ein wesentlicher Bestandteil der Aufgabe des Clustermanagements betrachtet werden.

Das Management von Beziehungen erlangt damit eine herausragende Bedeutung im Rahmen von Cluster-Initiativen. Für das Clustermanagement ergeben sich daraus zwei wesentliche Aspekte. Zum einen ist es notwendig, dass das Clustermanagement intensive Beziehungen zu den einzelnen Akteuren herstellt und hält. Persönliche Kontakte, hohes Einfühlungsvermögen und eine große Empathiefähigkeit sind hierbei wichtige Faktoren. Neben dem Kennen der Akteure und der Beziehungspflege mit ihnen ist darüber hinaus die Fähigkeit entscheidend, die richtigen Akteure zusammenzubringen. Kooperative Projekte können ihre Ziele schwerlich erreichen, wenn sich die eingebrachten Ressourcen nicht zu einer komplementären Ressourcenausstattung zur Erzielung von Synergieeffekten

1066 Vgl. Porter (1998), S. 89 f., Beckord (2008), S. 117
1067 Heidenreich/Miljak (2004), S. 103

bündeln lassen[1068] und wenn ein Mangel an verträglichen Sozial- bzw. Beziehungskompetenzen besteht. Damit sich die kreative Kraft der Kooperation entfalten kann, muss das Clustermanagement Wege zu einer harmonischen Zusammenarbeit finden. Kommunikation ist dabei zugleich Voraussetzung und Bindemittel zur Kooperation. Gemeint ist hier die Kommunikation zwischen Unternehmen, zwischen Unternehmen und Forschungseinrichtungen, zwischen Unternehmen, Forschungseinrichtungen und unterstützenden Institutionen sowie zwischen privatem und öffentlichem Sektor. Funktionierende Cluster-Initiativen sind somit in besonderem Maße auf eine Kommunikationskultur, welche die Interaktionen zwischen den verschiedenen Akteuren erleichtert, angewiesen.[1069] Überhaupt ist eine vertrauensvolle Kultur neben einer adäquaten Struktur ein wichtiger Erfolgsfaktor für gemeinsames Innovieren und die nachhaltige Generierung von Mehrwerten in Cluster-Initativen.[1070]

Neben den persönlichen, interaktionsorientierten, sinnorientierten und kulturellen Faktoren wurde in der ganzheitlichen Betrachtung der Führung wandlungsfähiger Cluster-Initiativen ein weiterer Schwerpunkt auf die strategische Ausrichtung gelegt. So ist die Erarbeitung und Verfolgung einer gemeinsamen Strategie konstitutives Merkmal von Cluster-Initiativen.[1071] Dem Clustermanagement kommt hierbei die besondere Rolle zu, alle erforderlichen Informationen, Lösungsansätze und Beziehungen im Sinn eines „Grand design" zu einem förderlichen Gesamtsystem zusammenzuführen und damit einen Rahmen zu schaffen, innerhalb dessen einzelne thematisch fokussierte Kooperationen und Innovationen entstehen können. Hierzu sind verkürzt folgende Aktivitäten notwendig:[1072]

- Scanning: umfassende Analyse des internen und externen Kontextes. Ziel ist es, allgemeine und technologische Trends zu erfassen, Schlüsselakteure zu identifizieren, bedeutende Aktivitäten und innovative Projekte zu beleuchten und so angemessene Reaktionen vorzubereiten.
- Entscheiden: Entscheidungen bezüglich Projekten, Aktivitäten, Entwicklungen sind zum einen zügig zu treffen. Zum anderen sollte in die Entscheidung sowohl der interne und der externe Kontext als auch die strategische Ausrichtung einbezogen werden, so dass die Umsetzung zielgerichtet und angepasst an die situativen Rahmenbedingungen erfolgen kann.

1068 In Anlehnung an Gerybadze (2005), S. 463

1069 Vgl. Beckord (2008), S. 120

1070 Vgl. von der Oelsnitz (2005), S. 205

1071 Vgl. hierzu die Ausführungen in Kapitel 2.3.3

1072 In Anlehnung an Gerybadze (2004), S. 16, vgl. auch Tidd/Bessant (2014), S. 46 ff.

- Bereitstellung von Ressourcen: Passt die Entscheidung in das Portfolio der Cluster-Initiative, so sollte das Clustermanagement bei der Mobilisierung und Verknüpfung erforderlicher Ressourcen, z. B. von Kooperationspartnern und Unterstützungsleistungen, behilflich sein. Darüber hinaus ist der Aufbau einer geteilten Wissensbasis gezielt zu fördern wie auch der Wissenstransfer in Richtung sämtlicher Stakeholder mittels zielgruppengerechter Information durchzuführen.
- Multiprojektmanagement: Das Clustermanagement koordiniert nicht nur ein Projekt, sondern verfolgt im Sinn eines Multiprojektmanagements die systematische Nachführung, das Monitoring und die Umsetzung der verschiedenen Projekte und Aktivitäten der Cluster-Initiative.

Insbesondere im Spannungsfeld zwischen den einzelnen Akteuren zeigt sich, dass die Führung der Cluster-Initiative durch eine regional anerkannte Persönlichkeit aus der Wirtschaft mit guten Kenntnissen des öffentlichen und privaten Sektors, die eine vermittelnde Rolle einnehmen kann und die Implementierung und Durchführung des Clustermanagements leitet, ein weiterer kritischer Erfolgsfaktor sein kann.[1073] Die enge Verbindung mit dem öffentlichen Sektor ist vor allem auch hinsichtlich der Regionalpolitik und Wirtschaftsförderung entscheidend. So ist zu klären, welche Rolle die Cluster-Initiative im regionalen Kontext einnimmt, wie die Verhältnisse zwischen den Akteuren des privaten und öffentlichen Bereichs ausgestaltet sind und welche Aufgaben im Rahmen der Cluster-Initiative bearbeitet werden sollen.[1074]

Das Clustermanagement muss sein Leistungsportfolio an externe Kontextveränderungen anpassen und damit selbst über eine gewisse Wandlungsfähigkeit verfügen. So ist insbesondere zu Beginn einer Cluster-Initiative darauf zu achten, dass keine Verzettelung stattfindet und eine Ausrichtung entlang der Strategie erfolgt. In reifen Cluster-Initiativen dagegen können Beziehungen und Abläufe bereits durch Routinen und Konventionen beeinflusst werden, so dass der Fokus auf neue Akteure, Produkte, Technologie, etc. gelegt werden kann. Im Interesse der Fortschrittsfähigkeit von Cluster-Initiativen gilt es, durch den Austausch von bzw. die Teilhabe an gemeinsamem Wissen und Kompetenzen eine vitale Diversität zur Stärkung der Responsivität bzgl. nicht vorhersehbarer Chancen und Gefahren zu erhalten.[1075] Dabei stehen auf Grund der relationalen Perspektive nicht die Ressourcen als unteilbare Faktoren im Mittelpunkt der Betrachtung, viel

1073 Vgl. Beckord (2008), S. 128 sowie die dortige Literatur
1074 Vgl. Beckord (2008), S. 126
1075 Vgl. Beckord (2008), S. 104 f.

wichtiger ist die kreative Kombination der Faktoren, so dass diese unterschiedlichen Verwendungen zugeführt werden können.[1076]

Dies setzt jedoch Reflexionsprozesse auf Ebene der Cluster-Initiative wie auch im Clustermanagement voraus. Gepaart mit dem außerordentlich komplexen Aufgabenspektrum des Clustermanagements wird impliziert, dass zur erfolgreichen und professionellen Wahrnehmung der Führung einer Cluster-Initiative ein schlagkräftiges Team gehört, welches sich in seinen Kompetenzen ergänzt und insgesamt möglichst das gesamte Portfolio der Cluster-Initiative, d. h. von technologischen Projekten über Öffentlichkeitsarbeit bis hin zu Internationalisierungsmaßnahmen, abdeckt. Entscheidend ist jedoch, insbesondere in Bezug auf die Wandlungsfähigkeit der Cluster-Initiative, dass das Clustermanagement selbst wandlungsfähig ist, daraus Reflexionsprozesse anstößt und die Clusterakteure zu Lernprozessen befähigt. Hierbei ist die kritische Auseinandersetzung und Diskussion der Aktivitäten in Bezug auf die gemeinsam erarbeitete Strategie und die interne wie auch externe Kontextanalyse eine gute Ausgangsbasis für die kontinuierliche Entwicklung. Jedoch geht es nicht nur um die Fortführung fachlicher Themen, sondern auch die Entwicklung der Clusterpartner, d. h. von Menschen, darunter das Clustermanagement selbst.[1077] Angesprochen werden demnach die individuelle, die interaktionsorientierte wie auch die organisationale Ebene.

5.2.5 Implikationen für die Aus- und Weiterbildung von Clustermanagern

Das Aufgabenspektrum von Clustermanagern ist komplex wie auch heterogen und umfasst wechselnde Aufgaben unterschiedlicher Relevanz sowie unterschiedlicher Dauer. Zu dessen Bewältigung ist neben Fachwissen Führungswissen erforderlich, welches sich in der Kenntnis von Zielen und Strategien, Interaktionspartnern und Kooperationsbeziehungen, gemeinsamer Ressourcen, Entwicklungspotentialen sowie natürlich abgeschlossenen, laufenden und geplanten Aktivitäten manifestiert. Auf Grund fehlender hierarchischer Strukturen sollten Clustermanager über Empathie und Verhandlungsgeschick verfügen. Da es sich hier noch um ein junges Berufsfeld handelt, sind auf dem Personalmarkt kaum Clustermanager zu finden, die alle Funktionen zu Beginn vollständig abdecken können. Aus diesem Umstand ergibt sich die Notwendigkeit zur Personalentwicklung wie auch zur

1076 Vgl. Bathelt/Glückler (2012), S. 65
1077 Vgl. Drucker (2009), S. 49 f.

Bereitschaft des Clustermanagers mittels Persönlichkeitsentwicklung die eigene Wandlungsfähigkeit zu steigern.[1078]

Cluster-Initiativen legen einen Schwerpunkt auf die Generierung von Innovationen. Die Crux ist, dass beim Management von Innovationsprozessen nicht oder weit weniger auf bewährte Routinen zurückgegriffen werden kann. So betritt der Innovationsmanager mit der Inangriffnahme eines Innovationsprojektes auch immer wieder Neuland.[1079] Die Ausbildung von Clustermanagern muss diesem Umstand Rechnung tragen. Der professionelle Umgang mit dem „Zermürbungskrieg der Innovation" und der damit verbundenen Notwendigkeit der Bewältigung emotionaler, psychologischer und sozialer Herausforderungen sollte daher einen wichtigen Stellenwert in der Aus-/Weiterbildung von Clustermanagern einnehmen. Zudem ist die Auseinandersetzung mit strategischen Fragestellungen bedeutend, um zu lernen wie Strategien gemeinsam erarbeitet werden bzw. emergent entstehen. Darüber hinaus ist es notwendig, die Aktivitäten und Projekte einer Cluster-Initiative konsequent mit Hilfe der Clusterstrategie auf deren Passfähigkeit zu überprüfen. Hierdurch findet eine Rückbesinnung auf die Kernaufgabe des Innovationsmanagements, d. h. die Gestaltung des einzelnen Innovationsprozesses statt. Oder in SCHUMPETERS Worten:

> „Bei der Durchsetzung neuer Kombinationen … tut er zweierlei: Erstens fällt er die von einer unübersehbaren Anzahl unterschiedlicher Momente, von denen manche überhaupt nicht genau gewertet werden können, abhängige richtige Entscheidung, ohne diese Momente erschöpfend zu untersuchen, was nur wenigen Leuten von ganz bestimmter Anlage möglich ist, und zweitens setzt er sie dann durch. Das sind die Charakteristiken unseres Unternehmers, unseres Mannes der Tat. Sie sind untrennbar und gleich wichtig."[1080]

Qualifizierte, gut ausgebildete Clustermanager leisten einen wichtigen Beitrag bei der erfolgreichen Gestaltung von Kooperationen in Cluster-Initiativen, sei es mit dem Ziel des Technologietransfers und/oder der Generierung von Innovation. Sie sind daher ein entscheidender Faktor für ein erfolgreiches regionales Innovationsmanagement. Auf Grund der zunehmenden Bedeutung von Cluster-Initiativen und der Tatsache, dass die Anforderungen an das Management solcher Initiativen über die Managementfähigkeiten öffentlicher Institutionen in der Regel hinausgehen, entsteht ein steigender Bedarf an qualifiziertem Personal.[1081]

1078 Vgl. Hauschildt/Salomo (2011), S. 51

1079 Vgl. Hauschildt/Salomo (2011), S. 22 f.

1080 Schumpeter (1912), S. 177 zitiert nach Hauschildt/Salomo (2011), S. 29, vgl. auch Schumpeter (1931), S. 114 f. und 124 ff.

1081 Vgl. Sydow/Zeichenhardt (2008), S. 169 ff.

Es gibt verschiedene Ansätze der gezielten Personalentwicklung für Tätigkeiten im regionalen Innovations- und Clustermanagement. So können zum einen erfahrene Experten einer spezifischen Branche Weiterbildungen und Coachings im Clustermanagement erhalten. Zum anderen können auch Nachwuchsführungskräfte gezielt für eine solche Tätigkeit ausgebildet werden.[1082]

Zwischenzeitlich hat sich zumindest in drei europäischen Staaten, in Deutschland, Frankreich und der Schweiz, ein Berufsbild des Clustermanagers entwickelt. Trotz sehr unterschiedlicher Rahmenbedingungen konnten relativ homogene Anforderungen an Clustermanager identifiziert werden. So wurde beispielsweise eine zielgerichtete Entwicklung von Weiterbildungsmodulen und die Weiterentwicklung des deutsch-französischen Masterstudiengangs „Management von Clustern und regionalen Netzwerken" an der Hochschule Kehl und der Universität Straßbourg ermöglicht.[1083]

Diese Aktivitäten repräsentieren aber lediglich einen ersten Schritt. Weitere Forschungen wie auch die Entwicklung gezielter Weiterbildungsmodule und Studiengänge sind nicht zuletzt wegen des jungen Feldes zwingend notwendig. Mit der vorliegenden Arbeit konnten weitere Anhaltspunkte für die kontextadäquate Führung einer Cluster-Initiative aufgezeigt und Funktionen für eine interaktionsorientierte Führung herausgearbeitet werden. Für die Aus- und Weiterbildung von Clustermanagern sind neben vielfältigem methodischem Wissen zum Management von Kooperationen und Innovationen insbesondere Fragen zur Ausgestaltung von Interaktionen wie auch zum Aufbau einer geteilten Wissensbasis entscheidend. Hiermit wird einerseits der hohen Bedeutung des Beziehungs- und Sozialkapitals und andererseits der sinnorientierten Perspektive Rechnung getragen. Alle drei sind wichtige Grundlagen für die Generierung einer Wandlungsfähigkeit in Cluster-Initiativen.[1084] Hinzu kommt die hohe Relevanz der individuellen Ebene. Die Auseinandersetzung mit sich selbst ist eine fundamentale Notwendigkeit für Clustermanager, um auf die vielfältigen Herausforderungen angemessen reagieren zu können und so einen Selbsteinschluss der Führung in das System zu ermöglichen. Auf Grund der fehlenden hierarchischen Durchgriffsmacht des Clustermanagements ist dieses ein kritischer Erfolgsfaktor. Neben der individuellen Ebene sind somit auch das Beziehungs-/Sozialkapital und die sinnorientierte Perspektive verstärkt in die Angebote zur Aus- und Weiterbildung von Clustermanagern zu integrieren.

1082 Vgl. Drewello/Kiehlmann (2015), S. 5

1083 Vgl. Drewello/Kiehlmann (2015), S. 14

1084 Vgl. hierzu die Ausführungen in Kapitel 2.2 und 4.1

Letztlich kommt es jedoch auch ganz wesentlich auf die Mischung des Clustermanagement-Teams an. Eine regional anerkannte Persönlichkeit aus der Wirtschaft mit guten Kenntnissen des öffentlichen und privaten Sektors wirkt sich beispielsweise als Mediator und Vermittler außerordenltich positiv auf den Erfolg der Cluster-Initiative aus. Daher sind erfahrene Führungskräfte im Clustermanagement-Team notwendig, die bereits über eine breite Wissensbasis verfügen und Erfahrungen im Beziehungsmanagement sammeln konnten. In Kombination mit jungen Kollegen ergeben sich zum einen exzellente Lernumgebungen für die Aus- und Weiterbildung und zum anderen wird hierdurch ein diversifiziertes Team geschaffen, dass kreativ und mit Offenheit, aber auch Erfahrung auf das Geschehen einwirken kann. Hiervon profitiert nicht nur die Cluster-Initiative im Allgemeinen, sondern auch das Team und ebenso der einzelne Clustermanager.

Tabelle 5.1 fasst noch einmal die wesentlichen Erkenntnisse zusammen und gibt einen Überblick über die Implikationen.

Tab. 5.1: Überblick über die verschiedenen Implikationen[1085]

Bereich	Implikation

Theorie	• Cluster-Initiativen sind ein anerkanntes Instrument zur Regionalentwicklung und Wirtschaftsförderung
	• Weitere Forschung und empirische Untersuchungen notwendig:
	  • Effekte, Erfolgsfaktoren und Wirkungen von Cluster-Initiativen auf die Regionalentwicklung
	  • Methoden und Instrumente
	• Praxisbezug auf Grund der Komplexität und Individualität einer jeden Cluster-Initiative notwendig
	• Vertiefte Analyse der einzelnen Beziehungen und Ebenen
	• Weitere Wirkungs- und Erfolgsanalysen

Cluster ESW	• Nutzung der Wandlungsfähigkeit für langfristigen Erfolg • Reflexionsprozess auf allen Analyseebenen, d.h. Kontext extern/intern, Inhalt und Struktur, notwendig, um Risiko der Erfolgsfalle zu mindern • Wissenstransfer und Beziehungsmanagement müssen für langfristigen Erfolg weiter intensiv gepflegt werden • Mit weiterer Marktentwicklung Ausbau der Aktivitäten entlang der gesamten Werkschöpfungskette • Methoden und Services anbieten, die das bisherige Portfolio erweitern und auf nähere Marktorientierung abgestimmt sind

1085 Quelle: Eigene Darstellung

Bereich	**Implikation**
Clusterakteure	• Mitwirkung in Cluster-Initiativen reduziert Unsicherheiten beim Aufbau von Beziehungen • Erhöhung der Anschlussfähigkeit von Aktivitäten, sei es bzgl. Projektideen oder potentiellen Partnern • Gezielter Informationszugang • Zugang zu Ressourcen, insbesondere auch für KMU • Aufbau einer geteilten Wissensbasis und Möglichkeit der Nutzung daraus resultierender Potentiale, wie Projekte oder Vertrauensaufbau
Clusterpolitik	• Langfristigkeit von Cluster-Initiativen und nicht nur Aufbauphase unterstützen • Entwicklung hin zu einer clusterbasierten regionalen Wirtschaftspolitik • Wandlungsfähigkeit von Cluster-Initiativen und Clustermanagements fördern, z. B. durch gezielte Schulungsmaßnahmen oder Evaluation • Erweiterung klassischer ex-post Evaluierungen um zukunftsgerichtete Aspekte wie auch Faktoren, welche die Wandlungsfähigkeit beschreiben, z. B. Strategie und Strategieentwicklung, Engagement von Schlüsselakteuren, Interaktion, Professionalität des Clustermanagements
Clustermanagement	• Beziehungsmanagement von herausragender Bedeutung in Bezug auf Verstehen der Partner wie auch erfolgreiche gezielte Kooperation • Unterstützung beim Aufbau einer geteilten Wissensbasis • Förderung des Wissenstransfers • Rückkopplung und Austausch mit der öffentlichen Hand • Relexionsprozess zur Generierung und Erhaltung der Wandlungsfähigkeit • Offenheit als Grundlage für Wandlungsfähigkeit, und zwar auf unterschiedlichsten Ebenen, z. B. in Bezug auf Technologie, Akteure, Themen, Veränderungen in den Umfeldern • Aufbau eines professionellen und ausgewogenen Teams, welches die unterschiedlichen Aufgaben und Anforderungen bestmöglich abdecken kann
Aus- und Weiterbildung von Clustermanagern	• Hoher Praxisbezug auf Grund von Komplexität und Individualität notwendig • Daher Weiterbildungen für erfahrene Experten sehr wichtig und sinnvoll • Ausbildung von Nachwuchsführungskräften sollte eine intensive Praxisphase beinhalten

Bereich	Implikation
	• Ggf. Angebot gemeinsamer Module in Weiterbildung und Ausbildung, um bereits hier vom Erfahrungsschatz zu profitieren und fit für die gemeinsame Aufgabe zu machen • Wichtige Inhalte sind das Management von Beziehungen, Wissensmanagement, Projektmanagement, Strategisches Management, Clusterführung, technologische Grundlagen wie auch politische Kommunikation • Interdisziplinäre Teams zur Bearbeitung verschiedener Aufgaben zur Generierung eines gemeinsamen Verständnisses

6. Schlussbetrachtung

„Der Erfolg des Ganzen erwächst aus der Verantwortung jedes Einzelnen."
(Max Frisch)

Mit der Digitalisierung gehen erhebliche Veränderungen sowohl in der Gesellschaft wie auch in Wirtschaft, Wissenschaft und Verwaltung einher. Kürzere Entwicklungszeiten, schnellere Produktlebenszyklen und die Aufhebung örtlicher Begrenzungen durch Informations- und Kommunikationstechnologien sind wesentliche Treiber dieses Wandels. Hierdurch kommt es ebenfalls zu einer Verschiebung des institutionellen Gleichgewichts von Staat, Gesellschaft und Unternehmen. Gerade für letztere entsteht so die Notwendigkeit, sich im Sinn der SCHUMPETERSCHEN schöpferischen Zerstörung proaktiv mit den Veränderungen auseinanderzusetzen und gleichzeitig eine gesellschaftliche Verantwortung wahrzunehmen. Die Generierung von Innovationen ist nicht nur integraler Bestandteil und Motor der wirtschaftlichen Entwicklung, sondern erhält damit auch einen zentralen Stellenwert im Rahmen der wirtschaftlichen Tätigkeit wie auch unternehmerischer Handlungsstrategien.[1086] Die Auswirkungen dessen zeigen sich dabei sowohl auf organisationaler als auch auf individueller Ebene. Neue Kooperationsformen, wie Cluster- und Netzwerk-Initiativen, nehmen einen besonderen Stellenwert ein und erleichtern das gemeinsame Innovieren. Regionale Ballungen üben eine hohe Anziehungskraft und ungebrochene Attraktivität auf Organisationen aus, wodurch gerade auf Grund der lokalen Nähe zwischen den Partnern positive Effekte auf die Generierung von Wettbewerbsvorteilen erzielt werden können.[1087] Insbesondere kleine und mittlere Unternehmen werden so unterstützt, sich mit kontinuierlichen Modernisierungs- und Innovationsprozessen zu befassen, Zugang zu relevanten Partnern und Informationen zu erhalten und damit fit für die Zukunft zu werden.[1088] Die Erfolge von Cluster-Initiativen als Treiber von Innovationsprozessen sind unbestritten. Regionale Cluster-Initiativen entstehen vor allem dort wo verschwiegenes Wissen wichtig und Vertrauen wie auch interaktives Lernen als Grundlage gegeben sind. Sie sind als Ensembles von Kompetenzen zu sehen, die aus sozialer Interaktion resultieren und stehen damit für räumliche Nähe und persönliche Kontakte wie auch für gemeinsame Entwicklung.[1089] Wissenschaftlich-technologische Exzellenz

---

1086 Vgl. Schumpeter (1931), S. 88 ff., Thomi/Werner (2001), S. 202
1087 Vgl. Picot u. a. (2003), S. 5, Bathelt/Glückler (2012), S. 245
1088 Vgl. Beckord (2008), S. 51
1089 Vgl. Tichy (2001), S. 187

und wirtschaftlicher Wandel sind eng verbunden mit einem Klima geistiger und kultureller Vitalität und Vielfalt.

So ist ein interdisziplinäres Vorgehen notwendig, um einerseits technologisches Wissen zu generieren und andererseits gleichzeitig eine kritische Reflektion kultureller und sozialer Prozesse zu integrieren.[1090] Cluster-Initiativen sind damit gleichzeitig immer auch im Kontext einer zunehmenden Transfer- und Verwertungsorientierung der Wissenschafts-, Technologie- und Innovationspolitik sowie einer steigenden Innovationsorientierung der regionalen Strukturpolitik verortet und befinden sich in einem Spannungsfeld zwischen Wirtschaft, Gesellschaft und öffentlicher Hand.[1091] Dabei besteht zum gegenwärtigen Zeitpunkt, angesichts des noch jungen Forschungsfeldes und der noch vielen ungeklärten Fragen bzgl. Cluster-Initiativen im Allgemeinen und der Führung von Cluster-Initiativen im Speziellen, die Schwierigkeit weniger in der Generierung immer neuer Theorien oder dem Auffinden der richtigen Theorie, sondern vielmehr darin, in einem konkreten Fall wirksame Mechanismen zu erkennen und zu verstehen.[1092]

> „There are many success stories created within clusters or realised because of the close cooperation of the cluster management team and cluster actors, which remain unknown to policy makers and the public. This leads to unnecessary discussions about the real impact of the cluster approach in Germany."[1093]

Der vorliegenden Forschungsarbeit liegt daher im Sinn der anwendungsorientierten Managementlehre eine verständnisfördernde Perspektive zu Grunde, die darauf abzielt Probleme zu definieren sowie Fragen und Interpretationsmuster zu deren Lösung zu identifizieren. Hierfür wurde im Rahmen dieser Forschungsarbeit eine „contextual analysis" zur ganzheitlichen Untersuchung von wandlungsfähigen Cluster-Initiativen durchgeführt. Ziel war es zum einen zu erforschen, wodurch eine wandlungsfähige Cluster-Initiative strukturell, inhaltlich und prozessual gekennzeichnet ist. Zum anderen sollten wesentliche Einflussfaktoren auf die Wandlungsfähigkeit von Cluster-Initiativen identifiziert werden.

Hierfür wurde in einem ersten Schritt eine Begriffsklärung vorgenommen und Cluster, Netzwerke wie auch Cluster-Initiativen voneinander abgegrenzt. Die kontextuelle Analyse erfolgte sowohl theoretisch als auch empirisch anhand der Fallstudie des Clusters Elektromobilität Süd-West. Herausgestellt werden konnte,

---

1090 Vgl. BMBF (2006), S. 10
1091 Vgl. Jappe-Heinze u. a. (2008), S. 1
1092 Vgl. Crevoisier (2001), S. 255
1093 Hantsch u. a. (2013), S. 2

dass mit Hilfe einer Analyse des externen Kontextes Chancen und Herausforderungen identifiziert werden können und dass durch das gemeinsame Vorgehen in einer Cluster-Initiative mehr Möglichkeiten gegeben sind, auf Bedingungen des externen Kontextes einzuwirken. Der interne Kontext bezieht sich sowohl auf strukturelle wie auch kulturelle Faktoren. Auf Grund der fehlenden hierarchischen Durchgriffsmacht kommt letzteren in Cluster-Initiativen dabei eine besondere Bedeutung zu. Im Rahmen der Inhaltsperspektive wurde herausgearbeitet, dass die gemeinsame Erarbeitung und Weiterentwicklung einer Strategie ein wesentliches Erfolgskritierum darstellt. Die prozessuale Analyse zeigte die Bedeutung der Wandlungsfähigkeit für den langfristigen Erfolg einer Cluster-Initiative auf. Eng damit verbunden ist die Initiierung von Lernprozessen auf individueller, interaktionaler und organisationaler Ebene. Als wesentliche Einflussfaktoren konnten damit die gemeinsame Strategie, die Generierung einer geteilten Wissensbasis wie auch eines gemeinsamen Verständnisses, der starke Fokus auf Interaktionen wie auch der Aufbau von Beziehungs- und Sozialkapital identifiziert werden. Darüber hinaus zeigte sich, dass das Clustermanagement eine bedeutende Rolle für die Generierung wandlungsfähiger Cluster-Initiativen einnimmt. Daher wurde in einem weiteren Schritt ein interaktionsorientiertes Konzept der strategischen Führung in wandlungsfähigen Cluster-Initiativen auf Basis von drei Ebenen – individuell, interaktionsorientiert und organisational – wie auch mit Hilfe der Definition von sechs Funktionen – umfeldanbindende, begrenzende, akteursorientierte, strategische, sinnstiftende und diagnostische – entwickelt, an dessen Ende sich die Frage nach den Implikationen für Theorie und Praxis anschließt.

Für die Theorie konnte bekräftigt werden, dass es sich bei Cluster-Initiativen um ein anerkanntes Instrument zur Regionalentwicklung und Wirtschaftsförderung handelt. Gleichzeitig wurde aufgezeigt, dass weitere Forschung und insbesondere auch empirische Untersuchungen notwendig sind, um Effekte, Erfolgsfaktoren und Wirkungen von Cluster-Initiativen auf die Regionalentwicklung zu analysieren und geeignete Maßnahmen, Methoden und Instrumente zu entwickeln. In Bezug auf die Organisationsstruktur konnte bestätigt werden, dass es sich bei Cluster-Initiativen zwar um eine hybride Form zwischen Markt und Unternehmen handelt, die sich jedoch in wesentlichen Merkmalen von Netzwerken unterscheidet. Hierdurch ist auch eine andere Art der Führung notwendig. In vorliegender Forschungsarbeit wurde ein erster Schritt unternommen, diesem Aspekt gerecht zu werden, und ein Konzept interaktionsorientierter strategischer Führung in wandlungsfähigen Cluster-Initiativen erarbeitet. Weitere Vertiefungen sind jedoch notwendig, um insbesondere auch die wechselseitigen Beziehungen wie auch deren Effekte näher zu untersuchen.

Für die Praxis konnten mit Hilfe vorliegender Forschungsarbeit Antworten darauf gefunden werden, welches die wesentlichen Einflussfaktoren sind und worauf der Fokus verstärkt zu richten ist. Dies wurde anhand verschiedener Zielgruppen erläutert. Insgesamt wird jedoch deutlich, dass dem Beziehungsmanagement und dem Aufbau von Sozialkapital eine hohe Bedeutung in Cluster-Initiativen zukommt. Interaktionen und Kommunikation sind hierbei wichtige Schlüsselfaktoren. Die Generierung einer gemeinsamen Wissensbasis und der Wissenstransfer stellen weitere wichtige Elemente dar. Entscheidend für die Wandlungsfähigkeit ist jedoch das Reflexionsvermögen sowie die erfolgreiche Initiierung von Lernprozessen. Die Aufgabe des Clustermanagements ist damit nicht nur sehr verantwortungsvoll, sondern ebenfalls hochgradig komplex. Dies sollte bei der Auswahl des Clustermanagementteams beachtet und eine heterogene, sich ergänzende Zusammensetzung gewählt werden. Darüber hinaus sollten diese Faktoren gezielt in die Aus- und Weiterbildung von Clustermanagern einbezogen wie auch bestehende Programme dahingehend ergänzt werden.

Alles in allem sind Innovation nicht die „ausschließliche Domäne des Ingenieurs oder Naturwissenschaftlers, kein Monopol des Marktkenners oder Marktmachers, kein Exklusivrecht des Managers“[1094], sondern erfordern vielmehr die Zusammenführung verschiedener Branchen und Sichtweisen. Cluster-Initiativen bieten hierfür gute Voraussetzungen und können so einen Nährboden für Innovationen bereiten. Durch Interaktion und eine gemeinsame vertrauensvolle Kooperationsbasis können Innovationen und Wettbewerbsvorteile hervorgebracht werden. Dabei sollten Cluster und Cluster-Initiativen jedoch nicht zu „obskuren Objekten der Begierde“ werden, von denen jeder hört und viele sie für wichtig halten, keiner jedoch so genau sagen kann, worin der Charme eigentlich zu sehen ist und worauf die wirtschaftliche Stärke beruht.[1095] Ganz wesentlich leisten sie einen Beitrag zum Wissenstransfer und fördern gemeinsames Lernen. Im Gegensatz zu Netzwerken müssen in einem Cluster nicht alle Institutionen miteinander arbeiten, können aber dennoch Clustervorteile besitzen. Sozial- und Beziehungskapitel erhält in Clustern und Cluster-Initiativen einen hohen Stellenwert. Auf Grund gemeinsamer geteilter Modelle kann (cluster)spezifisches Wissen leichter erworben werben, wodurch die „absorptive capacity“ und damit die Wandlungsfähigkeit einzelner Akteure gestärkt wird.[1096]

1094 Hauschildt/Salomo (2011), S. 41
1095 Vgl. Beckord (2008), S. 13
1096 Vgl. Tichy (2001), S. 185 f.

Cluster-Initiativen selbst müssen genauso wie ihre involvierten Branchen in der Lage sein, Veränderungen aufzunehmen und zu beantworten. Dem Clustermanagement kommt hierbei eine besondere Rolle zu, unterstützt es doch den Veränderungsprozess, hält die Akteure zusammen, koordiniert ihre Aktivitäten und fokussiert ein gemeinsames Ziel. Dazu ist ein fundiertes Verständnis der Markt- und Technologieentwicklungen notwendig. Der Stiftung von Sinn und der Gestaltung der Interaktionsbeziehungen kommt eine wesentliche Bedeutung zu. Zusätzlich muss Raum geschaffen werden für emergente Prozesse und Entwicklungen, so dass neue Ideen sich (innerhalb der Leitplanken) verbreiten können.

> „Man muss den Dingen, die eigene, stille ungestörte Entwicklung lassen, die tief von innen kommt und durch nichts gedrängt oder beschleunigt werden kann, alles ist austragen – und dann gebären…“ (Rainer Maria Rilke)

Ganz im Sinne des Technologie- und Innovationsmanagements gilt es, die Cluster-Initiative „durch ein ausgesprochen turbulentes Feld zu manövrieren, dabei ein Mindestmaß an Stabilität sicherzustellen und trotz vieler Störungen das angestrebte Ziel nicht aus den Augen zu verlieren“[1097]. Dabei muss immer wieder eine Anschlußfähigkeit generiert werden, so dass in einer dureé immer wieder neue Handlungen erfolgen und sich aus der Kommunikation ein kontinuierlicher Strom ergibt. So sind auch Verbesserungen und Innovationen nie statisch zu sehen, sondern immer dynamisch und damit nie endende Vorgänge und keine einmaligen Ereignisse. „Tatsächlich entwickelt sich die Technologie ständig weiter, und Ressourcen werden fortwährend neu geschaffen und aufgewertet. Worauf es ankommt, ist nicht ein Optimum innerhalb bestehender Beschränkungen, sondern die Veränderung der Beschränkung.“[1098] Diese entscheidende Aufgabe wird vom Clustermanagement in enger Kooperation mit den Clusterakteuren ausgeübt. Auch wenn die berechtigte Frage nach der Existenz der Führung zu Beginn der Forschungsarbeit gestellt wurde, so zeigt sich nun die Notwendigkeit und die Bedeutung des Clustermanagements. Das Clustermanagement allein ist jedoch nicht verantwortlich für den Erfolg und das langfristige Bestehen der Cluster-Initiative. Vielmehr ist es auf das entsprechende Engagement und die Wandlungsfähigkeit der Clusterpartner angewiesen. Nur gemeinsam lässt sich der Wandel gestalten. Die Vision, das Engagement, die Hingabe und die Integrität sind daher entscheidend für den Erfolg und Misserfolg einer Cluster-Initiative. Die Richtung wird vorgegeben, die Wege ergeben sich jedoch unterwegs.

1097 Gerybadze (2004), S. 55
1098 Porter (1999), S. 94

Anhang

Anhang A: Internationale Aktivitäten im automatisierten und vernetzten Fahren

Neben privat Firmengeländen, welche von einzelnen Unternehmen für Tests im automatisierten Fahren genutzt werden, entstehen seit wenigen Jahren vermehrt öffentliche Teststrecken und Aktivitäten. In einem Auszug werden überblicksartig ausgewählte Aktivitäten in den folgenden Tabellen aufgelistet.

Tab. A: Internationale Aktivitäten im automatisierten und vernetzten Fahren (Auswahl)

Ausgewählte internationale Aktivitäten		
Universität Michigan – M City	130.000 Quadratmeter große Test-Stadt zur Erprobung automatisierten Fahrens in urbanen Szenarien	Universität Michigan, Ford, General Motors, Toyota, Nissan, Honda, Bosch, Delphi, Verizon, u. a.
Google-Flotte	Bis Mitte 2015 ca. 2,5 Millionen Kilometer automatisiert zurückgelegt	
Audi	Testfahrt über 550 Meilen vom Silicon Valley zur Consumer Electronics Show (CES) 2015	
Safety Pilot	Derzeit weltweit der größte Feldversuch zur C2C-Kommunikation: 3.000 Fahrzeuge und ca. 20 Anlagen wurden mit Kommunikationseinheiten ausgerüstet, um eine C2I-Kommunikation zu ermöglichen	
DARPA-Ralley	Auf einem Militärgelände in Nevada wurde 2007 ein Autorennen zur Förderung der Entwicklung automatisierter Fahrzeuge auf einer 60 Meilen langen Strecke durchgeführt	
Japan	Entwicklung einer dynamischen Karte für einen abgegrenzten Stadtteil in Tokio: Konzeption bis Ende 2016, praktische Testphase in 2017	
Singapur	6 km langes Straßennetz als Teststrecke für automatisiertes Fahren im Industriepark „one-north“	Land Transport Authority (LTA), JTC-Corporation

Ausgewählte internationale Aktivitäten		
Universität von Singapur	Erprobung eines Car-Sharing-Konzepts auf Basis einer Flotte automatisierter Golf-Buggies	
China, Tianjin	Bis 2020 soll ein vollautomatisiertes Mobilitätssystem zur Marktreife gebracht werden	Chinesische Regierung, GM
Horizon 2020	Auch das EU-Rahmenprogramm Horizon 2020 für Forschung und Innovation adressiert das automatisierte und vernetzte Fahren in verschiedenen Calls. Hervorgehoben werden die Themen Sicherheit, urbane Mobilität, automatisiertes Fahren, Infrastruktur und Elektromobilität	
Electronic Components and Systems for European Leadership (ECSEL)	Teil des Forschungsrahmenprogramms Horizon 2020 im Bereich der Micro- und Nanoelektronik, eingebettete Systeme sowie intelligente Systeme	Im Rahmen des Vorhabens RobustSENSE forschen 13 Partner EU-weit an einer Sensor-Plattform zur Steigerung der Robustheit und Zuverlässigkeit der Umfeldwahrnehmung und Situationsvorhersage für automatisiertes Fahren unter schwierigen Umgebungsbedingungen

Anhang B: Kennzahlen des Clusters ESW

Die folgenden Tabellen geben einige Entwicklungen des Clusters ESW anhand von Kennzahlen wieder.

Tab. B.1: Entwicklung der Mitgliedszahlen des Clusters ESW

Mitgliedszahlen des Clusters ESW	2007	2009	2012	2013	2014	2015	2016
Clusterpartner gesamt	26	39	86/76 [x]	80	91	103	108
davon Universitäten/Hochschulen		2	6	5	7	7	8
davon Forschungseinrichtungen		3	8	6	6	6	6
davon KMU		19	26	27	38	40	42
davon Großunternehmen		11	39	35	33	45	45
davon Intermediäre		4	7	7	7	7	7

[x] im Jahr 2013 erfolgte eine Anpassung der Zählweise auf Legal Entities, so werden seitdem z. B. Fraunhofer- oder Universitätsinstitute nicht mehr einzeln gezählt

Tab. B.2: Entwicklung Clustermanagement in Vollzeitäquivalenten

Clustermanagement	2011	2012	2013	2014	2015	2016
Vollzeitäquivalente	*2*	4	4	4	4	5

Tab. B.3: Zusammenarbeit und Einbindung der Akteure (ausgewählte Aktivitäten)

Zusammenarbeit und Einbindung der Akteure	2013	2014	2015
Aktives Mitglied	48	54	67
Kernteam	13	13	12
Projektbeteiligung F&E	41	46	47
Arbeitsgruppen		18	20
Gemeinsame Öffentlichkeitsarbeit	21	38	25
Beteiligung an Delegationsreisen	9	19	22

Anhang C: Interaktionsmöglichkeiten im Rahmen verschiedener Aktivitäten des Clusters ESW

Für die Clusterpartner ergeben sich vielfältige Möglichkeiten der Interaktion. Die folgende Tabelle enthält in einer aggregierten Darstellung ausgewählte Maßnahmen und Aktivitäten.

Tab. C: Maßnahmen und Aktivitäten mit starkem Interaktionsfokus

Maßnahme	**Durchführungshäufigkeit**
Kernteamtreffen	mind. 8mal pro Jahr
Gesamtteamtreffen	4 mal jährlich
Technologische Projekte und Projektinitiierung	laufend
Arbeitsgruppen	ca. 4 Treffen pro AG pro Jahr
Delegationsreisen	2–3 pro Jahr
Veranstaltungen	Diverse Informations- und Fachveranstaltungen pro Jahr
Messen	Gemeinschaftsstand auf der Hannover Messe Industrie Weitere Messeauftritte u. a. bei i-mobility und eCarTec
Öffentlichkeitsarbeit	Diverse gemeinsame Publikationen und Pressemitteilungen

Anhang D: Internationalisierungmaßnahmen des Clusters ESW

Die folgende Tabelle gibt einen Überblick über ausgewählte Delegationsreisen, die im Cluster ESW durchgeführt wurden. Hinzu kommen weitere Internationalisierungsmaßnahmen wie die Initiierung internationaler Kooperationsprojekte, die Teilnahme an internationalen Messen und Kongressveranstaltungen oder die Durchführung von Matchmaking-Veranstaltungen. Darüber hinaus fanden zahlreiche Gespräche und Informationsveranstaltungen im Rahmen von Delegationsbesuchen aus dem Ausland statt.

Tab. D: Ausgewählte Delegationsreisen des Clusters ESW

Jahr	Delegationsreisen des Clusters ESW
2011	Kalifornien mit Fokus auf San Francisco, Silicon Valley und Los Angeles
2012	Korea und Taiwan für Hochschulvertreter China mit Fokus auf die Regionen Peking und Shanghai
2013	Dänemark mit Fokus auf die Region Kopenhagen Regionen Michigan und Ontario
2014	Korea und Japan mit Fokus auf die Regionen Seoul, Tokyo und Aichi Niederlande mit Fokus auf die Regionen Noord-Brabant und Rotterdam
2015	Frankreich mit Fokus auf die Regionen Auvergne Rhône-Alpes und Ile-de-France China mit Fokus auf die Regionen Peking und Shanghai UK mit Fokus auf die Regionen London und West Midlands
2016	Kalifornien mit Fokus auf die Regionen San Francisco, Silicon Valley und Los Angeles Italien mit Fokus auf die Lombardei und Piemont

Zwischen Baden-Württemberg, Katalonien, der italienischen Region Lombardei und der französischen Region Rhône-Alpes besteht seit 1988 eine multilaterale Arbeitsgemeinschaft „Vier Motoren für Europa". Auch der Cluster ESW unterhält vielfältige Beziehungen und nutzt das Bündnis für gemeinsame Aktivitäten. Auch mit Frankreich, insbesondere den Regionen Auvergne Rhône-Alpes, Ile-de-France und Elsass/France-Comté, bestehen enge Verbindungen und ein reger Austausch.

Literaturverzeichnis

Adner, R. und Helfat, C.E. (2003), Corporate Effects and Dynamic Managerial Capabilities, in: Strategic Management Journal, 24, 2003,10, S. 1011–1025

AG intelligent move (2015), Automatisiert. Vernetzt. Elektrisch. – Testregionen in Baden-Württemberg, internes Positionspapier, Stuttgart

Albers, S. und Gassmann, O. (2011), Technologie- und Innovationsmanagement, in: Albers/ Gassmann (Hrsg., 2011), S. 3–20

Albers, S. und Gassmann, O. (Hrsg., 2011), Handbuch Technologie- und Innovationsmanagement, 2. Aufl., Wiesbaden, 2011

Amit, R. und Schoemaker, P.J.H. (1993), Strategic Assets and Organizational Rent, in: Strategic Management Journal, 14, 1993, 1, S. 33–46

Ansoff, H.I. (1965), Corporate Strategy: An Analytical Approach to Business Policy for Growth and Expansion, New York, 1965

Ansoff, H.I. (1975), Managing Strategic Surprise by Response to Weak Signals, in: California Management Review, 18, 1975, 2, S. 21–33

Arbeitsgruppe Bielefelder Soziologen (Hrsg., 1981), Alltagswissen, Interaktion und gesellschaftliche Wirklichkeit 1 + 2, Opladen, 1981

Argyris, C. und Schön, D.A. (2002), Die lernende Organisation – Grundlagen, Methode, Praxis, 2. Aufl., Stuttgart, 1978

Ashby, W.R. (1956), An Introduction to Cybernetics, London, 1956

Atteslander, P. (2010), Methoden der empirischen Sozialforschung, 13. Aufl., Berlin, 2010

Autobild (2016), Rückruf aller Autos noch 2016, 01.08.2016, http://www.autobild.de/artikel/vw-abgasskandal-news-und-hintergruende---update-6077591.html, zuletzt aufgerufen am 01.08.2016

BAFA (2016), Elektromobilität (Umweltbonus), http://www.bafa.de/bafa/de/wirtschaftsfoerderung/elektromobilitaet/, zuletzt aufgerufen am 02.08.2016

Bamberger, I. und Wrona, T. (2012), Strategische Unternehmensführung – Strategien, Systeme, Methoden, Prozesse, 2. Aufl., München, 2012

Barnard, C.I. (1966), The Functions of the Executive, 17. Aufl., Cambridge, 1966

Barney, J.B. (1991), Firm Resources and Sustained Competitive Advantage, in: Journal of Management, 17, 1991, 1, S. 99–120

Barney, J.B. (2001), Resource-based Theories of Competitive Advantage: A Ten-Year Retrospective on the Resource-based View, in: Journal of Management, 27, 2001, 6, S. 643–650

Bathelt, H.und Glückler, J. (2012), Wirtschaftsgeographie – Ökonomische Beziehungen in räumlicher Perspektive, 3. Aufl., Stuttgart, 2012

Bauer, J. (2007), Warum ich fühle, was Du fühlst – Intuitive Kommunikation und das Geheimnis der Spiegelneurone, 8. Aufl., München, 2007

Bauer, J. (2008), Das Gedächtnis des Körpers – Wie Beziehungen und Lebensstile unsere Gene steuern, 12. Aufl., München, 2008

Baumast, A. und Pape, J. (Hrsg., 2009), Betriebliches Umweltmanagement – Nachhaltiges Wirtschaften im Unternehmen, 4. Aufl., Stuttgart, 2009

Baumgartner, R.J., Biedermann, H. und Ebner, D. (Hrsg., 2007), Unternehmenspraxis und Nachhaltigkeit – Herausforderungen, Konzepte und Erfahrungen, München/Mering, 2007

Bea, F.X. und Schweitzer, M. (Hrsg., 2004), Allgemeine Betriebswirtschaftslehre, Band 1: Grundfragen, 10. Aufl., Stuttgart, 2004

Bea, F.X. und Haas, J. (2016), Strategisches Management, 8. Aufl., Konstanz/München, 2016

Beckord, C. (2008), Clustermanagement als Instrument der Wirtschaftsförderung – Konzeptionelle Grundlagen, Clusterpolitik und operative Umsetzung clusterorientierter Entwicklungsstrategien in Sachsen, Saarbrücken, 2008

Beer, S. (1967), Kybernetik und Management, 3. Aufl., Frankfurt a. M., 1967

Bellmann, K. und Hippe, A. (1996), Netzwerkansatz als Forschungsparadigma im Rahmen der Untersuchung interorganisationaler Unternehmensbeziehungen, in: Bellmann/Hippe (Hrsg., 1996), S. 3–20

Bellmann, K. und Hippe, A. (Hrsg., 1996), Management von Unternehmensnetzwerken – Interorganisationale Konzepte und praktische Umsetzung, Wiesbaden, 1996

Benz, A., Lütz, S., Schimank, U. und Simonis, G. (Hrsg., 2007), Handbuch Governance – Theoretische Grundlagen und empirische Anwendungsfelder, Wiesbaden, 2007

Berger, P.L. und Luckmann, T. (2010), Die gesellschaftliche Konstruktion der Wirklichkeit – Eine Theorie der Wissenssoziologie, 23. Aufl., Frankfurt a. M., 2010

Bergner, H. (Hrsg., 1981), Planung und Rechnungswesen in der Betriebswirtschaftslehre, Berlin, 1981

Bertalanffy, L. von (1950), General Systems Theory: A New Approach to Unity of Science, Baltimore, Md. 1950

Bertalanffy, L. von (1968), General Systems Theory: Foundations, Development, Applications, New York, 1968

Bertalanffy, L. von (1972), Zu einer allgemeinen Systemlehre, in: Bleicher (Hrsg., 1972), S. 31–45

Bertalanffy, L. von (1974), The History and Status of General Systems Theory, in: Academy of Management Journal, 15, 1974, 4, S. 407–426

Beschorner, T. (2003), Wirtschaft und Ethik: Kein notwendiger Gegensatz, in: Einblicke, 38, 2003, S. 20–22

Bilbao-Osorio, B., Dutta, S. und Lanvin, B. (Hrsg., 2013), The Global Information Technology Report 2013 – Growth and Jobs in a Hyperconnected World, World Economic Forum Geneva, http://www3.weforum.org/docs/WEF_GITR_Report_2013.pdf, zuletzt aufgerufen am 09.08.2016

Bleicher, K. (Hrsg., 1972), Organisation als System, Wiesbaden, 1972

Blumer, H. (1981), Der methodologische Standort des Symbolischen Interaktionismus, in: Arbeitsgruppe Bielefelder Soziologen (Hrsg., 1981), S. 80–146

BMBF (2006), Die Hightech-Strategie für Deutschland, Bonn/Berlin, 2006

BMBF (2011), Richtlinie zur Förderung von Forschung und Entwicklung „Schaufenster Elektromobilität", Bekanntmachung vom 11. Oktober 2011, https://www.bmbf.de/foerderungen/bekanntmachung-685.html, zuletzt aufgerufen am 09.04.2017

BMBF (2013), Wohlstand durch Forschung – Bilanz und Perspektiven der Hightech-Strategie für Deutschland, Berlin, 2013

BMBF (2014a), Deutschlands Spitzencluster, Berlin, 2014

BMBF (2014b), Die neue Hightech-Strategie – Innovationen für Deutschland, Berlin, 2014

BMUB (2011), Kabinett verabschiedet CCS-Gesetz, http://www.bmub.bund.de/presse/pressemitteilungen/pm/artikel/kabinett-verabschiedet-ccs-gesetz/, zuletzt aufgerufen am 29.07.2016

BMUB (2014), Aktionsprogramm Klimaschutz 2020 – Kabinettsbeschluss vom 03. Dezember 2014, Berlin

BMUB (2016), Nationale Klimapolitik, http://www.bmub.bund.de/themen/klima-energie/klimaschutz/nationale-klimapolitik/, zuletzt aufgerufen am 26.07.2016

BMVBS (2013), Die Mobilitäts- und Kraftstoffstrategie der Bundesregierung (MKS) – Energie auf neuen Wegen, Berlin, 2013

BMVI (2015a), Strategie automatisiertes und vernetztes Fahren – Leitanbieter bleiben, Leitmarkt werden, Regelbetrieb einleiten, Berlin, 2015

BMVI (2015b), Innovationscharta „Digitales Testfeld Autobahn" auf der Bundesautobahn A9, 04.09.2015 http://www.bmvi.de/SharedDocs/DE/Anlage/

VerkehrUndMobilitaet/Strasse/innovationscharta-digitales-testfeld-autobahn.pdf?__blob=publicationFile, zuletzt aufgerufen am 03.08.2016

BMVI (2016a), Bericht der Untersuchungskommission „Volkswagen", Berlin, 2016

BMVI (2016b), Die mobile Zukunft beginnt jetzt! – Wie automatisiertes und vernetztes Fahren den Verkehr revolutioniert, Berlin, 2016

BMWi (2008), Deutschland soll Leitmarkt für Elektromobilität werden – Nationale Strategiekonferenz Elektromobilität, 25.11.2008, http://www.bmwi.de/DE/Presse/pressemitteilungen,did=281460.html, zuletzt aufgerufen am 02.08.2016

BMWi (2013), Cluster Monitor Deutschland – Trends und Perspektiven von Clustern in Deutschland Monitoringergebnisse der Erhebungsrunde Nr. 2, VDI/VDE Innovation + Technik GmbH, Berlin, 2013

BMWi (2014), Die Energie der Zukunft – Erster Fortschrittsbericht zur Energiewende, Berlin, 2014

BMWi (2015), Ausgewählte Clustererfolge – Ergebnisse aus der Förderung innovativer Services, Berlin, 2015

BMWi (2016a), Integriertes Energie- und Klimaprogramm (IEKP) der Bundesregierung, http://www.bmwi.de/DE/Service/gesetze,did=254042.html, zuletzt aufgerufen am 02.08.2016

BMWi (2016b), Bekanntmachung – Richtlinie zur Förderung des Absatzes von elektrisch betriebenen Fahrzeugen (Umweltbonus), 29. Juni 2016, http://www.bmwi.de/BMWi/Redaktion/PDF/B/bekanntmachung-richtlinie-zur-foerderung-des-absatzes-von-elektrisch-betriebenen-fahrzeugen,property=pdf,bereich=bmwi,sprache=de,rwb=true.pdf, zuletzt aufgerufen am 02.08.2016

Boetticher, K.W. (1963), Unternehmer oder Manager – Grundprobleme industrieller Führerschaft, Köln/Berlin, 1963

Borgatti, S.P. und Foster, P.C. (2003), The Network Paradigm in Organizational Research: A Review and Typology, in: Journal of Management, 29, 2003, 6, S. 991–1013

Bourdieu, P. (1986), The Forms of Capital, in: Richardson (Hrsg., 1986), S. 241–258

Bourdieu, P. (1998), Praktische Vernunft – Zur Theorie des Handelns, Frankfurt a. M., 1998

Bourdieu, P., Chamboredon, J.-C. und Passeron, J.-C. (1991), Soziologie als Beruf – Wissenschaftstheoretische Voraussetzungen soziologischer Erkenntnis, Berlin/New York, 1991

Brand, K.W. (2006), Innovationen für Nachhaltige Entwicklung – die soziologische Perspektive, in: Pfriem (Hrsg., 2006), S. 55–78

Brown, S.L. und Eisenhardt, K.M. (1998), Competing on the Edge – Strategy as Structured Chaos, Boston, Mass., 1998

Bündnis 90/Die Grünen und CDU (2016), Baden-Württemberg gestalten: Verlässlich. Nachhaltig. Innovativ. – Koalitionsvertrag zwischen Bündnis 90/Die Grünen Baden-Württemberg und der CDU Baden-Württemberg 2016–2021, http://www.baden-wuerttemberg.de/fileadmin/redaktion/dateien/PDF/160509_Koalitionsvertrag_B-W_2016-2021_final.PDF, zuletzt aufgerufen am 03.08.2016

Bullinger, H.-J., Warnecke, H.J. und Westkämper, E. (Hrsg., 2003), Neue Organisationsformen im Unternehmen – Ein Handbuch für das moderne Management, 2. Aufl., Berlin u. a., 2003

Bundesregierung (2007), Eckpunkte für ein integriertes Energie- und Klimaprogramm, http://www.bmwi.de/BMWi/Redaktion/PDF/E/eckpunkt-fuer-ein-integriertes-energie-und-klimaprogramm,property=pdf,bereich=bmwi2012,sprache=de,rwb=true.pdf, zuletzt aufgerufen am 02.08.2016

Bundesregierung (2009), Nationaler Entwicklungsplan Elektromobilität der Bundesregierung, August 2009, https://www.bmbf.de/files/nationaler_entwicklungsplan_elektromobilitaet.pdf, zuletzt aufgerufen am 02.08.2016

Bundesregierung (2010), Etablierung der Nationalen Plattform Elektromobilität am 03. Mai 2010 – Gemeinsame Erklärung von Bundesregierung und deutscher Industrie, http://www.bmub.bund.de/fileadmin/bmu-import/files/pdfs/allgemein/application/pdf/gemeinsame_erklaerung_elektromobilitaet_bf.pdf, zuletzt aufgerufen am 02.08.2016

Bundesregierung (2011), Regierungsprogramm Elektromobilität, Berlin, 2011

Bundesregierung (2014), Digitale Agenda 2014–2017, Berlin, 2014

Bundesregierung (2016), Steuervorteile und Kaufprämie beschlossen, 18. Mai 2016, https://www.bundesregierung.de/Content/DE/Artikel/2016/05/2016-05-18-elektromobilitaet.html, zuletzt aufgerufen am 02.08.2016

Burmann, C. (2001), Strategische Flexibilität und Strategiewechsel in turbulenten Märkten: Neue theoretische Ansätze zur Unternehmensflexibilität, in: Die Betriebswirtschaft, 61, 2001, 2, S. 169–188

Burr, W. und Stephan, M. (Hrsg., 2017), Technologie, Strategie und Organisation, Wiesbaden, 2017

Burrell, G. und Morgan, G. (1979), Sociological Paradigms and Organisational Analysis: Elements of the Sociology of Corporate Life, Aldershot u. a., 1979

Burt, R.S. (1992), Structural Holes – The Social Structure of Competition, Cambridge/London, 1992

Burt, R.S. (2005), Brokerage and Closure – An Introduction to Social Capital, New York, 2005

Busch, M.W. und Lorenz, M. (2010), Shared Mental Models – ein integratives Konzept zur Erklärung von Kooperationskompetenz in Netzwerken, in: Stephan u. a. (Hrsg., 2010), S. 277–305

bwcon, CyberForum (2013), Digitale Agenda 2020+ BW – Handlungsempfehlungen, http://www.ikt-bw.de/fileadmin/_ikt-kongress/dokumente/Digitale Agenda_2020_.pdf, zuletzt aufgerufen am 03.08.2016

Chakravarthy, B.S. (1982), Adaptation: A Promising Metaphor for Strategic Management, in: Academy of Management Review, 7, 1982, 1, S. 35–44

Child, J. und Heavens, S.J. (2001), The Social Constitution of Organizations and its Implications for Organizational Learning, in: Dierkes u. a. (Hrsg., 2001), S. 308–326

Chmielewicz, K. (1994), Forschungskonzeptionen der Wirtschaftswissenschaft, 3. Aufl., Stuttgart, 1994

Clar, G., Doré, J. und Mohr, H. (Hrsg., 1997), Humankapital und Wissen – Grundlagen einer nachhaltigen Entwicklung, Berlin/Heidelberg, 1997

Cluster ESW (2011), Clusterstrategie Elektromobilität Süd-West „road to global market“, Spitzenclusterwettbewerb 2011 des Bundesministeriums für Bildung und Forschung, Stuttgart, internes Dokument, 2011

Cluster ESW (2012), Jahresbericht 2012 – Spitzencluster: Elektromobilität Süd-West, Stuttgart, internes Dokument, 2012

Cluster ESW (2013), Jahresbericht 2013 – Spitzencluster: Elektromobilität Süd-West, Stuttgart, internes Dokument, 2013

Cluster ESW (2014), Jahresbericht 2014 – Spitzencluster: Elektromobilität Süd-West, Stuttgart, internes Dokument, 2014

Cluster ESW (2015), Jahresbericht 2015 – Spitzencluster: Elektromobilität Süd-West, Stuttgart, internes Dokument, 2015

Cluster ESW (2016a), Jahresbericht 2016 – Spitzencluster: Elektromobilität Süd-West, Stuttgart, internes Dokument, 2016

Cluster ESW (2016b), Mittelstandsoffensive Mobilität, Stuttgart, internes, vertrauliches Dokument, 2016

Cluster ESW und Star Cooperation (2015), Zufriedenheitsstudie – Messung der Zufriedenheit der Clusterpartner mit dem Clustermanagement, Stuttgart, vertrauliches, internes Dokument, 2015

Cluster ESW und Star Cooperation (2016a), Zufriedenheitsstudie – Messung der Zufriedenheit der Clusterpartner mit dem Clustermanagement, Stuttgart, vertrauliches, internes Dokument, 2016

Cluster ESW und Star Cooperation (2016b), Management Summary: Zufriedenheitsstudie – Messung der Zufriedenheit der Clusterpartner mit dem Clustermanagement, Stuttgart, internes Dokument, 2016

Clusterportal BW (2016a), ClusterAgentur Baden-Württemberg, http://www.clusterportal-bw.de/clusteragentur/, zuletzt aufgerufen am 05.07.2016

Clusterportal BW (2016b), Cluster-Exzellenz Baden-Württemberg, http://www.clusterportal-bw.de/cluster-exzellenz/, zuletzt aufgerufen am 14.07.2016

Coleman, J.S. (1991), Grundlagen der Sozialtheorie, Band 1 – Handlungen und Handlungssysteme, München, 1991

Cohen, M.D. und Levinthal, D.A. (1990), Absorptive Capacity: A New Perspective on Learning and Innovation, in: Administrative Science Quarterly, 35, 1990, 1, S. 128–152

Cornelissen, J.P., Haslam, S.A. und Balmer, J.M.T. (2007), Social Identity, Organizational Identity and Corporate Identity: Towards an Integrated Understanding of Processes, Patternings and Products, in: British Journal of Management, 18, 2007, 1, S. 1–16

Corsten, H. (2001), Grundlagen der Koordination in Unternehmungsnetzwerken, in: Corsten (Hrsg., 2001), S. 1–57

Corsten, H. (Hrsg., 2001), Unternehmungsnetzwerke, München/Wien, 2001

Corsten, H., Gössinger, R. und Schneider, H. (2006), Grundlagen des Innovationsmanagements, München, 2006

Crevoisier, O. (2001), Der Ansatz des kreativen Milieus – Bestandsaufnahme und Forschungsperspektiven am Beispiel urbaner Milieus, in: Zeitschrift für Wirtschaftsgeographie, 45, 2001, 3–4, S. 246–256

Cropper, S., Ebers, M., Huxham, C. und Smith Ring, P. (Hrsg., 2008), The Oxford Handbook of Inter-Organizational Relations, Oxford, 2008

Cummings, L.L. und Staw, B.M. (Hrsg., 1985), Research in Organizational Behavior – An Annual Series of Analytical Essays and Critical Reviews, London, 1985

Daft, R.L. und Weick, K.E. (1984), Toward a Model of Organizations as Interpretation Systems, in: Academy of Management Review, 9, 1984, 2, S. 284–295

Daimler (2016), Unternehmensgeschichte – Anfänge des Automobils, https://www.daimler.com/konzern/tradition/geschichte/1886-1920.html, zuletzt aufgerufen am: 24.07.2016

Daly, H.E. (1999), Wirtschaft jenseits von Wachstum, Salzburg, 1999

De Geus, A.P. (1988), Planning as Learning, in: Harvard Business Review, 66, 1988, 2, S. 70–74

De Green, K.B. (1982), Adaptive Organization – Anticipation and Management of Crisis, New York, 1982

Dess, G.G. und Beard, D.W. (1984), Dimensions of Organizational Task Environments, in: Administrative Science Quarterly, 29, 1984, 1, S. 52–73

Deutscher Bundestag (2015), Antwort der Bundesregierung auf die Kleine Anfrage der Abgeordneten Peter Meiwald, Bärbel Höhn, Annalena Baerbock, weiterer Abgeordneter und der Fraktion BÜNDNIS 90/DIE GRÜNEN – Gebiete mit hoher Schadtstoffbelastung in Deutschland, Drucksache 18/4393, 23.03.2015

Dierkes, M., Berthoin Antal, A., Child, J. und Nonaka, I. (Hrsg., 2001), Handbook of Organizational Learning and Knowledge, Oxford/New York, 2001

Dill, P. (1987), Unternehmenskultur: Grundlagen und Anknüpfungspunkte für ein Kulturmanagement, Bonn, 1987

Dooley, K.J. (1997), A Complex Adaptive Systems Model of Organizational Change, in: Nonlinear Dynamics, Psychology, and Life Sciences, 1, 1997, 1, S. 69–97

Drewello, H. und Kiehlmann, F. (2015), Das Berufsbild des Clustermanagers – Eine Berufsfeldanalyse für ein neues Berufsbild in der Schweiz, in Frankreich und in Deutschland, Europäisches Kompetenz- und Forschungszentrum Clustermanagement, Straßbourg, 2015

Drucker, P.F. (1987), The Frontiers of Management, Oxford, 1987

Drucker, P.F. (2009), Die Kunst sich selbst zu managen, in: Harvard Business Manager, 31, 2009, 11, S. 38–50

Duch, E. (2004), Reinforcing the Competitiveness of Clusters, Übersetzung des Kapitel 15 aus dem Buch "Att mobilisera för regional tillväxt" (Hrsg., Christensen-Kempinsky), Studentlitteratur, Lund, 2004

Dudenhöfer, F. (2015), Wie wird das Autojahr 2016?, in: Automobil Revue, 50, 2015, S. 8, https://www.uni-due.de/~hk0378/publikationen/2015/201550_AutomobilRevue.pdf, zuletzt aufgerufen am 01.08.2016

Dürr, H.-P. (1992), Ökologische Herausforderung der Ökonomie – Eine naturwissenschaftliche Betrachtung (Teil II), in: Wissenschaft & Frieden, 4, 1992, http://www.wissenschaft-und-frieden.de/seite.php?artikelID=0969, zuletzt aufgerufen am 09.04.2017

Duncan, R.B. (1972), Characteristics of Organizational Environments and Perceived Environmental Uncertainty, in: Administrative Science Quarterly, 17, 1972, 3, S. 313–327

Dyckhoff, H. und Souren, R. (2008), Nachhaltige Unternehmensführung – Grundzüge industriellen Umweltmanagements, Berlin/Heidelberg, 2008

Dyer, J.H. und Singh, H. (1998), The Relational View: Cooperative Strategy and Sources of Interorganizational Competitive Advantage, in: The Academy of Management Review 23, 1998, 4, S. 660–679

Easton, D. (1967), A Systems Analysis of Political Life, 2. Aufl., New York, 1967

Ebling, I., Vogelauer, W. und Kemm, R. (2012), Die Systemisch-dynamische Organisation im Wandel – Vom fließenden Umgang mit Hierarchie und Netzwerk im Veränderungsprozess, Bern u. a., 2012

Edersheim, E.H. (2007), Peter F. Drucker – Alles über Management, Heidelberg, 2007

EFI (2016), Gutachten zu Forschung, Innovation und Technologischer Leistungsfähigkeit Deutschlands – Gutachten 2016, Berlin, 2016

Ekert, S., Schüren, V. und Bode, A. (2016), Evaluation des Programms go-cluster des Bundesministeriums für Wirtschaft und Energie, Berlin, Abschlussbericht: http://www.bmwi.de/BMWi/Redaktion/PDF/Publikationen/Studien/evaluation-des-programms-go-cluster-studie-im-auftrag-des-bmwi-langfassung,property=pdf,bereich=bmwi2012,sprache=de,rwb=true.pdf, zuletzt aufgerufen am 07.08.2016, Kurzfassung: http://www.bmwi.de/BMWi/Redaktion/PDF/Publikationen/Studien/evaluation-des-programms-go-cluster-studie-im-auftrag-des-bmwi-kurzfassung,property=pdf,bereich=bmwi2012,sprache=de,rwb=true.pdf, zuletzt aufgerufen am 07.08.2016

e-mobil BW (2011), Systemanalyse BW^{e} mobil 2011 – IKT- und Energieinfrastruktur für innovative Mobilitätslösungen in Baden-Württemberg, Stuttgart, 2011

e-mobil BW (2013a), Imagebroschüre e-mobil BW GmbH, Stuttgart, 2013

e-mobil BW (2013b), Systemanalyse BW^{e} mobil 2013 – IKT- und Energieinfrastruktur für innovative Mobilitätslösungen in Baden-Württemberg, Stuttgart, 2013

e-mobil BW (2013c), IKT in der neuen Mobilität, Stuttgart, internes Dokument, 2013

e-mobil BW (2014a) – Entwicklung der Beschäftigung im After Sales – Effekte aus der Elektromobilität, Stuttgart, 2014

e-mobil BW (2014b), Baden-Württemberg – Kompetenz in Elektromobilität, Stuttgart, 2014

e-mobil BW (2015), Strukturstudie BW^{e} Mobil 2015 – Elektromobilität in Baden-Württemberg, Stuttgart, 2015

e-mobil BW (2016a), e-mobil BW GmbH – Status und Perspektive 2016–2025, internes, vertrauliches Dokument, 2016 e-mobil BW (2016b), e-mobil BW – Landesagentur für Elektromobilität und Brennstoffzellentechnologie Baden-Württemberg GmbH, offizielle Homepage, www.e-mobilbw.de, zuletzt aufgerufen am 04.08.2016

Enquete-Kommission (1998), Abschlußbericht der Enquete-Kommission „Schutz des Menschen und der Umwelt – Ziele und Rahmenbedingungen einer nachhaltigen zukunftsverträglichen Entwicklung“, Konzept Nachhaltigkeit – Vom Leitbild zur Umsetzung, Deutscher Bundestag, 13. Wahlperiode, Drucksache 13/11200, 26.06.1998

ESCA (2016), The European Secretariat for Cluster Analysis, http://www.cluster-analysis.org/, zuletzt aufgerufen am 14.07.2016

Europäische Kommission (2002), Regionale Cluster in Europa, Beobachtungsnetz der europäischen KMU, Nr. 3, 2002, zuletzt aufgerufen am 09.04.2017

Europäische Kommission (2011), Verordnung (EU) Nr. 582/2011 der Kommission vom 25. Mai 2011, http://eur-lex.europa.eu/legal-content/DE/ALL/?uri=celex%3A32011R0582, zuletzt aufgerufen am 29.07.2016

Europäische Kommission (2013), Innovation Clusters in Europe: A Statistical Analysis and Overview of Current Policy Support, http://www.central2013.eu/fileadmin/user_upload/Downloads/Tools_Ressources/Cluster.pdf, zuletzt aufgerufen am 09.04.2017

Europäische Kommission (2016), EU Cluster Portal, http://ec.europa.eu/growth/smes/cluster/index_en.htm, zuletzt aufgerufen am 23.06.2016

Fayol, H. (1929), Allgemeine und industrielle Verwaltung, München/Berlin, 1929

Feindt, P. (2000), Die soziale Dimension in der Nachhaltigkeit und das Konzept des Sozialkapitals, in: Zeitschrift für angewandte Umweltforschung, 13, 2000, 3–4, S. 483–492

Flämig, M. (1998), Naturwissenschaftliche Weltbilder in Managementtheorien – Chaostheorie, Selbstorganisation, Autopoiesis, Frankfurt a. M., 1998

Flick, U. (2011), Qualitative Sozialforschung – Eine Einführung, 4. Aufl., Reinbek bei Hamburg, 2011

Flick, U., Kardorff, E. von und Steinke, I. (Hrsg., 2015), Qualitative Forschung – Ein Handbuch, 11. Aufl., Reinbek bei Hamburg, 2015

Flieger, B. und Sing, E. (2000), Soziale Nachhaltigkeit – Stiefkind der Sustainable-Development-Diskussion, Beiträge der Arbeitsgruppe „Soziale Dimensionen nachhaltiger Entwicklung“ des Theoriearbeitskreises Alternative Ökonomie (TAK AÖ), http://www.leibi.de/jahrbuch/de/de01_03.htm, zuletzt aufgerufen am 10.04.2017

Fiol, C.M. und Lyles, M.A. (1985), Organizational Learning, in: Academy of Management Review, 10, 1985, 4, S. 803–813

Foerster, H. von (1984), Principles of Self-Organization – in a Socio-Managerial Context, in: Ulrich/Probst (Hrsg., 1984), S. 2–24

Foerster, H. von (1991), Was ist das Gedächtnis, dass es Rückschau und Vorschau ermöglicht?, in: Schmidt (Hrsg., 1991), S. 56–95

Foerster, H. von (1993), Wissen und Gewissen – Versuch einer Brücke, Frankfurt a. M., 1993

Foerster, H. von, Glaserfeld, E. von, Hejl, P.M., Schmidt, S.J. und Watzlawick, P. (Hrsg., 2005), Einführung in den Konstruktivismus, München/Zürich, 2005

Ford, R. (2008), Complex Adaptive Systems and Improvisation Theory: Toward Framing a Model to enable Continuous Change, in: Journal of Change Management, 8, 2008, 3–4, S. 173–198

Forrester, J.W. (1961), Industrial Dynamics, Cambridge, Mass., 1961

Forrester, J.W. (1972), Grundzüge einer Systemtheorie, Wiesbaden, 1972

Foschiani, S. (2003), Strategisches Management in mittelständischen Unternehmen: Ein Strategie-Check zur Analyse von Strategieprozessen und der strategischen Ausrichtung, in: Zahn/Foschiani (Hrsg., 2003), S. 135–157

Franzen, A. und Freitag, M. (2007), Aktuelle Themen und Diskussionen der Sozialkapitalforschung, in: Franzen/Freitag (Hrsg., 2007), S. 7–22

Franzen, A. und Freitag, M. (Hrsg., 2007), Sozialkapital – Grundlagen und Anwendungen, Wiesbaden, 2007

Fraunhofer IAO (2015), Hochautomatisiertes Fahren auf Autobahnen – Industriepolitische Schlussfolgerungen, Studie im Auftrag des Bundesministeriums für Wirtschaft und Energie (BMWi), Stuttgart, 2015

Fraunhofer IPA (2014), Strukturstudie „Industrie 4.0 für Baden-Württemberg" – Baden-Württemberg auf dem Weg zu Industrie 4.0, Stuttgart

Freeman, R.E. (1984), Strategic Management: A Stakeholder Approach, Boston, 1984

Freiling, J. (2001), Resource-based View und ökonomische Theorie – Grundlagen und Positionierung des Ressourcenansatzes, Wiesbaden, 2001

Fromhold-Eisebith, M. (1995), Das „kreative Milieu" als Motor regionalwirtschaftlicher Entwicklung. Forschungstrends und Erfassungsmöglichkeiten, in: Geographische Zeitschrift, 83, 1995, 1, S. 30–47

Fromhold-Eisebith, M. (2001), Kreatives Milieu, http://www.spektrum.de/lexikon/geographie/kreatives-milieu/4398, zuletzt aufgerufen am 16.08.2016

Frost & Sullivan (2014), Strategic Insight oft he Global Carsharing Market – Sustained Growth Leads to Continued Investment, Mergers and Acquisitions, and Territorial Expansion, New York u. a., 2014

Gagsch, B. (2002), Wandlungsfähigkeit von Unternehmen – Konzept für ein kontextgerechtes Management des Wandels, Frankfurt a. M., 2002

Galbraith, J.R. (1998), Designing the Networked Organization: Leveraging Size and Competencies, in: Mohrman u. a. (Hrsg., 1998), S. 76–102

Gallese, V. (2003), The Manifold Nature of Interpersonal Relations: The Quest for a Common Mechanism, in: Philosophical Transactions of The Royal Society London B 358, 2003, 1431, S. 517–528

Geddes, M. (2008), Inter-Organizational Relationships in Local and Regional Development Partnerships, in: Cropper u. a. (Hrsg., 2008), S. 203–230

Geißinger, J. (Hrsg., 2006), Forschung stärken – Produktion sichern, Berlin, 2006

Gergen, K.J. (1985), Social Constructionist Inquiry: Context and Implications, in: Gergen/Davis (Hrsg., 1985), S. 3–18

Gergen, K.J. und Davis, K.E. (1985), The Social Construction of the Person, New York, 1985

Gerpott, T.J. (2005), Strategisches Technologie- und Innovationsmanagement, 2. Aufl., Stuttgart, 2005

Gerybadze, A. (2005), Strategisches Management in vertikalen Kooperationen und Leistungsverbünden, in: Zentes u. a. (Hrsg., 2005), S. 457–474

Gerybadze, A. (2004), Technologie- und Innovationsmanagement, München, 2004

Giddens, A. (1993), New Rules of Sociological Method – A Positive Critique of Interpretative Sociologies, 2. Aufl., Padstow/Cornwall, 1993

Giddens, A. (1997), Die Konstitution der Gesellschaft: Grundzüge einer Theorie der Strukturierung, 3. Aufl., Frankfurt a. M./New York, 1997

Gioia, D.A. und Chittipeddi, K. (1991), Sensemaking and Sensegiving in Strategic Change Initiation, in: Strategic Management Journal, 12, 1991, 6, S. 433–448

Glaser, B.G. und Strauss, A.L. (2005), Grounded Theory: Strategien qualitativer Forschung, 2. Aufl., Bern, 2005

Glaserfeld, E. von (1996), Radikaler Konstruktivismus – Ideen, Ergebnisse, Probleme, Frankfurt a. M., 1996

Goleman, D. (1998), Working With Emotional Intelligence, London, 1998

Goll, F. und Knüttgen, I. (2017), Digitale Revolution in der Mobilität – Automatisiert. Vernetzt. Elektrisch, in: Hildebrandt/Landhäußer (Hrsg., 2017), S. 395–412

Gomez, P., Hahn, D., Müller-Stewens, G. und Wunderer, R. (Hrsg., 1994), Unternehmerischer Wandel – Konzepte zur organisatorischen Erneuerung, Wiesbaden, 1994

Graap, T. (2001), Nachhaltigkeit und Kooperation – Zum Verständnis eines Leitbildes und Handlungstyps in einer komplexen Welt, Frankfurt a. M., 2001

Granovetter, M. (1985), Economic Action and Social Structure: The Problem of Embeddedness, in: The American Journal of Sociology, 91, 1985, 3, S. 481–510

Grant, R.M. (1991), The Resource-based Theory of Competitive Advantage: Implications for Strategy Formulation, in: California Management Review, 33, 1991, 3, S. 114–135

Grant, R.M. (1996), Toward a Knowledge-Based Theory of the Firm, in: Strategic Management Journal, 17, 1996, Winter Special Issue, S. 109–122

Grant, R.M. (2002), Contemporary Strategy Analysis – Concepts, Techniques, Applications, 4. Aufl., Padstow/Cornwall, 2002

Greschner, J. (1996), Lernfähigkeit von Unternehmen – Grundlagen organisationaler Lernprozesse und Unterstützungstechnologien für Lernen im strategischen Management, Frankfurt a. M., 1996

Gretzinger, S., Matiaske, W. und Weber, W. (2002), Kooperation und Konflikt in strategischen Netzwerken – Am Beispiel eines Entwicklungsverbundes von kleinen und mittelständischen Unternehmen, in: Zeitschrift für Organisation, 71, 2002, 1, S. 22–25

Grochla, E. und Wittmann, W. (Hrsg., 1976), Handwörterbuch der Betriebswirtschaft, 4. Aufl., Stuttgart, 1976

Gronau, N. (Hrsg., 2008), Wettbewerbsfähigkeit durch Arbeits- und Betriebsorganisation, Berlin, 2008

Gulati, R. (1995), Social Structure and Alliance Formation Patterns: A Longitudinal Analysis, in: Administrative Science Quarterly, 40, 1995, 4, S. 619–652

Gulati, R. (1999), Network Location and Learning: The Influence of Network Resources and Firm Capabilities on Alliance Formation, in: Strategic Management Journal, 20, 2000, 5, S. 397–420

Gulati, R. und Gargiulo, M. (1999), Where do Interorganizational Networks Come From?, in: American Journal of Sociology, 104, 1999, 5, S. 1439–1493

Gulati, R., Nohria, N. und Zaheer, A. (2000), Strategic Networks, in: Strategic Management Journal, 21, 2000, 3, S. 203–215

Gulick, L.H. (1947), Papers on the science of administration, 2. Aufl., New York, 1947

Gutenberg, E. (1983), Grundlagen der Betriebswirtschaftslehre, Erster Band: Die Produktion, 24. Aufl., Berlin u. a., 1983

Haas, J. (1997), Die Entwicklungsfähigkeit von Unternehmungen: Eine theoretische und pragmatische Analyse, Frankfurt a. M. u. a., 1997

Haberfellner, R. (1975), Die Unternehmung als dynamisches System – Der Prozesscharakter der Unternehmungsaktivitäten, Zürich, 1975

Habermas, J. (1971a), Vorbereitende Bemerkungen zu einer Theorie der kommunikativen Kompetenz, in: Habermas/Luhmann (1971), S. 101–141

Habermas, J. (1971b), Theorie der Gesellschaft oder Sozialtechnologie? Eine Auseinandersetzung mit Niklas Luhmann, in: Habermas/Luhmann (1971), S. 142–290

Habermas, J. und Luhmann, N. (1971), Theorie der Gesellschaft oder Sozialtechnologie – Was leistet die Systemforschung?, Frankfurt a. M., 1971

Hagemann, H. und Hauff, M. von (2010), Nachhaltige Entwicklung als neues Paradigma der Ökonomie, in: Hagemann/Hauff (Hrsg., 2010), S. 9–29

Hagemann, H. und Hauff, M. von (Hrsg., 2010), Nachhaltige Entwicklung – das neue Paradigma in der Ökonomie, Marburg, 2010

Hahn, D. (2006), Stand und Entwicklungstendenzen der strategischen Planung, in: Hahn/Taylor (Hrsg., 2006), S. 3–28

Hahn, D. und Taylor, B. (Hrsg., 2006), Strategische Unternehmungsplanung – Strategische Unternehmungsführung, Stand und Entwicklungstendenzen, Berlin/Heidelberg, 2006

Hakansson, H. (1987), Introduction, in: Hakansson (Hrsg., 1987), S. 3–25

Hakansson, H. (Hrsg., 1987), Industrial Technological Development – a Network approach, London u. a., 1987

Hall, R. (1992), The Strategic Analysis of Intangible Resources, in: Strategic Management Journal, 13, 1992, 2, S. 135–144

Hamann, P. und Freiling, J. (Hrsg., 2000), Die Ressourcen- und Kompetenzperspektive des Strategischen Managements, Wiesbaden, 2000

Hamel, G. und Prahalad, C.K. (1995), Wettlauf um die Zukunft – Wie Sie mit bahnbrechenden Strategien die Kontrolle über ihre Branche gewinnen und die Märkte von morgen schaffen, Wien, 1995

Hammer, R. (2011), Planung und Führung, 8. Aufl., München, 2011

Hantsch, S., Kergel, H., Lämmer-Gamp, T., Meier zu Köcker, G. und Nerger, M. (2013), Cluster Management Excellence in Germany – German Clusters in Comparison with European Peers, European Secretariat for Cluster Analysis (ESCA), Berlin, 2013

Hauschildt, J. und Gemünden, H.G. (2011), Dimensionen der Innovation, in: Albers/Gassmann (Hrsg., 2011), S. 21–37

Hauschildt, J. und Salomo, S. (2011), Innovationsmanagement, München, 2011

Hawlitschek, A. (2011), 125 Jahre Automobil – Bedeutung der Automobilindustrie für die Wirtschaft Baden-Württembergs im Spiegel der Umsatzsteuerstatistik, in: Statistisches Monatsheft Baden-Württemberg, 10, 2011, S. 31–35

Hedberg, B. (1981), How Organizations Learn and Unlearn, in: Nystrom/Starbuck (Hrsg., 1981), S. 3–27

Heidenreich, M. und Miljak, V. (2004), Die Erneuerung regionaler Fähigkeiten. Clusterpolitik in Leipzig und Nürnberg, in: Initative für Beschäftigung OWL u. a. (Hrsg., 2004), S. 101–112

Heinen, E. und Frank, M. (1997), Unternehmenskultur – Perspektiven für Wissenschaft und Praxis, München/Wien, 1997

Hejl, P.M. (1991), Wie Gesellschaften Erfahrungen machen oder was Gesellschaftstheorie zum Verständnis des Gedächtnisproblems beitragen kann, in: Schmidt (Hrsg., 1991), S. 293–336

Hejl, P.M. (1992), Die zwei Seiten der Eigengesetzlichkeit: zur Konstruktion natürlicher Sozialsysteme und zum Problem ihrer Regelung, in: Schmidt (Hrsg., 1992), S. 167–213

Hejl, P.M. (2000), Das Ende der Eindeutigkeit – Einladung zum erkenntnistheoretischen Konstruktivismus, in: Stahl/Hejl (Hrsg., 2000), S. 13–29

Hejl, P.M. (2005), Konstruktion der sozialen Konstruktion – Grundlinien einer konstruktivistischen Sozialtheorie, in: Foerster u. a. (Hrsg., 2005), S. 109–146

Henisz, W.J. (2016), The Dynamic Capability of Corporate Diplomacy, in: Global Strategy Journal, 6, 2016, 3, S. 183–196

Helfat, C.E. und Peteraf, M.A. (2015), Managerial Cognitive Capabilities and the Microfoundations of Dynamic Capabilities, in: Strategic Management Journal, 36, 2015, 6, S. 831–850

Hellmann, K.-U. (1996), Systemtheorie und neue soziale Bewegungen, Opladen, 1996

Hildebrandt, A. und Landhäußer, W. (Hrsg., 2017), CSR und Digitalisierung – Der digitale Wandel als Chance und Herausforderung für Wirtschaft und Gesellschaft, Heidelberg, 2017

Hill, W., Fehlbaum, R. und Ulrich, P. (1998), Organisationslehre: Theoretische Ansätze und praktische Methoden der Organisation sozialer Systeme, Bern u. a., 1998

Hinterhuber, H.H. (2015), Strategische Unternehmensführung – Das Gesamtmodell für nachhaltige Wertsteigerung, 9. Aufl., Berlin, 2015

Holzer, B. (2008), Netzwerke und Systeme. Zum Verhältnis von Vernetzung und Differenzierung, in: Stegbauer (Hrsg., 2008), S. 155–164

Homann, K. (2007), Die ethische Aufnahmefähigkeit der modernen Ökonomik, in: Zeitschrift für Betriebswirtschaft, 77, 2007, Special Issue 1, S. 15–26

Homann, K., Arnold, V. und Buchholz, W. (Hrsg., 2002), Wirtschaftsethische Perspektiven VI – Korruption, Strafe und Vertrauen, Verteilungs- und Steuergerechtigkeit, Umweltethik, Ordnungsfragen, Berlin, 2002

Homans, G.C. (1972), Was ist Sozialwissenschaft?, 2. Aufl., Opladen, 1972

Horváth, P. (Hrsg., 2006), Wertschöpfung braucht Werte – Wie Sinngebung zur Leistung motiviert, Stuttgart, 2006

Horváth, P. und Gleich, R. (Hrsg., 2003), Neugestaltung der Unternehmensplanung: Innovative Konzepte und erfolgreiche Praxislösungen, Stuttgart, 2003

Huber, G.P. (1991), Organizational Learning: The Contributing Processes and the Literatures, in: Organization Science, 2, 1991, 1, S. 88–115

Hüther, G. (2010), Bedienungsanleitung für ein menschliches Gehirn, Göttingen, 2010

IBM (2012), Führen durch Vernetzung – Ergebnisse der Global Chief Executive Officer (CEO) Studie, Ehningen, 2012

IM (2016), Digitalisierungsstrategie als Digitale Agenda, Dezember 2016, https://im.baden-wuerttemberg.de/de/digitalisierung/digitalisierungsstrategie/, zuletzt aufgerufen am 01.04.2017

Initiative für Beschäftigung OWL/Universität Bielefeld/Survey/Bertelsmann Stiftung (Hrsg., 2004), Net'swork. Netzwerke und strategische Kooperationen in der Wirtschaft, Bielefeld, 2004

Inkpen, A.C. (1998), Learning and Knowledge Acquisition through International Strategic Alliances, in: The Academy of Management Executive, 12, 1998, 4, S. 69–80

Interessengemeinschaft Clusterinitiative Automotive Südwest (2008), Erste Gesellschafterversammlung der Interessengemeinschaft Clusterinitiative Automotive Südwest, http://www.total-systematix.de/files/ig-versammlung_25012008.pdf, zuletzt aufgerufen am 23.08.2016

Jappe-Heine, A., Baier, E. und Kroll, H. (2008), Clusterpolitik: Kriterien für die Evaluation von regionalen Clusterinitiativen, Arbeitspapier Unternehmen und Region Nr. 3/2008, Fraunhofer Institut für System- und Innovationsforschung, Karlsruhe

Jenert, T.J. (2011), Studienprogramme als didaktische Gestaltungs- und Untersuchungseinheit – Theoretische Grundlegung und empirische Analyse, St. Gallen, 2011

Johnsen, T.E., Lamming, R.C. und Harland, C.M. (2008), Inter-organizational Relationships, Chains, and Networks: A Supply Perspective, in: Cropper u. a. (Hrsg., 2008), S. 61–89

Jones, C. und Lichtenstein, B.B. (2008), Temporary Inter-Organizational Projects – How Temporal and Social Embeddedness Enhance Coordination and Manage Uncertainty, in: Cropper u. a. (Hrsg., 2008), S. 231–255

Kärcher-Vital, T.W. (2003), Zurich MedNet – Einblicke in den größten Medizin- und Biotechnologiecluster der Schweiz, in: Scherer/Bieger (Hrsg., 2003), S. 87–98

Kagermann, H., Wahlster, W. und Helbig, J. (2013), Deutschlands Zukunft als Produktionsstandort sichern – Umsetzungsempfehlungen für das Zukunftsprojekt Industrie 4.0 – Abschlussbericht des Arbeitskreises Industrie 4.0, Frankfurt/Main, https://www.bmbf.de/files/Umsetzungsempfehlungen_Industrie4_0.pdf, zuletzt aufgerufen am 07.08.2016

Kale, P., Singh, H. und Perlmutter, H. (2000), Learning and Protection of Proprietary Assets in Strategic Alliances: Building Relational Capital, in: Strategic Management Journal, 21, 2000, 3, S. 217–237

Kaluza, B. und Blecker, T. (Hrsg., 2005), Erfolgsfaktor Flexibilität – Strategien und Konzepte für wandlungsfähige Unternehmen, Berlin, 2005

Kaluza, B. und Blecker, T. (2005), Flexibilität – State of the Art und Entwicklungstrends, in: Kaluza/Blecker (Hrsg., 2005), S. 1–25

Kanning, H. (2009), Bedeutung des Nachhaltigkeitsbildes für das betriebliche Management, in: Baumast/Pape (Hrsg., 2009), S. 17–31

Kanungo, R.N. (2001), Ethical Values of Transactional and Transformational Leaders, in: Canadian Journal of Administrative Science, 18, 2001, 4, S. 257–265

Kapmeier, F. (2007), Dynamics of Interorganizational Learning in Learning Alliances, Frankfurt a. M., 2007

Kast, F.E. und Rosenzweig, J.E. (1970), Organization and Management – A Systems Approach, New York, 1970

Kastenholz, H.G., Erdmann, K.-H. und Wolff, M. (1996), Perspektiven einer nachhaltigen Entwicklung – Eine Einführung, in: Kastenholz u.a. (Hrsg., 1996), S. 1–8

Kastenholz, H.G., Erdmann, K.-H. und Wolff, M. (Hrsg., 1996), Nachhaltige Entwicklung – Zukunftschancen für Mensch und Umwelt, Berlin/Heidelberg, 1996

KBA (2016), Jahresbilanz der Neuzulassungen 2015, http://www.kba.de/DE/Statistik/Fahrzeuge/Neuzulassungen/n_jahresbilanz.html?nn=644522, zuletzt aufgerufen am 29.07.2016

Kemper, H.-G., Pedell, B. und Schäfer, H. (Hrsg., 2011), Management vernetzter Produktionssysteme, München, 2011

Kenis, P. und Oerlemans, L. (2008), The Social Network Perspective: Understanding the Structure of Cooperation, in: Cropper u. a. (Hrsg., 2008), S. 289–312

Ketels, C. (2003), The Development of the Cluster Concept – Present Experiences and Further Developments, Paper prepared for NRW conference on clusters, Duisburg, Germany, 5th Dec 2003, http://intranet.mekonginstitute.org/2009/Enhancing_Entrepreneurship_in_SME_20July_14August2009/documents/Modules/Readings%20M%20-%Development%20of%20the%20Cluster%20Concept.pdf, zuletzt aufgerufen am 09.04.2017

Ketels, C. und Protsiv, S. (2014), European Cluster Panorama 2014, Stockholm, 2014

Ketels, C., Lindqvist, G. und Sölvell, O. (2012), Strengthening Clusters and Competitiveness in Europe – The Role of Cluster Organisations, Stockholm, 2012

Kiese, M. (2008), Stand und Perspektiven der regionalen Clusterforschung, in: Kiese/Schätzl (Hrsg., 2008), S. 9–50

Kiese, M. und Schätzl, L. (Hrsg., 2008), Cluster und Regionalentwicklung – Theorie, Beratung und praktische Umsetzung, Dortmund, 2008

Kieser, A. (2002), Konstruktivistische Ansätze, in: Kieser (Hrsg., 2002), S. 287–318

Kieser, A. (2006), Managementlehre und Taylorismus, in: Kieser/Ebers (2006), S. 93–132

Kieser, A. (Hrsg., 2002), Organisationstheorien, 5. Aufl., Stuttgart, 2002

Kieser, A. und Ebers, M. (2006), Organisationstheorien, 6. Aufl., Stuttgart, 2006

Kieser, A. und Walgenbach, P. (2010), Organisation, 6. Aufl., Stuttgart, 2010

Kieser, A., Reber, G. und Wunderer, R. (Hrsg., 1995), Handwörterbuch der Führung, Stuttgart, 1995

Kim, D.H. (1993), The Link between Individual and Organizational Learning, in: Sloan Management Review, 35, 1993, 1, S. 37–50

Kind, S. und Meier zu Köcker, G. (2013), Cluster Impact Analysis – The Real Cluser Case, Berlin, 2013

Kirsch, W. (1997), Strategisches Management: Die geplante Evolution von Unternehmen, München, 1997

Kirsch, W., Esser, W.-M. und Gabele, E. (1979), Das Management des geplanten Wandels von Organisationen, Stuttgart, 1979

Klammer, B. (2005), Empirische Sozialforschung – Eine Einführung für Kommunikationswissenschaftler und Journalisten, Konstanz, 2005

Klein, K.J. und Kozlowski, S.W. (2000), From Micro to Meso: Critical Steps in Conceptualizing and Conducting Multilevel Research, in: Organizational Research Methods, 3, 2000, 3, S. 211–236

Klimecki, R. (1984), Laterale Kooperation – Grundlagen eines Analysemodells horizontaler Arbeitsbeziehungen in funktionalen Systemen, Bern, 1984

Klimecki, R., Probst, G.J. und Gmür, M. (1993), Flexibilisierungsmanagement, Bern, 1993

Klimecki, R., Laßleben, H. und Thomae, M. (2000), Organisationales Lernen – Zur Integration von Theorie, Empirie und Gestaltung, in: Schreyögg/Conrad (Hrsg., 2000), S. 63–98

Knorr-Cetina, K. (1989), Spielarten des Konstruktivismus, in: Soziale Welt, 40, 1989, 1/2, S. 86–96

Köhler, R. (Hrsg., 1977), Empirische und handlungstheoretische Forschungskonzeptionen in der Betriebswirtschaftslehre, Stuttgart, 1977

Koka, B.R. und Prescott, J.E. (2002), Strategic Alliances as Social Capital: A Multidimensional View, in: Strategic Management Journal, 23, 2002, 9, S. 795–816

Kraatz, M.S. (1998), Learning by Association? Interorganizational Networks and Adaptation to Environmental Change, in: The Academy of Management Journal, 41, 1998, 6, S. 621–643

Krcal, H.-C. (2003), Systemtheoretischer Metaansatz für den Umgang mit Komplexität und Nachhaltigkeit, in: Leisten/Krcal (Hrsg., 2003), S. 3–30

Kreder, M. (1983), Situation – Struktur – Erfolg – Eine Analyse des Erfolgsbeitrages situationsadäquater Strukturformen, München, 1983

Kriesi, H. (2007), Sozialkapital. Eine Einführung, in: Franzen/Freitag (Hrsg., 2007), S. 23–46

Krogh, G. von und Roos, J. (1995), A Perspective on Knowledge, Competence and Strategy, in: Personnel Review, 24, 1995, 3, S. 56–76

Krogh, G. von und Roos, J. (1996), Five Claims on Knowing, in: European Management Journal, 14, 1996, 4, S. 423–426

Kropp, W. (2001), Systemische Personalwirtschaft – Wege zu vernetzt-kooperativen Problemlösungen, 2. Aufl., München/Wien, 2001

Krüger, W. (2004), Wandel, Management des (Change Management), in: Schreyögg/v. Werder (Hrsg., 2004), Sp. 1605–1614

Krüger, W. und Homp, C. (1997), Kernkompetenz-Management – Steigerung von Flexibilität und Schlagkraft im Wettbewerb, Wiesbaden, 1997

Kubicek, H. (1977), Heuristische Bezugsrahmen und heuristisch angelegte Forschungsdesigns als Elemente einer Konstruktionsstrategie empirischer Forschung, in: Köhler (Hrsg., 1977), S. 3–36

Kubicek, H. und Thom, N. (1976), Umsystem, betriebliches, in: Grochla/Wittmann (Hrsg., 1976), Sp. 3977–4017

Künzel, M., Meier zu Köcker, G. und Köhler, T. (2015), Cluster und Innovationen – Cluster-Initiativen als Innovationstreiber, Stuttgart, 2015

Küpers, W. und Weibler, J. (2005), Emotionen in Organisationen, Kohlhammer, Stuttgart, 2005

Kunz, J. (2006), Wissensmanagement und organisationales Lernen – Eine simulationsgestützte Analyse, Hamburg, 2006

Kutschker, M. (1994), Strategische Kooperationen als Mittel der Internationalisierung, in: Schuster (Hrsg., 1994), S. 121–157

Lämmer-Gamp, T., Meier zu Köcker, G. und Nerger, M. (2014), Cluster Collaboration and Business Support Tools to Facilitate Entrepreneurship, Cross-sectoral Collaboration and Growth, European Cluster Observatory, https://ec.europa.eu/DocsRoom/documents/9972/attachments/1/translations/en/renditions/pdf, zuletzt aufgerufen am 09.04.2017

Lamnek, S. (1995), Qualitative Sozialforschung, Band 2: Methoden und Techniken, 3. Aufl., Weinheim, 1995

Lamnek, S. (2005), Qualitative Sozialforschung, 4. Aufl., Weinheim u. a., 2005

Landeshauptstadt Stuttgart (2016), Die Luft in Stuttgart geht alle an! – Informationen zum Feinstaub-Alarm, Stuttgart, 2016

Langer, G. (2011), Unternehmen und Nachhaltigkeit – Analyse und Weiterentwicklung aus der Perspektive der wissensbasierten Theorie der Unternehmung, Wiesbaden, 2011

Lawrence, P.R. und Lorsch, J.W. (1969), Organization and environment, Illinois, 1969

Lazarus, R.S. (1991), Emotion and Adaptation, New York/Oxford, 1991

Leisten, R. und Krcal, H.-C. (Hrsg., 2003), Nachhaltige Unternehmensführung – Systemperspektiven, Wiesbaden, 2003

Lerch, A. und Nutzinger, H.G. (2002), Nachhaltigkeit in wirtschaftsethischer Perspektive, in: Homann u. a. (Hrsg., 2002), S. 247–265

Lin, N. (2001a), Social Capital – A Theory of Social Strucutre and Action, Cambridge, 2001

Lin, N. (2001b), Building a Network Theory of Social Capital, in: Lin u. a. (Hrsg., 2001), S. 3–29

Lin, N., Cook, K. und Burt, R.S. (2001), Social Capital – Theory and Research, New York, 2001

LivingLab BW^{e} mobil (2015), Das Schaufenster Baden-Württemberg elektrisiert – Ergebnisse. Erkenntnisse. Ausblick., Stuttgart, 2015

Lorange, P. (1980), Corporate Planning: An Executive Viewpoint, Englewood Cliffs, 1980

Loury, G.C. (1977), A Dynamic Theory of Racial Income Differences, in: Wallace/LaMonde (Hrsg., 1977), S. 153–186

Loury, G.C. (1987), Why Should we Care About Group Inequality?, in: Social Philosophy & Policy, 5, 1987, 1, S. 249–271

Luhmann, N. (1971), Soziologische Aufklärung I, 2. Aufl., Opladen, 1971

Luhmann, N. (1973), Vertrauen: Ein Mechanismus der Reduktion sozialer Komplexität, 2. Aufl., Stuttgart, 1973

Luhmann, N. (1984), Soziale Systeme: Grundriss einer allgemeinen Theorie, Frankfurt a. M., 1984

Luhmann, N. (1990), Die Wissenschaft der Gesellschaft, Frankfurt a. M., 1990

Luhmann, N. (1991), Soziale Systeme – Grundriss einer allgemeinen Theorie, 4. Aufl., Frankfurt a. M., 1991

Luhmann, N. (2000), Organisation und Entscheidung, Opladen/Wiesbaden, 2000

Luhmann, N. (2005), Soziologische Aufklärung 2 – Aufsätze zur Theorie der Gesellschaft, 5. Aufl., Wiesbaden, 2005

Macharzina, K., Wolf, J. (2015), Unternehmensführung – Das internationale Managementwissen – Konzepte – Methoden – Praxis, 9. Aufl., Wiesbaden, 2015

Meadows, D.H., Meadows, D.L., Randers, J. und Behrens, W.W. III (1972), The Limits to Growth, New York, 1972

Maitlis, S. (2005), The Social Processes of Organizational Sensemaking, in: Academy of Management Journal, 48, 2005, 1, S. 21–49

Malik, F. (1996), Strategie des Managements komplexer Systeme, 5. Aufl., Bern, 1996

Mankins, J.C. (2009), Technology readiness assessment: A Restrospective, in: Acta Astronautica, 65, 2009, 9–10, S. 1216–1223

March, J.G. (1999), The Pursuit of Organizational Intelligence, Malden/Oxford, 1999

March, J.G. und Simon, H.A. (1958), Organizations, New York, 1958

Marketing Lexikon (2017), Quotaverfahren, http://www.marketing-lexikon-online.de/index.php?option=com_content&view=article&id=214:quotaverfahren&catid=1:lexikon, zuletzt aufgerufen am 09.04.2017

Markides, C.C. (1999), A Dynamic View of Strategy, in: Sloan Management Review, 40, 1999, 3, S. 55–63

Markowitsch, H.J., Welzer, H. (2005), Das autobiographische Gedächtnis – Hirnorganische Grundlagen und biosoziale Entwicklung, Stuttgart, 2005

Martens, W. und Ortmann, G. (2006), Organisationen in Luhmanns Systemtheorie, in: Kieser/Ebers (Hrsg., 2006), S. 427–461

Martignoni, D., Menon, A. und Siggelkow, N. (2016), Consequences of Misspecified Mental Models: Contrasting Effects and the Role of Cognititve Fit, in: Strategic Management Journal, 37, 2016, 13, S. 2545–2568

Maturana, H.R. (1982), Erkennen: Die Organisation und Verkörperung von Wirklichkeit, Braunschweig/Wiesbaden, 1982

Maturana, H.R. und Varela, F.J. (1980), Autopoiesis and Cognition – the Realization of the Living, Dordrecht u. a., 1980

Maturana, H.R. und Varela, F.J. (1987), Der Baum der Erkenntnis: die biologischen Wurzeln des menschlichen Erkennens, München u. a., 1987

Mauboussin, M.J. (2011), Vorbild Natur, in: Harvard Business Manager, 33, 2011, 11, S. 55–59

McKinsey&Company/IAW (2010), Technologien, Tüftler und Talente – Wirtschaftliche und Technologische Perspektiven der Baden-Württembergischen Landespolitik bis 2020, im Auftrag des Staatsministeriums Baden-Württemberg, Stuttgart, 2010

Meier zu Köcker, G. (2013), Wirkungsmonitoring als neues Steuerungsinstrument von Clusterinitiativen, in: iit Jahresbericht 2013, http://www.iit-berlin.de/de/publikationen/jahresbericht-iit-2013, S. 37–44, zuletzt aufgerufen am 02.04.2017

Menzel, M.-P. und Fornahl, D. (2005), Unternehmensgründungen und regionale Cluster – Ein Stufenmodell mit quantitativen, qualitativen und systemischen Faktoren, in: Zeitschrift für Wirtschaftsgeographie, 49, 2005, 3–4, S. 131–149

Merkens, H. (2015), Auswahlverfahren, Sampling, Fallkonstruktion, in: Flick u. a. (Hrsg., 2015), S. 286–299

MFW (2013a), Innovationspotenziale vernetzen – gemeinsam profitieren! – Aktiv und attraktiv: Cluster-Initiativen stärken ihre Wettbewerbsposition!, Stuttgart, 2013

MFW (2013b), Rund 2 Millionen Euro zur Förderung der Landesagentur für Elektromobilität, Pressemitteilung, 10.02.2013, https://www.baden-wuerttemberg.de/de/service/presse/pressemitteilung/pid/rund-2-millionen-euro-zur-foerderung-der-landesagentur-e-mobil-bw/, zuletzt aufgerufen am 03.08.2016

MFW (2015), Regionaler Cluster-Atlas Baden-Württemberg 2015, Stuttgart, 2015

Mildenberger, U. (1998), Selbstorganisation von Produktionsnetzwerken – Erklärungsansatz auf Basis der neueren Systemtheorie, Wiesbaden, 1998

Mintzberg, H. (1978), Patterns in Strategy Formation, in: Management Science, 24, 1978, 9, S. 934–948

Mintzberg, H. und Waters, J.A. (1985), Of Strategies, Deliberate and Emergent, in: Strategic Management Journal, 6, 1985, 3, S. 257–272

mm-newsdesk (2015), Autobauer erwarten 2016 weniger Wachstum, in: Manager Magazin, 01.12.2015, http://www.manager-magazin.de/unternehmen/autoindustrie/autobauer-rechnen-2016-mit-weniger-wachstum-a-1065480.html, zuletzt aufgerufen am 01.08.2016

Mohr, H. (1997), Die Bedeutung des Sozialkapitals, in: Clar u. a. (Hrsg., 1997), S. 97–101

Mohrman, S.A., Galbraith, J.R. und Lawler, E.E. III. (Hrsg., 1998), Tomorrow's Organization: Crafting Winning Capabilities in a Dynamic World, San Francisco, 1998

MOP (2016), Wissenschaftliche Begleitung und Auswertungen – Bericht 2015/2016: Alltagsmobilität und Fahrleistung, Karlsruhe/Bonn, 2016, http://mobilitaetspanel.ifv.kit.edu/downloads/Bericht_MOP_15_16.pdf, zuletzt aufgerufen am 10.4.2017

Morgan, G. (1997), Bilder der Organisation, Stuttgart, 1997

Müller-Christ, G. (2001), Umweltmanagement, München, 2001

Müller-Christ, G. (2007), Nachhaltigkeit und Effizienz als widersprüchliche Managementrationalitäten, in: Müller-Christ u. a. (Hrsg., 2007), S. 13–57

Müller-Christ, G., Arndt, L. und Ehner, I. (Hrsg., 2007), Nachhaltigkeit und Widersprüche – Eine Managementperspektive, Hamburg, 2007

Müller-Stewens, G. und Lechner, C. (2016), Strategisches Management – Wie strategische Initiativen zum Wandel führen, 5. Aufl., Stuttgart, 2016

Müri, P. (1995), Chaos und Führung, in: Kieser u. a. (Hrsg., 1995), S. 193–200

MWK und MFW (2012), Erfolg für Elektromobilität Süd-West bei Spitzencluster-Wettbewerb, Pressemitteilung 19.01.2012, https://www.baden-wuerttemberg.de/de/service/presse/pressemitteilung/pid/erfolg-fuer-elektromobilitaet-sued-west-bei-spitzencluster-wettbewerb/, zuletzt aufgerufen am 04.08.2016

Nahapiet, J. (2008), The Role of Social Capital in Inter-Organizational Relationships, in: Cropper u. a. (Hrsg., 2008), S. 580–606

Nahapiet, J. und Ghoshal, S. (1998), Social Capital, Intellectual Capital, and the Organizational Advantage, in: Academy of Management Review, 23, 1998, 2, S. 242–266

Nestle, V. (2011), Open Innovation im Cluster – Eine Wirkungsanalyse zu Clusterinitiativen in forschungsinstensiven Industrien, Wiesbaden, 2011

Neuberger, O. (2002), Führen und führen lassen – Ansätze, Ergebnisse und Kritik der Führungsforschung, Stuttgart, 2002

Neumann, D. (2012), Collaborative Systems – A Systems Theoretical Approach to Interorganizational Collaborative Relationships, Frankfurt a. M., 2012

Nippa, M. (1988), Gestaltungsansätze für die Büroorganisation: Konzepte für eine informationsorientierte Unternehmensentwicklung unter Berücksichtigung neuer Bürokommunikationstechniken, Berlin, 1988

Nonaka, I. und Takeuchi, H. (1995), The Knowledge-Creating Company: How Japanese Companies Create the Dynamics of Innovation, New York, 1995

NPE (2011), Zweiter Bericht der Nationalen Plattform Elektromobilität, Berlin, 2011

NPE (2014), Fortschrittsbericht 2014 – Bilanz der Marktvorbereitung, Berlin, 2014

NPE (2016), Nationale Plattform Elektromobilität, http://www.bmub.bund.de/fileadmin/bmu-import/files/pdfs/allgemein/application/pdf/gemeinsame_erklaerung_elektromobilitaet_bf.pdf, zuletzt aufgerufen am 02.08.2016

n-tv (2016), Dunkle Wolken, Sturm oder Crash? Autoindustrie bekommt 2016 Probleme, 11.01.2016, http://www.n-tv.de/wirtschaft/Autoindustrie-bekommt-2016-Probleme-article16687571.html, zuletzt aufgerufen am 01.08.2016

Nyhuis, P. (Hrsg., 2010), Wandlungsfähige Produktionssysteme, Berlin, 2010

Nystrom, P.C. und Starbuck, W.H. (Hrsg., 1981), Handbook of Organizational Design – Volume 1, Adapting Organizations to their Environments, New York, 1981

Oelsnitz, D. von der (2005), Kooperation: Entwicklung und Verknüpfung von Kernkompetenzen, in: Zentes u. a. (Hrsg., 2005), S. 183–210

O'Reilly, C.A. III und Tushman, M.L. (2008), Ambidexterity as a Dynamic Capability: Resolving the Innovator's Dilemma, in: Research in Organizational Behavior, 28, 2008, S. 185–206

Osterloh, M. und Habisch, A. (2008), Gutes tun und Geld verdienen – Soziale Verantwortung und Gewinnstreben passen besser zusammen, als meist vermutet wird, in: Handelsblatt, 03.06.2008, 105, S. 9, http://www.handelsblatt.com/unternehmen/management/corporate-social-responsibility-gutes-tun-und-geld-verdienen/2965788.html, zuletzt aufgerufen am 09.04.2017

Ozer, M. und Zhang, W. (2015), The Effects of Geographic and Network Ties on Exploitative and Exploratory Product Innovation, in: Strategic Management Journal, 36, 2015, 7, S. 1105–1114

Parsons, T. (1951), The Social System, London/Henley, 1951

Parkhe, A., Wasserman, S. und Ralston, D.A. (2006), New Frontiers in Network Theory Development, in: Academy of Management Review, 31, 2006, 3, S. 560–568

Payer, H. (2002), Wieviel Organisation braucht das Netzwerk? Entwicklung und Steuerung von Organisationsnetzwerken mit Fallstudien aus der Cluster- und Regionalentwicklung, Klagenfurt, 2002

Pedler, M., Boydell, T. und Burgoyne, J. (1996), Auf dem Weg zum "Lernenden Unternehmen", in: Sattelberger (Hrsg., 1996), S. 57–66

Penrose, E.T. (1959), The Theory of the Growth of the Firm, Oxford, 1959

Perich, R. (1992), Unternehmungsdynamik, Bern u. a., 1992

Peteraf, M.A. (1993), The Cornerstones of Competitive Advantage: A Resource-Based View, in: Strategic Management Journal, 14, 1993, 3, S. 179–191

Peters, S. (2015), A Readiness Level Model for New Manufacturing Technologies, in: Production Engineering – Research and Development, 9, 2015, 5, S. 647–654

Pettigrew, A.M. (1987), Context and Action in the Transformation of the Firm, in: Journal of Management Studies, 24, 1987, 6, S. 649–670

Pfeffer, J. und Salancik, G.R. (1978), The External Control of Organizations – A Ressource Dependence Perspective, Stanford, 1978

Pfohl, H.-C., Bode, A. und Alig, S. (2010), Netzwerkspezifische Wettbewerbsvorteile durch Cluster, in: Wirtschaftswissenschaftliches Studium, 39, 2010, 11, S. 531–537

Pfriem, R. (Hrsg., 2006), Innovationen für eine Nachhaltige Entwicklung, Wiesbaden, 2006

Picot, A., Reichwald, R. und Wigand, R.T. (2003), Die grenzenlose Unternehmung – Information, Organisation und Management, 5. Aufl., Wiesbaden, 2003

Porsche (2015), Grünes Licht für Mission E, 04.12.2015, https://newsroom.porsche.com/de/produkte/porsche-mission-e-konzeptstudie-aufsichtsrat-e-mobility-12064.html, zuletzt aufgerufen am 01.08.2016

Porter, M.E. (1980), Competitive Strategy: Techniques for Analyzing Industries and Competitors, New York u. a., 1980

Porter, M.E. (1985), Competitive Advantage: Creating and Sustaining Superior Performance, New York/London, 1985

Porter, M.E. (1991), Towards a Dynamic Theory of Strategy, in: Strategic Management Journal, 12, 1991, Special Issue Winter, S. 95–117

Porter, M.E. (1998), Clusters and the New Economics of Competition, in: Harvard Business Review, 76, 1998, 6, S. 77–90

Porter, M.E. (1999), Nationale Wettbewerbsfähigkeit – Erfolgreich konkurrieren auf dem Weltmarkt, Wien, 1999

Porter, M.E. und Kramer, M.R. (2011), Creating Shared Value, in: Harvard Business Review, 89, 2011, 1–2, S. 62–77

Powell, W.W. (1990), Neither Market nor Hierarchy: Network Forms of Organization, in: Research in Organizational Behavior, 12, 1990, S. 295–336

Prahalad, C.K. und Hamel, G. (1990), The Core Competence of the Corporation, in: Harvard Business Review, 68, 1990, 3, S. 79–91

Prange, C. (2002), Organisationales Lernen und Wissensmanagement, Wiesbaden, 2002

Probst, G.J.B. (1987), Selbst-Organisation: Ordnungsprozesse in sozialen Systemen aus ganzheitlicher Sicht, Berlin/Hamburg, 1987

Probst, G.J.B. und Büchel, B.S.T. (1994), Organisationales Lernen – Wettbewerbsvorteil der Zukunft, Wiesbaden, 1994

Probst, G.J.B., Raub, S. und Romhardt, K. (2006), Wissen managen – Wie Unternehmen ihre wertvollste Ressource optimal nutzen, 5. Aufl., Wiesbaden, 2006

Promberger, K., Spiess, H. und Kössler, W. (2006), Unternehmen und Nachhaltigkeit – Eine managementorientierte Einführung in die Grundlagen nachhaltigen Wirtschaftens, Wien, 2006

Przyborski, A. und Wohlrab-Sahr, M. (2014), Qualitative Sozialforschung – Ein Arbeitsbuch, 4. Aufl., München, 2014

PTJ (2014), Juryentscheidung im Spitzencluster-Wettbewerb des BMBF – 3. Runde Fortschrittsberichte, Jülich, internes Dokument

Punch, K. F. (2005), Introduction to Social Research – Quantitative and Qualitative Approaches, 2. Aufl., Los Angeles u. a., 2005

Putnam, R.D. (1993), The Prosperous Community – Social Capital and Economic Growth, in: Current, 1993, 356, S. 4–10

Putnam, R.D. (1995), Tuning In, Tuning Out – The Strange Disappearance of Social Capital in America, in: PS: Political Science and Politics, 28, 1995, 4, S. 664–683

Putnam, R.D. (2000), Bowling Alone – The Collapse and Revival of American Community, New York, 2000

Quaschning, V. (2016), Sektorkopplung durch die Energiewende – Anforderungen an den Ausbau erneuerbarer Energien zum Erreichen der Pariser Klimaschutzziele unter Berücksichtigung der Sektorkopplung, Berlin, 2016

Rasche, C. (1994), Wettbewerbsvorteile durch Kernkompetenzen – Ein ressourcenorientierter Ansatz, Wiesbaden, 1994

Rehbein, B. (2011), Die Soziologie Pierre Bourdieus, 2. Aufl., Konstanz, 2011

Reichel, A. (2006), Die Lernarchitektur regionaler Nachhaltigkeitsnetzwerke – Transdisziplinäre Skizze eines Gedächtnisses für Nachhaltigkeit, Berlin, 2006

Reinhart, G. (1999), Vom Wandel der Zeit, in: Zeitschrift für wirtschaftlichen Fabrikbetrieb, 94, 1999, 1–2, S. 14

Reinhart, G., Dürrschmidt, S., Hirschberg, A. und Selke, C. (1999), Reaktionsfähigkeit für Unternehmen: Eine Antwort auf turbulente Märkte, in: Zeitschrift für wirtschaftlichen Fabrikbetrieb, 94, 1999, 1–2, S. 21–24

Reiß, M. (1997), Change Management als Herausforderung, in: Reiß u. a. (Hrsg., 1997), S. 6–29

Reiß, M. (2001), Netzwerk-Kompetenz, in: Corsten (Hrsg., 2001), S. 121–187

Reiß, M., Rosenstiel, L. von und Lanz, A. (Hrsg., 1997), Change Management – Programme, Projekte und Prozesse, Stuttgart, 1997

Reuveni, Y. und Vashdi, D.R. (2015), Innovation in Multidisciplinary Teams: The Moderating Role of Transformational Leadership in the Relationship between Professional Heterogeneity and Shared Mental Models, in: European Journal of Work and Organizational Psychology, 24, 2015, 5, S. 678–692

Revilla-Diez, J. (2002), Betrieblicher Innovationserfolg und räumliche Nähe – zur Bedeutung innovativer Kooperationsverflechtungen in metropolitanen Verdichtungsregionen; die Beispiele Barcelona, Stockholm und Wien, Band 22, Berlin u. a., 2002

Richardson, J.E. (Hrsg., 1986), Handbook of Theory and Research for the Sociology of Education, New York, 1986

Rizzolatti, G. und Craighero, L. (2004), The Mirror-Neuron System, in: Annual Review of Neuroscience, 27, 2004, S. 169–192

Rizzolatti, G., Fadiga, L., Gallese, V. und Fogassi, L. (1996), Premotor Cortex and the Recognition of Motor Actions, in: Cognitive Brain Research, 3, 1996, 2, S. 131–141

Rosenstiel, L. von (2015), Organisationsanalyse, in: Flick u. a. (Hrsg., 2015), S. 224–238

Roth, G. (1991a), Neuronale Grundlagen des Lernens und des Gedächtnisses, in: Schmidt (Hrsg., 1991), S. 127–158

Roth, G. (1991b), Die Konstitution von Bedeutung im Gehirn, in: Schmidt (Hrsg., 1991), S. 360–370

Roth, G. (2003), Aus Sicht des Gehirns, Frankfurt a. M., 2003

Rothgang, M., Canter, U., Dehio, J., Engel, D., Fertig, M., Graf, H., Hinzmann, S., Linshalm, E., Ploder, M., Scholz, A.-M. und Töpfer, S. (2015), Begleitende Evaluierung des Förderinstruments „Spitzencluster-Wettbewerb" des BMBF, Abschlussbericht – Kurzfassung, Essen, 2015

Rouse, W.B. und Morris, N.M. (1986), On Looking into the Black Box: Prospects and Limits in the Search for Mental Models, in: Psychological bulletin, 100, 1986, S. 349–363

Rüegg-Stürm, J. (2001), Organisation und organisationaler Wandel – Eine theoretische Erkundung aus konstruktivistischer Sicht, Wiesbaden, 2001

Rühli, E. (1994), Die Resource-based View of Strategy – Ein Impuls für einen Wandel im unternehmungspolitischen Denken und Handeln?, in: Gomez u. a. (Hrsg., 1994), S. 31–57

Sabbagh, K., Friedrich, R., El-Darwiche, B., Singh, M. und Koster, A. (2013), Digitization for Economic Growth and Job Creation: Regional and Industry Perspectives, in: Bilbao-Osorio u. a. (Hrsg., 2013), S. 35–42

Sackmann, S.A. (2004), Kognitiver Ansatz, in: Schreyögg/Werder (Hrsg., 2004), Sp. 587–596

Sackmann, S.A. (2006), Welche kulturellen Faktoren beeinflussen den Unternehmenserfolg?, in: Betriebsvergleich Unternehmenskultur, Bertelsmann Stiftung, https://www.dgfp.de/wissen/personalwissen-direkt/dokument/84192/ herunterladen, zuletzt aufgerufen am 09.04.2017

Sattelberger, T. (Hrsg., 1996), Die lernende Organisation – Konzepte für eine neue Qualität der Unternehmensentwicklung, 3. Aufl., Wiesbaden, 1996

Schanz, G. (1995), Wissenschaftstheoretische Grundfragen der Führungsforschung, in: Kieser u. a. (Hrsg., 1995), Sp. 2189–2197

Schauenberg, B. und Föhr, S. (1995), Wissenschaftstheoretische Grundfragen der Führungsforschung – Phänomenologie und Konstruktivismus, in: Kieser u. a. (Hrsg., 1995), Sp. 2206–2214

Scheidemann, H. (2009), Zwischen zwei Welten? Eine organisationssoziologische Analyse der (Re)Konstruktion kommunaler Selbstbeschreibungen, Wiesbaden, 2009

Schein, E.H. (1985), Organizational Culture and Leadership, San Francisco, 1985

Scherer, A.G. (2004), Konstruktivismus, in: Schreyögg/Werder (Hrsg., 2004), Sp. 644–652

Scherer, A.G. (2006), Kritik der Organisation oder Organisation der Kritik? – Wissenschaftstheoretische Bemerkungen zum kritischen Umgang mit Organisationstheorien, in: Kieser/Ebers (Hrsg., 2006), S. 19–61

Scherer, R. und Bieger, T. (Hrsg., 2003), Clustering – das Zauberwort der Wirtschaftsförderung, Bern u. a., 2003

Schmalenbach, E. (1911/12), Die Privatwirtschaftslehre als Kunstlehre, in: Zeitschrift für handelswissenschaftliche Forschung, 6, 1911, S. 304–316

Schmidt, S.J. (Hrsg., 1991), Gedächtnis – Probleme und Perspektiven der interdisziplinären Gedächtnisforschung, Frankfurt a. M., 1991

Schmidt, S.J. (Hrsg., 1992), Kognition und Gesellschaft – der Diskurs des Radikalen Konstruktivismus 2, Frankfurt a. M., 1992

Schön, M. (2009), Wandel strategischer Planungssysteme, Frankfurt a. M., 2009

Scholz-Reiter, B. (Hrsg., 2008), Technologiegetriebene Veränderungen der Arbeitswelt, Berlin, 2008

Schreyögg, G. (1993), Umfeld der Unternehmung, in: Wittmann (Hrsg., 1993), Sp. 4231–4247

Schreyögg, G. (2004), Unternehmensführung (Management), in: Schreyögg/Werder (Hrsg., 2004), Sp. 1520–1531

Schreyögg, G. und Conrad, P. (Hrsg., 2000), Organiatorischer Wandel und Transformation, Managementforschung Band 10, Wiesbaden, 2000

Schreyögg, G. und Kliesch, M. (2006), Zur Dynamisierung Organisationaler Kompetenzen – „Dynamic Capabilities“ als Lösungsansatz?, in: Zeitschrift für betriebswirtschaftliche Forschung, 58, 2006, 6, S. 455–476

Schreyögg, G. und Koch, J. (2010), Grundlagen des Managements – Basiswissen für Studium und Praxis, 2. Aufl., Wiesbaden, 2010

Schreyögg, G. und Werder, A. von (Hrsg., 2004), Handwörterbuch Unternehmensführung und Organisation, 4. Aufl., Stuttgart, 2004

Schüerhoff, V. (2006), Vom individuellen zum organisationalen Lernen – Eine konstruktivistische Analyse, Wiesbaden, 2006

Schuler, J. (2008), Clustermanagement – Aufbau und Gestaltung von regionalen Netzwerken, Sternenfels, 2008

Schulte-Zurhausen, M. (2014), Organisation, 6. Aufl., München, 2014

Schumpeter, J.A. (1931), Theorie der wirtschaftlichen Entwicklung: eine Untersuchung über Unternehmergewinn, Kapital, Kredit, Zins und den Konjunkturzyklus, Leipzig, 1931

Schuster, L. (Hrsg., 1994), Die Unternehmung im internationalen Wettbewerb, Berlin, 1994

Schweiger, C. (2012), Junge Technologieunternehmen – systemische Personal- und Organisationsentwicklung, Wiesbaden, 2012

Schweitzer, M. (2004), Gegenstand und Methoden der Betriebswirtschaftslehre, in: Bea/Schweitzer (Hrsg., 2004), S. 23–80

Seghezzi, H.D. (Hrsg., 1997), Ganzheitliche Unternehmensführung – Gestaltung, Konzepte und Instrumente, Stuttgart, 1997

Senge, P.M. (1990), The Fifth Discipline – The Art and Practice of the Learning Organization, New York, 1990

Sethi, S.P. (1975), Dimensions of Corporate Social Performance: An Analytical Framework, in: California Management Review, 17, 1975, 3, S. 58–64

Siebenhüner, B. (2001), Homo sustinens – auf dem Weg zu einem Menschenbild der Nachhaltigkeit, Marburg, 2001

Siebert, H. (1991), Ökonomische Analyse von Unternehmensnetzwerken, in: Staehle/Sydow (Hrsg., 1991), S. 291–311

Siegwart, H. und Probst, G.J.B. (Hrsg., 1983), Mitarbeiterführung und gesellschaftlicher Wandel – Die kritische Gesellschaft und ihre Konsequenzen für die Mitarbeiterführung, Bern/Stuttgart, 1983

Silverman, D. (1970), Theorie der Organisationen – Soziologische Aspekte zu System, Bürokratie und Management, Wien u. a., 1970

Simon, H.A. (1991), Bounded Rationality and Organizational Learning, in: Organization Science, 2, 1991, 1, S. 125–134

Simons, R. (1994), How New Top Managers Use Control Systems as Levers of Strategic Renewal, in: Strategic Management Journal, 15, 1994, 3, S. 169–189

Speck, P. und Wagner, D. (Hrsg., 2003), Personalmanagement im Wandel: Vom Dienstleister zum Businesspartner, Wiesbaden, 2003

Springer Gabler Verlag (2016), Gabler Wirtschaftslexikon, Stichwort: Erklärung Explanans/Explanandum, online im Internet: 35/Archiv/4983/erklaerung-v7.html, zuletzt aufgerufen am 16.06.2016

Staber, U. (2004), Netzwerke, in: Schreyögg/Werder (Hrsg., 2004), Sp. 932–940

Staehle, W. (1999), Management – Eine verhaltenswissenschaftliche Perspektive, München, 1999

Staehle, W.H. und Sydow, J. (Hrsg., 1991), Managementforschung 1, Berlin/New York, 1991

Stahl, H.K. (2007), Zur Verwirklichung der Idee der Nachhaltigkeit – Das Führungsgremium als kritische Schnittstelle, in: Baumgartner u. a. (Hrsg., 2007), S. 53–65

Stahl, H.K. und Hejl, P.M. (2000), Management und Wirklichkeit – Das Konstruieren von Unternehmen, Märkten und Zukünften, Heidelberg, 2000

Statistisches Landesamt (2016a), Eckdaten für Wirtschaftszweige des Verarbeitenden Gewerbes in Baden-Württemberg 2015, http://www.statistik.baden-wuerttemberg.de/Industrie/Struktur/kenngrWZ2008.jsp, zuletzt aufgerufen am 22.06.2016

Statistisches Landesamt (2016b), Eckdaten nach Beschäftigungsgrößenklassen im Verarbeitenden Gewerbe in Baden-Württemberg 2015, http://www.statistik.baden-wuerttemberg.de/Industrie/Struktur/VG-GK-BBEU.jsp zuletzt aufgerufen am 22.06.2016

Statistisches Landesamt (2017), Eckdaten nach Beschäftigungsgrößenklassen im Verarbeitenden Gewerbe in Baden-Württemberg 2016, http://www.statistik.baden-wuerttemberg.de/Industrie/Struktur/VG-GK-BBEU.jsp, zuletzt aufgerufen am 09.04.2017

Stegbauer, C. (Hrsg., 2008), Netzwerkanalyse und Netzwerktheorie – Ein neues Paradigma in den Sozialwissenschaften, Wiesbaden, 2008

Steimle, U. (2008), Ressourcenabhängigkeit und Nachhaltigkeitsorientierung von Unternehmen, Marburg, 2008

Stein, V. (2005), Kooperation: Erklärungsperspektive der strategischen Managementforschung, in: Zentes u. a. (Hrsg., 2003), S. 167–182

Steinle, C. und Schiele, H. (2002), When do Industries Cluster? A Proposal on How to Assess an Industry's Propensity to Concentrate at a Single Region or Nation, in: Research policy, 31, 2002, 6, S. 849–858

Steinle, C., Eickhoff, M. und Schiele, H. (1998), Zur Perspektivenerweiterung des Strategischen Management: Der „innovative Cluster" als Wertschöpfungssystem und die Entwicklung von Kernkompetenzen, in: Zeitschrift für Planung, 9, 1998,4, S. 367–390

Steinmann, H. (1969), Das Großunternehmen im Interessenkonflikt – ein wirtschaftswissenschaftlicher Diskussionsbeitrag zu Grundfragen einer Reform der Unternehmensordnung in hochentwickelten Industriegesellschaften, Stuttgart, 1969

Steinmann, H. und Schreyögg, G. (2005), Management, 6. Aufl., Wiesbaden, 2005

Stephan, M., Kerber, W., Kessler, T. und Lingenfelder, M. (Hrsg., 2010), 25 Jahre ressourcen- und kompetenzorientierte Forschung – Der kompetenzbasierte Ansatz auf dem Weg zum Schlüsselparadigma in der Managementforschung, Wiesbaden, 2010

Sterman, J.D. (2000), Business Dynamics: Systems Thinking and Modeling for a Complex World, Boston u. a.

StM (2009), Landesregierung startet Landesinitiative Elektromobilität, Pressemitteilung, 24.11.2009, http://www.baden-wuerttemberg.de/de/service/presse/pressemitteilung/pid/landesregierung-startet-landesinitiative-elektromobilitaet/, zuletzt aufgerufen am 03.08.2016

StM (2016), Landesregierung bringt Digitalisierungsstrategie „digital@bw“ auf den Weg, 13.12.2016, https://www.baden-wuerttemberg.de/de/service/presse/pressemitteilung/pid/landesregierung-bringt-digitalisierungsstrategie-digitalbw-auf-den-weg/, zuletzt aufgerufen am 01.04.2017

Störig, H.J. (2016), Kleine Weltgeschichte der Philosophie, Stuttgart, 2016

Stünzner, L. (1996), Systemtheorie und betriebswirtschaftliche Organisationsforschung: Eine Nutzenanalyse der Theorien autopoietischer und selbstreferentieller Systeme, Berlin, 1996

Süddeutsche Zeitung (2016a), Der Abgasskandal – ein Debakel für die gesamte Autoindustrie, 22.04.2016, http://www.sueddeutsche.de/wirtschaft/abgasaffaere-die-abgasaffaere-ein-debakel-fuer-die-gesamte-autoindustrie-1.2961703, zuletzt aufgerufen am 01.08.2016

Süddeutsche Zeitung (2016b), VW will Rückruf für alle Modelle bis Jahresende anschieben, 01.08.2016, http://www.sueddeutsche.de/news/wirtschaft/auto-vw-will-rueckruf-fuer-alle-modelle-bis-jahresende-anschieben-dpa.urn-newsml-dpa-com-20090101-160801-99-892218, zuletzt aufgerufen am 01.08.2016

Swoboda, B. (2003), Kooperation: Erklärungsperspektiven grundlegender Theorien, Ansätze und Konzepte im Überblick, in: Zentes u.a. (Hrsg., 2003), S. 35–64

Sydow, J. (1992), Strategische Netzwerke: Evolution und Organisation, Wiesbaden, 1992

Sydow, J. (2010a), Führung in Netzwerkorganisationen – Fragen an die Führungsforschung, in: Sydow (Hrsg., 2010), S. 359–372

Sydow, J. (2010b), Management von Netzwerkorganisationen – Zum Stand der Forschung, in: Sydow (Hrsg., 2010), S. 373–470

Sydow, J. (Hrsg., 2010), Management von Netzwerkorganisationen – Beiträge aus der „Managementforschung“, 5. Aufl., Wiesbaden, 2010

Sydow, J. und Duschek, S. (2011), Management interorganisationaler Beziehungen – Netzwerke – Cluster – Allianzen, Stuttgart, 2011

Tacke, V. (2000), Netzwerk und Adresse, in: Soziale Systeme: Zeitschrift für soziologische Theorie, 6, 2000, 2, S. 291–320

Teece, D.J. (2007), Explicating Dynamic Capabilities: The Nature and Microfoundations of (Sustainable) Enterprise Performance, in: Strategic Management Journal, 28, 2007, 13, S. 1319–1350

Teece, D.J., Pisano, G. und Shuen, A. (1997), Dynamic Capabilities and Strategic Management, in: Strategic Management Journal, 18, 1997, 7, S. 509–533

Tichy, G. (2001), Regionale Kompetenzzyklen – Zur Bedeutung von Produktlebenszyklus- und Clusteransätzen im regionalen Kontext, in: Zeitschrift für Wirtschaftsgeographie, 45, 2001, 3–4, S. 181–201

Tidd, J. und Bessant, J. (2014), Managing Innovation – Integrating Technological, Market and Organizational Change, 5. Aufl., Chichester, 2014

Tilebein, M. (2005), Nachhaltiger Unternehmenserfolg in turbulenten Umfeldern – Die Komplexitätsforschung und ihre Implikationen für die Gestaltung wandlungsfähiger Unternehmen, Frankfurt a. M., 2005

Tilebein, M., Schindera, F. und Schwarz, C. (1998), Konzeption eines Führungssystems für wandlungsfähige Unternehmen, in: Controlling, 10, 1998, 4, S. 218–225

Thomi, W. und Werner, R. (2001), Regionale Innovationssysteme – Zur territorialen Dimension von Wissen und Innovation, in: Zeitschrift für Wirtschaftsgeographie, 45, 2001, 3–4, S. 202–218

Thommen, J.-P. und Achleitner, A.-K. (2009), Allgemeine Betriebswirtschaftslehre – Umfassende Einführung aus managementorientierter Sicht, 6. Aufl., Wiesbaden, 2009

Tsai, W. (2002), Social Structure of „Coopetition" within a Multiunit Organization: Coordination, Competition, and Intraorganizational Knowledge Sharing, in: Organization Science, 13, 2002, 2, S. 179–190

Türk, K. (1989), Neuere Entwicklungen in der Organisationsforschung – Ein Trendreport, Stuttgart, 1989

Türk, K. (1990), Von „Personalführung" zu „Politischer Arena"? – Überlegungen angesichts neuer Entwicklungen in der Organisationsforschung, in: Wiendieck/Wiswede (Hrsg., 1990), S. 53–87

Türk, K. (1995), Entpersonalisierte Führung, in: Kieser u. a. (Hrsg., 1995), S. 328–340

Tushman, M.L. und O`Reilly III, C.A. (1996), Ambidextrous Organizations: Managing Evolutionary and Revolutionary Change, in: California Management Review, 38, 1996, 4, S. 8–30

Tushman, M.L. und Romanelli, E. (1985), Organizational Evolution: A Metamorphosis Model of Convergence and Reorientation, in: Cummings/Staw (Hrsg., 1985), S. 171–222

Ulrich, H. (1970), Die Unternehmung als produktives soziales System – Grundlagen der allgemeinen Unternehmungslehre, 2. Aufl., Bern/Stuttgart, 1970

Ulrich, H. (1983), Management – Eine unverstandene gesellschaftliche Funktion, in: Siegwart/Probst (Hrsg., 1983), S. 133–152

Ulrich, H. (1984), Management, Bern, 1984

Ulrich, H. (1994), Reflexionen über Wandel und Management, in: Gomez u. a. (Hrsg., 1994), S. 5–29

Ulrich, H. (2001), Systemorientiertes Management – Das Werk von Hans Ulrich, Bern u. a., 2001

Ulrich, H. und Probst, G.J.B. (1995), Anleitung zum ganzheitlichen Denken und Handeln – Ein Brevier für Führungskräfte, 4. Aufl., Bern/Stuttgart, 1995

Ulrich, H. und Probst, G.J.B. (Hrsg., 1984), Self-Organization and Management of Social Systems, Berlin u. a., 1984

UBA (2016a), Treibhausgas-Emissionen, http://www.umweltbundesamt.de/daten/klimawandel/treibhausgas-emissionen-in-deutschland, zuletzt aufgerufen am 29.07.2016

UBA (2016b), Luftqualität 2015 – Vorläufige Auswertung, http://www.umweltbundesamt.de/publikationen/luftqualitaet-2015, zuletzt aufgerufen am 09.04.2017

UN FCCC (2016), United Nations Framework Convention on Climate Change – Report of the Conference of the Parties on its Twenty-First Session, held in Paris from 30 November to 13 December 2015, FCCC/CP/2015/10/Add.1, http://unfccc.int/documentation/documents/advanced_search/items/6911.php?priref=600008865, zuletzt aufgerufen am 16.07.2016

USAID (2009), Combining Strategic Analysis and Change Management – A Tool for Improving the Competitiveness of firms, microReport #154, http://pdf.usaid.gov/pdf_docs/Pnadp043.pdf, zuletzt aufgerufen am 09.04.2017

Uzzi, B. (1996), The Sources and Consequences of Embeddedness for the Economic Performance of Organizations: The Network Effect, in: American Sociology Review, 61, 1996, 4, S. 674–698

Van de Ven, A.H. und Astley, W.G. (1981), Mapping the Field to Create a Dynamic Perspective on Organization Design and Behavior, in: Van de Ven/Joyce (Hrsg., 1981), S. 427–468

Van de Ven, A.H. und Joyce, W.F. (Hrsg., 1981), Perspectives on Organization Design and Behavior, New York, 1981

Van de Ven, A.H., Poole, M.S. (1995), Explaining Development and Change in Organizations, in: Academy of Management Review, 20, 1995, 3, S. 510–540

VDI/VDE-IT (2014), Cluster-Exzellenz Label Baden-Württemberg – Besonderheiten zu einzelnen Ergebnissen der Begutachtung und Empfehlungen zur Verbesserung des Clustermanagements, vertrauliches, internes Dokument, 2014

Vester, F. (1980), Neuland des Denkens – vom technokratischen zum kybernetischen Zeitalter, Stuttgart, 1980

Vester, F. (2005), Die Kunst vernetzt zu denken – Ideen und Werkzeuge für einen neuen Umgang mit Komplexität, 5. Aufl., München, 2005

VM (2016a), Luft rein halten! Eine gemeinsame Herausforderung für Stuttgart, https://vm.baden-wuerttemberg.de/fileadmin/redaktion/m-mvi/intern/Dateien/PDF/Luftreinhaltung_Feinstaub-Alarm_Flyer_final.pdf, zuletzt aufgerufen am 09.04.2017

VM (2016b), Karlsruhe erhält Zuschlag für Testfeld zum automatisierten Fahren, Pressemitteilung 07.07.2016, https://www.baden-wuerttemberg.de/de/service/presse/pressemitteilung/pid/karlsruhe-erhaelt-zuschlag-fuer-testfeld-zum-automatisierten-fahren-1/, zuletzt aufgerufen am 09.04.2017

VM (2016c), Startschuss für Testfeld Autonomes Fahren, Pressemitteilung 31.10.2016, https://vm.baden-wuerttemberg.de/de/ministerium/presse/pressemitteilung/pid/startschuss-fuer-testfeld-autonomes-fahren/, zuletzt aufgerufen am 09.04.2017

Volberda, H.W. (1996), Toward the Flexible Form: How to Remain Vital in Hypercompetitive Environments, in: Organization Science, 7, 1996, 4, S. 359–374

Volberda, H.W. (1998), Building the Flexible Firm: How to Remain Competitive, Oxford, 1998

Wald, A. (2008), Der Netzwerkansatz in der Führungsforschung, in: Stegbauer (Hrsg., 2008), S. 493–502

Wald, A. und Jansen, D. (2007), Netzwerke, in: Benz u. a. (Hrsg., 2007), S. 93–105

Walker, G., Kogut, B. und Shan, W. (1997), Social Capital, Structural Holes and the Formation of an Industry Network, in: Organization Science, 8, 1997, 2, S. 109–125

Wallace, P.A. und LaMonde, A.M. (Hrsgl., 1977), Women, Minorities and Employment Discrimination, Lexington, MA, 1977

Walter-Busch, E. (2004), Interpretative Organisationsforschung, in: Schreyögg/Werder (Hrsg., 2004), Sp. 560–570

Watzlawick, P., Bavelas, J.B. und Jackson, D.D. (1985), Menschliche Kommunikation – Formen, Störungen, Paradoxien, Bern u. a., 1985

WCED (1987), Report of the World Commission on Environment and Development: Our Common Future, http://www.un-documents.net/our-common-future.pdf, zuletzt aufgerufen am 09.04.2017

Weibler, J. (2004), Führung und Führungstheorien, in: Schreyögg/Werder (Hrsg., 2004), Sp. 294–308

Weibler, J. und Keller, T. (2010), Ambidextrie – Die organisationale Balance im Spannungsfeld von Exploration und Exploitation, in: Wirtschaftswissenschaftliches Studium, 39, 2010, 5, S. 260–262

Weick, K. E. (1979), The Social Psychology of Organizing, 2. Aufl., Reading, Mass., 1979

Weick, K. E. (1989), Mental Models of High Reliablity Systems, in: Industrial Crisis Quarterly, 3, 1989, 2, S. 127–142

Weick, K. E. (1991), The Nontraditional Quality of Organizational Learning, in: Organization Science, 2, 1991, 1, S. 116–124

Weick, K. E. (1995), Sensemaking in Organizations, Thousand Oaks, CA, 1995

Weick, K. E. und Lang, R. (Hrsg., 2005), Moderne Organisationstheorien I – Handlungsorientierte Ansätze, Wiesbaden, 2005

Weick, K.E., Sutcliffe, K.M. und Obstfeld, D. (2005), Organizing and the Process of Sensemaking, in: Organization Science, 16, 2005, 4, S. 409–421

Welge, M.K. und Al-Laham, A. (2012), Strategisches Management: Grundlagen – Prozess – Implementierung, 6. Aufl., Wiesbaden, 2012

Wernerfelt, B. (1984), A Resource-based View of the Firm, in: Strategic Management Journal, 5, 1984, 2, S. 171–180

Wernerfelt, B. (1995), The Resource-based View of the Firm: Ten Years After, in: Strategic Management Journal, 16, 1995, 3, S. 171–174

Werth, L. und Mayer, J. (2008), Sozialpsychologie, Berlin/Heidelberg, 2008

Westkämper, E. (2003), Die Digitale Fabrik, in: Bullinger u.a. (Hrsg., 2003), S. 788–797

Westkämper, E. und Zahn, E. (2009), Wandlungsfähige Produktionsunternehmen: Das Stuttgarter Unternehmensmodell, Berlin/Hamburg, 2009

Westkämper, E., Zahn, E., Balve, P. und Tilebein, M. (2000), Ansätze zur Wandlungsfähigkeit von Produktionsunternehmen: Ein Bezugsrahmen für die Unternehmensentwicklung im turbulenten Umfeld, in: wt Werkstattstechnik, 90, 2000, 1/2, S. 22–26

Wetzel, R. (2005), Kognition und Sensemaking, in: Weik/Lang (Hrsg., 2005), S. 157–205

Wiegand, M. (1996), Prozesse organisationalen Lernens, Wiesbaden, 1996

Wiendieck, G. und Wiswede, G. (Hrsg., 1990), Führung im Wandel – Neue Perspektiven für Führungsforschung und Führungspraxis, Stuttgart, 1990

Wiener, N. (1949), Cybernetics or Control and Communication in the Animal and the Machine, 7. Aufl., New York, 1949

Willke, H. (2001), Systemisches Wissensmanagement, 2. Aufl., Stuttgart, 2001

Willke, H. (2006), Systemtheorie I: Grundlagen – Eine Einführung in die Grundprobleme der Theorie sozialer Systeme, 7. Aufl., Stuttgart, 2006

WM (2010), Cluster vernetzt! – Bausteine der Clusterstrategie Baden-Württemberg, Stuttgart, 2010

Wittmann, W. (Hrsg., 1993), Handwörterbuch der Betriebswirtschaft, Teilband 3, Stuttgart, 1993

Wolf, J. (2008), Organisation, Management, Unternehmensführung – Theorien, Praxisbeispiele und Kritik, 3. Aufl., Wiesbaden, 2008

Wolff, M. (2003), Informationsorientiertes Organisationsmanagement: Die Gestaltung organisationaler Entscheidungsprozesse, München/Mering, 2003

Yin, R.K. (2009), Case Study Research – Design and Methods, 4. Aufl. Thousand Oaks u. a., 2009

Zaheer, A., Gözübüyük, R. und Milanov, H. (2010), It's the Connections: The Network Perspective in Interorganizational Research, in: Academy of Management Perspectives, 24, 2010, 1, S. 62–77

Zahn, E. (1972), Systemforschung in der Bundesrepublik Deutschland, Göttingen, 1972

Zahn, E. (1981), Entwicklungstendenzen und Problemfelder der strategischen Planung, in: Bergner (Hrsg., 1981), S. 145–190

Zahn, E. (1995), Gegenstand und Zweck des Technologiemanagements, in: Zahn (Hrsg., 1995), S. 3–32

Zahn, E. (Hrsg., 1995), Handbuch Technologiemanagement, Stuttgart, 1995

Zahn, E. (1999), Strategiekompetenz – Voraussetzung für maßgeschneiderte Strategien, in: Zahn/Forschiani (Hrsg., 1999), S. 1–22

Zahn, E. (2003), Leadership und Unternehmensentwicklung: Beitrag des Top Managements zur Unternehmensperformance, in: Speck/Wagner (Hrsg., 2003), S. 37–58

Zahn, E. (2006), Mit sinnorientierter strategischer Führung zu nachhaltigem Erfolg, in: Horváth (Hrsg., 2006), S. 123–139

Zahn, E. (2011), Strategisches Management globaler Produktionsnetzwerke, in: Kemper u. a. (Hrsg., 2011), S. 9–23

Zahn, E. (2017), Strategische Unternehmensführung zur Ko-Evolution von Unternehmen und Umwelt, in: Burr/Stephan (Hrsg., 2017), S. 193–215

Zahn, E., Dillerup, R. und Foschiani, S. (1997), Ansätze zu einem ganzheitlichen Produktionsmanagement, in: Seghezzi (Hrsg., 1997), S. 129–166

Zahn, E. und Foschiani, S. (Hrsg., 1999), Maßgeschneiderte Strategien – der Weg zur Alleinstellung im Wettbewerb, Stuttgart, 1999

Zahn, E. und Foschiani, S. (Hrsg., 2003), Strategien auf dem Prüfstand: Innovative Antworten auf neue Herausforderungen, Aachen, 2003

Zahn, E., Foschiani, S. und Tilebein, M. (2000), Wissen und Strategiekompetenz als Basis für die Wettbewerbsfähigkeit von Unternehmen, in: Hamann/Freiling (Hrsg., 2000), S. 47–68

Zahn, E., Goll, F. und Reichel, A. (2008a), Organisationales Sensemaking und nachhaltigkeitsorientierter Wettbewerb, in: Gronau (Hrsg., 2008), S. 21–38

Zahn, E. und Nowak, M. (2006), Wandlungsfähige Produktionsunternehmen – das Stuttgarter Unternehmensmodell, in: Geißinger (Hrsg., 2006), S. 47–59

Zahn, E., Nowak, M. und Schön, M. (2005), Flexible Strategien für wandlungsfähige Unternehmen, in: Kaluza/Blecker (Hrsg., 2005), S. 71–103

Zahn, E., Reichel, A. und Goll, F. (2008b), Wikipedia, Wikinomics, Wikinisation – Auf dem Weg zu einem neuen Organisationsmodell?, in: Scholz-Reiter (Hrsg., 2008), S. 171–187

Zahn, E. und Schön, M. (2003), Dynamische Strategien, in: Horváth/Gleich (Hrsg., 2003), S. 167–183

Zahn, E. und Tilebein, M. (1998), Führung wandlungsfähiger Unternehmen – eine Herausforderung in neuen Dimensionen, in: Industrie Management, 14, 1998, 6, S. 49–52

Zahn, E., Tilebein, M., Reichel, A., Goll, F. und Haag, H.-C. (2010), Strategische Früherkennung in Wertschöpfungsnetzwerken, in: Nyhuis (Hrsg., 2010), S. 87–101

Zahn, E. und Weidler, A. (1995), Integriertes Innovationsmanagement, in: Zahn (Hrsg., 1995), S. 351–376

Zentes, J., Swoboda, B. und Morschett, D. (2003), Kooperationen, Allianzen und Netzwerke – Grundlagen, „Metaanalyse“ und Kurzabriss, in: Zentes u. a. (Hrsg., 2003), S. 3–32

Zentes, J., Swoboda, B. und Morschett, D. (Hrsg., 2003), Kooperationen, Allianzen und Netzwerke – Grundlagen, Ansätze, Perspektiven, Wiesbaden, 2003

Zhang, Y. und Li, H. (2010), Innovation Search of New Ventures in a Technology Cluster: The Role of Ties with Service Intermediaries, in: Strategic Management Journal, 31, 2010, 1, S. 88–109

Ziesemer, M. (2014), Das Auto der Zukunft – Vernetzt, unfallfrei, umweltfreundlich, in: AMPERE – Das Magazin der Elektroindustrie, 2014, 3, S. 3

SCHRIFTEN ZUR UNTERNEHMENSPLANUNG

Band 1 Bernhard Früh: Entscheidungsträgermodelle bei Planungstechniken. 1984.

Band 2 Ekbert Hering: Planung neuer Produkt-Marktbereiche unter besonderer Berücksichtigung der Realisierung in Klein- und Mittelbetrieben. 1984.

Band 3 Thomas Hintsch: Geschäftsfeldsteuerung in Kreditinstituten. Eine Konzeption für die strategische Planung in Banken. 1984.

Band 4 Rainer Mager: Investitions- und Steuerplanung mit Systemsimulation. 1984.

Band 5 August Zimmermann: Evolutionsstrategische Modelle bei einstufiger, losweiser Produktion. Simultane Programm-, Losgrößen- und Lossequenzplanung mit Hilfe der Simulation auf der Basis biologischer Evolutionsfaktoren. 1985.

Band 6 Paul Bäuerle: Finanzielle Planung mit Hilfe heuristischer Kalküle. Ein Beitrag zur Methodologie modellgestützter Entscheidungsfindung, konkretisiert am Beispiel der Investitions- und Finanzplanung in Klein- und Mittelbetrieben. 1987.

Band 7 Hans-Jürgen Hillmer: Planung der Unternehmensflexibilität. Eine allgemeine theoretische Konzeption und deren Anwendung zur Bewältigung strategischer Flexibilitätsprobleme. 1987.

Band 8 Wilfried H. Schwarz: Systeme der Entscheidungsunterstützung im Rahmen der strategischen Planung. 1987.

Band 9 Horst Michael: Steigerung der Effektivität betriebswirtschaftlicher Planungsprozesse durch das Leitbild des kritischen Rationalismus. Zu den Möglichkeiten eines Methodentransfers zwischen realwissenschaftlicher Forschung und betriebswirtschaftlicher Planung. 1988.

Band 10 Reiner Beutel: Unternehmensstrategien international tätiger mittelständischer Unternehmen. 1988.

Band 11 Andreas Bunz: Strategieunterstützungsmodelle für Montageplanungen. System Dynamics-Modelle zur Analyse und Gestaltung der Flexibilität von Montagesystemen. 1988.

Band 12 Lienhard Hopfmann: Flexibilität im Produktionsbereich. Ein dynamisches Modell zur Analyse und Bewertung von Flexibilitätspotentialen. 1989.

Band 13 Andreas M. Kleinhans: Wissensverarbeitung im Management. Möglichkeiten und Grenzen wissensbasierter Managementunterstützungs-, Planungs- und Simulationssysteme. 1989.

Band 14 Klaus J. Enßlin: Technologische Spin-off-Effekte aus der Raumfahrt. Vom staatspolitischen Anspruch zum unternehmenspolitischen Problem. 1989.

Band 15 Günther Unterkofler: Erfolgsfaktoren innovativer Unternehmensgründungen. Ein gestaltungsorientierter Lösungsansatz betriebswirtschaftlicher Gründungsprobleme. 1989.

Band 16 Wolfgang Kömpf: Unternehmensführung in erfolgreichen Klein- und Mittelbetrieben. Eine empirische Untersuchung. 1989.

Band 17 Wolfgang Brandt: Strategien für Rundfunkanstalten. Strategische Entwicklungsmöglichkeiten der öffentlich-rechtlichen Rundfunkanstalten. 1989.

Band 18 Uwe Schmid: Umweltschutz – Eine strategische Herausforderung für das Management. 1989.

Band 19 Josef Röhrle: Unternehmensführung und Unternehmensentwicklung. Ein Führungskonzept zur ganzheitlichen Steuerung der Unternehmensentwicklung. 1990.

Band 20 Harald W. Sondhof: Finanzdienstleistungsmärkte im Wandel. Eine industrieökonomische Branchenanalyse für strategische Zwecke. 1990.

Band 21 Ulrich Kreutle: Die Marketing-Konzeption in deutschen Chemieunternehmen – eine betriebswirtschaftlich-historische Analyse am Beispiel der BASF Ludwigshafen. 1992.

Band 22 Dieter Schmidt: Strategisches Management komplexer Systeme. Die Potentiale computergestützter Simulationsmodelle als Instrumente eines ganzheitlichen Managements – dargestellt am Beispiel der Planung und Gestaltung komplexer Instandhaltungssysteme. 1992.

Band 23 Heinrich Huber: Wettbewerbsorientierte Planung des Informationssystem (IS)-Einsatzes. Theoretische und konzeptionelle Grundlagen zur Entwicklung eines integrierten Planungsmodells. 1992.

Band 24 Wolfram Anders: Strategische Einkaufsplanung. Kernbereich eines strategischen Einkaufsmanagements. 1992. 2. Aufl. 1994.

Band 25 Maria Barth-Renz: Planungs- und Kontrollsysteme öffentlich-rechtlicher Rundfunkanstalten. Anpassung des Planungsverhaltens an neue strategische Herausforderungen. 1992.

Band 26 Ottmar Schneck: Finanzmanagement von Rundfunkanstalten. Ein Finanzplanungs-, -kontroll- und -organisationskonzept für öffentlich-rechtliche Rundfunkanstalten. 1993.

Band 27 Ralf Bertram: Informations- und Kommunikationsmanagement im Marketing mittelständischer Unternehmen der Investitionsgüterindustrie. Eine empirische Untersuchung. 1993.

Band 28 Thomas Keiser: Absatzprognosen für modeabhängige Unternehmen. Ein zweistufiges Absatzprognosesystem für Unternehmen mit modisch orientiertem Sortiment. 1993.

Band 29 Thomas Gumsheimer: Informationspartnerschaften. Konzeptionelle Grundlagen für die Gestaltung von Partnerschaften im Informationsmanagement. 1994.

Band 30 Dino Ivan Dogan: Strategisches Management der Logistik. Der logistische Kreis als Antwort auf die neuen logistischen Herausforderungen 'Umweltschutz' und 'Zeit'. 1994.

Band 31 Stefan Foschiani: Strategisches Produktionsmanagement. Ein Modellsystem zur Unterstützung produktionsstrategischer Entscheidungen. 1995.

Band 32 Jan Schäfer-Kunz: Strategische Allianzen im deutschen und europäischen Kartellrecht. 1995.

Band 33 Frank-Jürgen Richter: Die Selbstorganisation von Unternehmen in strategischen Netzwerken. Bausteine zu einer Theorie des evolutionären Managements. 1995.

Band 34 Udo Wupperfeld: Management und Rahmenbedingungen von Beteiligungsgesellschaften auf dem deutschen *Seed-Capital*-Markt. Empirische Untersuchung. 1996.

Band 35 Hartmut Feucht: Implementierung von Technologiestrategien. 1996.

Band 36 Hans-Jürgen Reichardt: Sachstand und Probleme umweltorientierter Unternehmensführung in der mittelständischen Industrie. Ergebnisse und Lösungsansätze aus einer empirischen Untersuchung. 1996.

Band 37 Jürgen Bruck: Entwicklung einer Gesamtkonzeption für das Management strategischer Allianzen im F&E-Bereich. 1996.

Band 38 Jürgen Greschner: Lernfähigkeit von Unternehmen. Grundlagen organisationaler Lernprozesse und Unterstützungstechnologien für Lernen im strategischen Management. 1996.

Band 39 Stefan Hagemann: Strategische Unternehmensentwicklung durch Mergers & Acquisitions. Konzeption und Leitlinien für einen strategisch orientierten Mergers & Acquisitions-Prozeß. 1996.

Band 40 Uwe Schmid: Ökologiegerichtete Wertschöpfung in Industrieunternehmungen. Industrielle Produktion im Spannungsfeld zwischen Markterfolg und Naturbewahrung. 1996.

Band 41 Bernhard Leitermann: Wahl der Zusammenschlußform von Unternehmen. Eine transaktionsökonomische Entscheidungskonzeption. 1996.

Band 42 Andreas Seebach: Betriebswirtschaftliche Systemanalyse des Fahrzeug-Recyclings in der Bundesrepublik Deutschland. Eine System-Dynamics-Studie. 1996.

Band 43 Nicole Karle-Komes: Anwenderintegration in die Produktentwicklung. Generierung von Innovationsideen durch die Interaktion von Hersteller und Anwender innovativer industrieller Produkte. 1997.

Band 44 Andreas Weidler: Entwicklung integrierter Innovationsstrategien. 1997.

Band 45 Frank Braun: Strategische Wettbewerbsforschung. Ein Simulationsmodell zur Erforschung der möglichen Wirkungen des EG-Binnenmarktes auf den Wettbewerb in der PKW-Branche. 1997.

Band 46 Jürgen Haas: Die Entwicklungsfähigkeit von Unternehmungen. Eine theoretische und pragmatische Analyse. 1997.

Band 47 Franz Xaver Bea / Alfred Kötzle / Kuno Rechkemmer / Alexander Bassen: Strategie und Organisation der Daimler-Benz AG. Eine Fallstudie. 1997.

Band 48 Klaus Zehender: Unternehmensführung in fraktalen Unternehmungen. Aufgaben, Architektur und Funktionsweise. 1998.

Band 49 Markus Göltenboth: Global Sourcing und Kooperationen als Alternativen zur vertikalen Integration. 1998.

Band 50 Richard M. Hesch: Das Management der Verlagerung von Wertschöpfungsstufen. Ein phasenorientiertes Modell, dargestellt am Beispiel Deutschland und Mittelosteuropa. 1998.

Band 51 Ralf Dillerup: Strategische Optionen für vertikale Wertschöpfungssysteme. 1998.

Band 52 Rainer Schmidbauer: Konzeption eines unternehmenswertorientierten Beteiligungs-Controlling im Konzern. 1998.

Band 53 Lars Gierke: Instrumentarium zur Planung und Umsetzung von Zulieferer-Hersteller-Netzwerken. 1999.

Band 54 Florian Kall: Controlling im Turnaround-Prozeß. Theoretischer Bezugsrahmen, empirische Fundierung und handlungsorientierte Ausgestaltung einer Controlling-Konzeption für den Turnaround-Prozeß. 1999.

Band 55 Klemens Berktold: Strategien zur Revitalisierung von strategischen Geschäftseinheiten. Eine empirische Untersuchung zur Ermittlung einer Typologie von Unternehmenskrisen und von typischen Strategien zu deren Bewältigung. 1999.

Band 56 Claus J. Kathke: Handlungsziele und Gestaltungsmöglichkeiten des Insolvenzverwalters im neuen Insolvenzrecht. 2000.

Band 57 Susanne Thissen: Strategisches Desinvestitionsmanagement. Entwicklung eines Instrumentariums zur Bewertung ausgewählter Desinvestitionsformen. 2000.

Band 58 Iris K. Weber: Das Planungs- und Kontrollsystem der mittelständischen Unternehmung. Gestaltungsmöglichkeiten in Abhängigkeit von der Unternehmensentwicklungsphase. 2000.

Band 59 Hermann Schnaitmann: Prozeßorientierte Unternehmensführung. 2000.

Band 60 Ulrike Suhr: Gestaltungsempfehlungen für interne Dienstleistungs-Anbieter. 2002.

Band 61 Claus Herbst: Interorganisationales Schnittstellenmanagement. Ein Konzept zur Unterstützung des Managements von Transaktionen. 2002.

Band 62 Andreas Hertweck: Strategische Erneuerung durch integriertes Management industrieller Dienstleistungen. 2002.

Band 63 Cyrus B. Bark: Integrationscontolling bei Unternehmensakquisitionen. Ein Ansatz zur Einbindung der Post-Merger-Integration in die Planung, Steuerung und Kontrolle von Unternehmensakquisitionen. 2002.

Band 64 Bernd Gagsch: Wandlungsfähigkeit von Unternehmen. Konzept für ein kontextgerechtes Management des Wandels. 2002.

Band 65 Tilmann Barth: Outsourcing unternehmensnaher Dienstleistungen. Ein konfigurierbares Modell für die optimierte Gestaltung der Wertschöpfungstiefe. 2003.

Band 66 Steffen Kinkel: Dynamische Standortbewertung und strategisches Standortcontrolling. Erfolgsmuster, kritische Faktoren, Instrumente. 2003.

Band 67 Jochen Schellinger: Konzeption eines wertorientierten strategischen Personalmanagements. 2004.

Band 68 Martin Weinmann: Wertorientiertes Management von Unternehmenszusammenschlüssen. 2004.

Band 69 Meike Tilebein: Nachhaltiger Unternehmenserfolg in turbulenten Umfeldern. Die Komplexitätsforschung und ihre Implikationen für die Gestaltung wandlungsfähiger Unternehmen. 2005.

Band 70 Björne Raetzell: Logistische Netzwerke. Ein Modell zur Ermittlung strategischer Handlungsempfehlungen. 2006.

Band 71 Andreas Falkinger: Riskomanagement im strategischen Fit. 2007.

Band 72 Anja Kern: The Use of Key Figures and its Impact on Activity. The Case of a Hospital. 2007.

Band 73 Michael Nowak: Führungsrelevante Prozesse. Systematisierung und Gestaltung. 2006.

Band 74 Florian Kapmeier: Dynamics of Interorganizational Learning in Learning Alliances. 2007.

Band 75 Martin Brändle: Strategisches Controlling auf Märkten im Wandel. Führungsunterstützung durch Inhalte, Prozesse und Verhalten. 2007.

Band 76 Martin Stanik: Kooperative Full-Service Strategien. 2007.

Band 77 Caspar Cromberg: Selbstorganisation bei Koordination komplexer Produktentwicklungsprozesse. 2007.

Band 78 Sebastian Meyer: Wandlungsfähigkeit durch Wissensmanagement. Konzept zum Management wissensbasierter Wandlungsfähigkeit in Unternehmen. 2007.

Band 79 Hadia H. Abdel Aziz: Factors Affecting Customers' Decisions to Buy Retail Banking Services. Their Implications on the New Service Development Process. Empirical Study on the Egyptian Market. 2008.

Band 80 Patrice Lienhard: Kompetenzbasierte Entwicklung junger Unternehmen unter Ausnutzung dienstleistungsbezogener Wachstumspotenziale. 2008.

Band 81 Andreas Jost: Modellgestützes Management von Prozessinnovationen. Ein methodisches Konzept zur Unterstützung von Prozessinnovationen in der automobilen Produktentstehung auf Basis systemdynamischer Modellierung und Simulation. 2008.

Band 82 Michael Schön: Wandel strategischer Planungssysteme. Konzept für eine ad ternehmensführung im turbulenten Umfeld. 2009.

Band 83 Dominik Ocker: Unscharfe Risikoanalyse strategischer Ereignisrisiken. 2010.

Band 84 Gunda Huskobla: Dynamische Totalmodelle der Unternehmensentwicklung. Analy Erkenntnisgehalts und Ansatzpunkte zur Optimierung des Forschungsdesigns. 201

Band 85 Thomas Peschl: Strategisches Management hybrider Leistungsbündel. 2010.

Band 86 Verena Krauer: Verhaltenswissenschaftliche Analyse strategischer Entscheidungs zesse. Dynamische Modellierung von Informationsverarbeitung und Risikoverhalten strategischen Entscheidungsprozessen. 2011.

Band 87 Lukas Scheiber: Next Taylorism. A Calculus of Knowledge Work. 2012.

Band 88 Carl Philip Hügin: Verhaltensanreize in kooperativen interorganisationalen Beziehungen. Ein spieltheoretischer Ansatz. 2012.

Band 89 Donald Neumann: Collaborative Systems. A Systems Theoretical Approach to Interorganizational Collaborative Relationships. 2012.

Band 90 Jens Jannasch: Controlling mobiler, integrierter Geschäftsprozesse. 2013.

Band 91 Kai Jens Ströder: Transformational Outsourcing. Ein Konzept zur strategischen Erneuerung. 2014.

Band 92 Hasan Sürgit: Ressourcenorientierte Erfolgsfaktoren des Turnaround-Managements. 2014.

Band 93 Frauke Goll: Wandlungsfähige Cluster-Initiativen. Ein Konzept interaktionsorientierter strategischer Führung. 2018.

ptive Un-

se des

ro-
in

www.ingramcontent.com/pod-product-compliance
Ingram Content Group UK Ltd.
Pitfield, Milton Keynes, MK11 3LW, UK
UKHW021833290926
8980IPUK00004B/434

9 783631 753293